项目资助

2024年度河南省高等教育教学改革研究与实践项目（本科教育类）重大课题"中国式教育现代化视域下的地方高校一流本科专业高质量发展研究与实践"（课题编号：2024SJGLX0006）

新文科探索
构筑一流专业建设的基石

Exploration of New Liberal Arts

Laying the Foundation for First-class Undergraduate Major Construction

杨捷 吴洪富 主编

中国社会科学出版社

图书在版编目（CIP）数据

新文科探索：构筑一流专业建设的基石 / 杨捷，吴洪富主编 . -- 北京：中国社会科学出版社，2024.9
ISBN 978 - 7 - 5227 - 3508 - 5

Ⅰ. ①新… Ⅱ. ①杨…②吴… Ⅲ. ①高等学校—文科(教育)—学科建设—研究—中国 Ⅳ. ①G642.3

中国国家版本馆 CIP 数据核字（2024）第 085406 号

出 版 人	赵剑英
责任编辑	赵　丽
责任校对	王　晗
责任印制	郝美娜

出　　版	中国社会科学出版社
社　　址	北京鼓楼西大街甲 158 号
邮　　编	100720
网　　址	http://www.csspw.cn
发 行 部	010 - 84083685
门 市 部	010 - 84029450
经　　销	新华书店及其他书店

印　　刷	北京明恒达印务有限公司
装　　订	廊坊市广阳区广增装订厂
版　　次	2024 年 9 月第 1 版
印　　次	2024 年 9 月第 1 次印刷

开　　本	710×1000　1/16
印　　张	26.5
字　　数	376 千字
定　　价	139.00 元

凡购买中国社会科学出版社图书，如有质量问题请与本社营销中心联系调换
电话：010 - 84083683
版权所有　侵权必究

目　录

绪　论 …………………………………………………………… （1）

第一章　新文科建设发展理念 ……………………………… （9）
　　第一节　新文科的兴起 ………………………………………… （9）
　　第二节　新文科建设发展的理论基础 ………………………… （37）
　　第三节　新文科建设发展的创新路径 ………………………… （45）
　　第四节　新文科建设的政策与支撑系统 ……………………… （54）

第二章　新文科专业优化 …………………………………… （64）
　　第一节　新文科专业结构优化 ………………………………… （64）
　　第二节　新文科专业标准优化 ………………………………… （73）
　　第三节　学科专业再造与新文科专业建设路径 ……………… （83）
　　第四节　原有文科专业改造与升级 …………………………… （86）
　　第五节　新文科专业交叉性建设 ……………………………… （94）
　　第六节　新文科专业跨学科建设 ……………………………… （103）
　　第七节　新文科专业综合性建设 ……………………………… （110）

第三章　新文科课程体系建设 ……………………………… （119）
　　第一节　新文科课程观 ………………………………………… （119）
　　第二节　新文科课程目标 ……………………………………… （130）

第三节　新文科课程内容与开发……………………………（141）
　　第四节　新文科课程实施与评价……………………………（151）

第四章　新文科人才培养模式……………………………………（169）
　　第一节　新文科人才培养目标………………………………（169）
　　第二节　新文科人才培养标准………………………………（182）
　　第三节　新文科人才培养方案的制订………………………（192）
　　第四节　新文科人才培养机制创新…………………………（204）

第五章　新文科师资队伍建设……………………………………（222）
　　第一节　新文科教师专业发展………………………………（223）
　　第二节　新文科教师能力标准体系…………………………（232）
　　第三节　新文科教学制度建设………………………………（241）
　　第四节　新文科教师团队建设………………………………（248）
　　第五节　新文科教师教学发展中心建设……………………（258）

第六章　新文科特色质量文化建设………………………………（269）
　　第一节　新文科教学管理体制建设…………………………（270）
　　第二节　新文科质量保障体系建设…………………………（293）
　　第三节　新文科认证体系的建构……………………………（307）

第七章　新文科分类推进建设……………………………………（325）
　　第一节　文史哲领域新文科建设……………………………（325）
　　第二节　经管法领域新文科建设……………………………（340）
　　第三节　教育学领域新文科建设……………………………（354）
　　第四节　艺术学领域新文科建设……………………………（368）

第八章　新文科建设的国际比较 …………………………………（381）

　第一节　美国杜克大学计算机媒体、艺术与文化项目实践 ……（381）

　第二节　英国伦敦国王学院文科教育创新实践…………………（387）

　第三节　新加坡国立大学复合型人才培养的探索与实践 ………（393）

　第四节　山东大学：新文科建设探索与实践……………………（398）

　第五节　新文科建设国际比较的思考与启示……………………（403）

参考文献 ……………………………………………………………（406）

后　记 ………………………………………………………………（418）

绪 论

新文科是一种适应时代发展需求的新型文科，旨在培养具有创新思维、跨学科知识和实践能力的复合型人才，为推动社会进步和人类发展做出更大贡献。新文科相对于传统文科而言，它强调在传统文科的基础上进行学科重组和文理交叉，把新技术融入语言、文学等课程之中。新文科以全球新科技革命、新经济发展为背景，突破传统文科的思维模式，以继承与创新、交叉与融合、协同与共享为主要途径，促进多学科交叉与深度融合，推动传统文科的更新升级。新文科从学科导向转向以需求为导向，从专业分割转向交叉融合，从适应服务转向支撑引领，更加注重学生的综合素养，打破传统闭门造车式的文科发展状况。新文科涵盖了更广泛的学科范围和知识体系，不仅包括传统的语言学、历史学、哲学、文学等领域，还将社会学、心理学、传播学、艺术设计等领域纳入其中。新文科注重跨学科交叉与融合，不同领域之间的交流与合作更加频繁和紧密。同时，新文科还注重实践与应用，强调理论与实践相结合，推动文科知识的应用和创新。

一

新文科的意义在于培养具有创新思维和实践能力的复合型人才，推动文科教育的创新与发展，更好地服务经济社会发展，促进国际交流与合作。这对于提升国家整体竞争力、推动社会进步和发展具有重要意义。

首先，在培养复合型人才方面。新文科注重跨学科交叉与融合，培养学生具备多学科知识和综合素养，成为具有创新思维和实践能力的人才。这种人才培养模式更符合现代社会对人才的需求，有助于提升国家整体竞争力。其次，在推动文科教育创新方面。新文科突破传统文科的思维模式，注重继承与创新、交叉与融合、协同与共享，推动文科教育的创新与发展。这种创新不仅体现在课程设置、教学方法等方面，也体现在教育理念、人才培养目标等方面，有助于提升文科教育的质量和水平。再次，在服务经济社会发展方面。新文科强调以需求为导向，从适应服务转向支撑引领，更好地服务经济社会发展。新文科的专业设置和研究方向更加贴近现实需求，有助于解决经济社会发展中的实际问题，推动社会进步和发展。最后，在促进国际交流与合作方面。新文科以全球人工智能革命、新经济发展为背景，注重与国际接轨和合作。这种交流与合作有助于中国吸收和借鉴国际先进经验，提升文科教育的国际影响力和竞争力。

二

新文科强调创新，通过新的学科增长点，对传统学科进行转型、改造和升级；新文科注重融合，涵盖了人文社会科学领域内多个学科的交叉、融合、渗透和拓展；新文科聚焦发展，推动人文社会科学领域研究的不断升华、日臻完善。这就使新文科呈现出较为新颖和鲜明的特征。

第一，新文科具有跨学科性与综合性。新文科突破了传统文科的学科界限，强调跨学科交叉融合。它不再局限于单一学科的研究，而是整合不同学科的知识和方法，形成综合性的研究视野。这种跨学科性和综合性使新文科能够更全面地解决复杂问题，推动文科研究的创新与发展。第二，新文科重视数据驱动与实证研究。新文科在研究过程中注重运用 AI 和信息技术搜集、整理和分析大数据，揭示人文社会现象的规律和趋势，为决策提供科学依据。这种数据驱动和实证研究的方法使新文科的研究更具科学性和客观性。第三，新文科倡导技术应用与创新驱动。新文科充分利用现代信息技术手段，如大数据、人工智能等，推动文科研究的技术创新和方法创新。这种技术应用和创新驱动使新文科在研究手段和研究内容上都具有时代性和前沿性。第四，新文科积极服务国家战略与社会需求。新文科建设旨在服务国家应对百年未有之大变局下的国际国内形势，增强中国在国际社会的话语权。它关注国家战略和社会需求，致力于解决与人们思想观念、精神价值等有关的重大理论和实践问题。这种服务国家战略和社会需求的导向使新文科的研究更具针对性和实用性。第五，新文科具有国际视野与全球意识。新文科注重培养具有国际视野和全球意识的人才。在全球化背景下，新文科强调与国际接轨，促进国际交流与合作，培养能够参与国际竞争和合作的人才。这种国际视野和全球意识使新文科的人才培养更具开放性和包容性。这些特征共同展现了新文科的独特魅力和发展潜力。

三

新文科的政策依据主要来源于国家教育部门和政府的相关文件、规划和指导意见。这些文件为新文科的发展提供了明确的方向、目标和政策支持，推动了文科教育的创新与发展。

2015 年 10 月 24 日，国务院印发了《统筹推进世界一流大学和一流学科建设总体方案》，要求按照"四个全面"战略布局和党中央、国务院决策部署，坚持以中国特色、世界一流为核心，以立德树人为根本，以支撑创新驱动发展战略、服务经济社会发展为导向，坚持"以一流为目标、以学科为基础、以绩效为杠杆、以改革为动力"的基本原则，加快建成一批世界一流大学和一流学科。

2018年6月21日，在四川成都召开的新时代全国高等学校本科教育工作会议期间举行的"以本为本、四个回归一流本科建设"论坛上，150所高校联合发出《一流本科教育宣言》（成都宣言）。宣言强调，要深入学习贯彻习近平新时代中国特色社会主义思想和党的十九大精神，全面贯彻落实习近平总书记5月2日在北京大学师生座谈会上重要讲话精神，坚持"以本为本"，推进"四个回归"，加快建设高水平本科教育、全面提高人才培养能力，造就担当民族复兴大任的时代新人。

以上两个文件都强调了建设一流本科教育的重要性，并提出了加强学科交叉融合以推进新文科建设等具体措施。它们为新文科的发展提供了明确的方向和目标。

2018年9月教育部印发了《关于加快建设高水平本科教育全面提高人才培养能力的意见》（简称"新时代高教40条"），意见提出建设教育强国是中华民族伟大复兴的基础工程。高等教育是国家发展水平和发展潜力的重要标志。本科教育是提高高等教育质量的最重要的基础。建设高等教育强国必须坚持"以本为本"，加快建设高水平本科教育，把本科教育放在人才培养的核心地位、教育教学的基础地位、新时代教育发展的前沿地位，振兴本科教育，大力推进一流专业建设，实施一流专业建设"双万计划"。意见明确指出，专业是人才培养的基本单元，是建设高水平本科教育、培养一流人才的"四梁八柱"。意见强调要以建设"面向未来、适应需求、引领发展、理念先进、保障有力"的一流专业为目标，推动学科专业交叉融合，建设一批新兴学科、交叉学科，促进传统学科专业的改造升级。这些内容为新文科建设提供了政策支持和指导。

2019年9月教育部印发了《关于深化本科教育教学改革全面提高人才培养质量的意见》。该文件出台的背景是新时代全国高等学校本科教育工作会议和直属高校工作咨询委员会第二十八次全体会议召开以来，高等教育战线坚持"以本为本"、推进"四个回归"，以"奋进之笔"为总抓手，出台"新时代高教40条"、启动"六卓越一拔尖"计划2.0，推进新工科、新医科、新农科、新文科建设，要求持续深化教育教学制度改革，为提高人才培养质量提供保障。该文件指出，要大力深化高校专业供给侧改革，按照专业建设"小逻辑"服从国家发展"大逻辑"的要求，通过加快构建自主性、灵活性与规范性、稳定性相统一的专业设置管理体系，深入实施"六卓越一拔尖"计划2.0，全面实施国家级和省级一流本科专业建设"双万计划"，以新工科、新医科、新农科、新文科建设为引领，带动高校专业结构调整优化和内涵提升。

此外，2021年3月教育部还专门发布了《教育部办公厅关于推荐新文科研究与改革实践项目的通知》，旨在深入推进新文科建设，鼓励高校积极开展新文科研究与改革实践。通知要求各高校结合实际，推荐具有创新性和实践性的新文科研究与改革实践项目，并明确了项目的申报条件、申报程序和要求。还有一些具体的行动计划或实施方案，如"新文科建设行动计划""新工科研究与实践项目"等，这些文件进一步细化了新文科建设的具体目标、任务和措施。

四

新文科作为一个相对较新的概念，自提出以来就引起了广泛的关注和讨论。虽然新文科在推动文科教育的创新与发展方面具有重要意义，但也存在一些争议。关于新文科争议的焦点主要有以下四个方面：

第一，学科边界的模糊化。新文科强调跨学科交叉融合，这在一定程度上模糊了学科的边界。一些高校工作者担心，这种模糊化可能导致学科的混乱和失去特色。他们认为，每个学科都有其独特的研究领域和方法，过度融合可能会削弱学科的独立性和专业性。

第二，文科的"技术化"倾向。新文科注重将新技术融入文科研究和教学中，这在一定程度上使文科呈现出"技术化"的倾向。一些学者认为，这种"技术化"倾向可能会削弱文科的人文精神和价值关怀，使文科研究过于追求实用性和功利性。

第三，人才培养的质量问题。新文科强调跨学科交叉融合和综合性，但如何确保人才培养的质量成为一个重要问题。一些研究者指出，由于学科交叉融合可能导致课程设置的繁杂和知识的碎片化，会影响学生对专业知识的掌握和深入理解。

第四，对传统文科的否定。新文科的提出被认为是对传统文科的一种否定或替代。这引发了一些专家对传统文科的价值和地位的担忧。他们认为，传统文科在培养人文素养、传承文化遗产等方面具有重要作用，不应被轻易否定或替代。

有关新文科争议的产生主要源于对新文科理念和实践的不同解读。一方面，研究者认为新文科是对传统文科的颠覆和创新，这有助于培养具备跨学科素养和创新能力的人才；另一方面，有学者担心新文科可能过于强调交叉融合和实用主义，忽视了文科教育的人文性和深度。争议的焦点主要集中于：（1）新文科是否应该强调跨学科融合，以及如何平衡跨学科与保持学科特色；（2）新文科是否应该注重实用性和应用性，以及如何避免功利化和肤浅化；（3）新文科是否应该加强社会服务功能，以及如何避免过度迎合市场需求而忽视教育本质。这些争议本身并非坏事，它可以促进对新文科理念的深入思考和讨论，有助于更加全面和准确地理解新文科的内涵和要求。同时，争议也可以激发更多的创新和实践，推动文科教育的改革和发展。我们的建议是：一要加强研究和探索，深入理解新文科的理念和实践，明确其定位和目标；二要注重平衡和协调，既要强调跨学科融合和实用性，也要保持学科特色和人文性；三要加强评估和监管，确保新文科教育实践的质量和效果，避免出现偏差和问题；四要注重理性和完善，我们应该以开放、包容、理性的态度对待争议，通过深入研究和实践探索，不断完善和发展新文科教育理念和实践。

综上所述，新文科在推动文科教育的创新与发展方面具有积极意义，但也存在一些争议和问题，需要进一步探讨和解决。在推进新文科建设的过程中，我们需要平衡跨学科交叉融合与保持学科特色之间的关系，注重文科的人文精神和价值关怀，确保人才培养的质量，并尊重传统文科的特点和地位。

五

无论如何，新文科既充满机遇也面临挑战，它将继续推动文科教育的创新与发展，培养更多具有创新思维和实践能力的复合型人才，为国家的进步和发展做出更大贡献。

展望未来新文科的发展和趋势，从学科发展的角度来看，新文科的发展前景十分广阔。在科技革命和产业变革深入发展的背景下，文科与科技的结合将更加紧密，新文科将不断涌现。这种融合不仅有助于提升文科研究的深度和广度，还将推动文科在解决实际问题中发挥更大作用。例如，生物技术和信息技术的结合可能会带来一系列新问题，这些新问题将成为新文科研究的重要领域。

从人才培养的角度来看，新文科将更加注重培养具有创新思维和实践能力的复合型人才。新文科的建设将强化跨学科交叉融合，打破学科壁垒，使学生具备更全面的知识和能力。这种人才培养模式将更好地满足社会对人才的需求，提升国家的整体实力。

从国际交流与合作的角度来看，新文科将促进国际的学术交流与合作。随着全球化的深入发展，各国之间的文化交流和互动将更加频繁。新文科将以此为契机，推动国际学术合作与交流，提升中国文科教育的国际影响力和国际竞争力。

从应对挑战的角度来看，新文科的建设将是一项长期并充满挑战的任务。在国际形势日趋复杂、国际格局不断变化的背景下，新文科需要不断适应和应对新的挑战。同时，新文科的建设也需要政府、高校、学者等多方面的共同努力和支持。

第一章　新文科建设发展理念

新文科建设发展理念是在新时代背景下对传统文科教育进行的深刻反思和积极探索,旨在推动文科教育的创新发展,为培养适应新时代需求的高素质人才提供有力支撑。新文科倡导在教育内容、教育方法、教育技术和教育模式等方面进行创新,打破传统文科教育的思维束缚,鼓励跨学科、跨领域的融合与创新,以适应新时代的发展需求。新文科坚持以学生为中心,关注学生的全面发展,强调培养学生的创新精神、实践能力和社会责任感,致力于培养具备人文素养、科学素养和职业素养的复合型人才。新文科鼓励文科与其他学科的交叉融合,推动文科内部的学科整合,以拓宽学生的知识视野,增强学生的综合素质和适应能力。新文科倡导开放包容的教育理念,尊重多元文化,关注全球视野,鼓励学生接触不同文化、不同领域的知识和思想,以培养具有国际视野和跨文化交流能力的人才。新文科强调文科教育的社会服务功能,鼓励学生将所学知识应用于实际,解决社会问题,为经济社会发展做出贡献。

第一节　新文科的兴起

2019 年,中国教育部在关于一流本科课程建设的实施意见中正式提出包括新文科建设在内的目标导向,随即掀起了高等教育界有关新文科建设的热议，对新文科建设的起源、内涵、实施和路径等进行了广泛的探讨。那么，作为21世纪新文科建设的倡导者与实践者——美国希拉姆学院，究竟是为什么和怎样开展新文科建设的呢？本书试图探寻希拉姆学院新文科建设的理念与实践，厘清其中的原委与要素，以期还原新文科建设的本来面貌。

一 "新文科倡议"始末

新文科一词最早起源于麻省理工学院1980—1990年的"新文科倡议"。该倡议不仅首次提出了新文科的概念，还进行了新文科建设的实践探索，虽然最后以失败告终，但其理念与实施为希拉姆学院新文科建设提供了宝贵经验。

1980年，麻省理工学院斯隆管理学院提出了一项"新文科倡议"（New Liberal Arts Initiative，缩写为NLA），旨在重新构建理工科大学的传统文科，并寄希望于建立一套融合现代科学技术与量化研究的文科课程体系，作为改造文科教育的路径，斯隆基金会负责为该倡议的实施提供经费资助。截止到1990年，该实施计划宣告结束，并由为斯隆基金会工作的欧柏林大学教授塞缪尔·戈德堡撰写了一份新文科建设总结报告。在NLA实施的10年间，全美共有53所学院和16所大学参与了项目，其中有24所学院和9所大学分别获得了斯隆基金会15万美元及以上的资助，另外29所学院和7所大学分别获得了15万美元以下的资助。从1982年项目第一次获得资助到1990年项目结束，斯隆基金会共投入了2000万美元，主要用于向开设新文科课程的学院或大学提供资金支持；向出版新文科著作的研究人员和作者提供资助（共十部）；向麻省理工学院出版社提供资助，用于出版相关作品。[1]

虽然参与NLA的学院或大学从不同层面开展了建设工作，但项目实施内容主要有两个方面。第一，研究和宣传新文科理念。纽约州立大

---

[1] Sheila Tobias, "Revisiting the New Liberal Arts Initiative, 1980—1990", https://www.asee.org/documents/teagle/SloanNewLibArtProj.pdf. (2020-05-11).

学石溪分校资料中心共接受到51万美元经费，资助开展5项工作：（1）每月出版与发布NLA的新闻；（2）管理参加项目教师的假期补助金发放；（3）编写、出版和发行新文科课程资料；（4）举办评估项目进展的研讨会和学科会议；（5）促进新文科建设学院之间的沟通与合作，负责NLA与其他类似项目之间的沟通与服务。[①] 第二，开发新文科课程。芝加哥大学获得了28万美元的资助，由三位分别教授数学、统计学、计算机科学的教师共同设计和开设了一门为期1年的综合性课程，将数学知识、数据分析和计算机编程融合在一起；同时还编写了课程使用的专门教材，并将其推广到开展新文科建设的学院；其目的是鼓励更多大学开设科学定量研究的课程，使人文与社会学科专业的学生兼备理工科的知识素养。马萨诸塞州的曼荷莲文理学院得到了25万美元经费，资助设计开发了三种课程：开设为期1学年的定量研究课程，主要是一系列案例研究，涉及数据分析、计算机应用和数学专题；为社会科学专业开设的数学和计算机课程；应用科学课程，为学生提供有关科学技术领域的知识结构以及相关的暑期见习。[②]

然而，"新文科倡议"实施的结果并不理想，甚至可以说是以失败告终。尽管项目有充足的资金支持，但新开发的课程实施范围有限，仅限于自愿参加项目的少数文科学院或专业；其影响力也不够，始终没有产生持续而广泛的反响，远未达到预期效果。基金会聘请的数学与科学教育学者希拉·托比亚斯（Sheila Tobias）在总结失败原因时认为，NLA最终没有实现预期目标的原因有四个：第一，缺乏后续支持和跟进。当斯隆基金会因其他原因停止资助以后，参与项目的学院和教师就失去了进一步开展活动的动力和兴趣，随即停止了相关研究。第二，仅在少数文科专业开设新课程。只有部分学院的个别教师愿意尝试项目设

---

① Samuel Goldberg, "The Sloan Foundation New Liberal Arts Program", *Change: The Magazine of Higher Learning*, Vol. 18, No. 2, 1986, pp. 14–15.

② Samuel Goldberg, "The Sloan Foundation New Liberal Arts Program", *Change: The Magazine of Higher Learning*, Vol. 18, No. 2, 1986, pp. 14–15.

置的课程，开设范围十分有限。第三，新课程吸引力不够。学生参与新文科课程的积极性不高，课程中所涉及的黑人研究、妇女研究、环境研究等鲜有学生选修。第四，新文科理念尚未成熟。NLA 没有得到广泛传播，不仅没有举行过全国性的学术研讨，也未形成必要的氛围和思潮。① 当然，这其中的原因还包括当时课程开发与媒体传播技术还不成熟。不过，"新文科倡议"试图改变文科模式的设想成为之后新文科建设的实践与思想基础。

二 希拉姆学院新文科建设的模式

2017 年，希拉姆学院重新提出建设新文科的设想，开启了该校新一轮的课程与教学改革，在沉寂了 27 年后，新文科理念再次引起了人们的注意。创办于 1850 年的希拉姆学院是美国俄亥俄州一所提供学士学位课程的私立文理学院，主要以实施注重综合素养的博雅教育为主。学院院长洛里·瓦洛塔（Lori Varlotta）提议将学院定位为新文科学院，对文科专业进行系统性改革，整合学院资源、设计体验式教学与学习，将现代科学技术与教学相结合，采用创新教学方式，从而开启了新文科建设运动。

（一）新文科的要素

洛里·瓦洛塔坦诚道，希拉姆学院新文科建设主要是为了实现四个目标：一是增加学院学生数量，缓解财政困难；二是吸引家庭经济状况较好的学生申请入学；三是创建整合式与体验式的教学与学习架构，将其融入学生在校学习和生活经验之中；四是确保学生掌握 21 世纪所需要的思维方式和技能。为此，她提出新文科应该具备四项基本要素。②

---

① Sheila Tobias, "Revisiting the New Liberal Arts Initiative, 1980—1990", https://www.asee.org/documents/teagle/SloanNewLibArtProj.pdf. (2020 - 05 - 11).
② Lori Varlotta, "Designing a Model for the New Liberal Arts", *Liberal Education*, Vol. 104, No. 4, 2018, pp. 44 - 51.

1. 新生共同体验

新生共同体验属于公共必修基础项目，目的在于使新生尽早了解所学专业的毕业要求和所在社区的习俗规范，培养他们的创作和语言沟通能力，使他们通过认识和理解课堂对话、交流活动、概念理论、个人观念与团体规范之间的关系，逐步形成自我反思能力。为了使新生思考和体验课堂学习与课外学习之间的联系，希拉姆学院设计了5类共同问题，即"5C"：（1）性格，"我希望成为怎样的人？如何使自己做得更好？"；（2）社区，"我从哪里来？应该如何为社区服务？"；（3）职业，"我适合从事何种工作？怎样为此做好就业准备？"；（4）课程，"我应该掌握什么，怎样掌握？学习何种知识？"；（5）使命感，"如何探寻生命的意义？人生的目的是什么？"。洛里·瓦洛塔指出，设置"5C"的目的是促进学生思维活动与行动实践的有机结合，使体验活动更具有教育意义。希拉姆学院计划在新一轮的体验式教育中，运用了现代技术深化学生对于5C和反思的理解，使他们熟练地掌握用批判性思维审视价值观、兴趣和志向的技能。

2. 综合性专业

希拉姆学院建设新文科的主要措施之一就是整合文科专业，重组学院29个主修专业和38个辅修专业，把自然学科和新技术融入哲学、文学、语言等文科专业课程中，为学生提供综合性的跨学科学习体验。具体做法是将所有文科专业集中设置于五个学院，分别是艺术、人文与文化学院、斯卡伯勒商业与传播学院、教育、公民领导力与社会发展学院、健康与医学人文学院、科学与技术学院。每个学院的高年级专业课程交叉开设，学生可以在不同专业学习相关领域课程。洛里·瓦洛塔认为，交叉性课程有助于学生在不同学科的理论与概念之间建立有机联系，使他们能够从跨专业视角审视所学专业的理论与方法。但是，她又表示，综合性专业并不意味着要打破专业与学科的界限，而是要拆除专业间的"篱笆"，破除学科之间的壁垒，为学院合并或撤销设置过细、过窄专业或部门提供可能，客观上也缓解了学院的办学经费压力。

3. 关联核心课程

在洛里·瓦洛塔看来，关联核心课程是一套跨专业、跨学科、相互交叉的课程体系，以各专业主干课程为主，目的在于帮助学生产生对非专业研究领域的兴趣，培养他们的创新思维与创作能力，防止学科过度专业化。① 但在课程实施过程中，希拉姆学院发现难以实现预设目标，关联核心课程在某种程度上仅仅成了学生了解其他专业的入门课程，没有帮助他们产生兴趣。为了改变这种现状，学院计划开发一系列具有系统性、连贯性和高度关联性的核心课程，旨在增强关联核心课程的特色与趣味性，培养学生的反思能力和解决、应对困难与风险的能力，课程主要涉及气候变化、人工智能、全球市场经济和卫生保健等。

4. 体验式活动

体验式活动主要包括常态化见习与实习、国内外研学和参加科学研究活动，目的是为学生提供更多将专业理论应用于实践的机会。希拉姆学院通过调研得出结论：雇主、研究生院和社会服务机构更愿意接受具有丰富体验式活动经验的毕业生。因此，学院设计了"科技与迷航""野外训练营"等开放性活动；为高年级学生设置了"高影响力活动"，包含学习之旅、实习、服务式学习或课题项目研究等；通过讨论和思考新生共同体验的"5C"问题，把创新思维与建设性规划联系起来，将"5C"作为反思性日志、电子相册的参照内容帮助学生捕捉与记录他们的活动体验。②

（二）新文科课程体系的开发

希拉姆学院设计了体现新文科基本要素的"专业教学计划：高挑战度课程"，整合了不同学科的专业知识，使学生了解和掌握更加广泛的学科领域，增进认识世界和自我发展的意识；课程体系还通过多样化教

---

① Lori Varlotta, "Designing a Model for the New Liberal Arts", *Liberal Education*, Vol. 104, No. 4, 2018, pp. 44–51.

② Lori Varlotta, "Designing a Model for the New Liberal Arts", *Liberal Education*, Vol. 104, No. 4, 2018, pp. 44–51.

学方式提高学生的感悟性，使他们形成将所学知识应用于急速变革时代中的能力。该课程体系共由六个部分组成。①

1. 希拉姆制

"希拉姆制"的目的是更新文科教育模式，加强师生之间教与学的联系，具体做法是重新划分学期，将每个学期（15周）分为两个部分：基础课程（12周）和研讨会（3周）。基础课程学期主要开设通识课程和专业课程，一般仅设置三门课程，每门课程可持续1—4个学期，每周上课2—3次，每次为2小时；教学形式以研究性学习为主，学生主要探究学科理论，全面了解学科知识和基本概念，形成持久的专业理解力，同时辅之以课堂讲授；课程结束后要求学生撰写一篇反映知识学习深度与广度的学术论文。② 研讨会学期以各种形式的讨论会为主，也可以是专题性的实地考察、体验式学习、出国访学等；学生只能选择一门课程，教师也只能教授一门课程，每周上课4次，每次3—4小时；课程内容和教学形式灵活多样，师生可以协商确定上课时间或地点，采用小班化教学，每门课程均有选课人数限制。希拉姆学院认为研讨会可以为学生提供充分的专题学习机会，有益于师生之间建立具有教育意义的和谐关系，教师也可以为下一个基础课程学期的教学工作做好准备。

2. 希拉姆链接

"希拉姆链接"主要是将学生课堂学习与课外体验相结合，促使他们自觉地开展职业探究和自我发展，采用的方式是学院为学生提供出国访学、科学研究或见习实习等体验式活动的机会，通过实践促进学生提高认知水准和掌握课程核心概念，深入思考专业理论与假设，理解共同体与全球化的关系。③ 具体分为四个步骤：（1）永恒问题研讨会。是第一

---

① Hiram College, "The General Education Program: Urgent Challenges Curriculum", https://catalog.hiram.edu/undergraduate/academic-program-core-curriculum/. (2020-05-21).

② Hiram College, "The Hiram Plan", https://catalog.hiram.edu/undergraduate/academic-program-core-curriculum/plan/. (2020-05-21).

③ Hiram College, "Hiram Connect", https://catalog.hiram.edu/undergraduate/academic-program-core-curriculum/connect/. (2020-05-24).

学期为新生专门开设的学习和生活入门课程，目的在于帮助他们反思已有的经验与观念，形成运用新视角和新观点思考问题的方法。（2）选择专业。二年级（或更早）的学生与课程指导教师或顾问深度讨论毕业后自己适合从事的职业或职业类型，并根据个人志向选择主修专业。（3）体验式学习。为"希拉姆链接"的核心内容，学院通过专业学习、实习或完成指定项目，帮助学生掌握专业理论与实践相结合的方法。（4）毕业设计或顶点设计。在前三个步骤中逐渐掌握专业知识与形成反思能力的基础上，学生选择一项与专业领域相关的课题开展研究，然后向教师、同学和家长展示说明研究的过程与结论；项目必须具有发展学生综合素质和帮助他们从课堂走向实践的功能，有益于学生的深度学习，同时还可以作为一种评价学生学业成绩的有效工具；项目主题可以是学生对自身学习经历的反思，也可以以毕业论文或设计的形式呈现。①

3. 新生培养计划

希拉姆学院专门为大一新生制定了培养计划，规定新生需要在第一学年的基础课程学期必修三门课程，其中"新生永恒问题"是每个学生都必须学习的公共课程，采用研讨会的形式，目的在于帮助学生平稳度过从高中阶段到大学的第一步。这门课程由任课教师组织学生开展反思性阅读、讨论、演讲，并通过正式或非正式的创作研讨问题，每节课均围绕一个永恒问题展开，如"什么是正义？""什么是美好生活？""政府是否有存在的必要？""什么是利润？"等等。② 通过对问题进行缜密推理与思考，新生的创作能力、反思能力和交流能力得以提高，进而形成判断、阅读、解释与评价文本的技能。新生培养计划的课程要求规定：在基础课程学期的学习过程中，必须查阅相关的资料和书籍，参

---

① Hiram College, "Discover the Answers with Connect", https://www.hiram.edu/connect/. (2020-05-25).

② Hiram College, "The First-Year Program", https://catalog.hiram.edu/undergraduate/academic-program-core-curriculum/first-year-program/. (2020-05-25).

加课程设计所包含的讲座、讨论、小组活动等；每个新生至少完成一次演讲，并定期反思个人学习状况，撰写三份及以上总结报告；① 如果未达到课程成绩的合格标准，必须再选修两门额外开设的研讨类课程，或者由主管副院长认可新生已具备与修完"新生永恒问题"课程同等的创作能力。

4. 核心课程

核心课程是希拉姆学院为文科类专业开设的公共课程，通常由至少6门分属于不同学科的课程组成，目的在于扩展文科的范畴、丰富文科的内容，帮助学生通过跨学科学习理解知识之间的相互关系。核心课程分为认知方法课和公民责任课两种类型，前者主要包括创新法、建模法、实验科学法、社会与文化分析法；后者主要有体验世界、理解美国的多样性以及价值、道德与社会责任等课程。② 通过学习核心课程，学生可以运用所学的综合知识与体验选择和兴趣相契合的专业；如果不愿意选修某门核心课程，就必须增加选修一门本专业的高年级课程，方可获得相同的学分。

5. 跨学科必修

"跨学科必修"是为三年级学生开设的必修课程，教学采用跨学科研讨会的形式，课程内容主要是让学生从不同学科、文化、历史、社会、科学、艺术或道德的视角讨论社会现实问题。希拉姆学院的理念是，当今时代所充斥的复杂而广泛的社会问题需要学生具备丰富的想象力和批判反思能力；跨学科课程有助于将学生培养成为一名具有跨文化与人际交往能力的社会公民或专业领导者，从而使其能够解决复杂的永恒问题。由于跨学科课程的知识与专题往往需要整合两门及以上的学科知识与方法，所以经过批准开设的跨学科必修课需符合两项要求：一是

---

① Hiram College, "The First-Year Program", https：//catalog.hiram.edu/undergraduate/academic-program-core-curriculum/first-year-program/. （2020 - 05 - 25）.

② Hiram College, "The Core Curriculum", https：//catalog.hiram.edu/undergraduate/academic-program-core-curriculum/core-curriculum/. （2020 - 05 - 26）.

针对复杂问题的认识，引导学生从两个或者两个以上的视角来阐释问题；二是反映跨学科问题，能够拓宽学生的学科视野。①

6. 高峰体验

希拉姆学院的高峰体验实质上是在最后一个学期开设的一门综合性课程，要求四年级学生运用已具有的经验、知识、能力形成完整的自我认知；具体形式包括课程研讨、独立调查研究、实习计划、正式演讲等；目的在于使学生通过整合课程内容、反思个人与专业目标的实现程度等来展示解决问题、交流沟通、表达思想和创作的能力，其认知结果将会以作品的形式展示，并从学校、社区、家人和朋友等渠道获得反馈。

三 希拉姆学院新文科建设的初衷

作为一所传统的文理学院，希拉姆学院人文学科的知识内涵与逻辑体系面临21世纪科学技术发展的挑战，曾经引以为豪的博雅教育处境尴尬，从而促使学院构建新文科模式，为文科发展和服务新时代注入强劲动力。

（一）缓解文理学院的办学困境

进入21世纪后，美国高等教育的激烈市场竞争导致传统文理学院入学人数急剧减少，普遍面临生存危机，主要表现为文科入学人数下降、学费上涨、就业前景黯淡、存在价值受到质疑等问题。为了摆脱办学困境，适应考生、家长和社会的需求，一些美国私立文理学院希望通过修订文科培养方案，重新设计与开发课程体系，增加社会吸引力和生源，解决办学经费短缺等问题。②

希拉姆学院主要依靠学费与捐赠维持学校运转，由于在线教育的激烈竞争导致招生人数逐年减少，时常陷入入不敷出的财政困境。洛里·

---

① Hiram College, "Interdisciplinary Requirement", https://catalog.hiram.edu/undergraduate/academic-program-core-curriculum/interdisciplinary-requirement/. (2020-05-28).

② Xiaodan Hu, "Enrollment Challenges at Liberal Arts Colleges: A Literature Review", *Higher Education in Review*, 2017, pp. 1-12.

瓦洛塔曾表示，虽然学院采取多种方式削减正常开支，如推迟设备更新时间、限制教师差旅、增加裁员次数等等，但经费依然紧缺且看不到缓解的迹象。她直言道："时间并非站在我们这一边，尽管学院在资金方面取得了一定进展，但并未真正摆脱困境"。[1] 资金匮乏导致办学困难，这就迫使希拉姆学院决心从根本上调整学科与院系设置，重点改造传统文科教育模式，力争与时代发展相接轨，使其在高等教育的激烈竞争中有立足之地。

（二）扭转文科教育滞后于科技发展的被动局面

当代科技发展推动了知识生产方式的转型，彰显了自然科学在知识领域中的地位与价值，加速了自然科学与人文科学的分野，导致自然科学与人文科学之间的地位日益悬殊。美国传统文理学院的专业长期致力于传授人文学科的通识性知识，实施博雅教育，游走于文科与理科知识的边缘，被贴上了"闲暇""消遣"的标签。这种现象凸显了人文学科的逻辑基础、理论根基、系统框架等内部结构需要适应时代发展进行根本性变革。塞缪尔·戈德堡在斯隆基金会关于新文科建设总结报告中指出："现代博雅教育所要培养的毕业生必须了解他们所生活的科技时代，具备广泛运用定量方法、数学、计算机模型以及科学思维模式的实践经验和能力。"[2] 希拉姆学院认识到，只有重新修订文科培养方案，把新技术、新方法融入哲学、文学、语言等专业课程中，实施综合性的跨学科教学与学习，才能维系文科教育的生存。洛里·瓦洛塔在2018年发表的《构建新文科模式》一文中疾呼：希拉姆学院应该成为"一个集综合学习、高影响力体验、反思性技术于一身的新文科典范。"[3]

---

[1] Rachel Abbey Mccafferty, "Hiram College Redesigns Itself as New Liberal Arts", (2020 – 06 – 02), https://www.csuohio.edu/sites/default/files/Hiram%20College%20redesigns%20itself%20to%20be%20%27new%20liberal%20arts%27.pdf. (2020 – 05 – 28).

[2] Samuel Goldberg, "The Sloan Foundation's New Liberal Arts Program", Change: The Magazine of Higher Learning, Vol. 18, No. 2, 1986, pp. 14 – 15.

[3] Lori Varlotta, "Designing a Model for the New Liberal Arts", Liberal Education, Vol. 104, No. 4, 2018, pp. 44 – 51.

（三）顺应信息技术对人才培养规格的要求

希拉姆学院认识到，21世纪科学技术尤其是信息技术的发展既改变了人类的生活方式，也改变了教学形式和方式，互联网技术使教学与课程学习不再受时间与空间的限制，线上、线下、混合式教学、智慧教学工具的运用不仅可以拓展学生的知识范围，还能提升他们的批判性、创新性思维能力。马里兰州古彻学院院长何塞·安东尼奥·鲍恩认为，新型学习化经济时代已经到来，文理学院需要培养"思想家与探索者"，因为时代更需要具有批判性思维、解决复杂问题和创作能力的人，"我们应该以截然不同的方式提供文科课程"。[①] 他比喻道，假如每门学科都是一种可以解决复杂问题的特定工具，那么物理可能是锤子，诗歌可能是螺丝刀，精通锤子的使用方法有助于学生顺利完成工作，但没有螺丝刀则可能会限制职业发展前景，而且若干年后需要哪些工具是无法预测的。因此，文科通识教育必须为学生提供完整的工具箱，以便为解决人类尚无法想象的复杂问题做好准备，并且有些问题甚至可能需要发明新的工具。[②]

希拉姆学院开发的综合移动技术项目"科技与迷航"就是通过传授反思性技术，使学生掌握如何创造性和批判性地使用技术从而提高学习效率，帮助他们取得学位或继续攻读更高学位课程。为此，新课程要求必须给每一位学生和教师配备移动电子设备套装，帮助他们掌握现代移动学习技术。加利福尼亚州多米尼加文理学院开设的"多米尼加体验"通识教育课程，将数字资产组合与社区参与、毕业设计、咨询和指导结合在一起，开设了医疗保健领域的学术课程，与编码公司合作开设了计算机辅修课程。[③]

---

① James Paterson, "To Survive, Small Colleges are Rethinking the Liberal Arts", (2019 – 05 – 27), https://www.educationdive.com/news/to-survive-small-colleges-are-rethinking-the-liberal-arts/551405/. (2020 – 05 – 11).

② José Antonio Bowen, "Nudges, the Learning Economy, and a New Three Rs: Relationships, Resilience, and Reflection", *Liberal Education*, Vol. 104, No. 2, 2018, pp. 28 – 35.

③ James Paterson, "To Survive, Small Colleges are Rethinking the Liberal Arts", (2019 – 05 – 27), https://www.educationdive.com/news/to-survive-small-colleges-are-rethinking-the-liberal-arts/551405/. (2020 – 05 – 11).

四　希拉姆学院新文科建设的主要特征

希拉姆学院新文科建设引起了许多国家的关注，在一定范围内掀起了一场新文科建设运动，其核心要素、建设理念与课程设置都产生了广泛影响。分析希拉姆学院新文科建设的特征，对当前中国新文科建设具有现实意义。

(一) 培养适应现代社会发展的创新思维

洛里·瓦洛塔院长指出，希拉姆学院摆脱困境的必由之路是培养适应未来社会发展且得到社会认可的毕业生，其主要表现就是具备鲜明的反思性思维与创新能力。因此学院必须开设以创新思维为导向的跨学科研讨会、体验式活动、"科技与迷航"项目等跨专业、综合性课程；教学活动聚焦现实性和永恒性主题，引领学生多视角探索未来职业、社区、社会公平、信息化等问题，使学生博采众家之长形成创新意识和习惯，成为一名合格的现代文科毕业生。

(二) 开发跨学科通识教育课程

希拉姆学院提出，无论是文科还是理科都需要学术研究的逻辑性和严谨性；开发跨学科通识课程可以培养学生的广阔视野、复杂思维、独立人格与批判意识，帮助学生成为负责任的社会公民，具备适应未来职业和生活的素养。[①] 因此，学院改组了专业系别结构，重组精炼的综合性院系或专业，促进了跨学科、跨专业教育的发展，增加了交叉性通识课程的比例，打破了学科、专业壁垒。同时，又精简了机构和人员，缓解了财政困境。

(三) 实施旨在培养健全人格的体验式活动

希拉姆学院重视教师与学生学术研究与实践体验、认知能力与个性发展的结合，让学生通过亲身经历和感悟形成良好的个人品质，充分认

---

① 邓世平、王雪梅：《新文科背景下通识教育课程改革的路径》，《社会科学报》2020年2月27日第5版。

识自我与社会的关系，从而构建与社区融合的情怀、综合化人文精神和科技力量的意识。因此，学院将师生共享课堂、海外学习项目、多样化实习模式视为新文科建设的要点，促进学生个体经验的积累、学术与实践的统一；设置研讨会学期，师生共同参与研究性课程，一起探究课程主题；采用小班化教学和创新授课方式，组织参观博物馆、海外研学、校外见习和科学研究，使教师可以精准观察学生的兴趣与特征，从而制定个性化的培养计划。

（四）将现代科学技术嵌入人文学科之中

1982年美国《自然》杂志刊文提道，"新文科倡议"的积极推动者斯蒂芬·怀特（Stephen White）预言，没有数学和计算机语言的文科不是完整的博雅教育；[1] 塞缪尔·戈德堡认为，斯隆基金会的"新文科倡议"就是为了鼓励将定量研究与科学技术方法融入文科课程内核的实验；洛里·瓦洛塔在《构建新文科模式》中强调，"要把气候变化、人工智能、市场经济以及食品、饮水、医疗保健等纳入新文科的核心课程，以便激发学生的兴趣，帮助他们认识跨学科的重要性，学会应对复杂的现实世界挑战"。[2]

需要指出的是，希拉姆学院的新文科并非简单的文科与当代科学技术的结合，这更不是最终目的；科学与技术融入文科的根本是培养学生形成解决和应对复杂现实问题的能力，从而提高学校的竞争力。"科技与迷航"项目实施者戴维·斯特鲁克尔博士告诫人们，科学技术是把"双刃剑"，必须谨慎地使用它才能彰显其价值；最重要的并不是教会学生运用和操作技术，而是让他们理解如何发挥技术的作用。[3]

---

[1] Nature, "New Ways from the Liberal Arts?", *Nature*, Vol. 298, 1982, p. 107.

[2] Lori Varlotta, "Designing a Model for the New Liberal Arts", *Liberal Education*, Vol. 104, No. 4, 2018, pp. 44–51.

[3] Hiram College, "Talking Mindful Tech with Hiram Professor David Strukel", https://www.hiram.edu/hiram-news/talking-mindful-tech-with-hiram-professor-david-strukel/. （2020–05–29）.

五 中国新文科研究与展望

为推动高等教育内涵式发展，2018年8月中国教育部提出"四新"建设，即新工科、新医科、新农科、新文科，新文科概念首次正式浮出水面。随后，教育部于2019年4月在天津召开"六卓越一拔尖"计划2.0启动大会，标志着新文科建设的正式实施，由此学界普遍认为2019年是新文科建设的启动年。2020年11月，新文科建设会议在山东大学召开，时任教育部高教司司长吴岩作题为《全面推进新文科建设》的主题报告，进一步阐述了新文科的概念、建设意义及路径。会议还发布了《新文科建设宣言》，对新文科建设作出全面部署，该宣言的发布标志着新文科建设已经进入全国性的深化发展阶段。2021年3月，教育部办公厅发布《推荐新文科研究与改革实践项目的通知》，宣告新文科建设迈入新的阶段，新文科建设得到了前所未有的重视。新文科建设的会议精神与政策指引推动了相关研究的迅速崛起，截至2023年6月，新文科建设研究已呈现爆发式增长。当前新文科建设研究涵盖学科广泛，兼具政策性、理论性与实践性。

（一）中国新文科研究态势分析

新文科建设是当前中国高等教育改革的重要方向之一，旨在推动文科教育的创新发展，培养具有创新精神和实践能力的高素质文科人才。随着中国经济社会的快速发展和国际地位的不断提升，文科教育在国家发展中的重要性日益凸显。新文科已成为中国高等教育改革的重要方向之一。

1. 时间分布

文献的时间分布可以直观呈现出新文科建设研究的发展脉络与研究劲头。研究者对获取的文献进行年度数据统计，绘制出年度论文发表分布图（详见图1-1）。不难看出，中国学者对新文科建设研究起始于2019年，并呈逐年上升趋势。2019年仅为23篇，2020年增至110篇，2021年更是达到了247篇。截至2022年第一季度，由于考虑到部分论文尚未刊登中国知网数据库，因此若保持当前态势，2022年预计文献数量将超过300篇。新文科建设研究在短短3年内呈现出如此热度，与教育部召开的一系列会议时间节点高度相关。2019年的"六卓越一拔尖"计划2.0启动大会标志着新文科建设正式启动，由此在人文社会科学学界展开了热烈讨论，2020年《新文科建设宣言》发布后更是点燃了学界对于新文科建设研究的热情。2021年教育部推出新文科研究与改革实践项目，将新文科建设研究从政策与理论层面下沉到实践层面，新文科建设研究项目如雨后春笋般出现，呈现出巨大的研究活力与能量。鉴于新文科课题研究与实践项目的推进，未来新文科建设研究势必会得到更多关注。

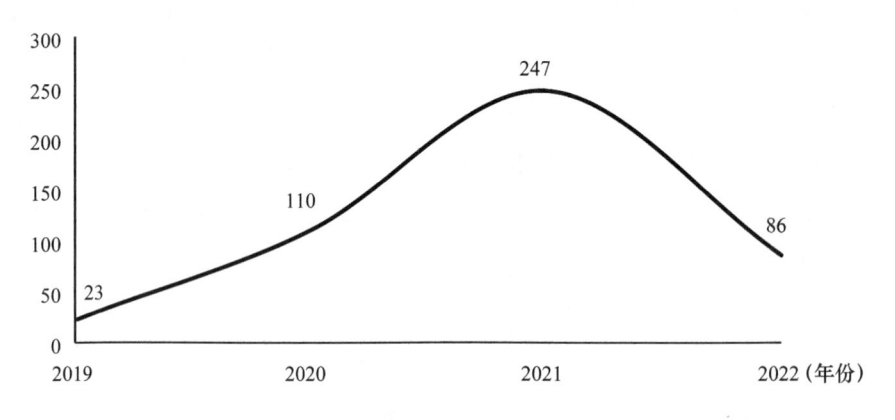

图1-1 年度论文发表分布（截至2022年6月）

2. 学科分布

借助Endnote文献管理软件对样本数据进行描述统计，罗列出刊文量排名前十的专业类别（详见表1-1）。其中高等教育位列第一，占总发文量的34.6%，新闻与传媒位列第二，占13.8%，进入前十的还包括外国语言文字、图书情报与数字图书馆、文艺理论、中国语言文字等。可以看到除高等教育学外，其他学科分布较为平均，这反映了两个方面的态势：首先，当前对于新文科建设的研究仍围绕着高等教育基本理论层面展开，该研究本质上仍属于高等教育的研究课题，高等教育学科需要为其提供理论基础与智力支撑。其次，新文科建设研究又具有较强的政策导向与实践需求。为落实新文科工作会议精神与新文科研究项目，人文社会科学领域开展了繁多的研究项目，由此在学科分布上种类丰富，其中又以新闻与传媒、外国语言文字、图书情报与数字图书馆等学科研究成果较为突出。

表1-1　　　　　　　　发文量前十的学科专业分布

序号	专业类别	文献数量（%）
1	高等教育	153（34.6）
2	新闻与传媒	61（13.8）
3	外国语言文字	53（11.9）
4	图书情报与数字图书馆	45（10.1）
5	文艺理论	31（7.0）
6	中国语言文字	29（6.5）
7	计算机软件与应用	20（4.5）
8	档案及博物馆	18（4.1）
9	戏剧电影与电视艺术	16（3.6）
10	教育基本理论	16（3.6）

3. 期刊分布

从数据呈现结果来看，新文科建设研究的文献所刊登的期刊种类丰富，涵盖了多个学科，与学科分布呈现出较强的相关性（详见表1-2）。其中，《探索与争鸣》刊文量为21篇，位居榜首，《中国大学教学》以20篇位列第二，《中国高等教育》以18篇挤进前三。不难看出，位居前三的期刊以理论研究为主，《探索与争鸣》更是以理论评论为主的综合性刊物。其他刊物如《青年记者》《当代外语研究》《图书与情报》《中国编辑》等，皆以具体学科研究为主，与学科分布的大体布局较为吻合，分散在新闻与传播学、外语研究、编辑学、图书与情报学等领域。这在一定程度上表明,当前新文科既包含以高等教育学为基础的理论研究,也涵盖了人文社科领域的实践研究。同时,期刊分布也呈现出新文科建设研究活跃于部分文科专业,而教育学、历史学、管理学等学科则较少开展以新文科建设为主的研究。新文科建设研究作为一项崭新理念,在体量丰富的人文社会学科中尚是浅尝辄止。

表1-2　　　　　　　　　发文量前十的期刊分布

序号	期刊名称	文献数量（%）
1	《探索与争鸣》	21（14.8）
2	《中国大学教学》	20（14.1）
3	《中国高等教育》	18（12.7）
4	《青年记者》	15（10.6）
5	《当代外语研究》	12（8.5）
6	《图书与情报》	12（8.5）
7	《中国编辑》	12（8.5）
8	《上海交通大学学报》（哲学社会科学版）	11（7.8）
9	《中国外语》	10（7.1）
10	《传媒》	10（7.1）

4. 机构分布

分析研究机构可以发现研究共同体的分布情况,从而衡量其对研究的贡献与推动作用。在机构分布上,发文量超过10篇的机构共10所,中国人民大学与北京师范大学共居榜首,发文量达到18篇,其次是南京大学17篇,山东大学紧随其后(详见表1-3)。这体现出四个表征:第一,有关新文科建设的研究成果较为分散,各研究机构之间的发文量没有明显层级差别,表明当前尚未有研究机构形成突出的研究优势。第二,排名靠前的机构以文科专业见长,拥有雄厚的文科建设基础,如中国人民大学、南京大学、山东大学。其中山东大学更是新文科理念的重要研究基地,多项新文科建设会议在该校召开,具有一定的引领意义。如进一步划分文献所属的二级学院,可以发现中国人民大学的成果产出单位集中在信息资源管理学院与传媒学院,北京师范大学集中在艺术与传媒学院,山东大学集中在外国语学院等。此外还有上海外国语大学、中国传媒大学等高校入榜,表明当前新文科建设的研究重点围绕高水平院校的高质量文科专业展开。第三,排名前十的高校均为"双一流"建设高校。这体现出当前新文科建设研究仍处于上升时期,"双一流"高校得益于政策扶持,担负起率先推进新文科建设、总结新文科建设经验的重任,以期带动地方院校的文科专业发展。

表1-3　　　　　　　　　发文量前十的机构分布

序号	机构名称	文献数量(%)
1	中国人民大学	18(13.8)
2	北京师范大学	18(13.8)
3	南京大学	17(13.1)
4	山东大学	13(10.0)
5	上海外国语大学	13(10.0)
6	北京大学	11(8.4)
7	上海大学	10(7.6)
8	苏州大学	10(7.6)
9	上海交通大学	10(7.6)
10	中国传媒大学	10(7.6)

5. 作者分布

本书借助VOSviewer计量分析工具呈现作者共现网络图谱。分析类型选择作者合作,设置阈值为2,将可视化权重选择为文件数,共得到79个项目。发文量位居第一的是北京师范大学的作者周星,其发表了 12 篇文章，主要探析艺术学科与新文科的关系，并探索在新文科建设背景下艺术学科的重构理路与方法。排名第二的吴岩发表了 7 篇文章，他兼具学术与教育管理者身份，不仅从宏观角度研究新文科建设的时代意义，还立足外语、新闻与传媒等学科探究新文科的实现路径。

依据核心知识生产者分布方程（普赖斯定律）：$M = 0.749 \times \sqrt{Nmax}$，Nmax 代表所有研究者中最高产作者的发文数。当某一作者发文量大于 M 时，即可被视为核心作者。将 Nmax = 12 代入公式中，得到 M ≈ 2.6，即发文量为 3 篇及以上的 19 位作者可被称为核心作者。该定理认为，当所有的核心作者发文量达到研究领域总发文量的 50% 以上时，该领域就形成了核心作者群。经过计量与分析得出上述 19 位核心作者的发文量为 77 篇，小于 466 篇的 50%。因此可以得出：当前中国新文科建设研究暂未形成核心作者群。

（二）中国新文科研究的前沿热点

关键词是论文核心观点与内容提炼与表达的产物，关键词的数据处理有助于判断研究热点所体现的前沿动态。借助 VOSviewer 工具进行关键词共现图谱分析，统计出现频次≥3 的关键词共计 90 个（详见图 1-2）。依照关键词出现频次由多至少进行排序，可绘制出现频次位列前十的关键词（详见表 1-4）。显而易见，从所呈现的图像与表格可见"新文科"一词频次最多，随后是"人才培养""新文科建设"等词。

该关键词共现图谱以新文科为中心向四周发散，研究热点涵盖了新文科建设的理论、方法、路径与实践。将这两个图表内容进行进一步合并、整理与聚类分析，可以概括出中国新文科建设研究的三个热点聚类。如图 1-2 所示，内圈为聚类一"新文科建设概念研究"，中圈为聚类二"新文科建设方法研究"，外圈为聚类三"新文科建设实践研究"。

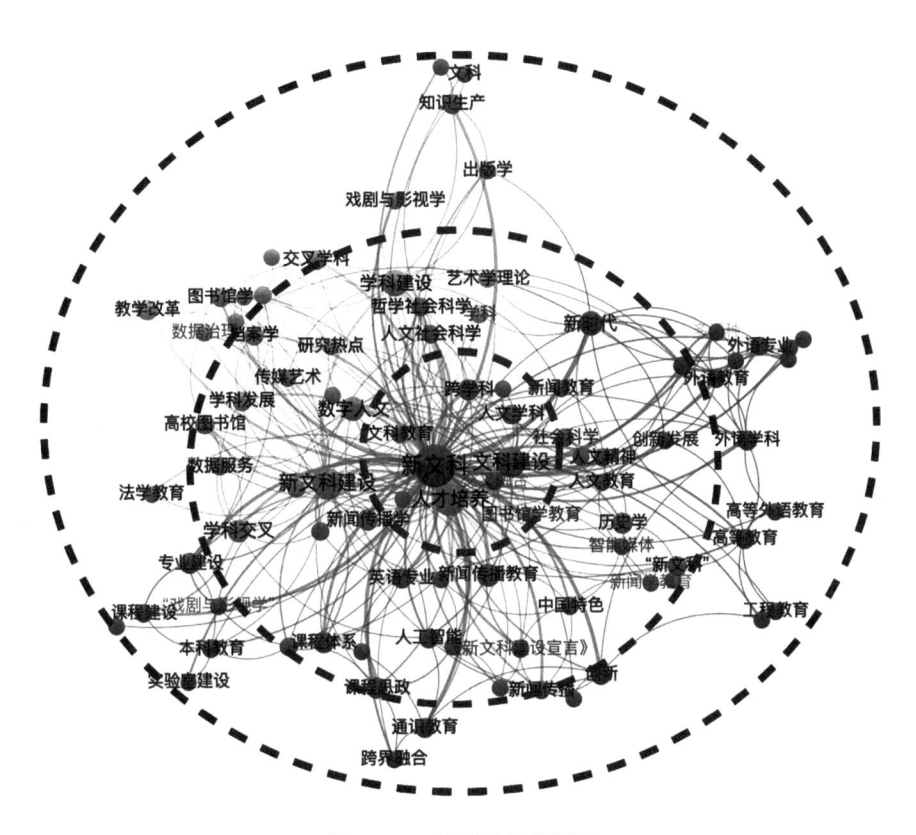

图 1-2 关键词共现图谱

表 1-4　　　　　　　　　出现频次前十位关键词

序号	关键词	频次	总联系强度
1	新文科	257	299
2	人才培养	66	112
3	新文科建设	56	60
4	文科建设	41	29
5	学科建设	28	48
6	数字人文	15	25
7	新时代	14	24

续表

序号	关键词	频次	总联系强度
8	学科交叉	11	16
9	新闻传播教育	10	17
10	课程思政	9	15

1. 聚类一：新文科建设概念研究

聚类一主要包括新文科"文科建设""人才培养""人文学科""跨学科"等关键词，该聚类中，研究者主要从宏观角度辨析新文科的概念与特征。实际上，新文科自提出至今学界尚没有非常明确的界定。新文科建设工作组组长、山东大学校长樊丽明认为，2017年美国西拉姆学院率先提出的新文科概念，重心在于专业重组，尝试让不同专业的学生打破专业课程界限进行综合性的跨学科学习。但中国所指的新文科绝非局限于专业重组、学科交叉，其核心要义是顺应新科技革命和产业变革的大趋势，实现文科发展的融合性、时代性、中国化、国际化。[①] 高等教育司司长吴岩则指出新文科的实质在于用拓展的方式组织人文学科的知识管理，极大程度地把新知识的探索加载到已经走向失效的现有人文学科，让其获得新的生命。[②] 有研究进一步指出，新文科其实是后工业时代基于知识高度综合化、信息化、数字化的一种文科知识生产与再生产的新形态，是文科知识规训的新模式、新手段。[③] 也有学者注意到新文科的中国特色问题，即新文科建设的出发点在于构建中国特色社会主义的学科知识体系，因此必然需要关照全球新技术发展与新时代中国特色社会主义发展战略安排，突出中国特色与中国声音。还有研究则指出当前研究者过于注重新文科的技术范畴，运用基于工具理

[①] 樊丽明：《"新文科"：时代需求与建设重点》，《中国大学教学》2020年第5期。

[②] 吴岩：《"守城"到"攻城"：新文科建设的时代转向》，《探索与争鸣》2020年第1期。

[③] 权培培、段禹、崔延强：《文科之"新"与文科之"道"——关于新文科建设的思考》，《重庆大学学报》（社会科学版）2021年第1期。

性主义来开展文科研究的思路，导致新文科概念过分工具化、技术化、应用化，新文科更根本的使命应在于回应新历史条件下"人"的观念的变化。①

此外，新文科"新"在何处是也学者们所热衷的话题。高等教育司副司长徐青森曾指出，新文科的核心是"创新"的新，不是"新旧"的新、"新老"的新，这表明如何理解"新"是辨析新文科核心概念的关键所在。当前研究者围绕"文科建设""人才培养""跨学科"等维度探究新文科之"新"。有研究认为，新文科"新"在建设目标、学科管理与人才培养模式。也有研究认为，新文科"新"在文理学科的交叉、知识生产的新模式以及适合国情发展需要。还有研究者认为"新"在目标定位、教育活动、组织机制、评价导向等方面。可以看出，当前研究所关注到的新文科之"新"主要体现在人文社会学科体系、人才培养体系与民族性话语体系等方面。

2. 聚类二：新文科建设方法研究

聚类二主要包括"数字人文""学科建设""学科交叉""数据服务""人文精神""中国特色"等关键词，该聚类中，研究者围绕新文科建设的方法进行探究。数字人文是技术与人文研究发展的自然结果，也是新文科建设的重要抓手。有研究认为，数字人文可以为新文科建设提供基础支撑，促进新文科建设的思维转变，实现新文科建设的平台需求，呈现新文科建设的成果输出。② 因此，开设数字人文专业成为创新学科布局和新文科人才培养改革的一种重要尝试，也是适应新时代哲学社会科学发展、哲学社会科学与新一轮科技革命和产业变革交叉融合新需求的重要举措。③ 新文科的本质特征在于跨学科性，不少学者指出学科交叉与学科融合是实现新文科建设的重要途径。有研究认为，人文社

---

① 陶东风：《新文科新在何处》，《探索与争鸣》2020年第1期。
② 王丽华、刘炜：《助力与借力：数字人文与新文科建设》，《南京社会科学》2021年第7期。
③ 周毅、李卓卓：《新文科建设的理路与设计》，《中国大学教学》2019年第6期。

会科学应从知识生产模式转变为以社会需求为导向的模式，强调知识的情景应用性，着力推动以现实问题为中心的跨学科、交叉学科领域研究。① 有研究认为，学科交叉需要统一研究对象，而各人文社科各学科之间的"最大公约数"是以证据为核心的循证理念，循证社会科学可以为新文科建设的理念指引、证据共享、方法支撑、理论创新等提供创新的视角。② 新文科是具有中国立场的新文科。有研究认为，在处理好先验理论与本土实践之间关系的前提下，应坚持中国立场，推动国际对话，展现中国教育理论的独特价值。同时，新文科的建设需要构建新人文精神，即实现新人文精神的平民化转向，通过为民众的生活赋予人文意义与提供建设性的良好生活形式，以达到自身的学科价值与普遍化意义。③

3. 聚类三：新文科建设实践研究

聚类三主要包括"外语学科""新闻传播""实验室建设""档案学""出版学""通识教育""戏剧与影视学"等关键词，该聚类主要聚焦于学科体系建设、专业课程建设、实验室搭建等新文科建设的实践研究。粗略估计，新文科建设的实践研究占到所有新文科研究的半数以上，显然当前针对具体学科领域的新文科建设探索，成为研究的核心与热点。当前研究最为突出的当属外语学科、新闻与传媒学、图书与情报学等学科，其中有关外语学科的研究达到了64篇，新闻与传媒学达到了47篇，图书情报学科达到了43篇。

外语学科所开展的新文科研究较早。吴岩曾指出外语教育具有工具性、人文性和国际性等多重价值属性，外语学科是中国人文学术国际化和引领国际前沿学术潮流的推进器，外语学科的新文科探索之路尤为重要。在此背景下，外语学科需要培养文文交叉和文理交叉的复合型外语

---

① 刘坤、李龙：《重构与推进：新文科背景下的高校哲学社会科学变革》，《学位与研究生教育》2022年第1期。

② 魏志鹏、杨克虎：《循证社会科学视角下的新文科建设路径研究》，《兰州大学学报》（社会科学版）2021年第1期。

③ 王正：《新文科的实践导向性与平民性》，《探索与争鸣》2022年第3期。

专业人才，尤其是以文理交叉为特色的外语学科学术研究。① 还有研究提出构建外语大学科的设想，开设由外语教育学、外语人文学、语言科学、区域国别学、翻译学等课程组成的外语复合学科。② 落脚到人才培养中，研究多集中在培养学生的"多语种+"人文素养，提升"区域国别+"综合能力，形成"交叉复合+"专业能力等方面。

而新闻传播学科作为文科中的实践学科，本身就处在应用先进技术的前排，在新文科建设中扮演重要角色，因此新闻与传媒学固然也是新文科建设研究的重点。当前对于新闻与传媒学的新文科路径探究多集中在学科体系调整、融合课程设置、观照社会需求、师资结构调整方面。此外如吴岩所指，推进新闻与传媒学新文科建设的首要任务是加强马克思主义新闻观教育，因此当前对新型新闻传播人才培养的研究亦备受青睐。研究者多从建立技术思维、深化交叉融通、接轨实践需求、服务国家战略四个维度进行思考和探索。③ 通过加强思想政治引领，以培养具有正确政治方向、新闻志向和工作取向的新闻后备人才。

图书情报学科也是新文科建设研究的重要领域。有研究预测到2030年，图书情报学科将会与数字人文、数据科学、健康信息学出现更多的并列或交集关系。④ 因此，为促进文科学科建设，图书情报学科需要及时关注社会需求，重视学科间的交叉融合，在新文科建设中起到学科服务的作用，同时也要坚守人文传统，防止学科出现肢解的危险。⑤ 还有研究认为需要加强图书馆的校内合作与跨机构合作，建设数字人文专业人才队伍，打造"一站式"数字人文科研服务平台，以此

---

① 胡开宝：《新文科视域下外语学科的建设与发展——理念与路径》，《中国外语》2020年第3期。
② 安丰存、王铭玉：《新文科视阈下的大外语观及学科建设内涵》，《外语研究》2021年第3期。
③ 强月新、孔钰钦：《新文科视野下的新闻传播人才培养》，《中国编辑》2020年第10期。
④ 闫慧、韩艳芳、张钰浩等：《图书馆信息学与新文科交叉领域的关系预测研究》，《情报资料工作》2021年第1期。
⑤ 马费成、李志元：《新文科背景下我国图书情报学科的发展前景》，《中国图书馆学报》2020年第6期。

实现高校图书馆在新文科背景下的实际功用。①

(三) 中国新文科研究现状与展望

综合上述态势分析与热点分析发现，目前中国新文科建设研究发展迅速，研究成果与研究群体显著增多；兼具理论研究与实践研究，愈发突出实践导向；研究聚焦于部分学科，其他文科专业较少涉及。

1. 研究现状

首先，研究成果数量呈直线上升趋势，研究群体范围不断扩大。鉴于新文科建设研究的政策属性，近年来社会关注度持续高涨，尤其是在"六卓越一拔尖"计划2.0启动大会召开后及《新文科建设宣言》发布以后，政策支撑更为显著，进一步促进了人文社会科学的从业者探究新文科建设之路。随后，教育部于2021年推进新文科研究与改革实践项目，更激起了文科专业开展新文科建设的热情与动力。从发文量前十的学科分布图与发文量前十的期刊分布图可以看出，当前新文科建设研究已涉及十多个人文与社会学科，刊登在种类丰富的各类学科期刊中，成为国内多所高水平大学的重点研究课题。这表明，当前中国新文科建设研究已经得到了广泛关注，具备了充分的研究基础，形成了较为成熟的研究体系。

其次，兼具理论研究与实践研究，愈发突出实践导向。新文科建设研究本质上是一项学科改革项目，在政策指引下，当前研究已然愈发突出其实践特征。针对新文科建设的具体路径探索，研究多围绕优势特色专业建设、交叉复合人才培养、课程与教材建设与实验实践教学建设等方面展开，其中较为突出的是山东大学所开展的"3M"多元化复合型人才培养体系实践探索。"3M"即主修专业（Major）、辅修专业（Minor）和微专业（Micro），其中微专业是在本科专业目录之外，围绕某个特定学科领域、研究方向或者核心素养，提炼开设的一组核心课程，使学习者通过灵活、系统地培养，能够具备该方面一定的学术专业素养

---

① 李成林、肖可以、黄凯健：《面向新文科建设的高校图书馆数字人文服务优化研究》，《图书馆》2022年第1期。

和行业从业能力。① 微专业旨在打破学科专业壁垒，促进学科交叉，是山东大学新文科建设工作的创举。2020年山东大学公布了第一批新增新文科项目名单，包括PPE（政经哲）新文科校级基地班等9个项目，山东大学的新文科实践探索在"3M"人才培养体系中得到了全面呈现。除山东大学外，中国传媒大学、南京大学、北京师范大学等高校纷纷建立新文科实验室或实践项目。

最后，虽然新文科建设研究受到了广泛关注，但也存在着研究聚焦于部分学科，其他文科专业较少涉及的现象。如前文所述，近半数新文科建设研究围绕在外语学科、新闻与传媒学科以及图书情报学科，艺术学、教育学、历史学等学科也饶有论述，而心理学、政治学、经济学、法学、社会学等学科则几乎被忽略。究其原因，新文科具有学科交叉、科技创新、科教协同、产教融合等基本特征，强调中国话语与本土特色。因此，作为对外交流平台的外语学科以及新闻与传媒学科，理所应当地在新文科建设中受到重视，而图书情报学科本身就拥有跨学科基因与新技术运用的土壤。诚然，受限于学科特性，部分文科专业较难广泛地参与到新文科建设中，但这也正是当前研究者亟须探究的领域。

2. 研究展望

为更显著地识别出关键词的时序变化，研究选取出现频次超过三次的关键词，形成时间分布图（详见图1-3），颜色越深代表发表年份越近，越浅代表发表年份越远。如该图所示，"新文科人才培养""交叉学科""图书馆学""新闻传播学""课程思政"等关键词在近两年出现较多，而"外语学科""人文精神"等关键词已逐渐消散，表明当前新文科建设研究开始呈现出新的态势。

第一，新文科建设研究的视角将会进一步下移。近两年来，随着新文科研究与改革实践项目的持续推进，研究愈发聚焦到具体学科的课程建设、人才培养、教材设计、教师队伍等方面，如华东师范大学在汉语

---

① 袁凯、姜兆亮、刘传勇：《新时代 新需求 新文科——山东大学新文科建设探索与实践》，《中国大学教学》2020年第7期。

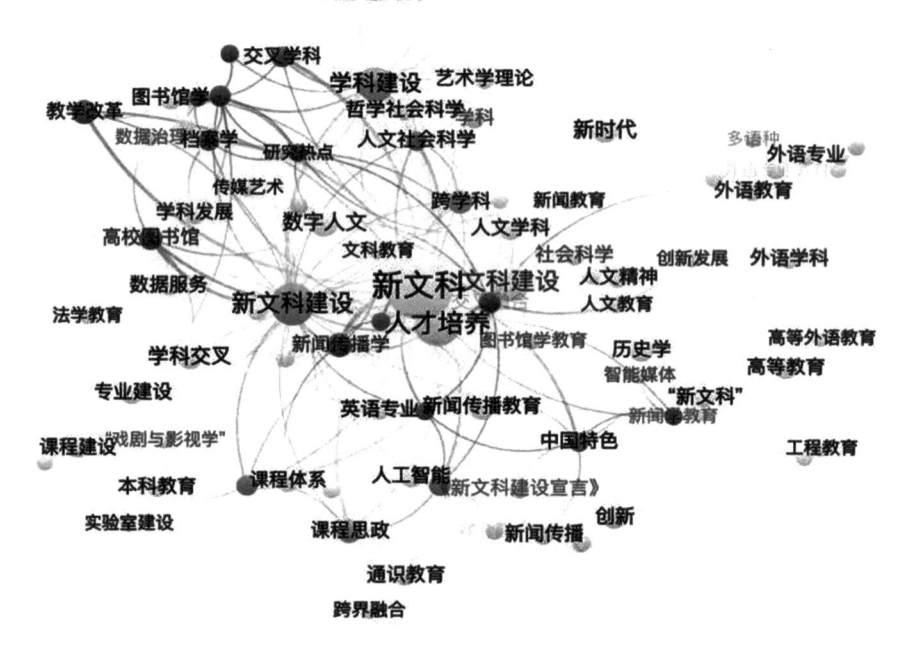

图 1-3 关键词出现频次≥3 的时间分布

言文学专业的新文科探索、中国传媒大学在广告学科的新文科实践、北京师范大学在历史学科的新文科实验。此外，不少研究开始注意到地方院校的新文科建设，逐渐重视地方院校应用型本科专业的新文科建设路径，并指出需要明确专业定位与目标，构建以 OBE 理念为引领的新文科建设格局与以学生发展为中心的应用型人才培养模式。[①] 由此可以预见，新文科建设研究势必会在地方院校的文科专业掀起一阵热潮。

第二，图书馆与情报学仍将成为研究的重点。新文科建设起步阶段，

[①] 童昕、张积林：《地方应用型本科高校新文科建设研究与实践》，《国家教育行政学院学报》2021 年第 3 期。

较多文科专业缺少配套技术支持与培训课程,图书馆与情报学作为一门拥有文科与理科双重身份的学科,可以为文科专业提供数据支撑与学科服务,在新文科建设中发挥着关键作用。当前有关研究大多聚焦于图书馆学在新文科建设中的技术应用与学科服务工作,基于当前的研究基础,未来的研究将会重点转向高校图书馆的智能化服务体系建设,着重探究图书馆的数据素养培训服务、图书馆数字化虚拟仿真实验开发等课题。

第三,新文科实验室建设成为新兴话题。随着"数据治理""数据服务""数字人文"在2020年出现的频率骤增,新文科实验室得到了学界的普遍关注。新文科实验室是指将新技术融入文科课程中,强调学科重组与文理交叉,为学生提供综合性的跨学科实践的实验室。[①] 2020年教育部社会科学司提出要重点支持建设一批文科实验室,促进研究方法和学科交叉融合,引领学术发展。实际上,中国早在1994年就拥有了第一个经济学科实验室,但长期以来文科实验室发展缓慢。新文科概念提出后,尤其是2020年后,文科实验室建设重新进入人们的视野。当前山东大学、中山大学、中国人民大学等不少高校已经开展新文科实验室的建设工作,并取得一定的成绩。未来有关研究将积极吸收国外文科实验室建设的实践经验,开展中国新文科实验室在资源构建、运营机制、技术体系与工具设施等方面的建设,并探究实验室在服务经济社会发展与培养文科生创新创业能力的路径。

第二节 新文科建设发展的理论基础

新文科建设并不是对传统文科建设的否定,而是对文科学科体系的全新构想。新文科建设在遵循文科教育和人才培养基本规律,传承中华优秀传统文化的基础之上,以习近平新时代中国特色社会主义思想为指

[①] 王震宇、薛妍燕、邓理:《跨越边界的思考:新文科视角下的社会科学实验室探索》,《中国高教研究》2020年第12期。

导，不断推进人文社会科学的融合创新。新文科建设发展要以习近平关于高等教育的重要论述、高等教育内涵式发展理论、超学科理念为理论基础，坚定国家的政治方向、把握高等教育发展的基本规律、创新学科发展的路径。

一 习近平关于高等教育的重要论述

党的十八大以来，习近平总书记发表了一系列有关中国高等教育的重要论述，对中国高等教育发展过程中面临的问题和挑战进行了论述，提出了具有中国特色的高等教育新思想。正如2018年9月全国教育大会上习近平总书记强调，加强推进教育现代化，要坚持党的坚强领导，全面贯彻党的教育方针，坚持马克思主义指导地位，坚持中国特色社会主义教育发展道路，坚持社会主义办学方向，立足基本国情，遵循教育规律，坚持改革创新，以凝聚人心、完善人格、开发人力、培育人才、造福人民为工作目标，培养德智体美劳全面发展的社会主义建设者和接班人。[①]

习近平总书记有关高等教育的观点和思考，不仅是促进高等教育发展的重要途径，同样是建设新文科的关键思想引导，为人文社会科学的发展指明了方向，为新文科建设发展提供了理论基础。习近平总书记有关高等教育的论述蕴含着独特思想内涵，包括强调立德树人的根本任务、注重"四个服务"的价值取向、以人才培养为根本目的、建立中国特色大学的愿景。

（一）立德树人

立德树人是高校的立身之本，是新时代中国高等教育发展的鲜明特征。在2014年北京师范大学师生座谈会上，习近平总书记强调：广大青年树立和培育社会主义核心价值观，要在以下几点上下功夫：一是要勤学，下得苦功夫，求得真学问。二是要修德，加强道德修养，注重道

---

① 中华人民共和国中央人民政府：《习近平出席全国教育大会并发表重要讲话》，2018年9月10日，http://www.gov.cn/xinwen/2018-09/10/content_5320835.htm。

德实践。三是要明辨，善于明辨是非，善于决断选择。从学生个体成长层面，习近平总书记阐释了立德树人的根本价值，为新时代青年的成长指明了具体方向。在教育实践方面，2019年年初习近平总书记强调："落实立德树人的根本任务，办人民满意的教育，实现教育强国建设，培养能够担当民族复兴的时代新人。"[①] 所以，习近平总书记高度重视大学生思想政治教育，围绕着新时代高校"培养什么样的人、怎样培养人以及为谁培养人"这一根本性问题，对大学生思想政治教育进行了科学的解答，提出"课程思政"是新时代思想政治教育的新探索和新实践。从这一论述来看，新文科建设发展要坚持办学政治方向，牢牢落实立德树人的根本任务，把立德树人贯穿于新文科建设的各领域、各方面、各环节。

(二)"四个服务"

"四个服务"是新文科建设发展的价值取向。2016年全国高校思想政治工作会议上，习近平总书记提出："我国高等教育发展方向要同我国发展的现实目标和未来方向紧密联系在一起，为人民服务，为中国共产党治国理政服务，为巩固和发展中国特色社会主义制度服务，为改革开放和社会主义现代化建设服务。"[②] "四个服务"从国家层面上规定了高等教育必须根植于中国特色社会主义这一基本国情，必须服务于党和人民，必须为巩固和发展中国特色社会主义事业服务。具体来说，为人民服务是中国高等教育的最高价值取向，为中国共产党治国理政服务是高等教育应有的责任担当；而为巩固和发展中国特色社会主义制度服务则是中国高等教育的历史使命，同时也是改革开放和社会主义现代化的参与者、实践者。因此，新文科建设必须坚持为人民服务的办学宗旨，把实现广大人民群众的利益作为新文科发展的最高目的；培养大学生成

---

① 张烁：《用新时代中国特色社会主义思想铸魂育人，贯彻党的教育方针落实立德树人根本任务》，《人民日报》2019年3月19日第1版。

② 人民网：《习近平：把思想政治工作贯穿教育教学全过程》，2016年12月8日，http://edu.people.com.cn/n1/2016/1208/c1053-28935842.html。

为中国特色社会主义的合格建设者和接班人,研究和建设中国特色文科理论体系,弘扬和培育社会主义核心价值观,从而为巩固和发展中国特色社会主义制度服务。同时,新文科建设要肩负促进经济社会发展的责任,培养更多的优秀创新人才,做改革开放和社会主义现代化的参与者和实践者。

(三)人才培养

人才培养是高等教育的根本目的,也是新文科建设的基本诉求。高等教育的根本在于培养人才,一流大学和一流学科的基点在于人才。同样的,新文科建设的落脚点要紧紧围绕聚人才、育人才、出人才来进行。2018年5月在与北京大学代表师生进行座谈时,习近平总书记提出,我们当下的教育应当培养满足具体要求和总体方向的建设者和接班人。根据习近平总书记的深刻论述,新文科建设作为培养青年自信心、自主性的主战场和主阵地,同样要坚持以育人、育才为中心,坚持以文育人、以文培元,进而培养中华文化的传承者、中国声音的传播者、中国理论的创造者,构建人文社会科学发展的新格局。

(四)中国特色

建设中国特色大学的愿景是中国高等教育战略强国的目标之一,对新文科建设发展具有战略性意义。深入研究习近平总书记关于高等教育的重要论述,便可进一步认识和把握"中国特色"大学的深刻内涵,即建设中国特色大学要立足于国情,守正创新,坚持理论自信、文化自信,把握高等教育发展规律。对于新文科发展来说亦是如此。坚持理论自信、文化自信需要新文科,新文科的发展能够推动中华优秀传统文化创造性转化,为中华民族伟大复兴注入强大的动力;建设高等教育强国需要新文科,文科教育的振兴关乎高等教育的振兴,关乎着国家文化软实力的提升。所以,新文科要立足于中国现实国情,加强对中国实践经验的系统总结,形成具有中国特色的文科理论体系。

二 高等教育内涵式发展理念

近年来,高等教育内涵式发展已经成为中国高等教育改革发展的指导性理念。高等教育内涵式发展是建设教育强国的关键,是提升中国高等教育质量的必由之路。2021年,国家发展改革委、教育部、人力资源和社会保障部发布了《"十四五"时期教育强国推进工程实施方案》,将促进高等教育内涵式发展作为建设教育强国的重要内容,并提出了建设目标、建设任务等。高等教育内涵式发展的历史逻辑和生成逻辑为新文科建设提供了一定的理论支撑,新文科建设作为推动中国高等教育发展的重要一环,必须以高等教育内涵式发展理念为指导,促进文科教育的内涵发展。

(一) 高等教育内涵式发展的要义

国内学者对"高等教育内涵式发展"理念解释的角度诸多,包括高等教育内涵式发展的生成逻辑、高等教育内涵式发展与高等教育外延式发展的区别、高等教育历史发展、教育现代化等角度。[①] 作为一个政策性话语,高等教育内涵式发展是中国政府根据高等教育发展阶段以及目前所处的时代环境,对高等教育发展方向目标与路径制定的顶层设计规划。作为一个学术性话语,高等教育内涵式发展是以通过更科学的方式实现高校的基本职能为依托,以高校的体制改革与创新为重点,以彰显中华优秀社会文化为时代内容,是一个从重视"量"转向关注"质"的过程。随着国家及相关研究者对于高等教育内涵式发展这一理念认识的不断深入,一定程度上表现出高等教育内涵式发展理念对于提高高等教育质量的重要性。

综合以上分析,高等教育内涵式发展一般可以从宏观政策和微观实践两个维度来解释。所谓宏观的高等教育内涵式发展是指在保持高等教育系统规模稳定或小幅增长的背景下,通过调整或优化结构、提高水平和质量的方式,使高等教育发挥更大更好的功能;微观的高等教育内涵

---

① 参见潘懋元、贺祖斌《关于地方高校内涵式发展的对话》,《高等教育研究》2019年第2期;眭依凡《引领高等教育内涵式发展:高等教育研究适逢其时的责任》,《中国高教研究》2018年第8期;李立国《高等教育内涵式发展下的高水平人才培养体系建设:逻辑框架与作用机制》,《清华大学教育研究》2019年第6期;樊丽娜、柳海民《高等教育内涵式发展的生成逻辑、价值与行动路向》,《高教发展与评估》2021年第5期。

式发展主要涉及高校的教育教学及其功能的发挥。① 可以说，宏观层面的高等教育内涵式发展需要国家法律政策、高校治理制度、财政保障等方面的支持，例如促进高等教育资源布局优化调整、推进高等教育分类管理等。而微观层面的高等教育内涵式发展则具体到教育教学工作，即如何培养高质量的人才。

(二) 新文科的内涵式发展

结合高等教育内涵发展理论，具体到新文科建设中来，可以从宏观、中观、微观三个维度来理解新文科的内涵式发展。从宏观角度来说，新文科建设需要相关政策与支撑体系，包括经费投入、组织管理、评价激励、招生培养就业等方面。通过调研分析综合类、文科类、理工农医类等不同类型高校文科教育建设发展情况，总结提炼出新文科建设的经验，提出推动新文科建设改革的政策指导。

从中观角度来看，新文科建设关系到传统文科专业结构的优化，涉及文史哲、经管法、教育学和艺术学八大学科门类，涵盖了人文学科之间甚至与自然学科的交叉互通。进一步来讲，新文科建设的中观层面离不开宏观层面的顶层设计，与高校治理结构、学科体系建设等方面息息相关，需要高校一系列的制度和财政支撑；同时新文科中观层面建设的顺利推行能够为微观层面的新文科建设提供实践经验。

从微观角度来说，新文科建设主要着眼于高校的专业设置、课程建设、培养模式等，也就是指新文科的人才培养。与传统的人才培养目标不同，新文科建设旨在培养具有中国化、国际化、时代化的创新融合型人才。这一目标意味着新文科建设是一项长期的、全面的高等教育改革工程，也意味着新文科建设必须做好攻坚战的准备，明确建设目标，不断推进理论与实践研究，推动文科教育"高质量"发展。从政策理论走向微观实践，高等教育内涵式发展理论不仅为新文科建设提供了宏观理论指导，而且也有助于新文科实践更符合当前中国国情的发展，满足

---

① 别敦荣：《论高等教育内涵式发展》，《中国高教研究》2018 年第 6 期。

高等教育发展的时代需求,实现文科教育的创新发展、协调发展、绿色发展、开放发展和共享发展。

三 超学科理念

"超学科"这一概念于20世纪70年代由埃里克·詹奇(Erich Jantsch)提出,旨在通过跨越科学与社会领域,进而解决复杂的社会现实问题。随着学科的多极化知识生产体系的不断形成,不同知识体系的融合和应用成为大学学科建设发展的重要问题之一。新文科从最初提出发展到现在,已经不止于原来的"跨学科"含义,而是体现出了一种"超学科"视野。[①] 所以,新文科建设可以基于超学科理念逐渐建构起"学科内融合—跨学科融合—超学科融合"为基本形态的学科体系。

(一)超学科的定义

关于超学科的定义,学者们有着不同的表述:超学科是将社会问题与科学问题联系起来的一种批判性的、自我反思的研究方法;通过整合不同的科学见解和超越科学的见解而产生新知识;目的是为社会和科学进步作出贡献。[②] 超学科区别于多学科、跨学科的学术概念,是以解决问题为目的的知识统一,以实现公共利益为导向的跨界融合,以民众参与为契机的协同合作。[③] 超学科并非某种具体学科或规模庞大的超级学科,而是关于不同学科间知识关系的再调整与再优化,是一种基于学科、统筹学科及超越学科界限的知识结构体系建构,主要表现为学术群体与非学术利益相关者之间互补性、协同性及目标一致性的知识扩大再生产活动,凸显了解决经济社会问题和满足公众需求的有效性与精准性。同时,超学科具有异质、自然和开放的知识密集型组织特征。[④] 从

[①] 赵奎英:《"新文科""超学科"与"共同体"——面向解决生活世界复杂问题的研究与教育》,《南京社会科学》2020年第7期。
[②] 蒋颖:《超学科研究评价:理论与方法》,《国外社会科学》2021年第4期。
[③] 王小栋、苑大勇:《跨越学科认知边界:超学科的理念表征与现实适用》,《比较教育学报》2022年第2期。
[④] 赵哲、杨玉:《大学学科建设发展的超学科逻辑及行动路径》,《国家教育行政学院学报》2021年第9期。

上述表述可以总结出超学科理念的基本表征：一是以解决社会问题为目的，强调学科重组的现实功效；二是以科学和非科学领域融合为方法，强调学术群体与非学术群体的价值互补性；三是以民众参与协同合作为重点，强调公众需求的重要性。总的来说，超学科既是一种研究理念，也是一种研究方法和研究范式，它试图在学科与非学科之间、专业与非专业之间建立一种新颖的、持续的、跨界的联系，代表着一种更高级的"跨学科"。

（二）超学科与新文科

新文科建设和发展的趋势表明，超学科理念对大学文科改革具有客观必要性和普遍适用性。新文科建设追求不同学科之间的交叉融合，涉及了多学科研究、跨学科研究和超学科研究。其中，多学科研究的知识整合程度相对最低，主要是指不同学科从各自学科视角对同一问题进行独立研究；跨学科研究主要指不同学科之间的交叉融合，研究范围限定在科学领域；而超学科研究从学科交叉转向与学科外部交叉联合，突破了学术领域的范畴，强调社会和公众参与者的作用，是一种更高形式的学科交叉。传统文科的演进逻辑与知识整合趋势决定了新文科建设正处于从多学科研究、跨学科研究向超学科研究转换的阶段。

对于新文科建设来说，超学科理念的必要性和适用性主要体现在以下几个方面：第一，随着全球化发展，人类社会复杂性、知识生产活动的复合性越发凸显，产生了一系列新的实践问题，同时对学科知识的应用型提出了更高的要求。第二，随着高等教育的大众化和普及化，以及知识经济发展对于科技创新的追逐，越来越多的非学术职业人士开始参与到知识增长与转化的实践中。第三，信息技术的快速发展使大量知识资源得以开放，为跨越学科研究提供了可能。反过来说，一方面，新文科建设恰恰具有强烈的情境性和应用性，以实践应用为导向、以处理复杂情境为目标，来发挥文科的实践价值和功能。此外，新文科也强调融入新技术，将新兴信息技术整合到不同学科知识体系中，如哲学、史学、文学、语言学、经济学与社会学等人文学科，提升了对人文社会学科的搜集、处理与分析数据的能力。另一方面，新文科建设以人为中心，关系着人类命运共同体的未来走向。无论是哲学、法学、经济学，还是教育学、艺术学都关乎个体的健康成长和社会的可持续发展。例如，如何平衡信息技术与人类的关系，如何处理技术与道德之间的关系等。只有来自世界各地、不同社会经济与文化背景的人们共同探索，融合不同知识体系的学科门类，才能使得研究形成合力，为人类未来发展作出知识贡献。

新文科建设正是在上述复杂的情境中不断与之互动，只有将新文科建设放置于知识传播、知识生成、知识创新与知识应用的全景视野中，才能深入剖析新文科建设的内在特征与实践路向。基于超学科理念的新文科建设发展路径要着重创建文科的超学科知识生产模式，优化文科超学科知识融合结构，制定文科超学科知识转化制度，为文科研究与社会实践搭建起知识流动的桥梁。

第三节 新文科建设发展的创新路径

在联合国教科文组织出版的《反思教育：向"全球共同利益"的理念转变？》中提道："世界在变，教育也必须作出改变。社会无处不在经历着深刻的变革，而这种变革呼唤着新的教育形式，培养今日和明日社会、经济所需要的能力。"[①] 面对世界的风云变幻、全球新的数字技术的发展和知识的迅速膨胀，中国也应主动求变，为实现高等教育内涵式发展，建成社会主义现代化强国，新文科建设的出台应符合新时代、新变化、新挑战提出的新要求。新文科是文科教育的创新发展，推动文科教育创新发展需要开辟符合新时代新使命新要求的创新路径。

---

① 联合国教科文组织编：《反思教育：向"全球共同利益"的理念转变？》，联合国教科文组织总部中文科译，教育科学出版社 2017 年版，第 1 页。

一 文化生成的创新性

新文科建设担负着以文化人、以文育人、以文培元的重要使命。中华民族有着深厚的文化传统，形成了富有特色的思想体系，体现了中国人几千年来积累的知识智慧和理性思辨。这是中国的独特优势。[①] "树高千尺莫忘根"，对新文科建设而言，首先要做到的就是对中华优秀传统文化的守正，将新文科根植于滋润中国人的文化土壤之中。2014年9月，习近平总书记在纪念孔子诞辰2565周年国际学术研讨会暨国际儒学联合会第五届会员大会开幕会上提出："优秀传统文化是一个国家、一个民族传承和发展的根本，如果丢掉了，就割断了精神命脉。我们要善于把弘扬优秀传统文化和发展现实文化有机统一起来，紧密结合起来，在继承中发展，在发展中继承。"[②]

破而后立，晓喻新生。因历史的局限性，在时代前进的过程中部分传统文化会不适应社会前进的步伐，需要对传统文化进行创新。在传承中对优秀传统文化进行创造性转化、创新性发展是文科教育创新发展的必然选择。创造性转化就是要适应时代特点，对那些传统的表现形式和传播方式进行继承和创新，探索形成现代的、多元的、开放的表达形式和传播方式，增强文化的传播力、感染力和影响力；[③] 创新性发展就是要按照时代的要求，对中华优秀传统文化的内涵进一步加以阐释、拓展和完善，赋予其新的时代内涵，增强文化的生命力、感召力和说服力；推进中华优秀传统文化创造性转化、创新性发展还是对新时代哲学社会科学发展的新要求。习近平总书记在中国人民大学考察时强调："要以中国为观照、以时代为观照，立足中国实际，解决中国问题，不断推动中华优秀传统文化创造性转化、创新性发展，不断推进知识创新、理论

---

① 新华网：《习近平：在哲学社会科学工作座谈会上的讲话》，2016年5月18日，http://www.xinhuanet.com/politics/2016-05/18/c_1118891128_4.htm。

② 共产党员网：《习近平：在纪念孔子诞辰2565周年国际学术研讨会上的讲话》，2014年9月24日，https://news.12371.cn/2014/09/24/ARTI1411548973211872.shtml。

③ 樊丽明：《新文科建设：走深走实，行稳致远》，《中国教育报》2021年5月10日第5版。

创新、方法创新，使中国特色哲学社会科学真正屹立于世界学术之林。"①

"独学而无友，则孤陋而寡闻。"创新传统优秀文化在遵守"中学为根"的基础上，还需要兼收并蓄、吸收外来。在经济全球化、教育信息化的背景下，新的全球学习格局正在形成。当今世界的教育和发展前途要求促进不同世界观的对话，以期整合源自不同现实的知识体系，确定我们共同的遗产。② 基于此，推动新文科建设一定既要放眼世界，胸怀天下，倾听来自不同国家的文化之声，采取学习借鉴的态度，积极吸纳其中的精华部分，又要不断产生中国思想、发出中国声音，贡献中国智慧，为构建文科命运共同体和人类命运共同体作贡献。

文科教育是弘扬中华优秀文化、创新中国理论、讲好中国故事、传播中国精神的主阵地，是把握国际形势、适应国际需要的主渠道。坚守主阵地、用好主渠道需要新文科建设从中华优秀传统文化着手。一方面，既要固本正源，推陈出新，在继承中华优秀传统文化的基础上对其进行创新；另一方面，在"不忘本来、吸收外来、面向未来"的道路上，促进体现中国精神、中国气质、中国价值、中国力量的优秀文化与国际上的优秀文化交流与融合，形成哲学社会科学中国学派，创造光耀时代、光耀世界的中华文化，实现文科教育水平高质量发展。

二 学科发展的思想性

新文科建设的根本所在是培养德智体美劳全面发展的社会主义建设者和接班人，能够承担中华民族伟大复兴的大任。在新文科建设中，应把握学科发展的思想，以习近平新时代中国特色社会主义思想为指导。

---

① 新华网：《习近平在中国人民大学考察时强调：坚持党的领导传承红色基因扎根中国大地，走出一条建设中国特色世界一流大学新路》，2022年4月25日，http://www.xinhuanet.com/politics/leaders/2022-04/25/c_1128595417.htm。
② 联合国教科文组织编：《反思教育：向"全球共同利益"的理念转变？》，联合国教科文组织总部中文科译，教育科学出版社2017年版，第23页。

习近平新时代中国特色社会主义思想实现了马克思主义中国化的飞跃，是当代中国马克思主义、21世纪马克思主义，是实现中国哲学社会科学与时俱进、特色发展的价值引领，是统筹世界百年未有之大变局，实现中华民族伟大复兴的思想指南。推进习近平新时代中国特色社会主义思想"三进"、落实高校"四史"教育、用习近平新时代中国特色社会主义思想铸魂育人，必能提高文科教育的时代性、科学性和创造性。

（一）推进习近平新时代中国特色社会主义思想"三进"

新时代、新使命、新要求推动文科教育改革创新发展，培养担当民族复兴大任的时代新人。党的十九大以来，教育部把推进习近平新时代中国特色社会主义思想进教材、进课堂、进头脑，作为教育界的头等大事。"进教材"就是把党的理论创新成果充分体现在教材中，实现理论体系向教材体系的转换。"进课堂"就是把任课教师的知识体系、方法论体系和教材内容体系有机耦合，实现教材体系向教学体系的转换。"进头脑"就是帮助大学生把课堂学到的知识体系转化为价值体系。① 习近平新时代中国特色社会主义思想"三进"的落实，有助于发挥启智增慧、培根铸魂的强大作用。

教材是体现党和国家意志的重要载体，是老师教学、学生学习的重要工具。"全面落实习近平新时代中国特色社会主义思想进课程教材，对引导广大青少年树立马克思主义信仰，坚定中国特色社会主义道路自信、理论自信、制度自信、文化自信，立志听党话、跟党走，形成正确的世界观、人生观、价值观，具有重大意义。"② 迈入新时代，强化习近平新时代中国特色社会主义思想在教材建设中的指导地位，突出党对教材政治方向和价值导向的领导作用，将最新理论成果和实践经验写入教材，丰富新文科教学优质教学资源，为推进立德树人、实现为党育

---

① 陈宝生：《扎实推进党的理论创新成果进头脑》，《光明日报》2018年7月24日第13版。

② 中华人民共和国教育部：《国家教材委员会关于印发〈习近平新时代中国特色社会主义思想进课程教材指南〉的通知》，2021年7月23日，http：//www.moe.gov.cn/srcsite/A26/s8001/202107/t20210723_546307.html。

人、为国育才提供重要依托。

课堂教学是用习近平新时代中国特色社会主义思想武装青年头脑的主渠道。教师承担着立德树人的根本职责。教师在课堂上应该结合每门课的具体内容、不同特点，讲深讲准、讲清讲透教材所体现的党的理论创新、中国特色社会主义实践和马克思主义研究理论的最新成果，为打造文科"金课"创新授课方法手段，夯实文科育人主战场、主阵地。

"进教材""进课堂"是手段，进学生头脑才是最终目的。"进头脑"是指学生能够深刻领悟理论的实质，把握理论的精髓，能够知其然又知其所以然。学深悟透习近平新时代中国特色社会主义思想"进头脑"，需要教师用接地气、形象化、具体化、通俗化的方式向学生传授习近平新时代中国特色社会主义思想，引发学生深度思考、引起学生共鸣，把课堂上所学的知识转化为内心的道德标准与价值体系，实现文科教育知识性与价值性的统一，坚定对党和中国特色社会主义的信心和信念。

新文科建设的根本意图之一是提升学生对中国特色社会主义的认同感，增进对中国道路的自豪感，"三进"工作是实现这一意图的关键之举。落实"三进"工作，要着重于让教材精起来、课堂活起来、学生头脑动起来，增强马克思主义理论的吸引力、感染力、创造力，推动高校学习习近平新时代中国特色社会主义思想进耳入脑走心，走实走深，引领学生深学细悟习近平新时代中国特色社会主义思想发展脉络、中国共产党的奋斗历程以及新时代对年轻人提出的要求与应担负的使命，使习近平新时代中国特色社会主义思想"进教材""进课堂""进头脑"更加全面系统、生动深刻。

（二）落实高校"四史"教育

2020年1月，习近平在"不忘初心、牢记使命"主题教育总结大会上提出要"学习党史、新中国史、改革开放史、社会主义发展史"。①

---

① 习近平：《在"不忘初心、牢记使命"主题教育总结大会上的讲话》，《人民日报》2020年1月9日第2版。

党史指的是中国共产党自1921年成立以来整个过程的发展历史，是党领导全国人民进行革命和自身建设的奋斗历程。深刻领悟党史，能为学习新中国史、改革开放史和社会主义发展史打下坚实基础。新中国史是指1949年10月1日中华人民共和国成立以后，中国共产党带领中国人民进行社会主义革命、建设、改革的历史。改革开放史始于1978年中共十一届三中全会，是中国共产党推进社会主义制度自我完善和发展的实践史。在邓小平同志的领导下，改革开放给中国人民的社会生活、中华民族的精神面貌带来了翻天覆地的变化。社会主义发展史是社会主义从无到有，从空想到现实的发展历程。从社会主义发展史中可以认识到社会主义的优越性以及社会主义取代资本主义的必然性。总的来说"四史"是中国共产党自1921年成立以来，带领中国人民抵御外来侵略、争取民族独立、完成人民解放、改善人民生活和实现中华民族伟大复兴的不懈奋斗史。

历史是最好的教科书，蕴含着丰富的人生哲理和智慧。学习"四史"，有助于引导大学生树立正确的价值观、历史观、国家观，用辩证唯物主义和历史唯物主义分析历史，准确认清和把握历史过程、事件和任务。2020年6月，习近平总书记在给复旦大学《共产党宣言》展示馆党员志愿者服务队全体队员的回信中发出热切的期盼："希望广大党员特别是青年党员认真学习马克思主义理论，结合学习党史、新中国史、改革开放史、社会主义发展史，在学思践悟中坚定理想信念，在奋发有为中践行初心使命，努力为实现"两个一百年"奋斗目标、实现中华民族伟大复兴的中国梦贡献智慧和力量"[①]。新文科的主要使命之一是培养知中国、爱中国、堪当民族复兴大任的新时代文科人才。把"四史"教育有机融入高校各学科教学中，阐释习近平总书记关于历史问题、国家建设、民族情感等重要论述，有利于引导学生在学思践悟中清楚当今中国所处的历史方位和自己应该担负的责任，深刻理解中华民

---

① 习近平：《在学思践悟中坚定理想信念，在奋发有为中践行初心使命》，《人民日报》2020年7月1日第1版。

族从站起来、富起来到强起来的历史逻辑、理论逻辑和实践逻辑，牢固树立中国特色社会主义的道路自信、理论自信、制度自信、文化自信，真正落实"学史明理、学史增信、学史崇德、学史力行"，立志做能为实现中华民族伟大复兴贡献力量的新时代大学生，而不是"不知有汉，无论魏晋"的大学生。

高校进行"四史"教育，既有助于培养新时代所需的文科人才，也对新文科的发展走向具有重要的指导意义，尤其是改革开放史和社会主义发展史。2020 年 11 月，由教育部新文科建设工作组主办的新文科建设工作会议在山东大学召开，会上发布的《新文科建设宣言》中提道："新时代改革开放和社会主义现代化建设的伟大实践是深耕新文科的肥沃土壤。"推进新文科建设，高校要从党的精神中汲取智慧，实践中总结经验，以帮助高校把握正确的政治导向，增强高校思想政治工作的能力，形成中国特色文科教育的理论体系、学科体系，为新一轮改革开放和社会主义现代化建设提供理论指导。

价值引领是新文科建设的根本要求，知识性和价值性相统一是哲学社会科学的命脉。[①] 所以新文科建设应该立足国情，坚持以习近平新时代中国特色社会主义思想为指导，推进习近平新时代中国特色社会主义思想进教材、进课堂、进头脑，加强高校"四史"教育，不断提升高等文科教育的时代性、科学性、创造性，构建中国特色文科教育体系，培养具有中国底气、中国骨气、中国志气的社会主义建设者和接班人。

三 文科体系的特色性

当今世界处于百年未有之大变局，国际形势变化莫测，各种思想文化激荡交汇，以信息技术和人工智能为代表的第四次科技革命奔涌而至，新时代、新变化、新挑战需要高高举起新文科这杆大旗。新文科建

---

① 吴岩：《积势蓄势谋势，识变应变求变》，《中国高等教育》2021 年第 1 期。

设的根本目标应是构建中国特色哲学社会科学，提升中国文化软实力，即坚持以习近平新时代中国特色社会主义思想为指导，构建中国特色、中国风格、中国气派的哲学社会科学，或者说人文科学和社会科学。①习近平总书记2016年在哲学社会科学工作会上强调："哲学社会科学是人们认识世界、改造世界的重要工具，是推动历史发展和社会进步的重要力量，其发展水平反映了一个民族的思维能力、精神品格、文明素养，体现了一个国家的综合国力和国际竞争力"②。长期以来，中国文科研究对西方学术有很大的依赖性，习惯于"拿来主义"，用西方的理论体系来验证中国的实践，缺少中国自己独创的理论，导致中国话语权在国际上逐渐式微。虽然自改革开放以来，中国哲学社会科学取得了很大的成就，但学科体系、学术体系、话语体系在国际上的影响力仍然远远不够。基于此，新文科建设在学科体系方面，要优化学科专业布局，打造文科"金专"；促进学科交叉融合，打破学科壁垒。在学术体系建设方面，要传承、创新中华优秀传统文化；推动中国特色理论创新，增加学理深度和学术厚度；开展跨学科、跨领域、跨国际的研究；提升教育出版水平等。在话语体系建设方面，用大众喜闻乐见的方式传播学术话语，满足民众对高质量文化生活的需要；推进中国话语传播到国际舞台，提升中国话语在国际上的影响力、震撼力。

高校是加快构建中国特色哲学社会科学的中流砥柱，"充分发挥高校作为中国哲学社会科学'五路大军'的重要力量作用，不断推进知识创新、理论创新、方法创新，构建中国自主的知识体系，更好回答中国之问、世界之问、人民之问、时代之问，更好彰显中国之路、中国之治、中国之理，对高校哲学社会科学事业高质量发展作出中长期规划"③。

---

① 樊丽明等：《新文科建设的内涵与发展路径（笔谈）》，《中国高教研究》2019年第10期。

② 新华网：《习近平：在哲学社会科学工作座谈会上的讲话》，2016年5月18日，http://www.xinhuanet.com/politics/2016-05/18/c_1118891128_4.htm。

③ 新华网：《中共中央宣传部、教育部联合印发：〈面向2035高校哲学社会科学高质量发展行动计划〉》，2022年5月27日，http://www.news.cn/2022-05/27/c_1128689514.htm。

进而言之，高校落实新文科并实现其创新发展，就必须既立足中国现实，扎根中国大地，构建体现中国特色的文科体系，用中国理论解决中国问题，又要促进中国特色哲学社会科学走向国际，提升中国的国际话语权。

四 课程建设的育人化

《新文科建设宣言》提出"牢牢把握文科教育的价值导向性，坚持立德树人，全面推进高校课程思政建设，推动习近平新时代中国特色社会主义思想进教材、进课堂、进头脑，提高学生思想觉悟、道德水准、文明素养，培养担当民族复兴大任的新时代文科人才。"[①] 由此可知，新文科是落实立德树人的应有之义。2020年教育部印发的《高等学校课程思政建设指导纲要》指出："全面推进课程思政建设是落实立德树人根本任务的战略举措。培养什么人、怎样培养人、为谁培养人是教育的根本问题，立德树人成效是检验高校一切工作的根本标准。落实立德树人根本任务，必须将价值塑造、知识传授和能力培养三者融为一体、不可割裂。"[②] 据此而论，课程思政和新文科有一个共同目标，即提高人才培养质量，促进高等教育高质量发展。因此，新文科建设和课程思政应该同向同行，以期达成目标。

课程思政作为最重要的育人载体，承担着促进课程价值理性和工具理性相统一的使命。课程思政本质上不仅是指具有一定思政功能、体现人文价值取向或特定政治立场的一些通识课或专业课程，更重要的是它的核心或精髓，是指各专业课程里所蕴含的思政教育资源的挖掘和整合、思政价值的培育和弘扬、思政效果的彰显和落地。[③] 专业课程是推

---

① 《新文科建设工作会在山东大学召开》，2020年11月13日，http：//www.moe.gov.cn/jyb_xwfb/gzdt_gzdt/s5987/202011/t20201103_498067.html。

② 中华人民共和国教育部：《教育部关于印发〈高等学校课程思政建设指导纲要〉的通知》，2020年6月1日，http：//www.moe.gov.cn/srcsite/A08/s7056/202006/t20200603_462437.html。

③ 参见王湘云《新时代 新使命 新内涵 新路径：山东大学（威海）新文科教育教学改革与实践》，山东大学出版社2020年版。

进课程思政的基本载体。要深入挖掘专业课程里蕴藏的历史性、社会性、人文性等思政元素，勘探各门课程中的真善美思政教育资源，把这些思政元素与资源有机融合到课程教学中，在"守好一段渠，种好责任田"的基础上，润物无声地渗透育人价值，打造有情有义、有温度、有深度的文科课堂，培养具有广博知识、高尚人格、家国情怀的新时代文科人才。

新文科建设和课程思政理念相同，承载着为党育人、为国育才的重要使命，如鸟之双翼，车之两轮，二者结合有助于落实立德树人、铸魂育人的教育宗旨。通过推动课程思政建设新文科，一方面可以发挥好文科特有的价值塑造和道德培育功能，落实立德树人的根本任务，另一方面可以深化课程思政建设，发挥每门课的育人作用，真正做到"化伦理为德行"，把学生培养成德智体美劳全面发展的社会主义建设者和接班人。

世界的变革、中国的发展、教育的改革都在呼唤新文科的到来，新文科建设的提出紧跟了时代步伐、回应了时代关切，发出了时代先声。探索新文科建设发展的创新路径，有利于激活人文社会科学的生命力，培养新时代哲学社会科学家，形成哲学社会科学的中国学派，重现中国学术史上的"魁阁时代"；有助于打造"中国品牌"的高等教育，建成教育强国，提高文化软实力，为推动人类命运共同体贡献中国智慧、中国方案、中国力量。进而言之，新文科建设适合国际趋势、贴合中国国情、符合高等教育内涵式发展的要求，推进新文科建设，必然能为促进中国高等教育高质量发展、提高中国文化软实力、参与全球治理、构建人类命运共同体贡献一份力量。

第四节　新文科建设的政策与支撑系统

任何国家层面教育改革行动的平稳落地和良好推进都离不开一个强

有力的支撑系统，新文科建设也不例外。自新文科的概念在中国正式提出以来，国家统筹全局，充分调动各方的积极性，合力探索、搭建了一个由政策保障、组织保障、经费保障、学术研究等要素组成的支撑系统，为新文科建设"保驾护航"。

一　政策保障

政策通常指国家政权机关等权威在一定历史时期内，为实现特定目标和任务而制定的行动依据和准则，它具体表现为各类政策文本，如意见、办法、方案等。在中国，教育改革和发展目标的实现主要是通过"自上而下"的政策来推动的。现阶段而言，关于新文科建设的政策文本并不多，这其中既有专门规划新文科建设的政策文本，也有将新文科建设作为"四新"建设（新工科、新医科、新农科和新文科）重要组成部分统筹推进的政策文本。这些政策文本在新文科的概念推广和实际建设过程中发挥着重要的指导作用。

（一）《关于以习近平新时代中国特色社会主义思想统领教育工作的指导意见》

2018年8月，在全国教育大会召开前夕，中国共产党中央委员会办公厅（简称"中办"）和中华人民共和国国务院办公厅（简称"国办"）联合印发了《关于以习近平新时代中国特色社会主义思想统领教育工作的指导意见》（简称《意见》）。在《意见》中，明确提出"高等教育要努力发展新工科、新医科、新农科、新文科"。[1]尽管《意见》并未对新文科的内涵进行具体界定和解释，也未探讨如何建设新文科等关键问题，但这是新文科概念首次进入中央政策文件，标志着新文科概念在中国的正式提出，意义重大。2019年2月，教育部高等教育司副司长范海林在教育部召开的2018年全国教育事业发展基本情况年度发布会上延续了《意见》的精神，提出要"通过大力发展新工科、新医

---

[1]　吴岩：《建设中国"金课"》，《中国大学教学》2018年第12期。

科、新农科、新文科，优化学科专业结构，推动形成覆盖全部学科门类的中国特色、世界水平的一流本科专业集群"。① 新文科建设呼之欲出。

(二)"六卓越一拔尖"计划2.0

2019年4月29日，教育部、中央政法委、科技部等13个部门在天津市联合召开"六卓越一拔尖"计划2.0（简称"计划2.0"）启动大会，正式拉开了中国新文科建设的序幕。计划2.0中的"六卓越"具体包括"卓越工程师教育培养计划""卓越医生教育培养计划""卓越农林人才教育培养计划""卓越法治人才教育培养计划""卓越新闻传播人才教育培养计划"和"卓越教师培养计划"，全面覆盖"工医农文"四科；"一拔尖"则指的是"基础学科拔尖学生培养计划"。

根据教育部的安排，计划2.0将分三年时间（2019—2021年）全面实施。整个计划可概括为"一个总体部署""三项核心任务"和"一次质量革命"。② 其中，"一个总体部署"指通过实施计划2.0，全面推进新工科、新医科、新农科、新文科建设，提高高校服务经济社会发展能力；"三项核心任务"指全面实施一流专业建设"双万计划""一流课程建设"、建设基础学科拔尖学生培养一流基地，即建"金专"、建"金课"、建"高地"；"一次质量革命"指通过实施计划2.0，在全国高校掀起一场"质量革命"，全面实现中国高等教育的内涵式发展。可以说，计划2.0是新文科建设的政策保障，也是新文科建设的有力抓手，它为新文科建设提供了具体的思路和措施，使新文科建设从抽象的理念、缥缈的畅想变成了"看得见"的目标、"摸得着"的实践。

与2009年启动实施的"卓越拔尖人才教育培养计划"相比，计划2.0有一个突出的变化就是拓展了学科覆盖范围，增加了历史学、哲学和中国语言文学等人文社会学科，这显然是为了响应和服务新文科建

---

① 《教育部：我国高等教育即将进入普及化阶段》，2019年2月26日，http://www.moe.gov.cn/fbh/live/2019/50340/mtbd/201902/t20190227_371425.html。

② 《"六卓越一拔尖"计划2.0掀起一次中国高教"质量革命"》，2019年4月30日，http://www.moe.gov.cn/jyb_xwfb/xw_zt/moe_357/jyzt_2019n/2019_zt4/tjx/mtjj/201904/t20190430_380196.html。

设，表明了国家积极推进新文科建设的决心。

(三)《新文科建设宣言》

2020年11月，由教育部新文科建设工作组主办的新文科建设工作会议在山东大学召开。会议高度肯定了文科教育和新文科建设的重要性和意义，一方面指出"文科教育是培养自信心、自豪感、自主性，产生影响力、感召力、塑造力，形成国家民族文化自觉的主战场主阵地主渠道"[1]；另一方面强调"新文科建设不仅影响文科本身、影响理工农医教育，更影响高等教育全局"。[2] 此外，会议还公布了《新文科建设宣言》，对新文科建设作出了全面部署，新文科建设工作迈入新阶段。

作为首个为新文科建设"量身定制"的政策文件，《新文科建设宣言》就像是新文科建设的"施工图"，它的发布标志着中国新文科建设的全面启动。[3] 那么《新文科建设宣言》究竟"宣"了什么呢？概言之，就是"一个共识""一条道路"和"一个体系"。其中，"一个共识"指加快文科教育的创新发展是新时代新使命的必然要求。无论是综合国力的提升，抑或是文化自信的涵养都需要新文科。该共识澄清了新文科建设的必要性和紧迫性，回答了"为什么要建设新文科"这一前置问题；"一条道路"指新文科建设要坚持走具有中国特色的文科教育发展之路。具体来说，就是要坚持尊重规律、坚持立足国情、坚持守正创新和坚持分类推进。[4] 该道路表明了新文科建设需坚持遵循的原则和要求，回答了"怎样建设新文科"这一实践问题；"一个体系"指新文科的总体目标是要构建世界水平、中国特色的文科人才培养体系。这就需要在价值引领、专业优化、课程建设等环节下大功夫。该体系指出了新文科建设的目标

---

[1]《新文科建设工作会在山东大学召开》，2020年11月3日，http://www.moe.gov.cn/jyb_xwfb/gzdt_gzdt/s5987/202011/t20201103_498067.html。
[2]《新文科建设工作会在山东大学召开》，2020年11月3日，http://www.moe.gov.cn/jyb_xwfb/gzdt_gzdt/s5987/202011/t20201103_498067.html。
[3] 赵奎英：《试谈"新文科"的五大理念》，《南京社会科学》2021年第9期。
[4] 全国新文科教育研究中心编：《新文科建设年度发展报告》(2020)，山东大学出版社2021年版，第4页。

和任务，回答了"新文科建设应建设什么"这一关键问题。

二 组织保障

这里提到的组织主要是社会组织。依据社会学的一般定义，社会组织是人们为了有效地达到特定目标而按照一定的宗旨、制度、系统建立起来的共同活动集体。相较于个人的"单打独斗"，健康的组织可以整合资源、协调各方、形成合力，达到事半功倍的效果。在新文科建设的过程中，我们能看见许多组织参与的"身影"，如"中办""国办"、教育部、高校等。这些规模不等、功能各异的组织各司其职，为新文科建设提供了坚实的组织保障。除了上述较为宏观的组织之外，国家还成立了一些专职开展新文科建设工作的微观组织（教育部新文科建设工作组和全国新文科教育研究中心），助力新文科建设。

（一）教育部新文科建设工作组

教育部新文科建设工作组在2019年4月29日召开的计划2.0启动大会上宣布成立。该工作组由一个组长、四个副组长和若干组员组成，他们都是国内文科教育领域的知名学者和专家。其中，组长由山东大学校长、经济学博士樊丽明担任；副组长则分别由全国人大监察和司法委员会副主任委员、法学博士徐显明，中国传媒大学校长、中国数字媒体艺术学科创始人廖祥忠，上海海事大学原校长、工学博士黄有方和中国美术学院原院长许江担任。他们是教育部新文科建设工作组的核心组员。

教育部新文科建设工作组的职能包括但不限于：（1）筹备、主持各种新文科建设工作会议。例如，在山东大学举行的《新文科建设宣言》发布会；（2）通过各种途径向地方高校等机构介绍新文科建设情况、宣传新文科建设精神、推广新文科建设经验等；（3）参与、指导各项新文科建设工作。例如，指导首批新文科研究与改革实践项目的实施；[①] 总之，教育部新文科建设工作组是直接参与到新文科建设的

---

① 《教育部办公厅关于公布首批新文科研究与改革实践项目的通知》，2021年11月2日，http://www.moe.gov.cn/srcsite/A08/moe_741/202111/t20211110_578852.html。

参谋部、智囊团、咨询队和指导组。

（二）全国新文科教育研究中心

2020年10月30日，教育部高等教育司批准同意依托山东大学设立全国新文科教育研究中心，并在教育部高等教育司的指导下开展各项工作。同年11月3日，在全国新文科建设工作会议上，教育部高等教育司司长吴岩、教育部新文科建设工作组组长樊丽明共同为全国新文科教育研究中心揭牌，研究中心正式成立。

全国新文科教育研究中心肩负着引领、支撑和推动新文科建设的历史重任，将充分利用山东大学已有的资源优势，联合国内外相关机构和专家，力图将中心建成开放共享的合作交流平台和高端智库。[①] 全国新文科教育研究中心所承担的职能与教育部新文科建设工作组有重合的地方，但也有独特之处：（1）筹备、主持各种新文科建设会议和论坛。例如，2021年4月9日在山东济南举办的"新文科建设高峰论坛2021：迈入新阶段"；（2）承担新文科建设的理论和政策研究。中心建立了全国新文科建设年度发展报告制度，由中心主任樊丽明领衔教育部新文科建设工作组成员、全国知名专家学者集体编写《新文科建设年度发展报告》。目前，已相继出版2020年和2021年两个版本。其中，2020年版报告出版销售5000余册，覆盖108所高校，在学界产生了广泛的影响；（3）管理和指导首批新文科研究与改革实践项目。此外还承担一定的信息咨询服务和师资培训等职能。

可以预见的是，在未来，教育部新文科建设工作组和全国新文科教育研究中心将继续在新文科建设过程中扮演不可或缺的重要角色。

三　经费保障

经费筹措是新文科建设工作的重要环节。新文科建设要真正从口号

---

① 《全国新文科教育研究中心落地山东》，2020年11月6日，http://www.shandong.gov.cn/art/2020/11/6/art_97564_385577.html。

变成实在的行动、举措，并最终实现文科教育创新发展的目标，就要有"真金白银"的投入。目前，各高校开展新文科建设工作的经费来源主要有两个：一是各级政府的拨款；二是社会企业的支持。同时，新文科建设的经费主要依托各类科研项目发放。

（一）国家出资：新文科研究与改革实践项目

2021年3月5日，为落实新文科建设工作会议的要求，全面推进新文科建设，教育部办公厅发布了《关于推荐新文科研究与改革实践项目的通知》，正式开展面向全国普通本科高校的新文科相关项目立项工作。项目建设周期一般为3年。[①] 项目的实施将得到"中央高校教育教学改革专项经费"的支持，教育部也鼓励各地方教育行政部门向项目实施高校提供经费支持和条件保障。

为保障新文科研究与改革实践项目的规范性和科学性，教育部还配套发布了《新文科研究与改革实践项目指南》（简称《指南》）。《指南》设置了新文科建设发展理念、专业优化、人才培养模式改革、重点领域分类推进、师资队伍建设、特色质量文化建设研究与实践6个大的选题领域和22个小的选题方向。[②]《指南》对每个选题方向都从"立项要点"和"预期成果"两个方面进行了解析和指导。

经过近八个月的推荐、审核、审议，2021年11月5日，教育部最终在全国范围内认定了1011个新文科研究与改革实践项目，其中，"经管法领域新文科建设实践"选题方向的项目数量最多，有132个。这在一定程度上说明了"经管法"学科领域的专家学者具有较高地开展新文科相关研究的积极性，他们是"主力军"。"经管法"在未来很有可能成为新文科建设重点关注的学科；"教育学领域新文科建设实践"选题方向的项目共31个，尽管数量不多，但选题丰富，专业建设、课程建

[①] 《教育部办公厅关于推荐新文科研究与改革实践项目的通知》，2021年3月5日，http://www.moe.gov.cn/srcsite/A08/moe_741/202103/t20210317_520232.html。

[②] 《教育部办公厅关于推荐新文科研究与改革实践项目的通知》，2021年3月5日，http://www.moe.gov.cn/srcsite/A08/moe_741/202103/t20210317_520232.html。

设、教学改革、师资培养、质量评价、平台建设和劳动教育等均有涉及。

为保障通过认定的1011个新文科研究与改革实践项目最终的质量和效益，教育部明确表示将加强项目实施的过程管理、指导和检查，适时组织中期检查和结项验收，对推进不力的项目作撤项处理，被撤项高校不得参与下一批次立项工作。[1]

（二）社会参与：产学合作协同育人项目

一个国家教育事业的健康、可持续发展不能单独依赖于政府的扶持，还需要全社会多种力量的共同参与和努力。2017年12月5日，国务院办公厅印发了《关于深化产教融合的若干意见》（简称《意见》）。《意见》明确要求深化产教融合，形成政府、企业、学校协同推进的工作格局；强化社会企业的主体作用，拓宽社会企业参与教育事业的途径；全面推进校企协同育人等。[2] 2020年1月8日，教育部办公厅印发了《教育部产学合作协同育人项目管理办法》（简称《办法》），正式将"四新"建设纳入产学合作协同育人项目的立项范围中。产学合作协同育人项目最早于2014年启动实施，旨在通过政府搭台、企业支持、高校对接、共建共享，深化产教融合，促进教育链、人才链与产业链、创新链有机衔接，以产业和技术发展的最新需求推动高校人才培养改革。[3]

依据《办法》规定，有意向、符合条件的社会企业可以向高校提供经费和资源，以支持开展"四新"研究和实践。同时，要求参与"四新"建设项目的社会企业所提供的实际支持资金不得低于5万元/项。相关项目的建设周期一般为1—2年。

四 学术研究

站在"百年未有之大变局"的历史节点上，国家开创性地提出了

---

[1] 《教育部办公厅关于公布首批新文科研究与改革实践项目的通知》，2021年11月2日，http://www.moe.gov.cn/srcsite/A08/moe_741/202111/t20211110_578852.html。

[2] 《国务院办公厅关于深化产教融合的若干意见》，2017年12月5日，http://www.moe.gov.cn/jyb_xxgk/moe_1777/moe_1778/201712/t20171219_321953.html。

[3] 《教育部办公厅关于印发〈教育部产学合作协同育人项目管理办法〉的通知》，2020年1月14日，http://www.moe.gov.cn/srcsite/A08/s7056/202001/t20200120_416153.html。

新文科建设。随着新文科建设的全面铺开，"建设什么样的新文科""怎样建设新文科""未来文科教育如何具体布局"等一系列重要课题接踵而来。要回答好这些课题，最终呈现令人满意的"答卷"，不仅需要持续推进知识创新、理论创新、方法创新，还需要不断推进学科体系、学术体系、话语体系创新，归根结底就是要加强学术研究。为了促进新文科学术研究的繁荣，集思广益，探索出一条切实可行的新文科建设道路，近年来在教育部的支持下，"孵化"出了一批致力于新文科理论研究和实践探索的学术期刊和交流阵地。

（一）《新文科理论与实践》

《新文科理论与实践》创刊于 2022 年 5 月 8 日，是由教育部主管、山东大学主办的教育类学术期刊。该期刊立足于新文科建设，聚焦哲学社会科学创新发展，集中关注新文科建设的重点、热点、难点问题，设置了"中国特色哲学社会科学研究""理论前沿""学科探讨""教育探索""典型案例""域外文科动态""发展报告"等栏目。

期刊编委会由全国新文科建设工作组成员、教育部文科相关专业教指委主任委员及相关权威专家学者组成，教育部新文科建设工作组组长樊丽明担任主编，山东大学儒学高等研究院执行院长、《文史哲》杂志主编王学典教授担任执行主编。

《新文科理论与实践》是季刊，目前已出版创刊号，即总第 1 期。在创刊号上，期刊发表了一众关心新文科建设的国内知名文科专家学者撰写的高水平理论研究成果，涵盖文学、历史学、哲学、经济学、管理学、法学、教育学、艺术学八大文科学科领域，取得了初步的成效。

（二）《新文科教育研究》

《新文科教育研究》创刊于 2020 年 11 月，先于《新文科理论与实践》，是中国首个聚焦新文科教育研究的教育类学术期刊，由教育部主管、中南财经政法大学主办。该期刊倡导研究新时代人文社科教育事业发展的新使命、新挑战和新回应，促进中国特色新文科教育理论创新和新文科人才培养体系改革；倡导人文社科学科学术话语体系的原创性研究和价值引领，推进培养中国气派的优秀社会科学家，形成哲学社会科学中国学派；倡导研究新一轮科技革命和产业变革背景下人文社科与理工农医等跨学科交叉、汇聚，增进"新四科"的互动发展。

《新文科教育研究》的主编由中南财经政法大学校长、经济学博士杨灿明担任。该期刊同样是季刊，设置了"中国学派""学术史论""新文科范式与方法""新文科实践探索（人才培养、专业、课程与教学改革）""教育治理""比较借鉴"等栏目。目前，《新文科教育研究》已出版了 5 期，共刊载了 61 篇学术成果，也取得了初步的成效和认可。

当然，除了《新文科理论与实践》和《新文科教育研究》这两个新创期刊外，国内许多历史悠久的知名期刊也积极响应新文科建设的号召，开始在期刊中增设与新文科建设相关的特色栏目和专题，吸引国内大批学者投入新文科学术研究和交流之中，为新文科学术研究的发展助力蓄能。

第二章 新文科专业优化

专业优化既涉及整个专业布局结构的优化,又涉及专业标准的重新设定及相应的专业培养方案调整。建设新文科,需要对传统专业进行系统的结构调整,同时依据新文科专业标准,改造传统文科专业,并探索跨学科、交叉性和综合性的新专业形态。

第一节 新文科专业结构优化

新时代高校教育教学改革的关键任务之一,就是要主动适应新技术和新形势,主动对接和融入新格局、新业态,优化专业结构,实现人才培养结构与国家需求相匹配,专业体系与产业链、创新链、技术链等相衔接。从很大程度上讲,"专业结构的优化调整是中国高等教育能否实现高质量发展的关键一环"[①]。

一 中国高校文科专业结构现状

从专业归属来看,中国高校专业分布于 14 个学科门类。整体来说,文科专业主要分布于哲学、经济学、法学、教育学、文学、历史学、管理学、艺术学 8 个学科门类,占学科门类的近六成。如果去除并未设置

---

① 周毅、李卓卓:《新文科建设的理路与设计》,《中国大学教学》2019 年第 6 期。

本科专业的军事学学科门类和2021年年初才设置的交叉学科，文科专业就占到了学科门类的三分之二。

从专业数量来看，文科专业也不少。2020年，在《普通高等学校本科专业目录（2020年版）》的基础上，中国高校又新增本科专业37个。[①] 截至2021年3月，中国高校共设置92个专业类，共计740个专业。其中，文科专业类有31个，占所有专业类的三分之一，而专业数则占到了近47%，达345个（详见表2-1）。

文科专业在校生数占比也较大。2020年教育统计数据显示，普通本科在校生1825.74万，去除本科职业教育在校生7.34万人，十二大学科门类各专业普通本科在校生有1818.40万人，其中8个文科门类所属专业在校生为908.47万人（理工农医4大学科门类在校生为909.93万人），约占普通本科在校生的半壁江山。

虽然依据学科门类统计文科专业数及其在校生数并不严谨——由于个别学科的复杂性（如管理学就有部分专业比较贴近理科）、学科交叉等原因，文科和理科的界限并非泾渭分明，但基本上可以得出中国高校文科专业规模较大的结论。

表2-1　　　　　　　　中国高校专业学科分布

学科门类	专业类数（个）	专业数（个）	在校学生数（万人）
哲学	1	4	1.13
经济学	4	23	98.49
法学	6	47	63.94
教育学	2	26	80.84
文学	3	123	177.99
历史学	1	8	8.94

① 《教育部关于公布2020年度普通高等学校本科专业备案和审批结果的通知》，2021年2月20日，http://www.moe.gov.cn/srcsite/A08/moe_1034/s4930/202103/t20210301_516076.html。

续表

学科门类	专业类数（个）	专业数（个）	在校学生数（万人）
管理学	9	63	299.48
艺术学	5	51	177.66
小计	31	345	908.47
理学	12	45	122.59
工学	31	246	614.24
农学	7	43	30.37
医学	11	61	142.73
小计	61	395	909.93

数据来源：《普通高等学校本科专业目录（2020年版）》《关于公布2020年度普通高等学校本科专业备案和审批结果的通知》及教育部官网《2020年教育统计数据》。

但是，长期以来，文科专业存在突出的结构性矛盾：与社会需求的契合度不高，存在"热门专业"低水平重复建设以致出现"泛滥成灾"现象——因举办文科专业相对容易，投入没有理工科专业高，高校容易做出匆忙上马"热门"文科的决策，而一些社会急需、需要较大投入的专业又发展迟缓。这种结构性矛盾使得大学生就业难现象在文科专业更为突出，结构性失业强化了社会对于"文科生过剩"观点的认同。加上"学好数理化，走遍天下都不怕"传统观念的影响，使得本就"矮人一头"的文科遭遇诸多考验。一些研究甚至有污名化文科生之嫌——2021年4月14日，中国人民银行刊发的工作论文《关于中国人口转型的认识和应对之策》[①]指出，中南亚国家掉入中等收入陷阱的原因之一就是文科生过多，因此，中国当前要重视发展理工科教育。

由于文科的规模较大且存在突出的结构性失衡，我们必须改变现有文科的专业结构，使其达至新文科对于专业结构的要求，同时推动文科人才培养模式和教育组织形式的变革。

① 陈浩等：《关于我国人口转型的认识和应对之策》，2021年4月14日，https://finance.ifeng.com/c/85RNDJa3D4Y。

二 新文科专业结构优化的原则

从传统文科走向新文科,实现文科的涅槃重生,优化结构以改变结构性失衡是重要的维度和方式,但要实现结构优化,必须明晰新文科的功能定位、存在方式和质量标准,否则就很难真正实现。正是基于这样的考虑,有学者指出,高校新文科专业结构的优化应遵循以下三个方面的原则。[①]

(一) 以新功能定位进行专业结构优化

新文科应助力国家提升文化软实力,培养新时代的哲学社会科学家,这是时代赋予文科的新功能、新定位,也是国家对文科高等教育寄予的厚望所在。新时代的文科教育,不能仅仅停留在知识与技能的传授上,而应该以培养在国际交流合作、服务经济社会、文化传承与创新方面具有使命感和责任感的人才为目标,以加强资政和服务社会、推动社会主义文化繁荣发展为目标。新的功能定位赋予了新文科专业建设以新的发展方向,那就是必须把社会需求作为专业设置及优化调整的重要准则和导向。

(二) 以交叉融合为抓手进行专业结构优化

传统文科专业在人才培养方案的设计上往往局限于单一的学科或专业门类,学生没有跨学科、跨专业学习的选择权。而新文科在注重传统文科知识积累的基础上,更加强调新兴研究领域和跨学科、交叉学科研究。新文科专业建设,不仅要优化现有的专业设置,更要在文科内部打通院系、学科、专业之间的壁垒,甚至突破人文社会科学的边界,在文科与理工科范围内开展更大跨度的学科专业交叉,形成开放包容的文科体系,实现学生思维、素质和能力的新提升。

(三) 以新的质量标准为保障进行专业结构优化

新文科背景下的专业结构调整以及专业建设,必须遵循质量第一的

---

① 刘利:《新文科专业建设的思考与实践:以北京语言大学为例》,《云南师范大学学报》(哲学社会科学版) 2020 年第 2 期。

原则。随着高等教育的普及化,高等教育的发展亟须实现从数量先行到质量优先的转型,这不仅是人才培养的关键,也是学校生存发展的必由之路。"四新"建设的本身就是全面提高高等教育质量的系统工程,因此新的质量标准也是新文科的重要内涵之一。不过,由于新文科建设作为一种顶层设计,目前还处在初步探索阶段,尚没有形成一定之规,因而在实践中难免会出现一些急功近利、为新而新的情况,为此,我们在工作中要特别重视把握质量原则。

三 新文科专业结构优化中要处理好的几种关系

新文科建设目前还处在探索阶段,在调整专业结构过程中要注意处理好以下几种关系。

(一) 处理好传统专业和新兴专业的关系

对那些有多年历史的文科专业要采取改造和保护相结合的办法,通过调整层次和规模,做到少而精;通过更新其教学内容、改革课程体系,使传统学科专业呈现出新的面貌,焕发出新的生机;通过与现代科技相结合,实现文科与其他学科的交叉融合。同时,对于新兴专业的建设要审慎确定生长点,严把质量关。对发展前景广阔的新专业一定要大力扶持,加快发展。

(二) 处理好新文科各专业之间的比例结构

要合理确定文科专业之间的比例关系,对现有文科学科专业进行存量调整,适时增加新文科专业。当然,新文科结构的优化,并不是对传统文科数量的简单增减,而是要在专业内涵和存在形态发生根本性变革的基础上,促进文科结构的革命性变革,引领带动文科专业建设整体水平提升。

(三) 处理好新文科与社会需求之间的关系

从文科走向新文科,其中一个重要的原因就是要强化文科对于社会需求的回应能力,因此,新文科结构优化一定要突出社会需求的重要地位。要开展学科专业与区域发展需求匹配度评估,建立健全学科专业的设置引导机制、发展分析研判机制、供需预警及退出机制、评估机制及激励保障机制，形成高校招生、人才培养与学科专业动态调整联动机制。与此同时，文科还要坚守其人文性的基本价值立场，处理好满足社会需求与引领社会发展之间的平衡，做到人文性与工具性二者的辩证统一。无论是传统文科还是新文科，无论时代如何变迁，其人文情怀、人文精神和人文价值都是基本的内核，在新时代，人文价值应更加突出。在服务国家战略、社会发展、人民精神生活的同时，新文科应特别强调立德树人，加强学生和公众家国情怀、使命担当的引领和塑造。

四 新文科专业结构优化的具体举措

通过上述分析，我们明确了新文科专业结构优化的原则以及需要关注的几对关系，在此基础上，提出新文科专业结构优化的方向和举措。

（一）积极发展新兴专业，适应社会新需求

随着新技术的突飞猛进，社会需求发生了巨大的变化：一是社会对传统文科所培养人才的需求大量减少；二是社会需求的新型人才供给不足。很多传统的劳动让位于人工智能，传统人才已不符合社会需要。这对文科造成很大的冲击，例如广告业，纸质媒体时代所需的人才与现在自媒体时代所需的人才有很大差别。[①] 有学者称："互联网诞生之前，广告业的竞争仅仅依靠追求精妙创意、大制作、大媒体，随着互联网时代的来临，广告的传统模式渐渐开始崩塌，广告不仅在呈现形式上更加多样化，其传播方式也发生了变化，信息流动从单向转向双向，追求互动成为互联网时代广告的精髓之一"[②] "广告企业在招聘时，对网络技术人才的需求最大"。当前社会减少了对劳动密集型人才的需求，更多地需要知识密集型、知识综合型、知识创新型人才。

2019年，教育部高等教育司司长吴岩指出，中国新文科建设的理

[①] 黄启兵、田晓明：《"新文科"的来源、特性及建设路径》，《苏州大学学报》（教育科学版）2020年第2期。

[②] 《新闻与传播评论》（2015年卷），武汉大学出版社2016年版。

由之一就是"从中国发展来看,新时代呼唤新文科""高校要成为新时代中国先进文化创造弘扬传播的策源地,要加快文科发展的步伐,只有在'卓越'和'拔尖'中做得更好,才能让文科教育在中国经济社会的发展中更好地发挥方法论和指导思想的作用。"[1] 云南大学原党委书记林文勋认为:"新时代人文社会科学的发展,必须以服务国家战略和区域经济社会发展为目标,追踪学科前沿,不断加强咨政建言、服务社会的能力,提升为人文社会科学社会服务的贡献度与美誉度。"[2]

因此,新文科建设要突破"小文科"思维,构建"大文科"视野,通过不同学科间的相关性确定新的专业定位,如建立人工智能伦理学。在工科领域的计算机科学的建设和发展过程中,用伦理来指导人工智能发展,如机器人伦理、网络伦理、自媒体伦理等等。同时,要大力发展诸如健康服务与管理、大数据管理与应用、互联网金融、航空服务艺术与管理、艺术管理、供应链管理、马克思主义理论、金融科技等新兴专业,推动新文科发展由专业目录导向转向现实需求导向,培养适应新时代要求的应用型、复合型文科人才,从而满足社会需求。

(二) 改造提升传统专业,顺应科技新发展

互联网、数据技术等新技术改变现有产业结构、产业形态和产业内容,催生新产业,主要体现为产业的数字化和智能化。信息技术与人文社会科学的融合已经成为一个国际趋势,在此背景下,新文科特别强调新技术,新文科建设就是实现哲学社会科学与科技革命交叉融合在高等教育的实践。就学术研究而言,例如传统历史研究强调考证,强调做卡片,强调资料平时一点一滴地积累,而互联网、大数据改变了这种学术研究方式。有学者分析,目前大部分历史学研究资料几乎都已被数据化,如文渊阁四库全书电子版、汉籍全文检索系统、二十五史多媒体全文检索阅读系统、国学宝典等,研究资料的数据化从根本上改变了历史

---

[1] 吴岩:《加强新文科建设 培养新时代新闻传播人才》,《中国编辑》2019年第2期。
[2] 张胜、王斯敏、胡海男:《新文科"新"在哪儿?并非"科技+人文"那么简单》,《光明日报》2019年7月23日第8版。

研究者的工作手段和条件，考据学家恐怕要失业了。①"就人才培养而言，原有人才培养很大程度上是为了传承，现在人才培养很大程度上强调创新；原有的授课方式是粉笔加黑板，现在的人才培养方式则更加多元；原有人才培养不存在的问题现在随着新技术的推动而不断涌现，如网瘾、上课玩手机……这些新技术使得文科不得不打上新时代的烙印，迫使文科迎接新技术的挑战。"②

由此可见，新科技不仅促进了人文社会领域教育和科研在对象、内容、过程、方法以及结果上的革新，同时也催生出新兴的产业领域，如数字内容产业、数字文化产业、数字创意产业等，产生了新的人才需求。同时，"在互联网、大数据和媒体融合的助力下，已有的人文社会科学成果可以在数字化平台上得到更大范围和更有穿透力地显现、传播、共享和增值，发挥出新的社会效益和经济效益，这也催生出社会对人文社会科学人才培养的新要求"。③

因此，传统的文科专业已经不能应对新的挑战，倘若不对其进行有效地改造，那么终将会被时代所淘汰。新文科专业应将技术融入哲学、文学、语言等诸如此类的专业中，发展交叉融合类的学科，比如工科+文科类的能源与气候经济、设计艺术哲学、新媒体等专业；医科+文科的生命伦理学、医学信息学、健康管理等专业；农科+文科的可持续发展与乡村建设、生态文明建设与管理、农业经济学等专业；理科+文科的计算法学、大数据管理与应用、金融科技等专业，为学生提供综合性的跨学科学习，促进多科协同，培养纵深型的专业人才。

（三）打造特色优势专业，符合国家新国情

当下中国所面临的新国情可以概括为：在国内，创建中国特色，树

---

① 郝春文：《新方法、新领域、新手段——近30年来的中国历史学》，载论坛文集编委会《改革开放与理论创新（第二届北京中青年社科理论人才"百人工程"学者论坛文集）》，首都师范大学出版社2008年版，第316页。
② 黄启兵、田晓明：《"新文科"的来源、特性及建设路径》，《苏州大学学报》（教育科学版）2020年第2期。
③ 周毅、李卓卓：《新文科建设的理路与设计》，《中国大学教学》2019年第6期。

立文化自信，文科是社会主义先进文化的重要载体；在国际上，随着中国大国崛起，在世界学术舞台上要发出中国声音。①

新文科建设首先是以文化人、以文育人、以文培元的使命的具体履行。习近平总书记提出"文化文艺工作、哲学社会科学工作就属于培根铸魂的工作"，坚定中国特色社会主义的道路自信、理论自信、制度自信、文化自信，说到底是要坚定文化自信。大规模的文化建设构成了物质成就的精神或灵魂，文化自信是一种精神力量，它只有在物质领域发展到特定阶段才会得到高度的凝聚；一经形成，便会成为一种贯穿于各种认识和实践活动的支配力量。新文科建设是社会主义先进文化的重要载体，对提升国家文化软实力具有重要意义。一方面，新文科建设要培养具有文化自信的文化建设主力军，并将文化带入实践中，观照和表达民生，传承和发扬文化；另一方面，新文科建设培育的人才应能推动中华优秀传统文化创造性转化和创新性发展，讲好中国故事，满足人民群众日益增长的文化生活需要。②

同时，新文科建设要尝试重新构建学科体系、学术体系与话语体系，这是培养发出中国声音、形成中国主张、推广中国经验人才的需要，是形成有中国特色的哲学社会科学学派的需要。体现中国文化的一脉相承，开放包容，面向未来围绕中国和世界发展面临的重大问题，着力提出能够体现中国立场、中国智慧、中国价值的理念、主张、方案，更好地用中国理论解读中国实践。一方面，要打造一批人文社会科学学术人才基地和原创思想策源地，强基固本，进一步融入国际交流和深度对话，发扬中国文化、传播中国思想；另一方面，要将优秀人文社会科学吸收和借鉴到先进文化中来，形成有独立主张的中国理解和阐释，积极参与和融入多元国际合作和全球治理中，发出中国声音。③

---

① 黄启兵、田晓明：《"新文科"的来源、特性及建设路径》，《苏州大学学报》（教育科学版）2020年第2期。
② 周毅、李卓卓：《新文科建设的理路与设计》，《中国大学教学》2019年第6期。
③ 周毅、李卓卓：《新文科建设的理路与设计》，《中国大学教学》2019年第6期。

而专业建设是提升人才培养质量的着力点,新文科建设必须加强专业建设,把文科的专业建设同国家命运紧密相连,打造具有中国特色、中国优势的文科专业,从而培育学生的文化自信,厚植学生的文化底蕴,最终培养出能够传播中国文化、发出中国声音的优秀人才。以民族学为例,中国特有的民族语言文化建设,直接关乎国家的语言文化安全,具有重要的战略意义。因此,新文科建设要根据各高校实际情况,结合自身优势和特色,进一步凝练重组专业结构,创新开拓新兴交叉点,将高校分为优势文科高校、综合性高校、一般地方高校三种,以便于新文科建设的开展。①

第二节 新文科专业标准优化

罗伯特·罗思曾经说过：以标准为媒介可构建起公众的信任。标准的建立,从某种程度上体现着对某项活动认知和研究的深度与水准。对于高校专业而言,标准代表了一种质量认可和公众信任。专业标准是对特定专业人才培养的基本依据,为给定专业提供明确具体的专业学习要求,体现了国家、社会和受教育者对专业教育的期望水平,是保障高校基本教育水准的底线控制,也是保证受教育者能顺利进入职业生活并迅速适应的重要手段。

一 新文科专业标准优化的背景

专业标准具有相对的稳定性,以保证高校人才培养工作的可持续性,但随着社会需求变化、教育变革和学习者的变化,专业标准也需要适时进行调整。作为占据中国高校专业半壁江山的文科专业,当然也需要因外部环境的变化而重塑专业标准。从传统文科到新文科的转型,以

---

① 安丰存、王铭玉:《新文科建设的本质、地位及体系》,《学术交流》2019 年第 11 期。

及从专业评估到专业认证的转换,迫切要求文科专业优化专业标准。

(一) 从传统文科到新文科的转型

每个专业或专业群,都需要与时俱进,文科也概莫能外。其实,文科也一直在不断地创新发展。因此,总存在着"旧"文科与"新"文科。不过,我们今日正在建设的新文科,有着更高程度、更大范围的创新,这既是回应时代大变局使然,亦是学科建设必然。

时代大变局召唤新文科。当前,世界正处于百年未有之大变局。世界经济格局、权力格局、治理体系及治理规则、人类文明及交流模式等都处于"百年之变",而这种变化的根本动力在于科技的突破性进展和制度的伟大创新。当下,"以人工智能、大数据、物联网、太空技术、生物技术、量子科技为代表的新科技革命正在全面酝酿,由此推动了新产业、新业态、新模式的巨大发展,带来了人们生产方式、生活方式、思维方式的显著变化。"[①] 与科技革命和产业革命相伴生的,是人类社会思想和制度也获得了巨大进步。"知识社会""世界是平的""人类命运共同体"等思想及相应的制度在完善。当今的中国,在世界新格局和大变局中,又有着重要的影响。中国综合国力快速提高、社会面貌迅速变化,国家政治经济地位显著提高,越来越走近世界舞台的中央,文化自信和文化软实力的重要地位被空前强调。从传统文科走向新文科,正是回应这个重大变局和伟大时代要求的应有行动。文科需要做出重大变革,建设一个与时代相符合的高水平文科,为中华民族伟大复兴注入强大的精神动力,培养能担当民族复兴大任的社会主义建设者和接班人。

加强文科建设需要新文科。建设新文科,也是学科发展的规律使然。从学科知识角度来看,高深知识生产不再是一种自我封闭的活动,已经从高校发展到了许多不同机构,从单一学科发展为跨学科,从集中单一生产转换为分散性的知识生产模式。同时,知识的性质也在发生变

---

① 罗建波:《从全局高度理解和把握世界百年未有之大变局》,《学习时报》2019年6月7日第2版。

化,如同科学与技术的边界变得模糊一样,文科的理论性知识和应用性知识的边界也在弱化。文科需要更多基于真实的社会生活土壤生产知识,需要为现实社会问题提供解决方案,而这与更多是"仰望星空"的传统文科旨趣有很大不同。从学科建设规律而言,也需要建设新文科。随着学科科学化进程的推进,很多学科走向了专门化、碎片化的道路,容易陷入太细的局限性困境,走入死胡同,新文科则强调用广博、交叉、融合来重建开放性文科,使文科获得重生。

总之,时代在发展,而且社会发展的问题,从来不会且未来更加不会限定在某个学科中。新的时代,即便是文科生,如果没有数据思维、科学思维的基本能力,也无法应对当下学科发展的新局面。而且,过去人文学科毕业生大多成为公务员或在文化单位、出版单位、教育教学单位工作,但是,时代发展至今,新媒体、融媒体等新兴行业,以及一些互联网行业等,也都吸引了大量的文科毕业生,对文科教育提出了新要求。①

(二) 从专业评估到专业认证的转换

文科专业标准的优化调整,也与专业评价模式的变革——从专业评估到专业认证有关,这甚至可以说是更为直接的原因。

中国高校专业评估实践开始于20世纪80年代,先后经历零星实践、评估试点、逐步推广三个阶段。零星实践阶段主要是个别省份与高校专业评估实践的探索,如1984年同济大学组织开展校内专业评估,1985年上海市对管理类专业的评估工作。1985年原国家教委在黑龙江镜泊湖召开会议,决定以高等工程本科教育为突破口,逐步建立专业评估制度,迎来了专业评估试点阶段。《普通高等学校教育评估暂行规定》(1990年)的出台,标志着高校专业评估工作走向规范化,专业评估在全国范围内也陆续展开。②

---

① 徐雷:《新文科人才培养,标准化是大忌》,《文汇报》2021年3月10日第12版。
② 刘自团:《我国高校专业评估:历史、问题及发展策略》,《宁波大学学报》(教育科学版)2008年第4期。

2006年，教育部启动工程教育专业认证试点工作，开始出现专业评估与专业认证共存局面。例如，武汉大学2015年对全校105个专业进行评估，2017年在完成后续28个专业（2015年评为C类的专业）评估的同时，申请对土木工程、化学、物理专业的专业认证。[①] 随着2016年中国正式加入《华盛顿协议》，中国工程教育专业认证、师范专业认证已经取得了长足进步。截至2020年年底，全国共有257所高校的1600个工程教育专业通过了认证。另外在师范教育（截至2021年9月，已有640多个专业通过了二级和三级认证）、医学教育等领域，专业认证也正在有条不紊地推进。而在新文科教育领域，除了少数高校在个别专业进行了试点以外，专业认证尚未全面推进。目前全国性的新文科认证组织尚未形成，认证标准还未发布，认证工作没有正式开始。一些区域性的第三方认证组织开始了试点工作，如2020年3月，东华大学发起了新文科专业认证联盟，由上海、浙江、江苏、安徽等30余所高校组成（未来也许会有更多高校加盟），旨在推动自主专业认证试点工作。

随着专业认证工作的深入开展，新文科专业认证工作也会全面铺开。有必要制订高质量的专业认证标准，从而为规范化开展专业认证提供指导，可以以《普通高等学校本科专业类教学质量国家标准》与高等教育质量检测国家数据库平台为基准，开展保合格、上水平、追卓越的三级专业认证，建成"基本质量标准认证——国家质量标准认证——国际质量标准认证"的三级专业认证体系，形成从质量理念、质量标准到质量文化、质量体系的系统设计，在打造"金专"的同时淘汰"水专"，建立起以数据和事实说话的中国高等教育质量常态检测体系，进而促进文科人才培养过程不断科学化。[②]

---

① 张曼：《我国高校专业评估实践模式研究——基于高校专业评估实践的质性分析》，《上海教育评估研究》2018年第4期。
② 段禹、崔延强：《新文科建设的理论内涵与实践路向》，《云南师范大学学报》（哲学社会科学版）2020年第2期。

对于文科而言，从专业评估到专业认证，具有两个方面突出的变化：一是更加突出学生的地位，更加关注学生的学习与发展；二是从更多注重要素投入的评价转向结果导向的评价。而这样的变化，势必要求文科专业标准进行全面的调整，当然，这也是一项富于挑战性的工作。

二 新文科专业标准优化的难点

与工程教育专业认证相比，新文科领域的专业有其自身特点，其中之一就是认证标准的设定更加困难。

（一）培养目标难以确定

按照专业认证的 OBE 理念，新文科专业认证与专业建设，首要的是确定培养目标，但这对于新文科而言，恰恰是一个非常棘手的难题。培养目标是对该专业毕业生在毕业后 5 年左右能够达到的职业和专业成就的总体描述。按照专业认证理念，培养目标是由需求决定的。首先，要清楚需求是什么？为此，要明确是谁的需求？也就是说，所培养人的预期"用户"是谁？预期就业岗位是什么？[①]。这对于排他性较强的工科、医科和其他专业性很强的专业而言，是一个较为容易确定的事情，可是，对于文科而言，则是很难的。文科所培养的人才，向来有"万金油"的特质，能够胜任很多职业，但同时也意味着并没有确切的就业范围。在当下及未来的人才需求方面，高校毕业生尤其是文科毕业生的专业对口问题，似乎更成了一个不那么重要的问题，这更加提升了新文科专业标准选择与确定的难度。

（二）学生的学习效果及毕业要求难以衡量

专业认证的核心理念强调产出导向，也就是特别强调学生学习后对专业知识的掌握程度及成长发展情况。与自然科学类专业相比，新文科学生的学习成果及成长发展情况既有滞后性，也有模糊性，难以使用明确、具体的定量标准对其进行衡量。

---

① 李志义：《中国工程教育专业认证的"最后一公里"》，《高教发展与评估》2020 年第 3 期。

以公共关系专业为例，其毕业生在专业领域的实际表现及职业发展未必比其他专业的毕业生出色，或者说可替代性较强，在这种情况下如何衡量毕业生的学习效果就成了一个难题。相反如果是软件工程类专业的毕业生，就可以快速上手新的项目，开发出符合要求的软件产品，学习效果非常显著。

（三）专业标准难以获得国际互认

在专业认证背景下，专业标准要具有公共性、通用性，达到国内甚至国际的互通、互认。可是，在新文科领域，相当一部分专业的学习内容没有共同性，而是跟各个国家的政治、文化、历史、地理甚至风土人情有密切关系，因此国家间无法形成统一的评价标准。每个国家在学生培养过程中，会不同程度地在意识形态、国家观念等方面予以引导，也就更不可能强求形成统一的认证标准与互认结果。

以法学专业为例，在教育部2017年颁布的《普通高等学校本科专业类教学质量国家标准》中，法学类人才的培养目标的表述如下："法学类专业人才培养应坚持立德树人、德法兼修，适应建设……的实际需要。培养德才兼备……法治人才及后备力量。"这一培养目标以坚持社会主义办学方向、传承红色基因为核心，非常明确地契合了"四个服务"的要求。而西方的法学教育以行业主导为主，是在市场经济条件下发展起来的，其培养目标、培养过程、培养模式等都与中国的法学教育存在很大差异，因此要形成统一的互认体系几乎不可能。①

三 构建新文科专业标准的建议

在很大程度上可以说，正是由于专业标准确定所遭遇的上述难题，导致新文科专业认证进展非常缓慢。但是，由于专业标准体现了新文科教育的基本要求与质量导向，从某种意义上讲，它是一根"指挥棒"，基于专业标准开展专业认证，可以促使相关专业牢固树立以学生为中心

---

① 姚卫新：《关于新文科教育专业认证的若干思考》，《上海教育评估研究》2021年第2期。

的理念，加强过程管理、评估与监控，从重视教育投入的粗放型要求，转变为教育产出的具体要求，促进新文科教育的改革与发展，提高新文科的教育质量。

（一）专业标准的制定理念

在专业标准制定上，遵循专业认证的OBE产出导向教育理念。OBE产出导向教育理念是国内外专业认证普遍遵循的教育理念，其核心要义是"学生中心、产出导向、持续改进"。OBE产出导向教育理念以学习产出驱动整个课程活动和质量评价，其优势已经得到国际的普遍认可。在当前中国新文科专业注重高质量内涵式发展的背景下，推动新文科专业建设应遵循认证的OBE教育理念，实现学生培养与专业建设的优化发展。

第一，应坚持"学生中心"的价值取向，突显人文性，回归育人本位。当前，世界许多国家和地区均采取了向学生赋权的改革，学生学习成果在内外部质量评价中的权重不断提高，学生在质量保障体系中的话语权和地位也不断提升。因此，新文科专业标准的制定，要从注重教师教学能力评价向注重学生学习成果评价转变，从过于重视学生学科知识学习向重视学生应用和创新知识转变，回归人才培养本源。

第二，应注重标准对于培养过程的导向作用。OBE产出导向教育理念认为教育的根本目的在于促进学生学习与发展，教师、课程、环境等都是手段，但实现学生发展，需要扎扎实实的过程管理。新文科的专业标准，要对照文科毕业生产出的核心能力素质要求，即"学到了什么"和"能做什么"，反向设计教育要素和教育过程。对学生培养进行全要素、全过程的评价，确保学生取得学习成果的"生产性""生成性"过程。[1]

---

[1] 马晓春、周海瑛：《认证标准视阈：师范专业质量保障体系构建新路向》，《现代教育管理》2021年第1期。

(二) 专业标准的制定原则

新文科专业标准要强调文科的多元功能。新文科是中国文科的一次重建，要全力实现社会、国家和这个伟大时代赋予文科的新使命。具体来说，新文科要承担探索新知、培育人才和服务社会的职责；新文科要探究具有中国特色的文科知识，催生文科发展新范式；新文科要强化立德树人的教育价值，以丰盈的人文性培育具有高洁品格、崇高理想的社会新人；新文科要引领社会、改造社会、建构社会。在制定和优化新文科标准的过程中，要充分考虑新文科的这些功能、使命，保证新文科的专业建设符合时代背景和社会需求。

新文科专业标准突出共性与特性相结合的要求。第一，要考虑新文科专业共性和特定文科专业特性的结合。新文科是具有极大包容性的专业群，具有多样性，在建构标准的过程中，既要考虑统一，又要突出个性。新文科专业标准可以参考中国工程教育认证的思路，分为通用标准以及补充标准两个部分。通用标准是所有参加认证的专业都应该达到的最低要求，适用范围广；补充标准则是各学科领域根据自身特点而制定的标准，仅适用于本学科领域的专业，适用范围窄。[1]

第二，要考虑专业标准的院校差异。制定与优化新文科专业标准，首先就是要有一个统一的各院校都需要遵循的基本要求。在制定统一要求时，要突出三个方面。一是要突出实践能力。传统观点认为理工农医等学科需要实践，其实，文科生要直接面对复杂的社会，更需要面对多元多样的社会现实和社会问题，更需要大量的社会实践，如田野调查、服务学习、志愿服务等。二是要突出交叉融合。社会不是因为学科的分类而存在的。社会问题天然是学科交融的问题。所以面向未来培养文科人才，交叉融合尤为关键。人文社科与技术科学的交叉融合，会催生一系列新的产业。适应新的人才素养的需求，就必须在交叉融合方向布局新文科专业。三是要特别注重国际视野。文科人才培养比较容易忽视学

---

[1] 姚卫新：《关于新文科教育专业认证的若干思考》，《上海教育评估研究》2021年第2期。

生的国际视野。在"两个大局"下，中国文科生要具有更好的国际视野，唯有如此，才能在更好地走向世界舞台中央的时候，真正担当民族复兴大任。① 与此同时，新文科标准要有弹性，要给院校"留白"，使其能被最广泛的高校所接纳。中国高校众多，办学定位、办学层次和办学实力不同，各高校自身的特色各异，因此，要构建富有包容性的弹性标准体系。

第三，要考虑国际性和中国特色的结合。中国新文科建设，要有国际视野，必须强化专业标准的国际化，但与此同时，新文科更要与中国特色社会主义现代化建设的具体国情相适应，注重价值引领。

新文科标准要体现人才培养的复合型特征。文科人才本就具有很强的适应性，当今社会变革加剧，产业和职业更迭加速，新问题、新技术和新方法层出不穷，这些都要求新文科人才必须是高素质的复合型人才。新文科人才不仅要具有厚实宽广的知识基础，还要具有能够运用新技术、新手段来解决现有问题的能力。不仅要游刃于经济、社会和管理之间，还要在某一学科方面学业精深。具体来说，新文科人才及其相应的专业标准要做到："文理兼通""通专结合""术道兼修"。

"文理兼通"并不是说文科人才要向理工类领域进行专业化发展，而是要具备理科素养，培养一定的理科思维，掌握一定程度的自然科学知识、技能和原理。杭州师范大学特聘教授冯志伟曾刊文指出，信息时代需要文理兼通的语言学家。他认为，在信息时代，"我们要认真地学习语言学的知识，深入研究语言学中的各种规律和规则，同时还要与时俱进，进行更新知识的再学习，学习自然语言处理技术，学习现代数学知识，学习计算编程技术，成为文理兼通的新一代语言学家，才有可能摘取高枝头上的果实。"② 其实，何止是语言学，所有文科专业都要强

---

① 徐雷：《新文科人才培养，标准化是大忌》，《文汇报》2021年3月10日第12版。
② 冯志伟：《信息时代需要文理兼通的语言学家》，《光明日报》2018年10月21日第12版。

调对于自然科学的学习，做到"科技与人文"并行发展。

"通专结合"是指新文科专业要强调广博知识的传授，强调知识的融会贯通，在就业时具有广泛的适应性，能胜任多种职业，并在职业更迭中顺利"转场"。同时，新文科还要突出各专业的专业性，具有专业的核心知识、技能和能力，具备核心竞争力，提高不可替代性。

"术道兼修"是指新文科专业一方面要注重人才的精神境界培育，努力培养具有人文精神、人文素养、家国情怀、社会责任感的现代公民和具有批判精神、独立思考能力、跨学科知识和国际化视野的人类命运共同体成员。另一方面，新文科专业要强化文科人才的核心素养，提高解决社会问题的能力。与传统文科专业相比，新文科要更加突出社会需求及相应的学生就业能力的培养。关于就业能力，美国教育部曾发布一个就业能力框架，值得参考。这个框架把就业能力分为工作场所能力、良好的关系和应用性知识。工作场所能力又包括资源管理、信息使用、交流技能、系统思维和技术使用；良好的关系包括个人品质和人际交往能力；应用性知识包括应用性学术能力和批判性思维能力。而这些维度又可进一步分为第三级能力，如批判性思维技能包括创造性思维、批判性思维、做出合理决定、解决问题、推理和规划等[1]。对于新文科而言，可以从中借鉴一些重要的方面，以强化学生"术"的培养。首先，良好的沟通能力和合作能力是很必要的。社会的发展已经由靠个体才智去解决问题的时代转变为群体集约式协调发展的时代，这就要求现代人才要具备相互协作的能力，发挥系统性协调能力。当前，中国日益走向世界舞台的中心。新时代人文社会科学的发展，应该不断培养学生看待事物的世界眼光和胸怀，拓展学生的国际视野和跨文化交流能力。其次，新文科人才必须有很好的技术素养。随着计算机、互联网和大数据等科技的迅猛发展，人们应该具有高效学习、吸收新的技术手段和研究方法的能力。当代信息技术的快速发展和普遍应用，使社会呈现了新形

---

[1] U. S. Department of Education, "The Framework of Employability Skills", (2018 – 05 – 14), https：//cte. ed. gov/initiatives/employability-skills-framework. (2022 – 05 – 23).

态，实现了数字化生存。社会问题更多与"技术相关"，整个文科的研究方式因研究工具和方法的技术化发生范式革命，社会计算、金融科技、媒体创意、言语视听科学、计算语言学等新兴文科专业、方向的兴起，更加突出了新文科的技术特征。这些都要求文科人才要真正拥抱和融入新技术，借助现代科技重塑社会观念、思维方式和研究范式。最后，新文科人才应具备良好适应能力。文科人才应该具有开放性的品质特点，能够适应现代社会的发展，而这种开放性和适应能力，需要很好的适应性学术能力、批判性思维能力等作为基础。

新文科标准制定与优化要坚持开放性原则，让更多群体表达意愿。专业标准，不仅要体现教育机构的定位和特色，还要反映学习者的要求，更要充分表达社会的需求。可以说，专业标准的制定与优化，其实是一个多利益群体意见的整合过程。有学者就指出，专业认证制度就是一种相关利益者之间合作，以确保共同利益实现的互动管理。西方比较成熟的专业认证制度，都体现了一种政府、社会、公民等多主体共同参与高校治理活动的制度安排。[1] 新文科的专业标准，要在统一的前提下，尽可能避免千篇一律的无差别化培养，突出各高校的特点、优势；新文科的专业标准，还要更多反映受教育者的诉求，建构适应学生发展、满足其意愿的标准体系；更为重要的是，新文科专业标准的制定，要尽可能听取行业、企业专家的意见，改变之前与社会需求联系不够甚至脱节的状况，建构出满足经济社会发展需求的标准体系。

第三节　学科专业再造与新文科专业建设路径

当今世界正处于百年未有之大变局，过去工业化时代发展起来的传

---

[1] 卢晶、尹贻林：《专业认证制度的治理模式研究》，《高教探索》2009年第2期。

统文科专业已难以适应时代发展的战略需要，造成内驱力不足，无法解决新的时代问题。新文科专业建设的逻辑体系必然体现于新时代发展的历史脉络中。对传统文科专业的改造升级就是在改革的驱使下进行的一种内省式、反思式的主动建构。

目前，新文科专业建设已经迫在眉睫，教育部高等教育司司长吴岩指出：国家试图通过实施"六卓越一拔尖"计划2.0，推进人才培养体制机制创新，以"主动求变"提高高校服务经济社会发展能力，最终实现"四新"建设总目标，并特别强调一定要让新文科这个翅膀硬起来，中国高等教育才能飞得稳、飞得高。简·奈特教授曾使用"激流"一词回应改革的时代背景，对于原有文科专业的改造与提升就是在响应外部时代要求与内部知识更新的浪潮与暗涌。

新文科是基于现有传统文科的基础之上进行学科专业及课程重组，从而形成新的专业形态进而达到知识扩展和创新思维的培养。而传统的学科专业培养模式已经无法满足新时代对人才的需求，因此，重构新文科的学科专业模式是新文科专业优化题中的应有之义。

一　传统的学科专业构建模式

学科是人类对于知识体系进行归类组合的一种建构方式，是人类在对不断增长甚至是急速膨胀的知识进行处理的结果。随着人类社会发现积累的知识增多，为使其更好地传递给下一代，促进知识的深入发展，人们不得不对知识整体进行分块、分支、归类、加工，从而形成了现代学科体系。由于高等教育的人才培养是基于学科知识开展的，因此，因社会需求而形成的专业，便自然被纳入了不同的学科，形成了传统的学科—专业模式。在传统的学科—专业模式中，通常表现为多个课程支撑一个专业，多个专业支撑一个学科，各个专业及其相应的课程相对独立，构成互不交叉的学科—专业—课程矩阵体系。

传统的学科专业体系，具有一些明显的优势：其对发展学科知识、促进科学进步是非常有帮助的，能够做深做细特定领域的研究，产出更高精尖的知识技术；对学科后备人才的培养也是极为有利的，能够把人才较早地纳入一定的知识领地，培养其特定的学科思维、学科方法和学科文化；对于高校课程体系的设置与调整而言，也是较方便的，学科知识更新了，学科范式变革了，只要调整相应专业及修订其课程即可，不会对其他专业的建设与发展带来多大影响，保证各学科专业的相对稳定性，不至于牵一发而动全身。

然而，这种隔离化、蛋篓式的学科专业模式，存在非常大的局限。首先，各学科专业之间的联系较少，不利于学科专业之间的相互借鉴、发展。其次，学科专业各立门户，容易造成高校专业建设的诸多浪费，如基础设施的浪费、专业教学人员的重叠和教学实践资源的重复建设等。最后，也是最重要的，那就是培养出来的人才，很难适应社会发展。社会问题、工程技术问题等是复杂性的，不是单一的问题，更不能靠单一学科知识解决，而在传统分割式体系中培养的高校专业人才，很难解决社会问题。社会普遍感受的高校毕业生"不好用"甚至"不能用"的问题很大程度上就是这一局面造成的。

随着社会的发展，高等教育愈发走入社会中心，高校需要承担更大的社会责任，培养的专业人才需要显示其社会"有用性"，帮助社会解决各种各样的现实问题。这需要各种学科知识的共同发力，防止学科专业过度细化，改变专业人才培养的"门户之见"，破除分裂式的知识架构，建构融合、共享、共生的学科专业模式，培养新时代的专业人才。

二 专业模式再造与新文科建设

学科专业再造符合社会发展规律和现实需求，新文科建设亦是如此，新文科的人才培养不能局限于某些课程、某专业乃至某学科。因为，"万事万物都有着密切的联系，任何学科的建设都要强调宽口径、厚基础。新文科一定是适应科学技术发展、拥抱科学技术，是实现文科、理科、工科、农科、医科等不断交融交叉，密切联系互联网、大数据、人工智能、基因工程等领域。"①

当前,传统专业模式的局限性越来越明显,迫切需要重建。整体而言,再造专业模式,有四种路径:一是适度升级改造传统专业,使其适应社会和学科发展新范式、新样态;二是建设跨学科专业,让专业涉及的学科知识领域扩大,把相似、相近的知识进行整合,形成新的、适应面更大的专业;三是进行学科交叉,使传统专业之间进行对话,嫁接、融合并成长为新专业;四是整合性地建设专业,这是一种综合性的方式,整合了前三种以及更多的专业再造手段。对于文科而言,这四种专业再造模式也是适用的。接下来,谈一下原有文科专业改造与升级。

第四节　原有文科专业改造与升级

新文科专业建设,并非完全将原有的专业彻底重建,更不可能一蹴而就,对于原有文科专业的改造与升级,是新文科专业建设最好的开始和最容易着眼的方面了。

一　原有文科专业改造与升级的原则

专业是人才培育的基石与根本抓手,原有专业的内在体系已不符合新时代人才培养的要求,需结合时代发展形式,积极回应、主动作为,密切结合人文社科专业的特点,遵循学科专业建设的基本规律,服务国家和社会发展需求。总之,改造传统文科、新文科专业建设需要遵循以下原则。

(一)　遵循服务社会原则

从高等教育发展历史来看,服务社会自威斯康星思想出现以来就成为高校继教学、科研之后的第三大职能。传统文科的学术研究往往是

---

① 樊丽明等:《新文科建设的内涵与发展路径(笔谈)》,《中国高教研究》2019 年第 10 期。

"象牙塔式"的研究,文科学者强调个体学术兴趣,不太关注,甚至看轻或无视国家、社会对人才发展的需求;即使有学者重视国家、社会需求,往往囿于私人书斋而苦于缺乏相应的平台或通道。新时代文科的专业发展,应该以服务国家战略和区域经济社会发展为目标,追踪学科前沿,提升谏言献策、服务社会的能力,增强文科社会服务的贡献度与美誉度,从而达到"以出世之心,行入世之事"。

(二) 突出学习者中心原则

强调在专业建设和人才培养全过程的各个环节均要坚持以学生能力培养、直接受益和最终成才为中心。[①] 计划经济背景下发展的文科专业所培养的人往往是专业人、技术人、效率人,因而文科教育中所蕴含的丰富价值意蕴被遮蔽了。教育中的工具理性之高扬和价值理性之退场,造成了文科教育功能的损伤。割裂的专业教育失去了"精神(价值)育人使命"的光彩,使学习者滞后于时代所需。新文科专业建设应当培养学生创新的品质、优雅的人格和丰富的精神,培养出真正具有"全球伦理"的现代中国人。[②]

(三) 坚持问题导向原则

根据英国学者吉本斯提出的知识生产模式,"知识生产模式3"的概念随着全球本土化的兴起已初见端倪。相较于"模式1"的固化、"模式2"的情境化,"模式3"所处的适应性情景是大学—产业—政府—公民社会所构成的"四重螺旋"。[③] 中国新文科建设倡导学术研究要"走出书斋",在更加广阔的空间、场域之中,在深入社会现实的基础上发现问题和研究问题。

人类认识的有限性导致了现有专业学科的边界,社会的复杂性导致

[①] 林健:《第四次工业革命浪潮下的传统工科专业转型升级》,《高等工程教育研究》2018年第4期。

[②] 吕林海:《中国大学"新文科教育"建设:价值蕴意、核心内涵与实践路径》,《大学教育科学》2021年第5期。

[③] 权培培、段禹、崔延强:《文科之"新"与文科之"道"——关于新文科建设的思考》,《重庆大学学报》(社会科学版) 2021年第1期。

了专业学科边界被不断突破。知识生产者所使用的理论、方法和工具等，往往并非单个学科所特有，多学科、跨学科和超学科融合不可避免，这是人类知识生产过程中的辩证法。新文科是大文科，应该打破哲学、经济学、历史学、政治学、文学、法学等传统文科专业之间"人为"的壁垒，提倡文科专业之间内在交融，提升从多个视角分析问题和解释现实的能力。①

（四）实现协同联动原则

新文科建设的新，意味着要在更大格局中推进文科发展，使新文科的成果广泛造福社会。为此，我们需要通过协同联动，不断提升新文科的影响力。一是校内协同联动。做到学校内各部门、各院系的联动。从新文科整体目标出发，统筹校内的人才、资金、平台和制度建设，形成治理合力。二是校内外协同联动。学校与相关行业可以互聘导师、共建研究基地、共同开展学术交流活动等，特别是要注重从现实社会实践中寻求新课题，多方联手，形成高水平的研究成果，培养高素质人才。三是国内外联动。要加强国际学术文化交流，实行"走出去、请进来"的策略，推进中西文化互学互鉴，从而不断提升中国文化的国际传播力，进一步提升中国文化软实力。②

二 改造与升级原有文科专业的基础性工作

立足新时代，回应新需求，原有文科专业改造与升级不可能一蹴而就，而需要首先完成以下几项基础性工作。

（一）发扬中国文化精神

原有文科专业的僵化使得民族性、社会性、个体性逐渐被磨灭，利奥塔甚至宣称文科"已经死掉了"。中国原有文科专业实质上是在近代以来"西学东渐"过程中被建立起来的，中国文学被体制化、规

---

① 马骁、李雪：《创新与融合：学科视野中的"新文科"建设》，《中国大学教学》2020年第6期。
② 夏文斌：《新文科建设的目标、内涵与路径》，《北京教育》（高教）2021年第5期。

训化,加之实用主义思潮的深入人心,其生存空间愈发受到压缩。而中国传统的"大文观",不仅是文科专业内部交叉融合的基础,而且也是中国传统文化精神和价值观的集中体现,新文科建设要担负起创造"光耀时代、光耀世界的中华文化"的使命,理应认真思考中国传统文化是如何理解"文"的,并发扬光大中国传统的"大文化"观念。① 新文科专业要具有"跨学科""超学科"视野,不只是强调文科与理科、科技的结合,同时要注重文科专业内部的交叉、跨越和融合。这种内部的交叉、跨越和融合要包含观念、精神层面的融通,而这种融通的基础正是存在于中国传统"大文化"观念中的。

(二) 调整原有文科专业人才培养目标

2020年11月3日发布的《新文科建设宣言》提出要"以培养未来社会科学家为目标,建设一批文科基础学科拔尖人才培养高地,聚焦应用型文科人才培养"。原有人才培养在很大程度上是为了传承,现在人才培养则很大程度上强调创新;原有的授课方式是粉笔加黑板,现在的人才培养方式则更加多元;原有人才培养不存在的问题现在随着新技术的推动而不断涌现,如网瘾、上课玩手机……②就新型文科专业而言,人才培养目标要突出人才培养面向中国特色、信息时代和全球化的需要。培养过程中要将经典人文传统与现实观照相结合,主动跟踪时代发展趋势,聚焦新时代重大理论和现实问题,聚焦党和国家关心的战略和政策问题。

(三) 新型人文社科教师队伍建设

教师队伍建设是新型人文社科专业建设的重要内容,现在的教师队伍,暂时无法达到新文科的教育要求。教师队伍的能力提升、态度改变和观念再造,才是最迫切的。在这一前提下,教育主管部门与高校的政策倾斜显得尤为必要,因为当前高校里"重科研、轻教学"的现象仍

---

① 赵奎英:《试谈"新文科"的五大理念》,《南京社会科学》2021年第9期。
② 张盖伦:《新文科来了 这是场跨界融合的探索》,《科技日报》2019年6月13日第8版。

然比较严重。结合新文科建设所倡导的效用价值、问题导向和创新精神，要改革对高校教师的评价内容和方式方法，纠正评价的窄化和异化。评价要平衡教学和科研的关系，使二者相互促进。教师队伍要加强教学梯队建设，重视提高中青年教师的比例，做好教师队伍的引进、培养和储备，发挥好教授、名师的"传帮带"作用，重点培养一批优秀青年骨干教师，构建优质的旅游师资队伍共同体。[1] 从知识生产、学术创新角度来看，新文科教师要善于利用大数据、云技术、虚拟仿真技术等来推进文科学问生产方式的升级；从学术交流、知识教化角度来看，新文科教师要善于利用人工智能技术全面提升文科教育教学活动的技术性与效能性。[2]

（四）建构课程体系的新模块

当前，一个人终身学习也难以学完浩瀚的知识的现实，使教育更需要体系化、结构化的课程，这样才能培养大局观、掌握综合判断力。课程是新文科教育教学改革的核心与基础要素，保证新文科的良性发展。新文科的课程体系建构路径以彰显中国特色为经线，以涵盖信息化、时代化、系统化等知识整体性为纬线，构建新文科学科层次递进、内涵饱满的课程体系。

总体而言，原有文科专业按照解决社会问题、培育人文精神的内核发展，研究"通识课程模块、基础学科集群模块、专业素养本位课程模块、个性化课程模块、社会问题导向课程模块"知识体系的内涵和学科间交叉融合的知识结构，着力构建"人文取向、系统集群、素养本位"的课程体系（如图2-1所示）。

具体来说，第一学年设置通识课程平台，将核心通识课程分为五大模块，即：文史经典与文化传承、世界文明与全球视野、科学精神与未来趋向、批判性思维与哲学智慧、文学修养与艺术鉴赏，充分体现出

---

[1] 黄震方、黄睿、侯国林：《新文科背景下旅游管理类专业本科课程改革与"金课"建设》，《旅游学刊》2020年第10期。

[2] 龙宝新：《中国新文科的时代内涵与建设路向》，《南京社会科学》2021年第1期。

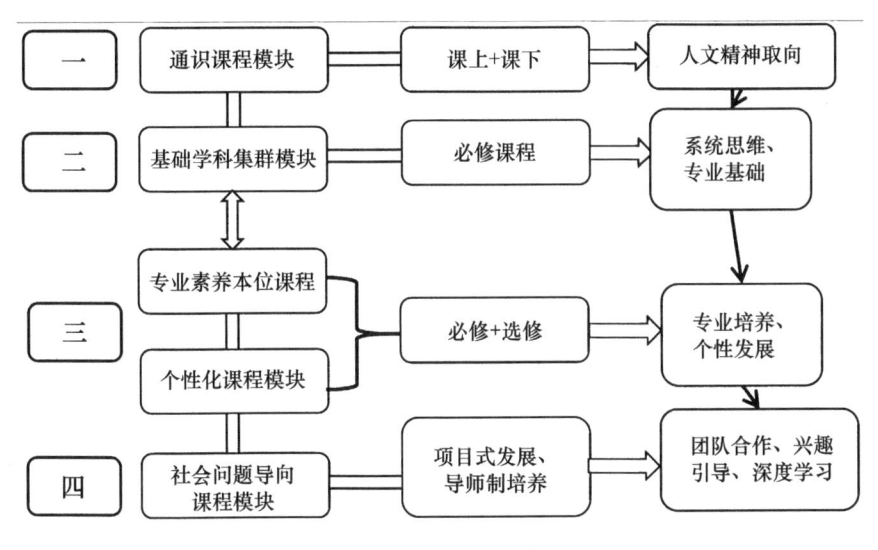

```
┌───┐  ┌──────────────┐   ┌──────────┐   ┌──────────┐
│ 一 │──│ 通识课程模块  │──│ 课上+课下 │──▶│人文精神取向│
└───┘  └──────────────┘   └──────────┘   └──────────┘
┌───┐  ┌──────────────┐   ┌──────────┐   ┌──────────┐
│ 二 │──│基础学科集群模块│──│ 必修课程 │──▶│系统思维、 │
└───┘  └──────────────┘   └──────────┘   │专业基础  │
              ▲                          └──────────┘
              │
              ▼
       ┌──────────────┐
┌───┐  │专业素养本位课程│   ┌──────────┐   ┌──────────┐
│ 三 │──├──────────────┤──│ 必修+选修 │──▶│专业培养、 │
└───┘  │个性化课程模块 │   └──────────┘   │个性发展  │
       └──────────────┘                  └──────────┘
┌───┐  ┌──────────────┐   ┌──────────┐   ┌──────────┐
│ 四 │──│社会问题导向  │──│项目式发展、│──▶│团队合作、 │
└───┘  │课程模块      │   │导师制培养 │   │兴趣引导、 │
       └──────────────┘   └──────────┘   │深度学习  │
                                         └──────────┘
```

图 2-1 新文科课程体系

"通"（贯通）、"宽"（宽广）、"厚"（厚实）、"透"（透彻）的教育理念，注重对学生的价值引领与情感塑造，重视培养学生精通专业与全面发展相结合。[①] 在第一学年内，让学生构建"宽口径、厚基础"的知识体系，便于学生的个性化发展。第二学年，打造"模块化"课程平台，使学生具有系统化思维模式和扎实的专业基础，弱化知识边界，培养学生整体性思维。第三学年，开设专业核心课程以及个性化课程，同时以必修与选修的"套餐制"联合培养，学生依据自身兴趣和个人发展选择自己的模块化课程，彰显了以学生为本位的教学理念，培养学生的个性化发展，体现多学科交叉的系列新课程。第四学年，设置"项目式"综合性学科实践课程和训练项目，定位新文科高端人才培养目标，采用导师制培养方式，以问题导向方式综合学生所学成果，突破旧文科孤芳自赏、闭门造车、单科独进的缺陷，构建"文科联合体"，重构学科群集，加强科际联合、联动与联盟，采取"做中学"的教学方

---

① 夏文斌：《新文科背景下通识教育体系的创新实践》，《中国高等教育》2021年第12期。

法，借鉴加强以社会问题为导向的、多学科交叉的社会实践与创新训练，以项目驱动的模式提高学生学习的主动性，培养学生的创新能力和解决综合性复杂问题的能力。新文科课程体系的构建需要"以学科为导向转向以需求为导向，从专业分割转向交叉融合，从适应服务转向支撑引领"的历史性转变。① 课程体系建构由低到高、由小到大层层递进，将新文科教育理念、个性化专业培养以及项目式教育工程贯穿其中。同时，在课程体系中注重培养学生的合作能力、系统化思维、创新精神以及服务社会理念，促使新文科专业构建实现由知识逻辑向问题逻辑、学科逻辑向实践逻辑的顺势转变，彻底改变传统文科课程孤芳自赏、抽象空玄的形象。

（五）创生课堂教育的新走向

《新文科建设宣言》提出要"以培养未来社会科学家为目标，建设一批文科基础学科拔尖人才培养高地，聚焦应用型文科人才培养"。从培养目标来看，新文科应当注意人才培养中的创新、服务与卓越，成为真正的经世致用之才，避免精神迷失、价值消散的情况。这表明，对于原有文科专业的改造要从新文科课堂的教育着手，体现出开放、融合、变通的新理念、新特点和新机制。

从信息时代的发展来看，随着新技术的推进，新文科教学手段多样化，大量新技术渗透到文科教学中。例如法学教育，"随着人工智能、'互联网+'等技术发展，法学教育在实验教学上面临着显著的挑战和机遇，传统的教学模式无法满足其需求，使用'互联网+'、人工智能等技术设计和实现法学虚拟实验教学平台，能直击法律文书、案例研讨、模拟法庭与法律诊所等高校法学实践课程的痛点，使信息技术驱动下的实验平台与传统法学实验课程互相辅助"。② 文科正突破传统意义上"一支笔、一本书、一张嘴"的单一模式，强调数据采集与分析、

---

① 李凤亮：《新文科：定义·定位·定向》，《探索与争鸣》2020年第1期。
② 王占全等：《新文科背景下法学虚拟实验教学平台的设计与实现》，《实验室研究与探索》2019年第12期。

人工智能算法、新媒介传播、虚拟交互等研究、传播与教学模式的使用，以新技术支撑新文科的创新，体现出文科建设与技术支撑的深度结合。①

从教学场所来看，布鲁贝克曾指出："实际上，在学问的圣殿里有许多厅堂。在有的厅堂，学者是通过在隔音的实验室里拨控制盘来验证真理的。在另一些厅堂里，他们是通过在喧闹的城市、福利中心、诊所、法院等地方参与工作来积极验证真理的。"② 今天的知识生产早已跨越了不谙世事的"象牙塔"，从社会生活出发，培养博文善辩的治世之才。文科知识的应用情境和创生情境日趋弥合，不仅使得知识的生产速度日趋加快，而且使得知识生产的跨学科性日趋增强，更使得知识生产者的身份归属日趋多样。"新文科课堂走出被规制的课堂时空，意味着学校、社区、社会、世界等共同构成了逐渐拓展的文科学习空间；意味着生活体验、日常交流、实习实践、阅读省思……，都能被纳入学习的视野之中。"③ 人文学科要重焕生机，必定需要从远古的神坛走下，介入更广阔的现实社会文化生活空间中，以人文学科与生俱来的反思与批判精神，重新思索人文学科与科技新发展、社会新思潮之间的联系，积极探索人文社会学科可以介入的其他社会空间。④

（六）引导课程评价的个人成长性

当今世界处于知识横流、迅猛增长的时代，"新文科教育"越发强调超越专业壁垒、鼓励创新突破、突出价值涵养，这就需要在人才培养的过程中注重评价的方式方法，打造促进个人成长的过程性评价。个人成长性评价以人的发展为内核，贯彻学生的个性化培养，促进新文科专业下学生的良善发展。

---

① 李凤亮：《新文科：定义·定位·定向》，《探索与争鸣》2020年第1期。
② [美] 约翰·S. 布鲁贝克：《高等教育哲学》，王承绪等译，浙江教育出版社1987年版。
③ 吕林海：《中国大学"新文科教育"建设：价值蕴意、核心内涵与实践路径》，《大学教育科学》2021年第5期。
④ 崔延强、段禹：《新文科究竟"新"在何处——基于对人文社会科学发展史的考察》，《大学教育科学》2021年第1期。

从知识生产的角度来说，知识不再是"闲逸的好奇"，而是在应用下生产；知识不再是只解释过去，更重要的是面向未来。个人成长性评价在注重"绩效表现"的同时，更加关注学生的"价值生成"。

从人才培养的角度来说，处于异质化时代，人人都有发展的空间。个人成长性评价避免了过去文科学生的"无处安放"，更加注重个人色彩的彰显。正如卡斯滕·永格伦所说："教育不是释放或压抑人的天性，而是让个体成为'某个人'的过程，让每个'某个人'都能贡献智慧。"

从服务社会的角度来说，近现代以来知识的"应用性转向"和"全球性发展"构成了人文社会科学危机的深层次原因。在专业规划方面，重点在于围绕国家战略、市场需求以及自身优势与特色，积极筹划开办面向国家重点需求领域、新兴服务业、前沿技术产业、地方支柱性产业的新型文科专业。个人成长性评价从重视"学习逻辑"，转向强调"创新逻辑"，关注学生是否锻炼了那种整合或超越了专业知识或技能的综合性的素养、态度和能力，从而实现服务社会的课程目标。[①]

第五节　新文科专业交叉性建设

交叉性专业建设是新文科建设的另一种重要方式。其实质是突破现有文科人才培养的学科专业限制，主要强调"在更大范围内实现文理、文科等各专业之间的交叉，对文科人才培养的基本理念、目标定位、组织形式、课程体系等重新认识或实现结构重塑。"[②]

一　新文科专业交叉性建设的必要性

在近代之前，人类主要靠直观地认识世界来获得关于世界的整合性

[①] 吕林海：《中国大学"新文科教育"建设：价值蕴意、核心内涵与实践路径》，《大学教育科学》2021年第5期。

[②] 周毅、李卓卓：《新文科建设的理路与设计》，《中国大学教学》2019年第6期。

认识，并将所获得的认识、知识包罗在统一的哲学之中。也正因为如此，那时的"智者"多是哲学家，从现代人的视角来看，也是"百科全书式"的人物，似乎什么都懂，并具有整体性的知识。但这种知识进步的方式，却是异常缓慢的。

近代以降，随着培根"新方法"的推行，人们开始更为专门地研究特定的世界维度，科学开始分化，这是巨大的进步。科学进入飞速发展阶段，形成了越来越精细的专门学科。但是，这种分化脱离了自然界综合的抽象，存在"只见树木不见森林"的现象。

于是，学科之间的交叉便又回到了人们的视野点之中。路甬祥院士在《英国卡文迪什实验室成功之道》一书的序言中说："在卡文迪什实验室的历史上，学科是相对的，穿过学科的壁垒进行科学发现和原创才是绝对的……鼓励学科交叉已经成为富有远见的科学家们的共识，从而使学科交叉由过去的自发过程转变为自觉的过程"[1]。著名物理学家海森伯认为，在人类思想史上，重大成果的发现常常发生在两条不同的思维路线的交叉点上。[2] 大量的事实也证明的确如此。例如，2017年10月，在国际科学界被戏称为"不务正业"的诺贝尔化学奖评选结果正式揭晓：三位生物物理学家的获奖理由是"研发冷冻电子显微镜，用于测定溶液中生物大分子高分辨率结构"。长久以来，电子显微镜只能用于观察死去的物质，因为电子显微镜的电子束会杀死活体，电子显微镜工作的真空环境也会让活体脱水而死。冷冻电镜技术的突破，使研究员可以将活体生物分子进行冷冻，并使用冷冻电子显微镜进行成像，实现了溶液里生物分子高分辨率的结构解析，将那些以前无法看见的生物变化过程实现可视化。针对该获奖，有媒体评价："一个发给了物理学家的诺贝尔化学奖，以奖励他帮助了生物学家。"[3] 2005年，科学出版

---

[1] 路甬祥：《科学大师的摇篮 学科交叉的园圃》，载阎康年《英国卡文迪什实验室成功之道》，广东人民出版社2004年版，序3—4页。
[2] 喻思南：《加快培养复合型创新人才（创新谈）》，《人民日报》2021年5月24日第18版。
[3] 财新网：《冷冻电镜：一个发给了物理学家的诺贝尔化学奖，奖励他们帮助了生物学家》，2017年10月4日，https://zhishifenzi.blog.caixin.com/archives/169557。

社出版了《21世纪100个交叉科学难题》一书，选录了120多位科学家提出的100个交叉科学难题。在未来的路上，肯定还有更多的类似难题等着我们，反过来，学科交叉也会为我们解决越来越多的难题，更为全面、科学地揭示这个充满复杂性的神秘世界。

自然科学的研究与教育如此，文科亦同理。社会问题的复杂程度，远比自然物理世界更甚。为了更深刻地揭示社会现象，深入研究社会问题，积累社会知识，需要大力推进文科与自然科学技术学科之间的交叉融合、文科学科之间的交叉融合，通过交叉融合创新学科发展。

二 新文科专业交叉性建设的方式

新文科建设要着力建设交叉融合新专业，要以新的思路和跨界模式，探索建设适应引领时代发展的新专业，培养创新型专业人才。

那么，如何基于已有的专业，通过交叉组合而生发出新的专业呢？就新文科的内涵及其一般观念而言，文理交叉是新文科建设的最大特点，有学者称之为新文科最大层面的交叉[1]。传统文科偏重于使用传统的工具、方法来开展研究与教育，而随着新科学的发展，人工智能、大数据、区块链、基因工程、虚拟技术、5G技术等飞速发展，未来这些技术会对社会产生颠覆性的影响，社会形态、社会治理和社会发展模式都将巨变。作为研究社会的文科，也必须面向新技术、接纳新技术以致拥抱新技术，不仅要研究新技术带来的影响，连自身也要用新技术革命。在方法论上，传统的人文社科方法，应转向运用现代科技、信息技术和人工智能，特别是要运用算法，将文科的定性方法与定量方法相统一，彰显新文科的科学性。[2] 计算社会科学就是用计算手段来研究社会科学的一门交叉学科，旨在打造"数智人文"。随着信息文明时代社会

---

[1] 樊丽等：《新文科建设的内涵与发展路径（笔谈）》，《中国高教研究》2019年第10期。

[2] 徐显明：《新文科建设与卓越法治人才培养》，《中国高等教育》2021年第1期。

科学知识生产、知识创造与信息技术的深度融合，计算机科学、数据科学、信息科学与社会科学交叉融合的发展趋势愈发鲜明，将井喷式地出现计算传播学、计算新闻学、计算社会学、计算经济学、计算金融学、计算管理学、计算政治学、计算行为学、计算心理学、计算语言学、数字情报学、数字人类学、人工智能法学等新兴学科。

当然，在更大跨度范围内进行学科专业交叉人才培养也是新文科的应有之义。对此，国外已经进行了一系列实践探索。一个较为典型的案例就是在 STEM（Science，Technology，Engineering，Mathematics）基础上又逐步演进为 STEAM。它增加了艺术，包括广泛的人文科目，如社会研究、语言、形体、音乐、美学、表演等，其主要目标是改进工科交叉学科的创新能力和批判性思维，突破了 STEM 只强调技能的限制[①]。这给我们的启示是，在新文科建设中，突破人文社会科学的限制，在文理、文工等范围内进行更大跨度的学科专业交叉，更加强调思维、素质和能力的全面提升，将成为新文科建设的一个重要选项。[②]

实际上，新文科专业建设可以有更多的方式。教育部新文科建设工作组组长、山东大学校长樊丽明教授认为，按照交叉融合范围和程度，新专业可分为以下情形：

第一，人文科学内部融合的新专业。打通学科壁垒，首先需要打通人文学科内部的壁垒，文史哲不分家。比如说国学人才培养，山东大学尼山学堂的研究实践表明，文史哲专业不打通，优秀国学人才很难培养出来。要培养出未来的国学大家大师，深度融合文史哲专业值得探索。

第二，人文与社科融合的新专业。打通学科壁垒，其次需要打通人文科学与社会科学之间的壁垒，既要保证社会科学的学生受到良好的人文教育，也要让人文科学的学生习得社会科学的理论方法和思想观念。譬如，以外语+国政、外语+国经、外语+法学等模式培养复合型国际型人才，以融哲学、政治学、经济学于一体的 PPE 项目培养理论人才，

---

① 胡天助：《STEAM 及其对新工科建设的启示》，《高等工程教育研究》2018 年第 1 期。
② 周毅、李卓卓：《新文科建设的理路与设计》，《中国大学教学》2019 年第 6 期。

都是有价值的改革探索。

第三，文理融合的新专业。打通学科壁垒，还需要打通人文社会科学与自然科学的壁垒，融通人文社会科学与自然科学，通过文理交叉研究来认识和解决社会中出现的复杂问题，用广博的学术视角、开阔的问题意识和深厚的学术积累为学生提供契合时代需求的素养训练。譬如，金融科技、科技考古、计算社会学等，将大数据、人工智能等新科技与传统文科相结合，旨在培养业界学界创新发展急需的新型人才。

第四，文工、文医融合的新专业。譬如，适应高层次专业化人才新需求，可探索文工交叉、本硕贯通的复合型甚至国际化知识产权管理人才培养，艺术设计与新媒体结合的现代艺术设计人才培养，医学与心理学、社会学结合的护理康复人才培养等。[①]

三 高校新文科专业交叉性建设的实施建议

新文科不仅是新旧的新，更是创新的新。新文科新在交叉融合，而学科间交叉融合是学科建设与专业建设的催化剂。因此，新文科专业建设一方面要保持传统文科教学与研究方法，另一方面要立足新时代，回应新需求，促进文科融合以及与自然科学的交叉融合，布局新的文科专业。新文科专业交叉性建设是一项系统性工程，需要对专业设置、专业培养方案的制定、课程体系建设、教育教学体系构建进行一体化设计，制定完整的新文科专业建设的实施方案，最终目的是形成高校新文科发展的新格局、新气象，以期带动全社会的人文社会科学蓬勃发展。

（一）设定复合型人才培养目标

人才培养目标在专业建设中起着指南针的作用，为专业建设提供导向，规范走向。培养目标的制定要具有多学科交叉融合的特征，绝不能是与交叉学科相关的各学科专业培养目标的"大拼盘""大杂烩"。既要用人文社会科学回应新技术出现的新问题，用新技术推进

---

① 樊丽明：《"新文科"：时代需求与建设重点》，《中国大学教学》2020年第5期。

人文社会科学发展，又要培养出一批高素质的交叉复合型的卓越人才。

（二）构建交叉性人才培养模式

新文科建设需要实现"三个打通"，即人文科学内部打通，人文科学与社会科学之间打通，文科与理科、工科、医科等其他学科之间打通。为了做到真正的交叉融合，找到新的学科生长点，实现整体与深层次上的学科交叉、渗透及专业再生。新文科专业的构建可以采用"优势专业+专业"或"特色专业+专业"的复合方式，凸显学校优势专业与特色专业的优势。[1]比如广西大学的"英语+专业"复合型人才培养模式，采取分阶段培养措施，学生在入学后第一年和第二年主修英语专业相关课程与公共课程，两年后，再申请分流到其他学院进行具体专业的学习，以培养既有较强外语应用能力，又有扎实专业知识的复合型人才。[2]

（三）制定多元化培养方案

人才培养方案是培养目标与课程教学的中心枢纽，上通培养目标的具体落实，下达课程设计的依据、活动开展的框架，从而建立起人才培养的矩阵。传统文科的培养方案一般禁锢于本专业体系内，培养出来的学生只有小文科的思维，缺乏大文科的视野。新文科建设要在外延扩展的基础上坚定走以质量提升为核心的内涵式发展道路，要依据其办学历史、办学条件和师资队伍情况，按照因校制宜、突出特色的原则，进一步健全完善新的递进式的人才培养体系。在培养方案制定时要考虑到培养主体、培养过程、人才评价体系这几方面的问题。

培养主体多元参与。新文科的建设具有依托社会现代技术发展的前提，可以直接服务于社会企业行业的发展。因此，在新文科专业的人才培养体系的构建时，不仅仅是高校掌握人才培养体系的制定，企业、研

---

[1] 郭国强：《关于交叉学科专业建设的几点思考》，《中国大学教学》2010年第10期。
[2] 姚山季、来尧静：《复合型人才培养的新举措：整合优势专业与新兴专业》，《中国成人教育》2011年第4期。

究机构、社会组织等相关的利益主体也有相应的发言权，共同制定学生的培养规格、培养方式，体现多方协同育人的功能。

培养过程灵活性。新文科专业建设要跳出学科自身的逻辑体系以及学习时限要求，转而根据人才规格、专业规格、岗位规格所需的核心素养结构来灵活设计模块化的课程内容与教学方式。[①] 学生在导师的指导下可以根据自己的兴趣爱好和职业规划灵活自主组合课程，制定个人的培养计划，充分发挥学生的主观能动性，实现真正意义上的个性化人才培养。

人才评价体系多元性。新文科专业建设要摒弃单一的评价体系，构建价值多元、方法灵活、多主体的评价体系。传统文科专业往往存在"躲进封闭城堡搞建设"的局面，研究者在各自的"城墙"内自娱自乐，与社会实际脱离、与学生发展脱离、与国家价值脱离。新文科专业建设的人才评价体系应当采用"无墙"结构，消除"专业固化封闭"现象，实现学生自身标准、高校标准、市场标准和国家标准四者的多元结合。但是在新文科专业建设的评价体系最怕流于形式，看似轰轰烈烈，却最终培养出一批"中文不如中文系、哲学不如哲学系、历史不如历史系"的学生。

（四）设置科学化的课程体系

课程体系是专业建设的根本工作，是人才培养的主要载体。以人才培养目标为导向，课程如何设置，如何交叉，如何融合，就有了明确的指引。交叉性新文科专业课程体系构建要遵循学科规律、课程规律、专业规律。不同课程的排列组合，影响着学生知识结构和专业能力，因此课程体系的构建要反映学生主体的价值。课程体系的构建要讲求科学性与人文性相结合的理念，主要从课程开发、课程结构两方面构建课程体系。

课程开发创新性。课程开发是课程体系构建的前提。传统文科的部

---

① 段禹、崔延强：《新文科建设的理论内涵与实践路向》，《云南师范大学学报》（哲学社会科学版）2020 年第 2 期。

分课程已经落后于时代的发展，不能满足学生多样化的需求，因此淘汰掉文科专业泛滥的"水课"，打造有深度融合性的"金课"成为新文科专业建设的新需求。课程开发的前提是新专业在某一领域已经处于基本成熟的地步，已有一定的研究成果可作为课程的主要内容。新课程应该由科研经验丰富的老教授率先开辟，讲授交叉课程，带领年轻教师学习，从而带动课程体系的成长。而对于界限明晰的专业课程的开发应由来自不同学科专业背景的教师组成"课程开发共同体"，协力打造交叉融合的课程。

课程结构综合性。新文科专业课程既要有通识教育课程，又要有专业教育课程。专业教育课程包含专业基础课程、专业核心课程、专业拓展课程。通识教育课程应立足于大文科的背景，覆盖人文科学、社会科学、自然科学、理学等基础方面，培养学生的文化素养与科学精神。专业教育课程要涵盖与新文科专业相关的各个学科专业，秉持先交叉后融合的理念，对课程内容进行重组、优化，最终打造实质性的融合课程。新文科专业课程既要有必修课又要有选修课，满足学生全面发展与个性发展的需要。

新文科专业课程体系可以实行模块化建设，由若干个模块构成，各模块既相互独立又彼此联系。各个模块既包括通识教育课程，又包括专业课程，课程类型既有选修又有必修。不同学科专业的课程组合在同一模块内，学生可通过选课的方式自由组合课程，实现在学习过程中知识的交叉融合。

(五) 打造规范化教育教学体系

教学是新文科建设的"主打歌"。新文科建设要建构"课内+课外""院内+院外""校内+校外"的立体化实践教学体系，以满足差异化、个性化人才培养需求。教学体系的构建包括教师队伍建设、教材开发、新文科实验室和专业平台建设。

教师队伍建设是新文科专业建设的保障。目前基于交叉学科的新文科教师队伍建设面临众多困境。教师是一种客串的角色，面临着脚踩多条船，反而容易掉进水里的局面。仅仅依靠科研项目的方式，容易产生教师临时组合、仓促应战的情况，不利于建立一支高水平、稳定的交叉学科研究团队。新文科对教师多学科贯通的知识结构要求较高，而现有教师总体上学科素养相对单一，难以适应新要求。新文科教师要具备灵活运用"互联网+"、大数据分析等技术的能力，将教学、智能教学和网络教学有机结合。新文科专业建设要鼓励多学科人才跨团队、跨校、跨区域流动。来自各学院的教师要做到技能互补、同伴互助，形成合力推动专业教学改革、提升专业教学水平。

教学要有立体化的教材做支撑，教材是教学的主要依据。新文科专业建设不容忽视教材的作用，要有自己的特色教材，绝不能是多个学科教材内容的简单拼凑。专业教材包容的知识点要达到课程体系结构中所涉及知识点的最低覆盖程度。教材开发后要进行试点工作，及时调整优化。

实验室是重要的教学资源，更是专业建设与学生成长的"主战场"。文科与实验室并不是天然的绝缘体，随着学科内涵逐步拓展以及时代对人才培养提出新要求，高校文科专业实验需求也越来越大。尤其是应用性很强的新闻、经管、艺术等专业，在教学和科研中都有大量环节需要相关实验室的支持。建设和运行好文科实验室，是实现复合型、创新型人才培养目标，落实国家教育政策的重要举措。[①] 随着科技的发展，"互联网+"、人工智能等现代技术应用于文科实验室的建设，能够改变更新教学方式。比如2019年11月，四川大学艺术学院利用艺术实验教学中心资源将北宋王希孟名画《千里江山图》作了数字化处理，运用动态影像方式进行呈现，并增添了互动内容，让全校更多专业的学生体会到传统艺术之美。此外，新文科实验室建设要秉持开放的态度，引导更多主体如企业、社会科研机构与高校共建文科实验室，多方协同推动教学实践的开展。

---

① 李澈、刘亦凡：《"新文科"来了，文科实验室怎么建》，《中国教育报》2020年9月2日第4版。

专业平台搭建是新文科建设的重要助推器。在专业培养目标和标准清晰明朗的基础上，应该筹划交叉学科专业的新平台，让学生有处可去，有处可依。为提升文科学生的实践能力，实现学生交叉融合发展，可以与社会上的相关机构共同搭建实践中心。比如为实现法学与医学的交叉融合，医学法学专业可以与当地的法院检察院医院共同筹办法学实践研究基地、医事法研究中心等。[①]

（六）建设专业文化

一个专业发展到一定程度会具有本专业特有的文化属性，交叉学科的专业设置也应注意到专业文化的建设。专业文化不仅体现在本学科人员共同的思维方式、研究范式、行为习惯等方面，还体现在交叉学科的教师与学生中许多来自不同的学科文化背景，以及交叉学科后续的研究中所体现出的交流合作氛围。良好的合作氛围也是促使新文科专业发展的重要动力。在建设交叉性新文科专业的过程中，一定要突破构成新专业的两个或多个原有学科文化、专业文化的束缚，真正形成新的共生性的、问题导向式的思维方式和文化品格。

第六节 新文科专业跨学科建设

新文科专业跨学科建设是当前高等教育领域的一个重要趋势。随着科技的迅速发展和社会的不断进步，传统的文科专业已经难以满足社会的多元化需求。因此，跨学科建设成为新文科专业发展的重要方向。通过打破传统学科界限、促进不同学科之间的交叉融合、培养具有跨学科知识和能力的人才等方式，有助于提高学生的综合素质和创新能力，推动社会的科技进步和文化发展。

[①] 单平基：《以专业深度交叉融合助推新法科建设》，《民主与法制时报》2021年2月4日第5版。

一　新文科专业交叉性建设的方式

跨学科建设专业，其实质就是通过整合两个或两个以上学科的概念、思想、方法、程序等，扩大专业所涉及的知识领域，改变专业过窄、过细的局面，增加专业人才的就业范围和职业适应性。[①] 至于如何建设，结合相关学者的研究，可以从以下几个途径展开：

一是大类招生、大类培养。现有文科分类和专业设置过细，学科专业内涵狭窄单一，专业之间各自为政，界限明确，不利于资源共享和部门之间协作交流，忽略了相关学科知识对于人才培养相互促进依托的作用。现有文科领域涵盖人文科学和社会科学两大学科群，新文科建设应以人文科学或社会科学大类为招生和培养基础，培养宽口径、厚基础、专业化的新型人才。如文学、历史学、语言学等学科专业应以大人文学科为培养基础，开展人文学科通识化教育，进而形成专业领域，分类培养。

二是主辅结合、混合培养。这种模式旨在培养兼具不同学科领域知识、理论及研究方法的学生。新文科建设鼓励开展跨学科人才培养，而主修专业和辅修专业可以有效弥补现有学科专业界限分明的弊端，可以结合学生个人兴趣和特长，为学生创造复合化成长的途径，为文科人才提供更为宽泛的学习和知识拓展的途径，进而提升文科人才的内涵。

三是学科重组、融合培养。这种模式要首先分析职业社会的需求，依据某类职业所需要的核心素养及相应的知识体系，再根据这些知识要求找寻其涉及的几个学科，并从这几个传统学科中凝练、整合、优化相关课程，形成跨传统学科的课程体系，做到融合培养。而这种模式的逐渐形成，也意味着传统学科的重组和新文科的诞生与新文科专业培养模式的形成。

---

① 安丰存、王铭玉：《新文科建设的本质、地位及体系》，《学术交流》2019 年第 11 期。

二 新文科专业跨学科建设的构想与实现

新文科跨专业学科建设需要从多方面入手，既包括跨学科融合、聚焦社会新需求、建设中国特色新文科等，还需要通过顶层设计、科研资源整合、科研产出与评估、科研机制创新以及典型案例借鉴等具体措施来实现。

（一）数字人文专业的发展

数字人文源于人文计算，是在计算机技术、网络技术、多媒体技术等新兴技术支撑下形成的新型跨学科人文研究与教育领域。数字人文本质上属于方法论上的创新，是将现代信息技术融入人文领域，从而改变与创新传统人文学科的知识样态和方法、思维等一系列模式，最终实现人文专业的创新发展的一种跨学科建设。[①] 数字人文强调理论性与实践性的结合，要求以创新思维突破学科边界来解决与研究社会问题，因此也强调多种理论、能力与技术的融会贯通；以问题为导向来选择工具及方法、以创新为方向来寻求发展路径。将数字人文作为新文科建设的尝试，契合了当前数字文化、数字内容和数字创意的产业需求。

目前欧美发达国家在很多大学内建立了跨学科的数字人文研究中心。2001年，弗吉尼亚大学在研究生课程中开设数字人文课程；2005年，英国伦敦国王学院率先成立了数字人文博士学位授予点。随后的十几年中，欧美地区从本科到博士，共计几十所高校开设了数字人文专业，美国有几十所大学开设了数字人文课程。中国数字人文教育起步相对较晚。2009年，"数字人文"一词第一次以今天的涵义出现在大陆学界。2011年，大陆首个数字人文研究中心落户武汉大学。该中心也是centerNet亚太联盟五大创始成员之一。2016年开始，数字人文在中国进入加速发展的建制化阶段，数字人文学术表现出自己的体系特色。2016—2017年，北京大学、清华大学以及南京大学相继举办了以数字

---

① 周毅、李卓卓：《新文科建设的理路与设计》，《中国大学教学》2019年第6期。

人文为主题的学术论坛和研讨会。2017年9月南京大学历史学院成立数字人文研究中心；2018年1月数字人文创研中心在南京大学人文高等研究院成立。2019年12月，中国人民大学信息管理系牵头建立了校级数字人文研究中心，在图书情报与档案管理学科下设全国首个数字人文硕士学位点。北京大学数字人文中心也于2020年5月正式成立。此外，南京农业大学、中南民族大学、上海大学图书情报档案系、上海大学文学院、曲阜师范大学、上海师范大学也都拥有自己的数字人文相关研究中心。接下来，对国内外一些高校的数字人文人才的培养模式做简要介绍。

欧美高校的数字人文教育已经有20余年的历史，因此在人才培养模式上具有丰富经验。祝蕊和刘炜以欧洲数字人文协会的相关发布作为数据基础，选取了意大利博洛尼亚大学、西班牙国立远程教育大学、英国伦敦国王学院、英国伦敦大学学院、英国格拉斯哥大学5所典型高校，对其相关经验做了系统的研究和归纳。[①] 在学位设置上，这5所学校主要以培养数字人文硕士为主，并且不同学位层级的培养目标不同，相同学位不同学校的培养目标也不相同，但总体而言，欧洲高校数字人文专业的学位设置都非常灵活，采用跨学科的培养方式，涉及多个研究方向，具有专业性和多元化的特点。在课程设置上，采用讲座、研讨会或实验室实践等多种方式进行教学，为学生提供独立学习的时间。课程内容以数字人文概论和人文领域学科知识为基础，奠定学生的人文学科背景；将人文、历史、艺术、语言等多个学科的理论知识与数字技术进行交汇，注重知识结构的系统性与学科的跨越性。除此之外，为扩大学生学术视野，增强学术交流能力，许多高校还为学生提供了出国学习的机会。在师资团队方面，这几所院校已经形成一定规模的跨学科专业教学团队，汇集了信息研究、语言学、文化与社会、计算机科学等多个领域的学者。另外，各院校的数字人文中心还与世界各地从事艺术和人文

[①] 祝蕊、刘炜：《欧洲高校数字人文人才培养教育模式研究》，《图书馆杂志》2021年第8期。

学科研究问题的计算机科学专业人士建立了合作关系，并进行课程培训、协助项目规划等教学内容。

目前中国各高校对数字人文人才的培养还处于摸索期，但也有一些院校开设了数字人文课程，为数字人文课程教学提供了参考。北京大学信息管理学院贯彻本科教育方针，注重理论与实践结合、文化课与专业课并重，培养宽口径、复合型人才[①]，并在此背景下，以数字人文课程为试验点，为中国新文科建设背景下数字人文课程的开展提供经验。在课程目标上，一方面，结合图书馆学基本研究领域和情报学技术、方法，促进图书馆学和情报学教育的融合发展；另一方面，通过数字人文这一跨学科领域，使学生了解利用信息技术、方法解决人文领域问题的跨学科研究视角，激发学生对跨学科研究的兴趣，培养学生数字人文项目实践能力。在授课教师方面，既有从事图书馆学、人文学科基本领域研究的教师，又有项目能力强、拥有数学和计算机学科背景的教师。在课程内容方面，主要由数字人文基本概念、数字人文项目实践、数字人文技术三部分组成。在课程特点上，首先，不论是师资还是课程设置，都彰显着理论与实践相结合的特色，既加强学生跨学科的理论视角，又注重培养学生数字人文项目的实践能力；其次，在师资设置上，汇聚主要相关领域专家，统一协调，各展所长，体现出授课主体团队化的特点；最后，此课程采取项目导向的方式进行，学生通过参与项目构思选题到最终呈现的全过程，在自己的动手研究和亲身实践中，加深对数字人文理念的认识，掌握一定的数字人文研究方法和技术方法，培养跨学科研究的兴趣。

除此之外，上海外国语大学在"十四五"规划中明确了未来数字人文专业的发展方向和建设目标：一是为学科发展提供跨学科、跨领域、跨文化的支撑，基于数字人文的理论、工具、方法和资源搭建平台；二是为研究生的数字思维的养成提供支撑，开展数字人文方法、工

[①] 张久珍、韩豫哲：《北京大学"数字人文"课程教学实践及经验探索》，《图书情报工作》2019 年第 19 期。

具的教育和培训；三是为本科生数字能力的提升提供空间与场所，为大家创设沉浸式的体验空间，提供数字人文与跨学科研究的实验、实践和展示的基地。中国人民大学信息资源管理学院也在 2021 年首次推出两个高端本科人才培养项目，其中之一就是"数字人文菁英计划"，其定位于培养熟悉数字人文经典理论与前沿动态，具备深厚的人文素养，熟练掌握数字技术与应用技巧的数字人文高级研究型人才，核心课程包括：数字人文导论、数字记忆建构的理论与方法、数字内容分析与挖掘、数字人文技术与工具等。

（二）北大元培学院的实践

2001 年北京大学设立了元培计划实验班，2007 年正式改名为北京大学元培学院。2014 年北京大学元培学院实施新版教学计划，这个教学计划后来也在全校范围内推广，推动了全校的本科教学改革。2016 年元培学院所有学生住进了同一个宿舍楼，开始了住宿书院的建设。现在，元培学院每年有近 300 名学生入学，包括港澳台地区学生和国际学生。[①] 元培学院成立 20 年来在弹性学制、跨学科专业建设、学生自由学习、住宿制学院建设等方面摸索出了许多经验。其中，跨学科专业建设是北大元培学院的最大亮点之一。

从跨学科专业建设的视角来看，北京大学元培学院的发展可以分为三个时期。第一个阶段是从 2001 年到 2007 年，这个阶段是元培学院的筹备期。该阶段的最大特点是两个"自由"——自由选择专业、自由选择课程。本科生可以自由选择专业、自由选择课程。但是早期在具体实施过程中遇到了很多困难，主要体现在"学生的自由选择和各院系的独立之间如何进行融合"，元培学院为此与每个院系进行沟通协调，努力重新打通课程。第二个阶段是从 2007 年到 2016 年，这是元培学院的发展阶段。这一时期的元培学院在保留自由传统的基础上，又开始建设和形成跨学科专业，比如 2007 年打造的"古生物"专业、2008 年设

---

① 李猛：《北京大学元培学院：自由学习的共同体》，《中国大学教学》2019 年第 12 期。

立的"政治学、经济学与哲学"专业。现在元培学院设置的跨学科专业还有"数据科学与大数据技术""整合科学"和"外国语言与外国历史",这些跨学科专业已经成为元培学院非常主要的项目。第三个阶段是从2016年至今,元培学院面临着新形势。元培学院的两个"自由"和跨学科项目开始在全校范围内大规模打通,元培学院中最核心、最基本的课程逐步面向全校学生开放。①

目前,元培学院的跨学科专业建设已经形成相对完善的培养模式。"政治学、经济学与哲学"专业是元培学院打造的第二个跨学科专业(第一个为古生物学专业),哲学系、政府管理学院和中国经济研究中心合作,共同建设这个专业,其目标是培养素质高、学识宽阔、基础扎实、适应力强的领导型人才,并为相关学科输送高质量的研究型人才。学生到3个院系完成必修课学习,必修课程主要有政治学前沿、政治学概论、经济学原理、中级微观经济学、中级宏观经济学、哲学导论等,学生还可以到社会学系、法学院、国际关系学院等完成选修课学习。

外国文学与外国历史专业的知识结构则将外国语学院21种语种和世界历史的知识联系起来,② 其目标是培养素质高、学识宽阔、基础扎实、适应力强的国际文化交流人才,并为相关学科输送高质量的研究人才。此专业采取元培学院、历史系和外国语学院合作建设的方式,拥有广泛的校内外、国内外学术资源,为本专业学生提供学术和非学术的各种支持。必修课程主要包括史学概论、中国史学史、德语精读、西班牙语精读、基础阿拉伯语等。数据科学与大数据技术专业主要研究计算机科学和大数据处理技术等相关的知识和技能,学生在前两年将主修数据科学导引、概率论、数理统计、数值与计算方法、统计机器学习、大数

---

① 李猛:《北京大学元培学院的建设历程和发展情况》,《通识教育评论》2020年第1期。

② 谈小媚、漆丽萍、卢晓东:《专业自主选择与跨学科专业建构的实践——以北京大学元培学院为例》,《中国高教研究》2011年第1期。

据中分析的算法等方面的基础课程,后两年将结合自己的兴趣和能力选修金融、医疗、生物、人文、社科等多方面数据分析和处理的相关课程并参与实际处理这些数据的一些项目。

第七节　新文科专业综合性建设

专业建设是一个复杂的、整合性、系统化的过程,从传统文科走向新文科,亦是如此。新文科专业不仅涉及传统专业的升级改造,需要学科专业交叉融合、跨学科专业建设,还面临综合性建设任务。而这是一个非常复杂的问题,下文仅从观念和思路方面着重加以分析。

一　新文科专业综合性建设观念

新文科专业综合性建设的观念是全面、创新、实践和开放的,旨在培养具有综合素质、创新意识和实践能力的人才,以适应现代社会的需求和挑战。

(一) 彰显融合观念

新文科专业建设最重要的理念应该是交叉融合。经典学科建设的基本理论是分化,这导致学科专业日渐窄化、细化,知识碎片化加剧,处于学科藩篱中的专业与现实问题之间的对接问题严重。可以说,无论是文科发展还是文科专业的建设,都需要凸显"融合"。

就学科发展而言,科学上的重大突破、新的生长点乃至新学科的产生,常常在不同学科彼此交叉和相互渗透的过程当中实现。比如说DNA问题,涉及化学、生物学、医学等领域。人类认识的有限,导致了现有学科的边界,社会的复杂性导致了学科边界的不断突破。[①] 文科的发展,目前已处于重大变革的关键时期,也应该像科学上的重大突破

---

① 马骁、李雪:《创新与融合:学科视野中的"新文科"建设》,《中国大学教学》2020年第6期。

那样，打破学科壁垒，拆除学科"大围墙""小栅栏"，消解哲学、经济学、历史学、政治学、文学、法学等传统文科学科之间的界限，提倡文科学科之间的内在融合，文科和其他学科之间的交融，提升从多个视角分析问题和解释现实的能力。南开大学周志强教授指出，新文科就是一次新的科学技术与人文话题相融合，用新的科学成果来研究人文社科领域过去存在的一些话题。尤其是过去放在社会学、精神和思想界来解决的问题，现在可以用科学进行新的解释。比如，心理学家弗洛伊德一生都在尝试解释的人的内心世界，他坚信，总有一天，心理学问题会被生理学或医学知识解决。今天，伴随着脑成像技术的发展、人工智能微芯片的出现等，这种可能性越来越凸显出来。[1]

学科综合化、融合式的发展有其知识学基础。所谓知识，应该能够解释自然、社会现象并解决真实的问题，而世界是万物互联互通，是存在极为复杂的内在关联的。世界是一体的，关于其认识的知识就不能仅仅是特定学科的，而应该是整体性的。相应地，知识的生产，也不能再是垄断或局限于特定空间、体制之内的，而应该分散性的知识生产，这也正是知识生产范式由知识1走向知识2的缘由。

知识是教育的基础，高深知识是高等教育的核心材料。高校的所有专业都应该转换思路，倡导融合观念。美国著名教育家厄内斯特·博耶就曾批评当今大学不仅系科之间分裂，而且师生之间、学习和生活之间、知识之间也分裂。因此，他呼吁大学教育应该寻求"更加综合性的知识观和一种更加综合、更加真实的生活观以及更加完整的生活"。[2]对于文科专业而言，也应该拥抱整体性的知识观和分散性的知识生产模式，以融合的观念再造学科专业。未来文科生应是具有古今贯通、中西融汇和文理结合的学术视野与知识结构，具有前所未有的大局观、复杂思维和技术能力，对不同角度观点的交流与兼容能力、对不同领域知识

---

[1] 王之康：《新文科：一场学科融合的盛宴》，《中国科学报》2019年5月8日。
[2] ［美］厄内斯特·博耶：《大学：美国大学生的就读经验》，徐芃、李长兰、丁申桃译，北京师范大学出版社1993年版，第61—63页。

的借鉴与链接能力、对人文关怀和公平自由的追求，新一代文科生会更加圆融和通达。①

（二）体现"超学科"视野

"超学科"的概念，是20世纪70年代在第一届交叉学科国际探讨会上提出的。之后，超学科的理念影响逐步扩大。1993年，联合国教科文组织成立了一个由14名科学家构成的国际超学科研究所，并于当年3月在威尼斯举行了首次会议。国际超学科研究所认为，研究所的目标是要研究自然科学与社会科学之间的新型相互关系。

随着"超学科"研究与实践的发展，它已经演化为一个包括理念、方法以及世界观的体系。简单地说，超学科不是让学科消失，而是学科融合的高级阶段。有学者指出，"超学科"不同于"多学科"、"交叉学科"，也不同于一般意义上的"跨学科"。因为无论是"多学科""交叉学科"还是"跨学科"，涉及的都还是"学科"与"学科"之间的事情，但"超学科"不仅指学科与学科之间的交叉融合，还包括学科与"非学科"之间的交叉、跨越和融合，还包括专业内学者与"专业外"的各行各业人士的跨界合作，它代表着一种更高等级或最高等级的"跨学科"。②也就是说，从知识学而言，超学科是一种更为弥散性的知识生产模式，生产主体多元，生产范式融合，这与单一学科、多学科或跨学科都不同；从社会学而言，超学科打破了单一学科狭小的组织建制，也突破了多学科或跨学科相对较宽的学科领地，呈现出学科边界的模糊、消融，甚至弱化了知识分子、知识工作者和其他各行各业人士的分离，而强化了这些主体的协作。

新文科从最初提出发展到现在，也已经从交叉学科、多学科、跨学科在逐步走向超学科。希拉姆学院的新文科包含四个元素，其中两个元素是：综合专业和相关联的核心课程。希拉姆学院院长瓦洛塔在《为

---

① 李飞跃：《新文科的知识与思维革新》，《中国社会科学报》2020年8月28日第7版。
② 赵奎英：《"新文科""超学科"与"共同体"——面向解决生活世界复杂问题的研究与教育》，《南京社会科学》2020年第7期。

新文科设计模型》中说:"在接下来的一年里,我们计划对希拉姆学院现有的核心课程进行彻底的改革。为了激发学生的兴趣,帮助他们了解不同学科如何处理重要问题,新文科将要求学生选择一套相互关联的核心课程,以应对复杂的、现实世界的挑战。我们的主题很有趣,比如气候变化、人工智能、国际市场经济、食品、水和医疗保健。"[1] 由此可见,新文科教育理念与超学科的理念是根本相通的。无论是新文科还是超学科,都提出当今的教育要面对现实世界的复杂问题。而复杂问题,并不是哪一个国家才会遇到,而是全人类都会遇到的。那种具有"超学科"视野的新文科研究和教育因此也是所有国家都需要的。[2]

(三)嵌入"共同体"思维

当要解决全人类共同面对的重大复杂问题时,还需要"共同体"思维。随着人类对于社会和自然、宇宙认识的加深,人们发现,世界是一个共同体,任何人都没有也不能置之度外。"蝴蝶效应"就是很好的例证。

当今世界,是一个多元化的存在。但是,越是多元化的时代,越是需要共处、共情、共生。[3] 正如习近平总书记在谈及人类命运共同体时所言,"和羹之美,在于合异""单则易折,众则难摧"。党的十九大报告明确提出"推动构建人类命运共同体"的思想,并提到建立人与自然的"生命共同体"问题。"共同体"问题实际上正联系着国内国际的复杂问题。[4] 随着全球化的推进,人类已不可逆转地进入了一体化的共同体之中,而规模会带来很多的问题。当"世界成为和平的",当人类社会真正成为一个大社群,贫富差距大、文明冲突、种族矛盾、

---

[1] Lori Varlotta, "Designing a Model for the New Liberal Arts", *Liberal Education*, Vol. 104, No. 4, 2018, pp. 44 – 51.
[2] 赵奎英:《"新文科""超学科"与"共同体"——面向解决生活世界复杂问题的研究与教育》,《南京社会科学》2020年第7期。
[3] 吴洪富:《当代大学生如何走出群体性孤独》,《光明日报》2021年2月9日第15版。
[4] 赵奎英:《"新文科""超学科"与"共同体"——面向解决生活世界复杂问题的研究与教育》,《南京社会科学》2020年第7期。

生态恶化、资源紧张、恶疾传染、网络暴力、恐怖主义、生化危机等各种安全问题涌现，更多的问题可能还在路上，人类面临许许多多共同的挑战。

人类所面临的诸多复杂问题，以及更多难以预见的共同风险，不是单一学科、组织、国家能应对的，需要建立起共同体思维，成立圆桌式的人类合作模式，共同探讨、共同解决。

与其他学科一样，文科也需要坚持共同体思维，甚至要做得更好，毕竟，文科是一种以人文性为根基的学问。文科要以其人文关怀和终极关怀，加深人类彼此的理解和互信，强化宇宙物种之间的互联互生，促进人类共同福祉发展。

文科研究如此，文科教育也是如此。在实现多元化时代的和合共生方面，新文科教育大有可为。联合国教科文组织近日发布了《学会融入世界：为了未来生存的教育》，提出七个教育宣言以勾勒2050年及以后的教育，其中之一便是要培养乐于助人、善解人意的人际关系，让个人主义的自我文化成为过去。新文科要秉持共同体思维，从精神和心理层面培养大学生的共同体价值，强化社会心理契约的建设，促使大学生成为新社会契约的缔结者，成为生命共同体的坚定成员和切实守护者，成为更大的共同体共同利益的维护者。

二　新文科专业综合性建设的总体思路

新文科专业建设，是对传统文科的一次重大革新，这种革新可以从交叉学科、跨学科角度入手，是一次综合性的系统变革。随着新文科专业建设的深入，新文科会实现整体性的蜕变。

（一）研究预测未来人才需求

近代以来，人类社会相继发生了三次技术革命，推动人类社会分别进入"蒸汽时代""电气时代"和"信息时代"。当前，以计算、存储、网络、控制等技术及其融合为基础的新科技革命正在全面发展，人工智能、大数据、云计算、物联网、量子科技等正实现人—机—物的互联互通、信息共享和智能应用，推动了新产业、新业态、新模式的巨大发展，带来了人们生产生活方式的显著变化。

随着社会巨变，社会需求发生显著的变化。很多传统的劳动让位于人工智能，这不仅对理工科造成很大的冲击，对文科也是如此。例如新闻专业，传统的纸媒时代需求已经显著萎缩，自媒体、融媒体正全力发展，对传统的语言表达、报刊编辑等的要求，远不及对新技术人才的需求。

新的时代有新的需求，就需要培养新的人才。由于高校人才培养需要一定的周期，因此，必须做好人才需求的预测工作，而这方面中国做得还远远不够。正是在此背景下，工业和信息化部办公厅印发了《产业人才需求预测工作实施方案（2020—2022年）》，推进人才预测工作。可是，这一方案所指向的，主要是理工科人才，文科人才需求预测工作，需要相关行业组织开展扎实的工作。当然，仅有相关预测也还远远不够，高校要转换思维方式，从出口而不是入口考虑招生就业及人才培养问题，真正建立起人才培养与人才需求之间的耦合协同机制。

(二) 更多面向需求设定新文科专业及其结构

高校专业是连接学科与职业的中介。一方面，专业需要基于一定的学科，以学科为基础形成人才培养的知识基础，另一方面，专业又必须面向职业，毕竟，高校专业人才毕业后就会步入社会职业。传统专业，尤其是文科专业，更多地考虑的是学科一侧，把自身固定在特定的学科领地之中，基于学科的发展，来设定专业的培养模式及其课程体系，对于外部社会的发展及其职业需求的关注不够。

在新时代，专业要更多地关注社会需求和职业变化。在这方面，理工科进展较好，文科专业应加快跟进。在更多关注职业需求之后，新文科专业就必然要进行全面的综合性变革，因为职业所面向的社会实际问题，从来都是多元复杂的，仅靠单一学科知识是无法解决的。

这种专业的综合性变革，在一定程度上会促进学科发展的变革，从细化的学科模式，转向开放的社会科学。新文科专业的综合性改革建设，还会触发专业结构的调整：从条块分割、分化具体的专业结构，转化为多元交叉的专业结构。

（三）创新新文科专业人才培养模式

新文科专业综合性改革，强调以系统思维促进整体全面改革。新文科的人才培养模式，也需要全面改革，而这需要至少做到以下三个方面。

一是建立协同育人模式。新文科专业不能再局限于特定学科组织内部来培养，而应该建成多元多域协同育人的生态模式。新文科专业建设，不能只是高校内部某个学院、学科的职责，而应该由高校内部多部门的整体性、综合性构成，需要整合高校资源，消除学科、部门壁垒，合力建设。除了高校内部的协同外，新文科还需要社会各界共同参与。新文科建设是影响深远的浩大工程，仅靠教育界的努力无法达成，需要社会各界支持与合作，社会各界都要树立新文科意识，积极承担新文科建设职责，形成合力，协同努力，同向而行，在学科建设、科学研究、专业设置、课程建设、人才培养、学术评价等方面精准施策，促进形成有利于新文科建设的社会导向和生态环境。①

二是构建跨学科的复合课程群。不同课程的有机组合本质上体现了我们的教育理念和办学水平。必须着眼于学生更好适应当前社会发展和未来变革所需的知识结构、能力结构和素养结构，构建适应学生全面自由可持续发展的课程体系，开设更多的多学科、跨学科课程，促进学生由知识层面向能力、素质层面的递进和辐射，打破院系之间、学科之间、专业之间、学校与社会之间森严的壁垒。要摒弃传统专业课程学科知识的碎片化，在整合传统专业课程知识体系的基础上，建立健全以问题为导向、以课题或项目为依托的跨学科的复合课程群，增大课程容量并与时俱进地更新课程内容，提高课程挑战度。以知识主体为导向，培

---

① 郁建兴：《以系统思维推进新文科建设》，《探索与争鸣》2021年第4期。

养学生形成独特的跨越学科界限的知识视野和思维方式，塑造既有广博知识面又有知识深度的"T型"创新型人才。

三是探索开放式课堂教学模式。梳理课程知识点，利用新科技成果、新技术手段，开展学习成果导向、问题导向的教育教学。要推进全要素"课堂革命"，鼓励现行的启发式、研讨式教学，探索打破由一名教师主讲一门课程的传统教学形式，把其他学科专业优秀学者引进来，让分属不同学科专业的学者在同一时空就某一个重大理论或实践问题进行讨论、沟通和交流，突破单个学科专业在认识论、方法论方面的局限，从而让学生体悟不同学科对同一个理论或实践问题的认知差异和融合创新的可能性，进而培养学生的创新意识、创新思维。[1]

（四）系统化探索新文科管理新方式

新文科建设，不仅是一种理念创新，也不只是学科专业发展模式的变化，更需要制度和管理方式的深刻变革。正如上文所述，新文科专业需要建立协同发展的模式，新文科建设是一项开创未来的系统工程，不仅局限于高等教育领域，不只是教育机构的专有职责，也不只是教育机构内部某一部门的部门职责，需要政府、教育机构、社会各界秉持系统思维，各司其职、协同推进。

在高校内部管理方面，由于新文科融合式、超学科的发展模式，在管理上要注重多样多元化，尊重差异，开放协同。在高校文科管理制度设计过程中，应模糊学科界限。传统的文科管理特别强调学科边界，例如项目申报、职称评审等，首先必须确定学科归属，甚至是按岗位、身份来确定研究人员所在学科。在新文科建设过程中，应当模糊学科边界，至少可以让研究者自行确定自己所研究的学科领域，从而减少很多无谓的争执，促进多学科、跨学科研究，促使边缘学科、交叉学科的诞生与发展。就建设跨学科平台而言，这是联结不同学科研究人员，促进

---

[1] 马骁、李雪、孙晓东：《新文科建设：瓶颈问题与破解之策》，《中国大学教学》2021年第1—2期。

各学科研究人员沟通的有效方式。① 在评价方面,要使整个评价系统运作富有弹性与契合度,最大限度地促进学术机体组织正反馈建设性进化,使研究者拥有相对宽松的生存空间。②

---

① 黄启兵、田晓明:《"新文科"的来源、特性及建设路径》,《苏州大学学报》(教育科学版) 2020 年第 2 期。
② 孙建群、田晓明:《人文社会科学研究评价的基本遵循》,《苏州大学学报》(哲学社会科学版) 2019 年第 6 期。

第三章 新文科课程体系建设

提升国家软实力、培养时代新人、促进中华文化繁荣离不开新文科建设。新文化建设的根本任务是培养时代新人，培养中华文化的传承者、中国声音的传播者、中国理论的创新者、中国未来的开创者。推进新文科建设，需要把专业作为人才培养的基本单元，把课程培养作为人才培养的核心要素。由此，新文科课程体系建设应成为高等教育改革、新文科建设的重要内容。其中，树立守正创新、价值引领、学科交叉的新文科课程观，有助于实现新文科所倡导的"课程育人""三全育人""协同育人"。根据这一课程观，新文科课程目标要强调课程体系的交叉性和融合性、注重人才培养的时代性和创新性、重视课程目标的价值性和本土性；新文科课程内容的开发要结合学科专业发展实际，在改造老课程、淘汰"水课"的基础上，开发和打造新的课程和教材；新文科课程的实施要结合新文科所强调的"新技术"和"新方法"，实施信息化教学手段，完善实践教学模式，创新师生互动机制，建设新文科师资队伍；新文科课程评价要以学生的发展为评价目标指向，丰富课程评价主体，完善课程评价指标，使用新技术手段作为评价工具，从而达成新文科课程体系建设的全面性和一体性。

第一节 新文科课程观

新文科是新的时代背景下对传统文科的升级转型，具备创新性、价值性、交叉性等特点。基于此，新文科课程观要倡导以人为本，在传统文科基础之上进行创新，落实立德树人的根本任务，强调多层次学科交叉，实现课程育人、三全育人、协同育人，探索新文科课程观的新理念。

一　守正创新，课程育人

新文科是在传统文科的基础之上，对传统文科的超越和发展。新文科的提出与传统文科的发展并不是割裂的，一方面新文科根植于传统人文社会科学发展的基础之上，是对传统人文社会科学的自我更新；另一方面，新文科深受时代变化的影响，是传统人文社会科学适应时代发展的必然结果。可以认为，新文科是在传统人文社会科学发展与外部时代变化的接轨之中酝酿而生，兼具守正和创新两大特征。其中，高校课程是实现新文科"守正创新"的主要途径，故而新文科课程观要坚持新文科自身的独特属性，秉承继承和创新的理念，优化课程培养体系。

（一）提高文化创新能力

提高文化创新能力是新文科课程观的第一要义。通俗来讲，新文科是对旧文科的继承，是新时代的一场文科革命。那么，建立提高学术创新能力的新文科课程观，首先要站在传统文科发展的角度，以历史的视角去看待新文科，从而实现课程观的"守正"。文科具有科学性和价值性的双重属性，其科学性体现在文科重视积淀，涵盖了人文科学和社会科学的专业知识，运用科学的手段和方法，实现科学的认识功能；其价值性体现在文科以人类社会现象和文化现象为研究对象，以认识自我、认识社会的成果为内容，承担着文化意识形态的功能。文科的科学性和价值性属性是客观和主观相统一的科学。近些年，中国关于新文科的讨论进入白热化，这是传统文科发展的内在呼唤。这是由于进入21世纪以来，中国传统人文学科地位逐渐边缘化，面对理工科的"一骑绝尘"，人文学科只能"望而兴叹"。文科的边缘化，不仅是市场选择的结果和高校文科设置的问题，也有着文科自我发展"孤岛化"的重要内部原因。

新文科的产生是传统文科存在的不足引起的,同时也是当今世界文化多样化、经济全球化、社会全息化发展的需求。2016年5月17日,习近平总书记在哲学社会科学工作座谈会上的讲话指出:"一个国家的发展水平既取决于自然科学发展水平,也取决于哲学社会科学发展水平。一个没有发达的自然科学的国家不可能走在世界前列,一个没有繁荣的哲学社会科学的国家也不可能走在世界前列。坚持和发展中国特色社会主义,需要不断在实践和理论上进行探索、用发展着的理论指导发展着的实践。在这个过程中,哲学社会科学具有不可替代的重要地位,哲学社会科学工作者具有不可替代的重要作用。"① 所以,在继承传统文科的科学性和价值性的基础上,新文科要突破传统文科的思维模式,推动传统文科的更新升级,推动文科的繁荣发展。具体到新文科课程观上,课程要遵循文科教育和人才培养基本规律,传承中华优秀传统文化。

其次,要挤开因循的屏障,以时代的视野去挖掘新文科的要义,从而达到课程观的创新。创新是高等教育持续发展的动力,中国的新时代、世界的新变革需要高等文科教育创新发展,即推进新文科建设。在习近平新时代中国特色社会主义思想的指导下,要推进马克思主义的中国化、时代化,要进一步巩固课程思政的教育作用。习近平总书记在庆祝改革开放40周年大会上的重要讲话中强调,要"推动中华优秀传统文化创造性转化、创新性发展,传承革命文化、发展先进文化,努力创造光耀时代、光耀世界的中华文化"。② 为了加快建设社会主义文化强国,增强文化软实力,提高国际话语权,新文科课程观要以促进文科的理论创新、思想创新、方法创新为要旨,提高文化创新力,为引领新时

---

① 中国共产党新闻网:《习近平在哲学社会科学工作座谈会上的讲话》,2016年5月17日,http://cpc.people.com.cn/n1/2016/0517/c64094-28361550.html。
② 中国新闻网:《习近平:在庆祝改革开放40周年大会上的讲话》,2018年12月18日,http://www.chinanews.com/gn/2018/12-18/8705415.shtml。

代文科的发展，造就中国独特的文化体系，提供人才和智力支撑。

（二）优化课程结构体系

优化课程结构体系是新文科课程观的关键内容。课程作为新文科建设的主要路径和基本抓手，新文科课程观要坚持将课程改革视为新文科延展、发展和突破的重要方式。新文科的发展路径主要有三种：一是存量延展，即对一些传统文科本身进行升级改造，推陈出新。比如，山东大学为了进一步深化文科专业改革，采取了优化文科专业培养方案，改革课程体系和实践结构，加强新闻、法律、管理和经济等社会科学专业与现代科学技术的有机融合等措施，以提升文科专业内涵建设质量，培养学生的创新能力。[1] 二是增量交叉，文科学科内部彼此交叉，如经济语言学等，或者人文社科与理工科方面的交叉，如数字人文等。三是突破原有文科范式，建立新兴学科专业。比如2018年颁布的《普通高等学校本科专业类教学质量国家标准》把"教育康复学"作为教育学的专业之一，其课程包括听力学基础、听觉功能评估与训练、言语科学基础、语言障碍的评估与训练等内容。[2]

对应新文科发展的三大路径，新文科课程观可以从"大""融""通""特"等方面开展课程结构体系的具体规划。"大"是指在传统文科的基础上设立大文科，将相关相近的人文学科按照国家的总体制度设计和高校的实际需求，合理地进行学科融合和学科重组。例如，将人文科学类和社会科学类整合成大人文学科或大社会学科，对传统人文学科所包含的哲学、历史学、文学等进行融合进而形成国学、中国学等大文科；对社会科学所涉及教育学、经济学、法学、管理学等整合形成中国社会学等大文科。"大"在课程结构上的表现就是建立模块化课程，实行大类招生、大类培养，即在"厚基础，宽口径"的原则下，建立

---

[1] 袁凯、姜兆亮、刘传勇：《新时代　新需求　新文科——山东大学新文科建设探索与实践》，《中国大学教学》2020年第7期。

[2] 教育部高等学校教学指导委员会编：《普通高等学校本科专业类教学质量国家标准》（上），高等教育出版社2018年版，第71页。

"全校通修课程+学科通修课程+专业发展课程+开放选修课程"的新型模块化课程体系。如，2009年浙江大学求是学院大部分专业都涵盖到六大类专业中，分别为"人文科学试验班""社会科学试验班""应用生物科学""工科实验班""理科实验班""医学类实验班"；复旦大学2011年首次实行跨院系共设有五个大类专业，分别为经济管理类、自然科学类、社会科学类、历史学类、医学类。上述高校所采用大类学科的做法，体现了学科专业综合化的征兆，对目前新文科课程综合化、大类化的走向提出了时代要求。

"融"是指融合新的课程内容和研究方法。由于以往自然科学和人文社会科学之间存在着研究对象、研究内容和研究方法上的差异，使文理学科之间泾渭分明。随着全球化和信息化的发展，可以将网络信息技术、大数据、云计算等研究方法融入新文科课程内容和教学方法当中，以此来推动新文科课程的创新发展。此外，通过提炼人文社会学科和自然学科之间的相关性内容，设立新的专业课程，如建立外语教育学、智能管理学、人工智能伦理学，教育康复学等。总体来说，"融"是根据社会新科技、新产业、新问题的产生，建立以交叉学科为主要标志的新兴课程。

"通"是指高校要开设跨学科的课程体系，以培养学生达到通晓不同学科知识体系的能力和技能。从通识教育、专业教育和人文教育三个向度，高校可以采用主修课程与辅修课程相结合的方式，培养学生兼具不同学科领域知识、理论及研究方法。例如设置商业文化、创新空间设计导论、工程与技术伦理等跨学科通识课程，帮助学生提高人文修养和道德素质；开设立体化的专业课程，配以注重边缘交叉的专业扩展课程，融入社会经济、文化等前沿学科知识，帮助学生形成专业创新的知识基础；建立注重人文素养和价值观培养的人文课程。这类人文课程的表现形式有两种：一是高校的思政课，二是围绕着学科教学的人文教育，旨在培养具有良好道德素养的新时代人才，夯实中国优秀传统文化底蕴。在跨学科的视域下构建新文科课程体系，要以核心课程为基础，以相关通识课程为支撑，创新课堂教学培养模式，打造具有中国特色的"金课"。

"特"是指打造具有中国特色的课程。文科所具有的价值性和人文性，决定了其必须承担培养学生的爱国情感、家国情怀、民族精神、文化认同的责任。对当代新文科建设而言，其生命之根是对中国价值、中国精神、中国文化的坚守，是其在弘扬中国价值、展示中国魅力、彰显中国特质中发挥的意识形态贡献力。[1] 因此，新文科建设要根据国家的需要和文化特色来凝练重组课程结构，充分挖掘历史学、文学、艺术学、中国哲学等学科中蕴含的中国传统文化，加固中国传统文化在高校课程中的根基；借助管理学、社会学、法学等学科资源，丰富新文科课程内容，为中国先进文化的弘扬和发展助力。

二 价值引领，三全育人

党的十八大以来，高校十分重视"培养什么人，如何培养人以及为谁培养人"的根本问题。2020年5月28日，教育部发布的《高等学校课程思政建设指导纲要》提出要把思想政治教育贯穿人才培养体系，全面推进高校课程思政建设，发挥课程的育人作用。[2] 坚持立德树人的根本任务，推进课程思政建设，高校要加快推进"三全育人"改革，建立健全"三全育人"的体制，提高高校思想政治教育的质量。

（一）落实立德树人的根本任务

强化新文科的价值引领，落实立德树人的根本任务是新文科课程观的关键旨趣。教育是一个"求真、求善、求美"的过程，"求真"旨在探索真理，追求知识的客观性和科学性，"求善""求美"旨在培养学生的道德素养、审美观，是人文学科追求的目标。在立德树人过程中，

---

[1] 龙宝新：《中国新文科的时代内涵与建设路向》，《南京社会科学》2021年第1期。
[2] 中华人民共和国教育部：《教育部关于印发〈高等学校课程思政建设指导纲要〉的通知》，2020年6月1日，http://www.moe.gov.cn/srcsite/A08/s7056/202006/t20200601_462437.html。

高校文科教育意义重大，它能够帮助学生树立正确的"三观"，形成正确的思想方法，养成独立的思维品格，学会与社会外界的沟通，提升自身的生存交往能力。① 中华民族自古就有"立德树人"的教育思想和文化传统，对传统文化蕴含的思想理念和道德规范，我们要结合新时代的价值观念，坚持古为今用、推陈出新。因此，在新文科课程观中要注重培养学生的道德素养和社会责任感，帮助学生树立正确的人生观、世界观和价值观。

新文科课程观要坚持文科立德树人的任务，必须把握新时代的特征和对人文社会学科发展的整体要求，以新时代的价值观念来规范人才的行为方式，使其成为有教养的时代新人。在历史传承和文化创新的相互融合中坚持立德树人的根本任务，是新形势下新文科课程观所肩负的重要使命。人文社会学科的学者必须紧紧跟随时代的根本性变革，聚集新时代的人文精神和自身的人文理想，以立德树人为高校教育的根本目标，培养具有高尚的道德素养、爱国情怀、民族精神、社会责任感的时代新人。

此外，近年来中国高等教育受到技术理性、实用主义等影响，造成文科边缘化的现象。再基于文科自身发展的问题，一些学科出现了"空心化"的弊端，人文学者对于自我身心修养的关注逐渐式微，加剧了人文社会学科在高校被边缘化的问题。显然，新文科建设能够为人文社会学科提供重拾雄风的机会，借助新文科建设夯实自身的专业知识基础，通过课程建设强化学生的核心素养，培养学生的家国情怀。在这个意义上，新文科课程观坚持落实立德树人的基本理念，有助于反哺文科的发展，夯实文科的学科地位。

(二) 形成"三全育人"的基本格局

课程思政是落实立德树人根本任务的具体措施，也是新文科课程价值观功能的实现路径。为了坚持党对高校的领导，加强和改进思想政治

---

① 王铭玉：《新文科——一场文科教育的革命》，《上海交通大学学报》（哲学社会科学版）2020年第1期。

工作，培养中国特色社会主义合格的建设者和可靠接班人，2017年中共中央、国务院印发了《关于加强和改进新形势下高校思想政治工作的意见》，提出要坚持"三全育人"，即全员全过程全方位育人，把思想价值引领贯穿教育教学全过程和各环节，形成教书育人、科研育人、实践育人、管理育人、服务育人、文化育人、组织育人长效机制。[①] 高校"三全育人"协同培养机制是基于高校"培养什么人、怎样培养人、为谁培养人"的新要求而提出的。形成课程思政建设中"三全育人"的基本格局，构建课程思政"三全育人"的有效模式，对于落实立德树人的根本任务，增强大学生对中国特色社会主义的认同，具有重要的理论和现实意义。

首先，全员育人要求"人人育人"，要求构建"人人有责、人人尽责、人人参与"的学校教育共同体。全员育人突显了对育人队伍的范围，强调建立全校师生、家庭、社区、大众传媒等共同参与的育人体系。在学校层面，育人主体涵盖专业课教师、思想政治理论课教师、行政管理干部、后勤员工等。高校要充分发挥教职工育人的引领作用，根据新时代的新变化和新要求，厘清不同类型教职工的岗位职责，明确育人主体的职责范围，实现在"教"中"育"、在"管"中"育"、在"服"中"育"。高校育人主体必须充分尊重学生的不同个性特点，满足学生的个性化需求，将思想价值引领与学生的专业学习、评优奖先、创新创业、就业指导、社会实践、志愿服务等工作深度有机融合，真正提升育人质量和效果。此外，随着现代信息技术的迅速发展，高校育人队伍的范围有了更广泛的需求。为了扩大育人主体，高校要构建一种线上线下相互结合的教职工队伍，牢牢把握网络意识形态，对网络教学内容进行甄别筛选，丰富全员育人的内容和形式。在社会层面，青少年的成长环境离不开家庭和社会、大众传媒等影响。家庭是学生身心发展的

---

① 中华人民共和国中央人民政府：《中共中央国务院印发〈关于加强和改进新形势下高校思想政治工作的意见〉》，2017年2月27日，http：//www.gov.cn/zhengce/2017-02/27/content_5182502.htm。

第一课堂，是塑造学生的心理特征的关键，社会和大众传媒是学生形成社会观念和行为的重要途径。因此，家长要注意规范自身的道德行为，与学校、社区等所要求的社会主义核心价值观、社会的主流意识形态保持一致。大众传媒要自觉规范自身的行业标准，承担向公众传输正能量内容、正确价值观的责任。

其次，全过程育人突出"时时育人"，凸显了对育人时间范围的划定。高校实施全过程育人，要重视校内外育人活动，纳入学生成长的所有关涉环节，包括学校环境、家庭环境、社会环境、朋辈环境、网络环境等，加强各方面的通力合作以及思想政治教育的接力协调。高校落实全过程育人，要构建校际协同育人机制、校企协同育人机制、家校协同育人机制，实现校际、校企之间的资源共享，达到多方共赢、共同发展。

最后，全方位育人强调"处处育人"，突出对育人内容范围的划定。全方位育人包括思想、学习、生活、健康、就业等各方面。全方位育人不仅将育人内容的范围划定在大学生在校学习期间，而且还包括学生的生活、毕业就业等范围，贯穿于大学生学习成长的始终。这要求高校扩展思想政治教育载体，统筹各种线上线下教育平台，将立德树人工作贯穿于高等教育的各个环节。具体而言，高校要依托协同中心形成一体化育人的载体支撑，建立一体化育人的管理支撑，实现各类课堂、校内校外的无缝链接和协同育人，实现部门之间的统筹协调，增强育人合力。

总的来看，全员育人是"三全"育人的基础和保障，全过程、全方位育人离不开全体师生、社会和家庭的参与。全员育人对高校教职工的道德文化素养提出了高要求，通过优化教师队伍结构、增强教师的育德能力、明确教职工权责分布，要求增强教职工的"课程育人、科研育人、实践育人、文化育人、网络育人、心理育人、管理育人、服务育人、资助育人、组织育人"意识。全过程、全方位对社会、家庭、学校提出了高要求，主张形成"政府＋社会＋家庭＋学校"的协同育人机制，实现资源共享、合作共赢。德育不能独立于高校工作之外开展，而是依托于高校各类教育、科研和实践活动和社会的制度保障、家庭的协同教育，从而对青年学生进行潜移默化地影响和渗透，实现全员全程全方位育人。可以说，全方位、全过程育人为全员育人工作提供了制度保障和组织保障。

三 学科交叉，协同育人

新文科之"新"主要体现在新交叉、新功能、新范式、新路径这四个方面。[①] 其中，新交叉强调学科交叉、文理相融，反映了当前高等教育人才培养的新趋势。跨学科人才培养已成为高等教育的主旋律，新文科课程观要指导高校培养具有跨学科专业背景、国际视野和多元文化的新时代人才。以多学科交叉和深度融合为新时代课程改革的新理念，形成大类招生培养的协同育人机制是新时期高等教育本科课程改革的新路径。

（一）促进多学科交叉与深度融合

学科交叉是新文科的重要特点，文科与文科、文科与理科的学科交叉融合已经成为推动学科建设的重要手段，这就要求新文科课程观要加强学科协同交叉融合，推进人文与社会学科、人文社科与自然学科的耦合。多学科交叉与深度融合的新文科课程观的落地和践行，需要高校、教师和学生等主体更新已有的课程理念，改革课程管理制度，确保新文科课程观不流于形式。

在更新课程观念方面，一方面，高校相关教学管理部门和院系要认真开展新文科政策的解读和说明工作，确保相关领导和教师群体正确理解新文科的特征内涵，把握新文科的本质。另一方面，高校教学管理部门和院系领导要鼓励教师主动汲取新文科课程观的内容，搭建不同院系的跨学科交流平台，为实施学科交叉做好制度设计。教师群体要敢于突

---

① 周毅、李卓卓：《新文科建设的理路与设计》，《中国大学教学》2019年第6期。

破自己固有的课程教学理念，不断地汲取高等教育改革的新理念，主动学习不同学科的专业知识，提高自身的教学能力。学生群体要配合学校和教师落实新文科课程观，及时调整自身的学习态度和学习方法，利用学院构建的跨学科交流平台，主动与其他院系的学生进行合作沟通。

在改革课程管理制度方面，首先，高校要贯彻跨学科、多学科的课程理念，面向全校扎实推进课程改革，将新文科课程观落实到课堂教学的方方面面。其次，在课程内容的改革上，高校要积极开发新文科教材，组建新文科教材编写队伍，充分融合不同学科的知识内容；或组建跨学科复合课程集群，开拓"广博+纵深"的课程内容，培养学生的跨学科知识视野和思维方式。最后，在课程实施的改革上，教师要按照以学生为中心的教学理念，培养学生充分的学习自主性和主动性，创新课堂教学方法，融合信息技术教学手段。通过探索开放式的课程管理制度，以学习成果和人才产出为导向，从而使高校形成产教融合、科教结合、校企合作的育人机制。

（二）实施大类培养协同育人机制

2012年，教育部印发了新版《普通高等学校本科专业目录（2012年）》和《普通高等学校本科专业设置管理规定》。该规定明确指出："《专业目录》规定专业划分、名称及所属门类，是设置和调整专业、实施人才培养、安排招生、授予学位、指导就业，进行教育统计和人才需求预测等工作的重要依据。"[①] 上述文件政策规定当前中国高校招生、人才培养、专业设置、学位授予、学生就业等工作仍是根据国家划分的本科专业为基本单位。大类培养是对现行专业教育的突破，是对专业教育模式弊端进行的改革探索，它与中国高等教育的"厚基础、宽口径"改革、通识教育改革等有着深刻的内在联系，是新文科建设的人才培养路径。所谓大类培养，是在大类招生的前提下建立"全校通修课程+

---

① 中华人民共和国教育部：《教育部关于印发〈普通高等学校本科专业目录（2012年）〉〈普通高等学校本科专业设置管理规定〉等文件的通知》，2012年9月18日，http://www.moe.gov.cn/srcsite/A08/moe_1034/s3882/201209/t20120918_143152.html。

学科通修课程＋专业发展课程＋开放选修课程"的模块化课程培养体系，即在学生入校后经过一到两年的基础培养，之后根据学生兴趣和双向选择原则进行专业分流。为了适应大类培养的需求，高校还需要丰富第二课堂资源，建立多元化的实践教学育人体系，创新管理制度，实施开放学院制度、选课制度、导师制度、专业流转制度等。大类培养模式能够较大限度地满足学生的专业选择自由性，使学生根据自身对专业的认识和兴趣来选择适合自己的专业，从而充分地调动学生学习的积极性。

近年来，随着跨学科和交叉学科的兴起以及社会发展对综合型、创新型人才的要求，高校要培养学生的综合能力、通识能力、创新能力、实践能力。因而，新文科课程观要与高等教育改革的方向保持一致，坚持大类培养的改革思路，划分大类培养的模式。有学者将大类模式划分为四种类型，一是把自然科学和社会科学囊括在一起的大类模式，比如北京大学的元培实验班、中山大学的逸仙班等；二是分为自然科学和社会科学两大类的大类模式，也就是按大文科和大理科进行招生和培养；三是把自然科学或是社会科学中的某些学科专业进行交叉合并重组进行分类；四是按照一个学科或是专业进行分类的大类模式，强调基础的同时又坚持较窄的专业培养。目前较为普遍的大类招生模式分为三种：一是全部大类招生，如复旦大学、浙江大学、宁波大学等；二是以基地班、实验班的形式进行大类招生，如北京大学元培实验班、河海大学基地强化班等；三是在整合学校专业后，设定学科大类实施全面大类招生。实施大类培养的协同育人机制，需要各大高校根据自身的大类招生模式制定合适的培养机制，把人文科学类和社会科学类建设成为大人文学科或大社会学科，或者将相关学科融合到一类，进行大文科人才培养。

第二节　新文科课程目标

所谓"目标"是指某一活动意欲达到的预期设想和结果。新文科建设的目标是实现各学科的互通融合、强调人才培养的价值性和时代性，凸显中华民族的优秀文化。大学课程目标规定了本科教育阶段的学生通过课程学习，在道德、智力、体质等方面的发展程度。新文科课程目标的设定要结合新文科的内涵，遵循新文科建设的规律，以实现大学生课程知识的交叉性和融合性，培养具有时代性和本土化的创新型人才，进一步为新文科课程内容、课程实施、课程评价等提供目标导向。

一　强调课程体系的交叉性和融合性

20世纪90年代以来，中国大学课程体系综合化改革主要从三个层面纵深推进，一是课程体系结构模式的综合化，将普通教育课程贯穿于本科教育的始终，与专业教育课程结成有机的整体；二是课程类型模块的综合化，包括不同类型模块课程之间的综合化和同一类型模块课程内部的综合化；三是课程内容的综合化，如文理课程的互修、开设综合课程、设置主辅修和双学位课程、设置研讨性主题课程。[①] 中国已有的大学课程体系综合化改革为新文科课程铺垫了坚实的基础，在继承已有的改革模式之上结合新文科的内容，中国新文科课程目标要培养学生的课程知识的交叉性和融合性，实现人文与社会学科、人文与自然学科的协同创新。

（一）增进人文与社会学科内容的互通互促

新文科不是对传统文科的否定和彻底摒弃，而是在传统文科基础上的拓展和深化。高等教育学科专业分类中，文科也称为"人文社会科学"或"哲学社会科学"，它涵盖了人文科学和社会科学两大类学科，其中人文科学包括文学、历史学、哲学、艺术学，社会科学包括法学、教育学、经济学、管理学。"守正创新"是新文科建设的必由之路，这一原则要求高校要遵循文科发展和人才培养的基本规律，传承中华优秀传统文化，增进人文与社会学科内容的互通互促。"守正创新"在新文

---

① 陈兴明、郑政捷、陈孟威：《新中国70年大学本科课程体系的嬗变》，《中国大学教学》2020年第1期。

科课程目标中的体现是增进人文与社会学科内容的互通互促，促进人文学科之间、人文与社会学科之间的沟通和交流。

目前中国大学课程目标仅仅关注学生的学科专业知识掌握，对于通识知识、其他人文社科知识的掌握不足。对此，新文科课程目标要增加学生的多学科知识基础，推动人文社会学科内容的耦合。这是由于文史哲学科具有修身铸魂之功用，经管法学科具有治国理政之功用，教育学具有培元育才之功能，艺术学具有"化人美人"之功用，以铸造中国魂、塑造中国心、实现中国梦、营造中国情（如图3-1所示）。为了实现新文科课程的培养目标，一方面高校要及时改变课程的原有功能，从强调学生掌握本专业课程知识到重视学生多学科知识的转变，另一方面要调整课程结构，设置其他人文社科的主辅修课程，丰富课堂教学内容。以教育学为例，高校可以将文史哲、经管法、艺术学课程设为教育学本科生的辅修课程，从而促进学生更加理解教育学科的时代背景，掌握影响教育改革和发展的社会因素，提高本科生的思维能力和文学素养。可以说，提高学生的人文与社会学科的知识量，增进学生的多学科专业素养，是对传统文科的再发展和再改造，有助于推动中国高等教育的理论创新，为推动人文社科与自然科学协同创新奠定了牢固的理论基础。

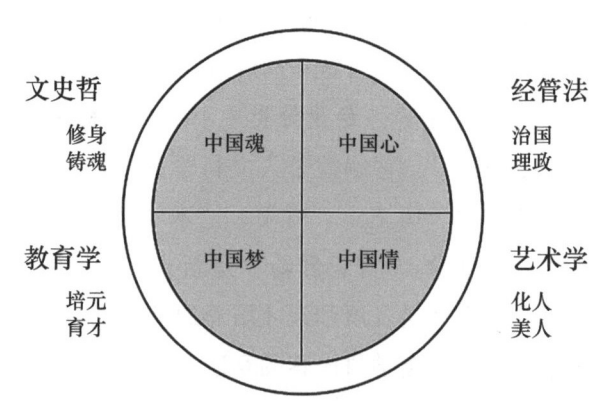

图3-1 新文科建设的基本方略：分类推进

（二）推动人文社科与自然学科的协同创新

在更大学科范围内进行学科交叉人才培养也是新文科课程目标的应有之义，即突破人文社会科学领域内各专业之间的交叉尝试，推动人文社科与自然学科的交叉融合。例如，美国在 STEM 教育基础上又逐步拓展为 STEAM 教育，增加了艺术学，包括广泛的人文科目，如社会研究、语言、形体、音乐、美学、表演等。STEAM 的主要特征是突出跨学科方法，强调创意培养，重视社会责任感及人性化培养。[1] 所以，突破人文社会科学的学科限制，在文理等学科范围内进行更大跨度的学科交叉，强调大学生知识素养、创新能力的全面提升，是新文科课程目标的一个重要内容。

具体而言，新文科课程目标要以促进医文结合、工文结合、农文结合为要旨，一方面使新文科为新工科、新医科、新农科注入新元素，提供新内容、新思想、新帮助，另一方面使工农医学科为文科课程注入新方法、新技术、新理论。通过不同学科间的相关性设立新的课程定位，如"理＋文"建立大数据管理与应用相关课程，"农＋文"建立农业经济课程，"医＋文"建立生命伦理课程等等，以此来实现人文社科与自然学科的协同创新，提高课程目标内容的多维性和复合性。新文科课程目标的复合化，要求各高校要调整人文学科知识结构，重视技术素养和人文素养的结合，重塑人文专业的教学模式。例如，数字人文专业的人才培养目标指向满足数字创意产业的社会需求，培养内容兼具人文素养和数字素养，不仅包括人文学科专业的基本知识，还要包括数字技术的学习，以培养大学生的创新性、问题解决等能力。提及数字人文素养，必然与新时代信息技术的变革和发展脱不了关系。我们能清晰地预见到新科技革命和产业的全方位变革会继续对高等教育改革产生着深刻的影响，与此同时，新产业新业态的发展对本科课程目标也提出了新的需要，既要培养具有信息技术、大数据知识的学生，又要科技进步不断创

---

[1] 胡天助：《STEAM 及其对新工科建设的启示》，《高等工程教育研究》2018 年第 1 期。

造新的教学手段、教学形式、教学内容,为新文科课程建设提供了更为丰富的技术资源。

二 注重人才培养的时代性和创新性

新文科的诞生有着独特的时代背景,立足于时代需求和国家发展,以促进文科中国化、国际化、融合化为目标,引领人文社科新发展。基于此,新文科课程目标要注重人才培养的时代性和创新性,体现中华优秀传统文化的时代价值,强化人才培养模式的创新性。

(一) 体现中华文化的时代价值

从时代维度来看,新文科是应对人文学科危机、百年未有之大变局的产物。从中国维度来看,新文科承载着时代的使命和担当,是构建中国新的学科体系、话语体系、理论体系的突破口。从新文科课程目标来看,大学课程目标要充分体现新文科的时代特征,承担新文科的育人任务,体现中华文化的时代价值。

首先,新文科是应对人文学科危机的解决策略。早在20世纪80年代,世界各国学者就开始关注人文学科的危机。挪威学者奎纳尔·希尔贝克认为西方人文学科的危机实质上是人文学科的信誉问题。人文学科真正的危机在于大学,在于学校制度,在于普遍的社会状况,即经济和预算上的削减,向自然科学、社会科学的屈服。[1] 中国有学者认为社会的过度专业化导致了人的单面性,同时也加剧了大学的人文危机。现代大学人文学科的式微与人文学习的消弭愈演愈烈,人文教育的失落正在加速大学教育的普遍平庸。[2] 朱国华认为世界范围的人文学科危机是一种知识体系的内部崩解,表现在招生人数的萎缩,以及人文学科领域的教职岗位以及科研经费的削减、人文学科不再处于大学体制的统治地

---

[1] [挪威]奎纳尔·希尔贝克:《人文学科的危机?》,郁振华译,《华东师范大学学报》(哲学社会科学版)1998年第3期。

[2] 韩益凤:《大学的人文危机及其反思》,《教育学术月刊》2016年第5期。

位，大学越来越具有商业化特征，威胁着人文学科的生存。[①] 新文科的产生，有助于解决人文学科受限于知识科学化、功用化、市场化的宰制，重新回归人文学科精神的本质。中国的人文学科知识体系与西方相比，整体而言仍存在着一定的差距，因此，将新文科置于新时代中国教育大变革中，重塑人文精神，重提中华文化的时代价值，是中国新文科的时代要求。对于新文科课程目标来说，要将新时代本科人才培养置于课程目标的中心，一方面加强大学人文学科的教育，另一方面通过培养具有人文精神的学生来反哺人文学科的发展，促使文科走出学科危机。

其次，面对百年未有之大变局，2019年5月15日，习近平总书记在亚洲文明对话大会开幕式上发表了题为《深化文明交流互鉴 共建亚洲命运共同体》的主旨演讲，对这一全球性和历史性的大变局做出了系统性的阐述："当前，世界多极化、经济全球化、文化多样化、社会信息化深入发展，人类社会充满希望。同时，国际形势的不稳定性不确定性更加突出，人类面临的全球性挑战更加严峻。应对共同挑战、迈向美好未来，既需要经济科技力量，也需要文化文明力量。"[②] 其中，习近平总书记强调中华文明是在同其他文明不断交流互鉴中形成的开放体系，文明因多样而交流，因交流而互鉴，因互鉴而发展。所以，在世界百年未有之大变局中，文化力量在其中发挥着极为重要的作用。不同国家、不同民族在不同的时代，其文化具有不同的形态、内涵和特点。中国新文科所具有的独特的文化属性，是以文化自信为指导，以文化创新创造为活力，是推动新时代文化多样化发展的重要因素。文化自信基于中国文化底蕴和文化胸怀，文化创新基于高等教育人文学科的变革，新文科归根结底就是要保存、创新和传播文化。基于此，新文科课程同样要达成文化固力、文化贯通、文化带动的目的，培养学生掌握中华优秀传统文化、创新中华文化、传播中华文化的能力。文化固力是指在人

---

① 朱国华：《生存危机：人文学科如何对标当代中国》，《探索与争鸣》2019年第4期。
② 新华网：《习近平出席亚洲文明对话大会开幕式并发表主旨演讲》，2019年5月15日，http://www.xinhuanet.com/politics/2019-05/15/c_1124499008.htm。

文社科和自然学科挖掘、累积和沉淀文化，重视人文社会科学的文化价值，丰富自然学科的人文精神。例如，高校开设的生命伦理学、医学信息学等学科专业，在强调技术理性的同时也重视人文精神的体现。文化贯通是指通过中华优秀文化连接不同的学科专业领域，重新诠释和表达中华文化，发挥中华文化的规模化效益。例如，开发数字创意文化教育产品、开发经典名著交流平台等。文化带动是指以中华优秀文化为主线，贯穿于不同的学科专业中，从而实现文化的创新及衍生。例如，在数字信息技术的影响下，促使传统形态的文化向新型形态的文化转型，出现了信息数字化、书籍图像化、阅读网络化的样态。

最后，新文科课程目标在应对人文学科出现的危机、迎接百年未有之大变局时，也要注重培养学生创造中国学科话语体系、理论体系的意识和能力。大学的贡献包括思想贡献、文化贡献、科技贡献、政策贡献和人才贡献五个方面，文科在思想贡献、政策贡献及文化贡献上占据着重要的地位。① 因此，在新文科课程目标的确立上要尤为强调培养学生的思维能力和人文精神，为创造新思想、新文化、新理论、新话语奠定人才基础。

（二）强化培养模式的创新导向

创新性是新文科的关键特征，新文科的"新"不仅是指学科自身要实现理论创新、机制创新、模式创新，还指学科自身的革新，表现为对传统学科的改造和升级。因而，新文科课程目标要发挥调控和管理的功能，强化培养模式的创新导向，在教学模式、教学手段、教学内容等方面进行改革，实现培养内容、培养方式与培养目标的协同一致。

高等教育人才培养模式正在由传统知识技能型向创新型、复合型模式过渡，社会发展对本科毕业生提出了更高的要求。掌握信息技术、发展创新能力和思维、拓展跨学科知识技能等成为新时代大学生的必备素质。新文科课程目标旨在强调文科专业的贯通性和融合性，以帮助本科

---

① 谢维和：《大学文科的地位和作用》，《解放日报》2011年1月23日第8版。

生牢固文科基础，扩展多学科知识技能，培养具有多学科视野、多学科思维和能力的创新型人才。在新文科课程目标的导向下，高校要改变过去重理论轻实践的教学内容和教学形式，通过科教融合、校企联合、院系合作等途径，加强实践教学内容，培养兼具理论素养和实践能力、合作和沟通能力的学生。

具体来说，在教学形式上高校要突破传统课堂的限制，积极开拓校内校外教学途径。在高校内部层面，高校相关管理部门要设立院系交流平台，协助各院系加强合作沟通。如，实施书院制本科教学模式，建立跨院系协同培养平台，选拔合适的教师队伍，为培养多学科人才提供物质和资源保障。在高校外部层面，高校要积极与社会企业进行合作，聘请校外企业人员来高校讲学，破除理论教学与实践教学的隔阂；搭建校企实习平台，为本科生提供校外实习的机会，促进本科生的理论知识转化为实践知识。在教学内容上，高校要丰富课堂教学内容，增加不同学科知识内容和方法技能，开发多学科教材体系，帮助学生更好地掌握多学科知识、方法和技能，以实现新文科课程内容与目标的一致性。在教学方法上，高校要深度推进大数据、人工智能、信息技术与人文社科的融合，进而全方位、全领域地推进数字化教学手段的运用。中国教育部指出："大力推动互联网、大数据、人工智能、虚拟现实等现代技术在教学和管理中的应用，探索实施网络化、数字化、智能化、个性化的教育，推动形成'互联网+高等教育'新形态，以现代信息技术推动高等教育质量提升的'变轨超车'"。[①] 大数据等信息技术极大地改变了高校学生的学习方式，为新文科建设提供了便捷的工具，同时规定了新文科课程目标的具体内容。

三 重视课程目标的价值性和本土化

人文社会学科内含的科学性和价值性，意味着其具有独特的育人功

---

① 中华人民共和国教育部：《教育部关于加快建设高水平本科教育全面提高人才培养能力的意见》，2018年10月8日，http://www.moe.gov.cn/srcsite/A08/s7056/201810/t20181017_351887.html。

能。新文科课程目标要把握文科自身的属性特质，充分发挥文科教育的价值引领作用，坚持马克思主义理论，培养大学生正确的理想信念，增强大学生的认同感。在此，新文科课程目标要坚定扎根中国大地的本土取向，引导课程内容和课程教学方法体现继承性和民族性、时代性和原创性，帮助高校构建具有中国特色的学科体系、学术体系、话语体系。

（一）把握文科教育的价值引领

人文社科所具有的知识性和价值性双重属性，使新文科建设要以坚定学生理想信念为核心，以爱党、爱国、爱社会主义、爱人民、爱集体为主线，以增进学生政治认同、家国情怀、文化素养、法治意识、道德修养为重点（如图3-2所示）。新文科课程目标要牢牢把握人文学科的价值属性，坚持以学生为中心，培养学生的理想信念，发挥文科教育的价值引领作用。

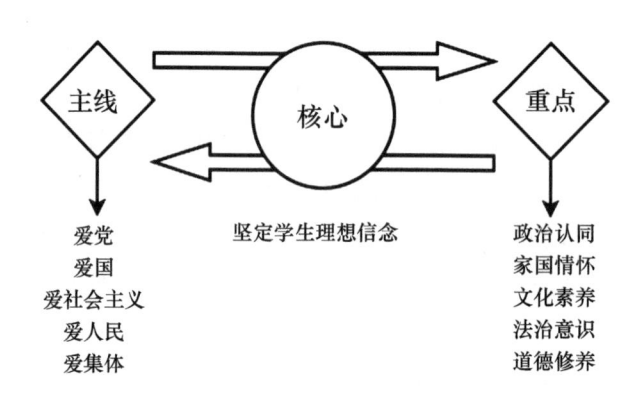

图3-2 新文科的价值属性

以学生为中心，坚定学生理想信念是新文科课程目标的基本要求。面对当今世界和中国的大变革，大学生思想呈现多元化和多变性的特点。大学生正处于世界观和价值观形成的重要时期，他们的思想信念决定了国家和民族的未来。为了防止大学生的思想信念被不良社会现象和行为所误导，高校要从学生的成长和发展出发，主动承担理想信念教育，培育学生正确的信仰和人生追求。2018年习近平总书记在全国教育大会上强调要在坚定理想信念上下功夫，教育引导学生树立共产主义远大理想和中国特色社会主义共同理想，增强学生的中国特色社会主义道路自信、理论自信、制度自信、文化自信，立志肩负起民族复兴的时代重任。① 具体到新文科课程目标中，高校课程要增强大学生的认同感，加强马克思主义理论的学习，让爱国主义精神在学生心中牢牢扎根，教育引导学生热爱和拥护中国共产党，坚定社会主义路线，培养学生的集体主义精神。

增强大学生的认同感应成为新文科课程目标的重要内容。一方面，高校要从思想上引导大学生的历史认同，加强"四史"教育，使学生掌握党史、新中国史、改革开放史、社会主义发展史，了解国家和民族从积贫积弱一步一步走到今天的真实记录和集体记忆，更好地促进学生形成国家认同、民族认同和政治认同。另一方面，高校要从道路上引导学生从历史和现实的结合上增进对中国特色社会主义的认同感。中国特色社会主义道路是中国在总结社会主义建设的经验和教训，并经过艰苦探索之后，找到的实现中华民族伟大复兴的必由之路。新文科课程目标需要让大学生通过实践教学和理论学习体悟到中国特色社会主义道路的来之不易，引导大学生求真务实、学以致用，指导大学生在实践中拓宽中国特色社会主义道路。

坚持以马克思主义理论为指导不动摇，加强马克思主义理论教育，是新文科课程目标的必然要求。高校承担着为国家培养和输送人才的重大使命，必须坚持用当代中国马克思主义引领大学生的思想成长。新文科课程目标要立足新时代大学生的实际需要，加强大学生学习马克思主义的发展历程，掌握马克思主义在当代中国的最新发展成果，运用马克思主义最新理论成果分析时代问题，创新马克思主义理论教育的内容和方法，从而使大学生树立起唯物史观和辩证思维方式。此外，新文科课程目标价值性的实现离不开具有崇高理想信念的教师队伍。高校要以马

---

① 中华人民共和国中央人民政府：《习近平出席全国教育大会并发表重要讲话》，2018 年 9 月 10 日，http://www.gov.cn/xinwen/2018-09/10/content_5320835.htm。

克思主义理论、社会主义核心价值观、职业道德为教师培训内容，对青年教师进行理想信念教育，引导教师系统学习马克思主义理论，自觉提高个人思想理论素养，坚定教师投身中国特色社会主义建设事业的决心。

（二）扎根中国大地的本土取向

新文科建设是构建具有中国特色的学科体系、学术体系、话语体系的必然要求。2016年习近平总书记在哲学社会科学工作座谈会上的讲话指出："中国是哲学社会科学大国，研究队伍、论文数量、政府投入等在世界上都是排在前面的，但目前在学术命题、学术思想、学术观点、学术标准、学术话语上的能力和水平同中国综合国力和国际地位还不太相称。要按照立足中国、借鉴国外，挖掘历史、把握当代，关怀人类、面向未来的思路，着力构建中国特色哲学社会科学，在指导思想、学科体系、学术体系、话语体系等方面充分体现中国特色、中国风格、中国气派。"① 构建中国学科体系、学术体系、话语体系，需要高校在新文科建设中彰显中国特色，在课程教学中用中国话语和理论来解读教育实践。聚焦新文科课程目标，坚持扎根中国大地的课程目标取向，需要课程目标内容体现继承性和民族性、时代性和原创性。

第一，继承性和民族性。新文科课程目标的继承性是指高校本科课程要融会贯通中外古往今来积累的人文社会科学资源，包括马克思主义的资源、中华优秀传统文化的资源、国外人文社会科学的资源。对此，中国新文科课程目标要坚持古为今用、洋为中用，既向前看准确把握中国特色社会主义发展趋势，又向后看继承中华优秀传统文化精华，不断推进知识创新、理论创新、方法创新。新文科课程目标的民族性是指高校本科课程要坚定中国特色社会主义道路自信、理论自信、制度自信、文化自信。新文科课程目标作为课程内容、教学方法的基础，需要引导课堂教学内容走向中国化和本土化。回顾改革开放40多年，文科中不

---

① 新华网：《习近平：在哲学社会科学工作座谈会上的讲话》，2016年5月18日，http://www.xinhuanet.com//politics/2016-05/18/c_1118891128_3.htm。

少学科的基本概念都来自西方，中国法学、政治学、社会学、经济学、管理学和传播学的研究对西方学术体系和话语体系的依赖性很强。这既体现了文科在开放活跃的国际交流与合作中的快速发展，也暴露了自主研究不足的软肋。[①] 就教育学而言，中国教育改革和发展迅速，建立了具有中国特色的教育制度和体系。然而，教育学界的研究者对中国教育发展经验及其规律的总结研究仍存在着一些不足，建立属于中国特色社会主义的教育学理论体系的任务迫在眉睫。

第二，时代性和原创性。新文科课程目标的时代性和原创性要求高校要结合中国特色社会主义伟大实践，加快构建具有时代性和创新性的人文社会学科体系。一方面，高校要在课程体系中凝练体现中国立场、中国智慧和中国价值，充分展现当今中国发展的特色和优势；另一方面，高校要根据社会发展的需要，更新课程教学内容，开发具有主体性和原创性的课程内容。新文科建设的生命力在于创新，那么"创新"必然是新文科课程目标的基本指向。在新文科课程目标的创新导向之下，高校教师队伍要自觉更新课程教学理念，主动开发新的课程内容，打造符合中国高等教育发展的课程理论体系。

第三节　新文科课程内容与开发

课程内容的更新与开发是新文科课程体系建设的中心工作。新文科建设的"守正创新"原则，要求高校在积极开设新课程、打造优质教学内容的同时，还需要淘汰低质量的课程，并升级改造过时的课程，力求"淘汰水课，打造金课"。在这个过程中，教材作为课程教学内容的基石，对于确保课程的教学品质至关重要，同时也是新文科课程体系构建不可或缺的支持。因此，结合新文科和高校发展要求整合教材开发原

---

① 樊丽明：《"新文科"：时代需求与建设重点》，《中国大学教学》2020 年第 5 期。

则，建立教材开发配套制度，合理选择教材开发人员，是教材建设的重要内容。

一　建设新课程，改造老课程

新文科建设的原则要求高校课程改革要坚持推陈出新、守正创新，这意味着高校不仅要打造高质量的新课程，还要在原有课程的基础之上，淘汰水课，建设金课。打造高质新课程要求高校要扩展课程的横向和纵向梯度，实现多学科、跨学科知识的融合；改造老课程要求高校打通文科内部壁垒，在已有的本科课程基础之上，改造"过时"课程，以培养新时代社会所需要的新型人才。

（一）打造高质新课程

当前中国一流大学本科课程改革尤为注重广博基础、跨学科学习和个性化培养，但也存在着通识核心课程学分受限、课程纵向梯度较小等问题。因而，新文科课程要拓宽课程横向梯度，加深课程纵向梯度，增设新的跨学科课程，实现多学科知识融合。高校可以根据"横向破壁、纵向贯通、逐层进阶"的原则来打造高质量的跨学科课程。跨学科课程不是对相关学科现有课程的简单拼接，而是对不同学科相关联的课程进行交叉、合并、整合和重组，或者开发全新的课程。

跨学科课程的内容和类型是多种多样的，包括跨学科系列课程、跨学科合作课程、跨学科链条课程等。以数字人文课程为例，该课程主要涉及数字人文的理论与方法、项目和实践等基础知识，课程内容是为了培养学生对数字人文知识的认识和理解。近年来大数据、信息技术的不断涌现和日渐成熟，为改革人文学科的认知模式和研究范式提供了诸多机遇。对于传统人文学术而言，数字人文可以有效解决学术原子化和无关联问题，借助新媒介所拥有的多样性和可拓展性，通过设计、计算、分析、可视化等手段重塑和改造人文知识；对于数字技术而言，在注入人文主义价值观和方法后，其功能更加多元和强大，更符合人文学术的本质特征。① 高校已有的跨学科培养更多的是偏向传统文科内部的跨学科课程选修，像数字人文课程这种大范围的跨学科对于夯实人文学科基础、为新文科建设提供新思维和新路径无疑是具有重大意义的。

近些年来，随着数字技术在高校的深入发展，国内外数字人文教育实践也逐渐丰富。在中国，南京大学历史学院2016年开设中国首个数字史学课程——数字工具与世界史研究，以梳理数字史学发展历程，介绍数字工具在世界史研究领域的运用为主；华东师范大学历史学专业增设了"GIS与历史研究""大数据挖掘与E考据"等大"跨度"的跨学科课程，用于采集、储存、精确分析历史自然地理、历史军事地理、历史人文地理等历史学分支方向的基础知识。② 在英国和美国，其数字人文课程的数量类型较为完备。英国数字人文课程引入了计算机科学技术，图书馆、情报与文献学，信息与系统科学相关工程与技术，新闻学与传播学，文化学及社会学领域；美国课程总数虽然仅有英国的一半，涉及领域仍达16类，课程引入重点为计算机科学技术，图书馆、情报与文献学，电子与通信技术及新闻学与传播学等领域。③ 英美国家高校的数字人文课程跨学科特征突出，一般依托于计算机学院或信息学院等平台，注重培养学生的数字素养和信息化能力，对学生的实践动手能力提出了高要求。

（二）整合改造老课程

新文科的提出，不是对传统文科的否定和摒弃，而是对传统文科的批判、反思、修正和提升。基于此，新文科课程内容要打通文科内部壁垒，整合已有的文科课程，贯通文科与理、工、农、医等学科，实现跨

---

① ［美］安妮·伯迪克等：《数字人文：改变知识创新与分享的游戏规则》，马林青、韩若画译，中国人民大学出版社2018年版，第3页。

② 梁志等：《"新文科"理念下的历史学本科人才培养路径初探》，《历史教学问题》2020年第5期。

③ 徐孝娟等：《国外数字人文课程透视——兼议我国数字人文课程设置及人才培养》，《图书馆论坛》2018年第7期。

学科和多学科的融合创新。在已有的本科课程基础之上，改造过时课程，以更广阔的学术视角和更深厚的学术积累，来丰富本科课程内容，培养新时代社会所需要的新型人才。

一方面，高校要对传统人文社会学科专业的课程进行整合改造。传统人文科学包括文学、历史、哲学等学科，这类学科较为注重理论、逻辑、思辨等方面的问题，关注人类整体创造的精神文化和个体精神世界的情感价值观等，是人类对世界和自身的深入思考。社会科学包括经济学、管理学、法学、教育学等，主要以社会问题为研究对象，通过对社会现象和问题的分析，形成相关社会发展的理论和规律，用来指导人们的社会实践。所以，高校对传统人文社会学科专业的课程进行升级改造，要主动打破文科内部的壁垒，促进人文学科与社会学科的课程融合，体现新文科课程的个体价值和社会价值。以教育学为例，高校要加强教育学与社会学、经济学等学科的联系，丰富教育理论与实践的内涵，促进教育改革更为贴近社会发展需求。在此基础上，高校要改造教育学本科课程，强化教育理论与实践的联系，增加教育实习项目。在人工智能快速发展的影响下，教育学本科课程要充分融合信息技术，培养学生的教学信息化能力。

另一方面，高校要加强人文社会科学与自然科学的联系，将自然学科的理论与方法引入和运用到文科课程中，丰富文科课堂教学内容和教学方法。自然科学以定量的方法作为研究手段，以大自然中有机或无机的事物和现象的科学为研究对象，以探索自然界物质的各种类型、状态、属性及运动形式，把握这些现象和过程的规律性，包括天文学、物理学、化学、地球科学、生物学等。随着高等教育的发展，人文社会学科越来越多地运用到数学统计的方法。譬如，在史学研究中运用数学统计的方法，并据此产生了一门新学科——史衡学。通常，历史研究分考证和规律探讨两种类型，前者主要对历史事件、人物、历史作品、文献等进行考证，后者主要对社会发展过程中的制度、政治、经济、思想、文化等进行研究、分析。① 量化方法的引进，极大地开阔了史学研究的视野和领域，同时使史学研究更加趋向科学化和实证化。故此，高校整合和改造老课程不能闭门造车，要主动打破学科壁垒，及时汲取其他学科课程的先进内容，打造符合新时代发展和学生发展需要的课程。

二 开发新教材，补充新内容

教材是课程教学内容的基本载体，高质量的教材是课程教学质量的基本保障，教材也是新文科建设和一流本科课程建设的重要支撑。当前中国新文科革命的开展，对教材建设提出了新的要求。新形势下，高校优秀教材应有哪些特征，教材建设应遵循哪些原则，如何开发建设高校优秀教材、合理建立教材建设队伍，是新文科背景下高等教育改革的关键内容。

（一）生态整合教材开发原则

随着当前高校一流本科课程建设如火如荼地开展，国家对教材建设的重视程度也日益提升，高校教材建设迎来了新的发展机遇。新文科背景下高校教材建设应坚持以下几点开发原则：以扎根本土、服务社会为要旨，体现家国情怀；以学生发展为中心，体现教学性要求；以跨学科、多学科内容为核心，体现科学性要求；以数字融合为亮点，体现多样态特征。

以扎根本土、服务社会为要旨，不仅是新文科建设的价值引领，也是高校教材开发的关键要旨所在。"家国情怀"是中华民族优秀文化，是中国高校人才培养的重要特征，是爱国报国最朴素的表达，是中国高等教育人才培养的重要文化传承，是培养世界一流人才的重要思想道德基础。② 因此，新文科教材开发要秉持服务国家和社会的使命，扎根中国大地，结合社会发展的实际需要，培养具有创新能力、担当精神、爱国情感的一流人才。具体来说，新文科教材开发目标要坚持教材的思想

---

① 方延明：《"新文科"建设：何以必要及如何可能》，《江海学刊》2020年第5期。
② 钟登华：《扎根中国大地 培养世界一流人才》，《中国高等教育》2017年第8期。

引领和文化品格塑造作用，更加突出思想品德修养的根本性地位。这要求教材开发目标要充分融合思想政治意识形态，突出思想和品德修养的地位，增强思政育人的教育教学性，为学生的全面发展奠定扎实的基础。

以学生发展为中心，不仅是当前高等教育改革的教育核心理念，同样是新文科建设的重要原则。教材作为课程教学内容的载体，也要充分体现以学生发展为中心的教学理念，变革传统单纯以教师为中心的传授范式。目前，高校教材存在着重跟风轻原创、重热门轻冷门、重理论轻实践的问题，高校教材的选用基本以教研室或者任课老师的推荐为指向，老师们在选择教材时习惯上非权威（权威作者、权威出版社）不选。出版社在进行选题策划和开发时，也很少顾及学生实际的需求。[①]再鉴于高校使用的传统教材都较为偏向于学术性，教学性和实践性相对缺乏，使整本教材如同学科知识大纲，缺少一定的学习目标、习题思考、课外实践等教学元素。使用所谓的传统权威教材，使教师和学生囿于本身的能力，不能充分消化和掌握切实有用的知识。那么，以学生为中心的教材开发目标要充分满足学生的实际学习需求，增进教材的教学元素，强化教材内容的理论性和实践性。例如，教材开发目标要包括课程学习目标、学习重难点、习题思考题、课外实践活动、拓展学习资源、插图、图表等。一方面，能够帮助教师将教材更合理地用于课堂教学过程，更加清晰地把握教材学习目标、教材的重难点；另一方面，能够让学生更加自主地进行学习，为学生提供清晰的学习目标、学习重难点、课后习题以及拓展的学习资源等。新文科建设背景下，教学性将成为高校教材开发的重要目标，也就是说把教材从单纯的知识载体，转变为以学生为中心、发展学生能力为目标的价值载体。

教材开发目标以跨学科、多学科内容为核心，体现了新文科的内在要求，也迎合了当前高等教育发展的一大趋势。为适应创新人才培养需

---

① 刘晓嘉：《当前高校教材开发需要注意的几个问题》，《现代出版》2014 年第 6 期。

要，高校教材开发目标要紧跟时代发展前沿，吸收不同学科的最新成果，融合不同学科的知识内容。在这一目标的导向下，高校教材内容须依据不同的学科特点和知识更新情况，呈现学科发展的最新动态，体现教材的内容结构，融入正确的价值导向，以丰富多样的内容来激发学生的学习兴趣，增进教材的吸引力和表现力。值得注意的是，教材开发目标以跨学科、多学科内容为核心，并不意味着不同学科内容的大杂烩，而是需要高校教材开发人员根据某一学科专业的需求，适当地纳入相近学科或其他学科的有用知识内容，促进教材内容的合理性和科学性。

以数字融合为亮点，体现多样态特征，要求新文科教材开发目标要积极推动数字化教材建设，实现教材线上线下相结合的学习范式。2018年，教育部发布了《教育课程教材改革与质量标准工作专项资金管理办法》的通知，明确提出要"开展数字教材等新形态教材的研发、试点和推广等"。[①] 数字教材并不是简单地将纸质教材数字化，而是将信息技术融入教学过程的重要环节。数字教材作为一种新的教学资源，它在培养学生的开放性思维和创新能力方面具有强大的功能优势。例如，数字化教材所具有的多样化表达形式、多元化表达内容、便捷化获取途径等，使教学过程更具开放性和多维性，进而充分激发学生浓厚的学习兴趣和探究思维，加深学生对知识的内在理解和外在运用。因此，准确认识中国高校数字化教材建设，剖析数字教材建设的核心要素、开发模式、应用模式等，有助于丰富中国高校教材内容，实现学生个性化学习，促进师生角色转变。

(二) 建立教材开发配套制度

新文科教材的合理建设和开发，需要高校完善教材管理制度，提供相应的资源支持。首先，高校要构筑新文科教材建设生态环境，做好教材建设的整体规划，鼓励教师队伍进行新文科教材开发，加强出版社助

---

① 中华人民共和国中央人民政府：《教育部印发〈教育课程教材改革与质量标准工作专项资金管理办法〉》，2018年11月3日，http://www.gov.cn/xinwen/2018-11/03/content_5337127.htm。

力高校新文科教材建设。加强生态环境建设，包括软环境和硬环境两个方面，其中软环境是指教材开发理念。高校管理者和师生都尚未形成明确的教材建设观念，对整体的、科学的教材认知水平较低。因此，软环境的建设必须保证国家对教材管理的宏观领导权，健全教材管理法律制度，积极调动高校主体参与教材建设的主动性。所谓硬环境则是构建教材建设的教学环境，包括数字化教材的完善、教材开发人员的组建、高校出版社的助力等。数字化教材的开发和建设是教育信息化发展的必然结果，因而促进教材的立体化，将数字教材与其他数字学习平台深度融合，增加数字教材的应用，有助于促进信息技术与教材的结合。教材开发人员的组建是高校教材建设的重中之重，如何选拔教材开发人员、如何协调教师进行教材建设等都是高校需要进一步设计和规划的重要工作事项。在加强高校出版社的助力方面，政府部门和高校要实行出版社负责制，落实编审分离制度。2011年，《教育部关于"十二五"普通高等教育本科教材建设的若干意见》指出："出版发行实行出版社负责制，主编和其他编者所在单位及出版社上级主管部门承担监督检查责任。"[1] 出版社还要充分了解院校的定位、学科发展方向、优势学科专业，精准定位教材使用对象，做好教材内容的引领和形式创新。

其次，要细化新文科教材审查标准，推进教材分类建设，提高教材的创新性。有学者指出，大学教材的审查形同虚设，低质量教材频频流出。第一，大学教材审查近乎"无标准"状态，一般编写的教材都能通过审核，而大学教材谁都能编，编成何种程度都可以出版的现象在一定程度上加重了教材质量低下的问题。第二，审查人员专业性欠缺，审查队伍内部结构不均衡。第三，审查流程不合理，未树立对持续使用的教材再次审查的意识。[2] 不是任何教材都可以冠以新文科的帽子，高校

---

[1] 中华人民共和国教育部：《教育部关于"十二五"普通高等教育本科教材建设的若干意见》，2011年4月28日，http://www.moe.gov.cn/srcsite/A08/moe_736/s3885/201104/t20110428_120136.html。

[2] 孙立会、朱雅、李芒：《大学教材建设的问题与政策建议》，《黑龙江高教研究》2020年第8期。

要针对上述问题坚持政治审查、思想审查、安全审查的原则,设置新文科教材审查委员会,根据不同的学科专业设立教材审查标准,科学合理筛选教材审查人员,邀请专业人士与校外专家参与其中,严格把好教材的质量关,切实提高新文科教材的质量。此外,高校还要主动推进教材分类建设。习近平总书记在哲学社会科学工作座谈会讲话中指出,学科体系同教材体系密不可分。学科体系建设上不去,教材体系就上不去;反过来,教材体系上不去,学科体系就没有后劲。[①] 学科体系是教材体系建设的主要依据,反过来,教材体系是促进学科体系发展的重要因素。所以,根据不同的学科体系进行教材分类建设,有着"因科制宜""量身定制"的功用。一方面,高校要在各学科教材编写上系统反映习近平新时代中国特色社会主义思想体系、社会主义核心价值观、中华优秀传统文化等内容;另一方面,要深化人文社会学科和自然科学的教材分类建设,实现不同学科教材体系建设的跨越,要坚持以正确的社会主义核心价值观为导向,同时以人才重点培养和学科建设需求为目标,从而健全不同学科的教材体系。

最后,制定新文科教材评价机制,提升教材的质量。教材评价是教材改进及质量提升的关键,能够获取教材使用者对教材的意见和建议。现行高校的教材评价机制有待完善,教材通过编写、审查、出版等流程后就进入师生使用阶段,尚未建立有效的意见反馈途径,缺乏师生对教材的评价环节,进而影响到教材更新的质量和效率。因此,建立高校新文科教材评价机制,提高教材质量是高等教育改革的核心工作。一方面,政府部门和高校要根据不同学科、不同类型的教材,有针对性地制定新文科教材评价指标,为教材评选人员提供明确的评价标准。另一方面,高校要鼓励师生对教材进行自评,提供全校人员参与教材评价的机会,注重学生对教材质量的评价。同时,高校要高度重视师生、专家学者对教材的评价,建立专门的评价渠道,根据评价结果及时地修订或增

---

① 新华网:《习近平:在哲学社会科学工作座谈会上的讲话》,2016年5月18日,http://www.xinhuanet.com/politics/2016-05/18/c_1118891128_4.htm。

添教材内容。

(三) 合理选择教材开发人员

教材开发人员的水平和态度在很大程度上决定着教材的质量，高水平的作者队伍是高质量教材的关键。因此，高校应高度重视高水平的教材编写队伍建设，鼓励教学名师、专家主编参加教材编写工作，根据不同类型、不同科类教材建设需求，选拔不同的行业人士参与教材建设，开发教学性和实践性强的优秀教材，同时建立教材建设激励机制，将优秀教材作为本科教学评奖评优和教师职务评聘的重要指标。

在教材开发人员的选拔上，高校应以学科领域内的专业认可度为考量依据，从线上和线下搜集、分析参编人员的工作经历、科研成果等资料；坚持"老、中、青教师相结合"为组建原则。通常情况下，青年教师精力旺盛，具有较强的创新意识和前沿思维，但也会存在编写经验不足、行业认可度不高等问题；相对来说，中年教师在教学科研、编写等方面的经验较为丰富，但是由于教学和科研任务重，难有大量时间和精力编写教材；对即将或刚退休的教授来说，他们的教学经验丰富，科研任务轻，熟悉教材编写的要求和规范，具有一定的学术和行业影响力。因此，合理的教材编写队伍人员不仅要具备一定的学术造诣、教学经验，并且要充满学术生产活力和创造力。为此，各省级要充分发挥教材研究机构和组织的纽带作用，协助高校做好教材人员选拔工作，加强教材信息交流和教材建设经验交流；重视和发挥行业协会在教材建设中的作用，鼓励行业协会利用其行业资源和人才优势，开发贴近社会实际需求的教材。

在教材建设的激励机制方面，国家政府部门和高校要提供相应的教材建设经费保障，完善教材建设奖励机制，增加教材开发人员的参编热度。完善教材建设激励制度，首先，要根据不同的教材层次来制定合理的奖励标准，如国家级精品教材、国家级规划教材、省部级精品教材、省部级规划教材，分别对应一定的资金奖励。其次，建立科学的奖励程序。奖励机制的运行要有相应的管理机构、奖励流程和奖励对象，实质上涉及了关于"谁来管""如何管""管什么"的问题。由此,在"谁来管"方面,高校要设立对应的管理机构组织,切实落实高校的奖励政策,做到奖励程序的"公平、公正、公开"。在"如何管"方面,高校要将教材编写纳入业绩考核、职位评聘的指标,根据教材编写的种类和层次进行分类评估。例如,若教师参与到国家统编教材、建设工程重点教材编写,或者参与国家课程教材、国家规划公共基础必修课和专业核心课教材编写修订,便将其纳入工作量、荣誉奖励和科研奖励之中。除了对教师参编的激励外,国家也应将教材建设纳入高校教学质量、新学科建设的范畴,将教材建设作为"新学科建设"成效的重要参数。同时,高校也要实现教材建设激励机制的可持续发展,以此推动教材的持续创新和教师的专业发展。

第四节　新文科课程实施与评价

课程实施是新文科课程建设的重要部分,是实现课程目标、完成课程内容的关键。开拓课程实施的新路径,要开发信息教学手段、完善实践教学模式、创新师生互动机制、建设新文科师资队伍。课程评价是对新文科课程建设成效的评估,是对课程目标的达成度、课程内容有效性的判断。建立课程评价新体系,要以学生学习成效为目标,选拔多元的评价主体,生成多样的评价指标,使用新的技术手段来评估新文科课程的价值。

一　开拓课程实施的新路径

新文科课程的理念、目标、内容决定了新文科课程实施需要开辟与以往高校课程教学不同的路径。一是要迎合新文科对"新技术"的重视,实施信息教学手段,以新技术推动文文融合、文理交叉,还要以人文精神塑造学生的思想品格;二是完善实践教学模式,坚持新文科课程观的问题导向和经世致用的统一;三是创新师生、生生互动机制,从而更好地开展"三全育人"、实现立德树人使命。

(一) 实施信息教学手段

第四次工业革命的曙光已经初现,大数据、云计算、机器人等技术正改变着人们的生活和社会生产方式。信息技术与社会生活和社会生产的结合,必然会给社会发展带来更加深刻的变革,社会对高等教育人才的需求也将随之改变。由数字化和大数据等信息技术所带来的生产模式创新,也对高等教育人才的创新能力、终身学习能力、实践能力等提出了新的要求和挑战。目前中国本科教育的功利性和实用性在一定程度上忽视了人文精神的培养,无法适应新时代社会发展的需求。新文科课程体系建设要求打破不同学科专业之间的藩篱,实现各学科之间的创新融合、相互借鉴,促进人才培养由单一型向多学科融合型转变。此外,由于新文科教育具有深刻的人文精神和内涵,那么,在新文科课程实施过程中除了将新的信息技术趋势纳入课程教学过程中,以新技术推动文文融合、文理交叉,还要以人文精神塑造学生的思想品格。

推进现代信息技术与课堂教学深度融合,是提升中国高等教育质量的关键,也是新文科课程实施的重要教学手段。尽管中国高校在课程教学手段的信息化上取得了一些进展,但是也存在亟待解决的问题,影响着信息技术与课程教学的深度融合。例如,重建设轻应用,数字课堂的价值彰显不足;重线上轻线下,信息化教学的理念尚未充分发挥;重管理轻服务,信息化教学服务尚未到位等问题。为了防范上述问题的出现,新文科课程实施要杜绝课堂信息技术应用的形式化、简单化,解决好信息化教学的应用问题,创新新文科课堂教学模式,丰富课堂教学信息化资源,营造良好的信息化教学环境,从而促进高校新文科课程实施的深度变革。

首先,创新新文科课堂教学模式。实施信息技术教学手段在于使传统的课堂教学模式发生根本性的变革,以解决长期以来信息技术在高等教育教学实践中成效不显著的问题。高校借助和应用慕课、微课等线上优质资源开展翻转教学和混合式教学，充分开发翻转课堂教学的功能，发挥混合教学的优势，体现了学生中心、自主学习和深度学习的教学理念。翻转教学的本质在于通过颠覆传统课堂教学模式，通过计算机技术或网络平台，将大量的课堂教学内容转移到课外学生自学，利用课堂时间进行师生互动、问题探究等学习活动，从而提高学生的学习自主性和探究能力。通过上述分析，可以看到新文科课堂教学模式的创新主要是促进信息技术与教学的相融合，以多媒体教学工具为依托进行课堂教学，以视频、图像、声音、幻灯片等为辅助展示课堂内容，从而不拘泥于传统课本形式和内容，扩大师生交流的空间和范围。

其次，丰富课堂教学信息化的资源。课堂教学信息化资源是新文科课程信息化建设的重要依托，能够为教师实施信息化教学提供教学材料，为创新课堂教学模式提供新的课堂资源。因此，课堂信息化资源应具融合性、时代性、前沿性等特征，包括多学科教学资源、线上教学平台、音频资料、文本图片等内容。除此之外，信息化教学空间资源也是高校新文科课程建设的重要物质载体。例如，探索高校智慧教室建设，优化设计的教育场地是育人活动必备的教育空间。智慧教室是集人工智能、大数据、互联网技术于一体的新型教室，具有智慧录播、智慧采集、智慧交互、智慧评测、智慧分析、智慧反馈、智慧环境等功能，是目前各大高校致力于开发的新型课堂模式。智慧教室不仅可以更好地服务于信息化课堂教学模式，还有着丰富的教育资源，充分发挥以学生学习为中心、以学习效果为中心、以学生发展为中心的育人功能。

最后，营造良好的信息化教学环境。良好的信息化教学环境是高校信息化教学顺利开展的重要外部保障。一方面，信息化教学支持与服务是高校教师转变教学方式的保障。高校要为课堂教学信息化提供政策支持、经费保障、技术和人事支持，营造和谐的线上教学文化氛围。另一方面，和谐的线下教学环境是高校顺利开展新文科课程建设的主要依托。因此，高校在营造良好的信息化教学环境方面，要坚持五大原则：一是坚持整体规划，即注重教学环境的整体规划和设计，提高新文科课程建设效率，降低建设成本；二是坚持规范化，即坚持统一的、科学的建设标准，为实现线上与线下教学平台的交流沟通和资源共享奠定制度基础；三是坚持开放性，即为适应技术进步和教学需求的不断变化，教学环境能够及时随需而变，为教学改革提供软件和硬件支持；四是坚持个性化，即信息化教学环境要充分适应新文科课程的跨学科、多学科融合共性的教学模式，为教师和学生提供个性化教学的工具和方法，真正体现"以学生为中心"的新文科课程建设要求；五是坚持与传统教学结合，即信息化教学环境应促进传统课堂与多媒体教学方式、各种学习资源相结合，注重线下教学的主体地位和作用，充分发挥线上和线下教学的优势。另外，高校要尤为注重规范线上教学质量，防范教师为了片面追求技术而忽略现实教学活动重要性的问题，要使信息技术服务于师生的教与学，而非让师生的教与学服从于信息技术，这样才能最大程度发挥信息技术教学的功用，促使信息技术与课堂教学深度融合。

（二）完善实践教学模式

文科自诞生，就是一门经世致用的学科。新文科建设要继承传统文科的价值，坚持问题导向和经世致用的统一，坚持人文精神和时代精神的统一。新文科之"新"，要求课程建设要立足新时代，激发新理念，创造新方法。聚焦于高校课程建设，要突出新技术革命下的社会环境，建立新的实践教学模式，突出中国特色与世界视野，彰显人文社会学科的共享性价值意义。

新文科课程所蕴含的人文价值和育人价值，要求高校要重视实践育人，创新实践教学模式。习近平总书记高度重视实践育人，强调"学到的东西，不能停留在书本上，不能只装在脑袋里，而应该落实到行动上，做到知行合一、以知促行、以行求知"。[①] 理论性和实践性是新文科课程实施的基本要求，故而高校要创新课程教育教学，探索符合新文科课程要求的新型教学模式，即理论教学与实践教学并重。在教育目标

---

① 习近平：《在北京大学师生座谈会上的讲话》，《人民日报》2018年5月3日第2版。

上，新文科课程既要培养学生的理论知识、学习能力，还要培养学生自觉运用理论知识指导实践活动、解决实际问题的能力。在教学方法上，新文科课程不仅要注重传授式、启发式等理论教学方法，还要突出参与式、项目式、合作式等实践教学方法。在理论教学中贯穿实践性知识，将理论知识讲授与解决现实问题相结合，既凸显实践教学的理论性，又将理论知识恰当地融入实践教学活动，使学生在身体力行中内化人文学科的思想道德价值。在评价方式上，高校要改进以课程知识掌握程度、期末考试成绩为重点的学生评价方式，纳入学生参与实践教学活动、实践活动成果等评价指标，更加注重对学生的学习过程、思维态度、合作成果、实践活动等为重点的综合性过程评价方式，从而激发学生参与实践教学和社会实践活动的内在动力，促使学生在实践中自觉践行社会主义核心价值观。

实践育人不仅仅是高校、教师自身的事情，更是需要家庭、社会、学生等多方积极参与、合力推动的重要任务。具体来说，一是需要建立实践教学协同育人机制，明确各主体的育人责任，为大学生提供开展实践锻炼的平台。然而，在实践育人工作中存在着高校与家庭和企业沟通的机会较少、渠道不畅等问题，所以，高校有效开展实践教学模式，既要承担育人的主体责任，又要主动联系社会、企业和家庭，共同关心、共同支持实践育人工作的开展。政府相关部门要建立社会企业参与支持机制，鼓励企业参与高校实践育人工作，积极开展与高校人才培养的合作，通过设立大学生实习项目、企业引进对口本科人才、高校聘请企业管理人员担任讲师等措施，从而夯实校企协同培养的资源基础。同时，建立多样化的实践教学基地。实践基地是开展高校实践教学的重要场所，政府和高校要统一统筹规划和推进实践育人基地的建设，依托博物馆、纪念馆、中小学校、名人故居、公益性组织、社会服务机构等资源，建设一批实践教学育人基地，充分实现不同类型实践基地的育人作用。

二是丰富实践教学资源，构建创新实践教学平台。基于大学生课程活动、毕业实习、毕业设计等教学内容，以实践活动项目为载体，从硬件设施和软件资源两方面着手，丰富实践教学的资源和平台。一方面，搭建实践教学平台的硬件设施。作为实施实践教学各环节的重要平台，对提升实践教学的质量、促使学生掌握实践技能发挥着基础保障作用。高校要为学生建立实践教学平台，提供相应的实践指导人员、实践活动设施和设备，为学生的学习和实践提供资源帮助。另一方面，完善实践教学平台的软件资源。高校要完善校园网络教学平台，为教师的线上实践教学和学生开展实践提供技术支持。例如，教师通过在线上教学平台系统发布实践资源、实践作业、考评方式等，为实践教学提供便利的途径；学生通过线上教学平台系统查询可用的实践教学空间和教学资源，从而实现线上课程开设和学生参与的便捷化。

（三）创新师生互动机制

创新师生互动机制，构建和谐的师生关系，强化师生互动、生生互动，是提升新文科课程开展"三全育人"、实现立德树人使命的重要环节。然而，目前不少高校大学课堂要么只是教师的"表演台"或"PPT放映厅"或"照本宣科室"，要么是学生的"手机堂""瞌睡堂"，教师和学生各行其是，彼此似乎是毫不相干的行为主体。这一表象背后隐匿的是普遍存在的"隐性逃课"、不同程度的"虚假互动"、输出众多的"精神附庸"以及疏忽重要的"做人教育"等问题。课堂教学活动中存在着学生主体性和教师主导性缺失、学生之间和师生之间情感关系疏离等问题，极易造成课堂对话关系异化的现象。因而，高校要解决教师满堂灌、学生被动听的问题，创新师生、生生互动机制，构建有效的课堂交往模式，促使课堂教学范围从"沉默"转向从"活泼"，使课堂教学活动从"智育"走向"心育"。

第一，新文科课程建设要重构师生关系，建立师生共同体。重构师生关系需要高校主动打破课堂上"教师讲、学生听"的局面，树立课堂管理的人本取向，进一步形成师生共同体。教师和学生是高校开展新文科课程建设的重要主体，良好的师生关系有助于教师和学生共同探寻科学与真理，共同致力于发掘新的科研成果，共同服务于社会与国家发展。因而，师生共同体的形成需要坚持课堂管理的人本性和教育性，实现课堂内外师生的"共生"和"共赢"。其中，课堂是师生形成平等互动和交流的主要空间，是师生进行知识探究和生产的重要平台。在课程实施上高校教师要以教学符号为媒介，主动转变课堂教学的冷漠、疏离状态，积极建构教学情境，借助教材内容中的情感因素，营造良好的互动氛围，与学生进行知识的双向建构和生成，在思想交流和知识探究的过程中形成和谐的师生共同体。除此之外，课外活动也是构建师生共同体的重要渠道。学生作为师生共同体、课堂教学的另一重要主体，要自觉培养学习的热情和主动性，树立克服学习困难的决心和毅力，改变课堂学习的被动行为和"事不关己"的心理，在课堂内外与教师进行教学互动、活动互动和生活互动。

第二，新文科课程建设要促进生生之间的对话，培养和谐的同学情谊。大学生的"沉默"现象不仅存在于课堂教学之中，而且也在课下活动中日渐明显，表现在学生与学生之间的沟通交往较少，尤其是关于学习的沟通较为缺乏。影响课堂内外大学生之间沟通交往的原因是多方面的，从高校层面来看，较为缺乏激励大学生参与共同学习和活动的机会和平台，大部分学生在上完课之后，便重新回归到自己的生活圈子，鲜有和班级其他同学学习交流的机会。高校要完善班级管理制度，充分发挥辅导员和班干部的调动作用，不仅要鼓励学生参与课内活动，也要经常组织课外学习活动，为学生提供学习交流的平台。从教师层面来看，大学教师缺乏创造性、鲜活性的教学吸引力和人格魅力是影响大学生课堂沉默的条件性因素，但是，学生的个人因素才是导致大学生沉默现象产生的最直接因素。学生的"不会说""不敢说""不愿说"成为课程师生互动、生生互动的阻力。学生"不会说"主要是由于知识储备不足、课前预习不到位等认知性因素所造成的。所以，一方面任课教师要加强教学管理和课堂指导，另一方面学生自身也要加强学习自觉性，主动与其他同学进行学习沟通，形成良好的学习习惯。学生"不敢说"和"不愿说"主要是受到个体的性格、能力和从众心理等方面的影响。因而，教师要采用多样性的教学模式，鼓励学生之间进行交流学习，例如，通过开展小组合作、组织学生辩论等，营造积极的课堂互动氛围，从而不断提升生生互动的积极性。

二 建设新文科师资新队伍

教师的教学质量和水平关系着本科教学的质量，关系到新文科课程建设的深度。建设新文科师资队伍，要从横向扩展和纵向深化两个方面来实现质量的提升。从横向拓展来看，高校要通过产教融合来聘请校外专业人员来讲学，从而开阔学生的学习视野和创新思维；从纵向深化来看，高校要加强大学教师职前培训，提升大学教师的教学能力，为新文科课程建设奠定人才基础。在职后培养上，高校要提高教师教学学术的能力，通过学术研究来提高教学的质量。

（一）加强职前大学教师培训

新文科课程建设有助于优化本科课程结构、提升本科课程质量。新文科课程建设的关键在于大学教师的教学能力，内在动力在于大学教师主体意识的觉醒。高质量的职前培养是大学教师教学能力提升的主要途径之一，大学教师课程建设的教育自觉体现着教师主体的理性、能动性与生成性，是提高大学人才培养质量的根本保障[1]。然而，目前中国大学教师职前培养存在着学理性和实践性上的不足，大学教师课程建设的自觉性较为缺乏，课程教学质量还未能充分满足新文科课程建设的要求。

在大学教师职前培养方面，研究生尤其是博士生群体是未来大学教师的主要来源。博士生教育作为培养未来优秀大学教师的重要阶段，对教师教学能力的训练是不可或缺的。马克斯·韦伯提到：大学教师不但必须具备学者的资格，还得是一名合格的教师，两者并不是

---

[1] 周海银：《论大学教师课程建设的教育自觉》，《山东师范大学学报》（人文社会科学版）2019年第5期。

完全相同的事情。一个人可以是一名杰出的学者，同时却是一个糟糕透顶的老师。① 所以，提升职前大学教师教学能力需要以新文科建设的内容为框架，形成具有本土化和交叉化的职前大学教师培养的新模式。

建立职前大学教师培养的新模式，要从培养目标、培养内容和培养方式三个方面着手。第一，改革培养目标。传统的博士研究生培养目标较为侧重于掌握本学科专业坚实的理论基础、系统的专门知识和独立从事科学研究的能力，相对忽视了博士研究生教学能力的培养。随着中国新时代高等教育的变革，研究生仅掌握本学科专业的理论知识，已不能满足新文科建设对大学教师知识储备量的需求。因此，基于新文科建设的要求，研究生培养目标要及时与高等教育变革的需求对接，以培养具有家国情怀、创新能力、教学能力、跨学科能力、国际化视野的大学预备教师。第二，改革培养内容。一方面，大部分高校研究生教育内容较多围绕着本学科的理论知识，忽视了其他相关学科理论知识的传授；另一方面，当今中国大学的研究生教育阶段没有教师教育专业，博士研究生都是学科专业的研究生②，缺乏教育学理论基础与技能的培训。所以，博士研究生教育阶段要重构课堂教学内容，设立教师教育课程体系，增设跨学科选修课程，使博士生既明晰为什么教、教什么、怎样教的问题，又掌握其他学科前沿知识和跨学科专业知识。第三，改革培养方式。中国的传统文科专业在职前大学教师培养方式上往往局限于单一的学科或专业，博士生缺乏跨学科学习的机会。新文科建设对高校人才培养方式提出了新要求，即不仅在文科内部打通院系、学科、专业之间的壁垒，甚至在文科与自然学科之间开展大跨度的学科专业交叉，形成开放包容的培养方式。具体而言，新文科课程建设背景下的职前大学教师培养方式要实现跨校跨院联合培养，加强教学与学术成果的对接。

(二) 提高教师教学学术能力

20世纪90年代美国高等教育出现了"重科研、轻教学"的问题，

---

① ［德］马克斯·韦伯：《学术与政治》，冯克利译，外文出版社1998年版，第6页。
② 张忠华、李婷婷：《论大学青年教师的教学能力结构与发展策略——基于实证的结论与逻辑的分析》，《中国高教研究》2013年第4期。

严重影响了本科生人才培养的质量，由此，美国学者提出了"教学学术"这一新概念，意欲提高本科教学质量。当前中国高等教育界在一定程度上出现了20世纪美国不重视本科教育质量的现象，大学课堂上"水课"频出，教师教学能力亟待提高。这使得中国高校要重视教师教学学术能力，吸取国外教学学术研究的经验，提高本科教学的质量。教学学术是以学科教学问题为研究对象，以生产学科教学知识和促进学生创新发展为研究目的的一种学术形态。[①] 因此，教学学术既具有知识生产的属性又强调学生发展的属性，意在通过学术研究来提高教学的质量。

  对于高校教师来说，要加强教学与学术成果的对接，提高教学学术能力。与专业学术分属于各自不同的学科专业相比，教学学术是一种跨学科研究，它要求研究者在具备多样化的知识与能力的基础上产生对真实教学的深刻洞见。培养大学教师的教学学术能力是一项事半功倍的工作，一方面有助于提高学术生产的质量，为教学工作储备必要的学科专业知识，促进学术研究与教学能力的对接；另一方面有助于培养大学教师学科知识的研究转化能力，促进学科教学知识和研究方法的综合运用，推动教学与学术、实践与研究的共存共生。教学学术要求高校教师要加强对自身实际教学问题的反思，不断剖析自己的教学问题，将实际教学问题与学术研究充分结合。只有发现有意义的教学问题，才可能产生有价值的学术研究。鉴于教学学术对推动学术研究的理论和实践作用，它也为大学新文科课程建设发展提供了一种价值引导和实践框架。高校要充分发挥这一框架的指导作用，营造多元、平等、民主的学术文化，增强大学教师的教学学术意识，为教师提供跨学科教育的机会和平台，将教育学、心理学等其他学科知识及方法运用于教学，训练和发展教师的教学学术能力，从而满足大学生的个性化教育需求。

  北京大学开展的"教学学术"视角下的大样本教学现状调研结果

[①] 陈时见、韦俊：《论大学教学学术的双重属性》，《西南大学学报》（社会科学版）2020年第6期。

表明，该校缺少将"教学"作为学术进行实践的制度保障，没有真正落实教师培养、人事考核、教师评价等方面的制度保障。[①] 结合国内一流大学面临的教学问题，中国高校保障大学教师的教学学术发展，要将正式制度和非正式制度结合，增强大学教师教学学术观念与能力的发展。为了保障中国高校教学学术理念的有效推行和落实，需要对现有的制度体系进行调整和重构。

第一，高校要建立教学学术交流制度。大学教师群体在交流和分享中对教学学术产生的共同兴趣，是推动教学学术活动持续发展的关键。因此，中国高校要建立教学学术交流制度，促进教学学术成果的公开化、共享化。首先，成立专门的教学学术组织或机构，是教学学术活动实现成果共享的基本前提。从国家层面上，中国要建立从国家到地方和大学层面的教学学术组织，通过会议研讨、论坛汇报、论文集等方式传播和保存教学学术成果，履行开展和组织全国性大学教学学术活动和会议的职能。从高校层面上，教师发展中心、教学支持中心等教师教学发展机构能够为教学学术提供经费、培训、咨询等服务。其次，打造教学学术成果分享平台。这些分享形式包括教学学术著作、专业期刊、宣传网站、全媒体教学资源等。高校要制定相应的政策，鼓励大学教师撰写和分享有关如何进行教学研究、提高教学质量的经验，开办专门的教学学术期刊，建立公开的网络宣发平台，完善电子教学档案、教学视频、数字化学习成果等资源，促进大学教师教学学术成果的公开化和数字化。

第二，高校要建立教学学术评价与激励制度。制度体现的是一种组织内所共同遵守的行动准则和规程，其能够有效保证某种价值趋向在行动以及实践中的落实。[②] 教学学术评价与激励制度在一定程度上反映了大学对教师教学学术的认可度，因此制度的设计要牢牢把握以学生的学

---

① 宋鑫等：《"教学学术"视角下的大学教学现状研究——基于北京大学的大样本调查》，《中国大学教学》2014年第8期。
② 薛忠英：《教学学术与大学教师的专业发展》，《现代教育管理》2014年第3期。

习增值效果为核心,促进教师教学水平提升为目标。在教学学术评价制度方面,高校在职称晋升、教学评价等方面,要充分体现教师关于教学的研究成果、对学科教学的贡献,使全身心投入教学研究、切实提升教学质量的教师受到尊重和认可。所以,高校的评价制度中要尤为体现教学学术的内容,改变以往只以论文、科研成果论"英雄"的情况,将教师的教学研究、教学投入、教学能力等视为教师评价的重要内容。在教学学术激励制度方面,高校要改变以往"重科研轻教学",重"专业学术"奖励、轻"教学学术"奖励的制度设计,把激励对象主要集中于一线教学人员,不断加大教学实践成果、教学学术成果的评价和奖励的比重和范围,使教师教学学术成果的价值得到应有肯定。此外,教学学术评价和激励制度还在促进教师专业发展、促进学生发展等方面具有导向性、目标性和发展性价值。教学学术评价和激励制度的制定可以为教师专业发展、学生发展提供重要的动力,能够防止激励制度中的简单化倾向,有效地调动教师专业发展的创造性能力。

(三)聘请校外专业人员讲学

新文科课程实施路径之一就是要加强校企联系,开展校企合作,构建协同育人机制,实施产教融合,培养具有实践型和创新型的人才。社会、政府、行业、企业作为创新人才培养的主要阵地之一,要充分发挥自身的实践效用,将人才培养、科学研究、科技转化和社会服务紧密结合,建立培养知识、能力和素质为一体的人才培养模式。因而,高校要组建产教融合型师资队伍,聘请校外专业人员讲学,实现知识理论与实践技能相统一。产教融合强调社会产业与教育的深度合作,通过高等教育人才输出、科研成果转化促进地方社会经济发展,而社会经济的发展又反哺高等教育的人才培养。

由于高校引进人才的学历和职称门槛水涨船高,导致有着较为丰富的社会实践经验的人才因学历和职称等因素无法进入高校的师资队伍。师资队伍的实践教学能力和经验的缺乏,严重影响应用型人才培养的质量。因此,高校要积极吸纳社会企业人员来高校工作,通过深化产教融合汇聚来自政府、行业、企业等各领域的专业人才，以及具有丰富实践经验的技术人才，组建集合各领域、各专业的高校师资团队。聘请社会成功人士和合作企业的专业人才担任教师，有助于开阔学生的学习视野，加强学生的社会工作敏感性和熟练度。或者，安排大学教师到合作企业挂职工作，提高教师的实践水平，进而培养"双师""双创"型教师。此外，高校之间要加强资源共享，按照"优势互补、资源共享、互惠互利、共同发展"的原则，聘请兄弟院校的优秀教师参与本校教学，丰富教学风格，实现共赢共创。

聘请优秀校外专业人员来高校讲学，要坚持从职业道德水平、教学能力、科研能力、指导学生实践能力、参与企业实践能力等方面进行考量，科学构建产教融合型师资队伍能力标准。具体而言，优秀的校外专业人员应具有以下特征：第一，高尚的职业道德素养和奉献教学的精神。高校教师聘用和评价的首要标准就是要坚持"四有"好老师，要做有理想信念、有道德情操、有扎实学识、有仁爱之心的新时代教师，有坚定的职业信念和高尚的师德师风，进而落实立德树人的根本任务，实现有家国情怀、有创新能力、有人文精神、有责任担当的新文科课程培养目标。第二，创新精神与国际视野。在新文科建设背景下，富有创新精神和能力的高校教师队伍是新文科人才培养质量的根本保证。所以，校外专业人员要具备应用研究创新的能力，通过产学合作、协同创新、专利开发等，培养学生创新创业的能力，缩减课堂理论教学与实际应用之间的差距。根据产教融合建设新文科的需求，高校要培养具有国际视野的新文科人才，对高校的师资队伍提出了新要求。校外专业人员不仅要掌握本行业的知识，还要广泛涉猎国际前沿知识和其他行业领域，以达到培养应用型和复合型人才的目标。第三，应用研究与教育教学的能力。校外专业人员的应用研究能力是实现行业技术开发和创新的关键，能够为高校课堂教学提供实际的研发案例和教学指导。大学教师的教育教学能力是实现新文科课程建设的重中之重，校外专业人员不仅要掌握"教什么"的内容，还要适当掌握"如何教"的方法。在进入课堂之前，高校要给予校外专业人员以一定的教学培训，从而更好地提升课堂教学效果。

三 建立课程评价的新体系

"评价"是指根据评价主体一定的标准或指标，使用科学化的方法来收集、解释与某一评价对象相关的资料，以判断其本质价值和效用价值，用于提供引导决策。据此定义，新文科课程评价是指校内外评价人员依据一定的评价指标，以新技术为评价工具，收集有关课程设计、教学实施、教学效果和学生发展的数据，以此判断新文科课程的成效。由此，构建新文科课程评价体系的主要任务包括以学生学习成效为评价目标、形成多元的课程评价主体、构建多样的课程评价指标、探索新的课程评价工具等。

（一）以学习成效为评价目标

提高大学生的学习能力、创新能力和实践能力，是新文科课程建设的重要目标。因而，新文科课程评价同样要以学生学习成效为目标导向，长期跟踪和评价学生的培养成效，将有关评价结果运用到新文科人才培养目标的持续改进中，从而形成新文科课程的闭环系统。以学生的学习成效为评价目标，符合新文科课程"以学生为中心"的建设原则，有助于把评价对象从学生个体拓展到教学过程以及课程的各个方面。

以学生学习成效为评价目标，有助于促使课程评价由目标取向转向过程取向，实现评价过程、评价方法和评价内容的改革和创新。例如，在评价过程中，高校要改变过去仅仅关注学生知识的掌握程度，增加学生道德情感、人文素养、跨学科能力的评价内容，不仅关注学生在知识、技能、智力等认知方面的发展，还要评价学生的情感、态度、人格等非认知因素的发展，同时还要关注学生创新能力、信息技术能力、国际视野和跨学科思维的发展；在评价方式上，高校要改变过去终结性评价方式，纳入过程性、增值性评价方式，实现"以评价促发展"的评价原则。以"评价促发展"为原则就是要通过对新文科课程实施、培养全过程的质量控制和总结反思，不断丰富和革新新文科课程培养的目标与内涵，从而实现对新文科课程成效和价值的科学评估，推进新文科课程建设的高质量实践。

（二）以校内外人员为评价主体

新文科课程评价内容、过程和方法的多样性和复杂性，对评价主体的组成、能力和素质提出了新的要求。在评价主体的构成上，高校要纳入社会专业人员、教师和学生等主体，形成社会、高校和师生多方参与的课程评价主体。不同的评价主体参与新文科课程建设评价的侧重点各不相同，而且不同评价主体之间要相互配合，实现课程评价体系的一体化。社会专业人员应对新文科课程建设进行整体布局和评价，做好新文科课程长期发展的评价制定设计，发挥宏观的示范引领作用。例如，建立新文科课程认定制度、评估新文科课程建设的社会效益等，建立起制度层面的新文科课程甄选，遴选并推广一批优质的新文科课程。高校对新文科课程的评价相对于社会层面应当更加具体、细致，着重评价新文科课程的教学实施效果、课程内容的革新、教学方法改进等，建立起新文科课程评价的大数据分析系统，为教师提供数据反馈与教学支持，并挑选出若干门具有本校学科特色的新文科课程，发挥中观"以评价促发展"的作用。师生群体作为新文科课程建设的重要主体，应当着重关注新文科课程的过程体验与难易程度，保持新文科课程学习的持续动力，积极向学院和学校提出课程反馈和意见，发挥微观的甄别和评估作用。

此外，高校还要重视对评价主体的选拔和培训，设置相应的选拔标准，如熟知新文科课程建设内容，熟练掌握和运用一定的评价技术，深入了解有关课程评价历史与评价理念的发展，敏锐洞察新文科建设的政策指向等。除了设立专业的选拔标准，高校还要加强评价主体的培训，提升评价人员的道德素养和技术素养，实现校内和校外评价过程的一致性，促进校内和校外评价过程的有效对接，从而达到评价结果的科学性和合理性。对于高校而言，要加强"教学发展中心"或"评估中心"

等专业组织机构的建设，对本校教学与管理人员、学生进行大学课程评价能力的培训，提高新文科课程评价的自主性和针对性。对于政府而言，各省教育厅要成立新文科评价中心，根据不同高校的新文科建设重点，委任相关专业人员担任新文科课程评价委员，提高新文科课程评价的专业性和权威性。

(三) 以课程与学生为评价指标

课程评价包括课程本身的评价和对学生的评价。对于新文科课程本身的评价，高校要聚焦课程设计、课程内容、课程实施等方面的评价，实现课程评价内容的全面性。对学生本身的评价，高校不仅要关注知识、技能、智力和能力等认知因素的发展，还要评价情感态度、道德素养、个性等非认知因素的发展。此外，根据新文科建设的内容指向，新文科课程评价指标还要尤为关注学生的创新能力、信息化能力、实践能力、跨学科能力等方面的发展。具体而言，高校新文科课程评价需要建立一个完整的多维度评价指标体系，包括评价重点、关键维度和具体评价点。其中，高校新文科课程评价指标体系的一级指标是课程的各个要素，包括课程设计、教材内容、课程实施、教学效果、教师发展等。二级指标是对上述各个要素进行评价的维度，如课程设计的维度有社会和学生需求分析、课程目标设定、课程结构设置等。三级指标是对各维度进行评价的具体指标，即学生本身的发展水平。构建完整的多维度评价体系的重要工作是要以学生为中心，根据学生的发展逐一制定评价标准。

(四) 以新技术手段为评价工具

一般来说，课程评价改革主张把各种评价方法结合起来，如定性方法与定量方法相结合、自评与他评相结合、结果评价与过程评价相结合、诊断性评价、形成性评价与终结性评价相结合。这样既可以充分发挥各种评价方法的优势，又能互相弥补各自的不足，从而使评价结果更加客观、科学、公正。新文科建设所强调的"新技术""新方法"，对新文科课程评价方式提出了新的要求，即在课程评价中使用信息技术、大数据等工具。

在信息化飞速发展的今天，高等教育的发展和改革离不开信息技术和大数据的支持和帮助，新技术对高等教育的发展模式和发展水平的影响是巨大的，新文科课程也不可避免地受到新技术的影响。中国高校应当在新文科课程评价过程中更加高效地、科学地应用新的科学技术，融合校内外的科研成果，进一步升级课程评价技术手段，以降低课程评价的成本，提升课程评价的效率。例如，以学生发展为评价中心，高校要以大数据为支撑，注重学生的行为、学业成绩、团体活动等数据的统计与评价。高校在新文科课程评价的指标上应当主要围绕学生开展，囊括课程选修人数、课程难易程度、学生学习情况、投入情况等指标。例如，以慕课为支撑，高校要深度挖掘学生在慕课学习过程中产生的数据，建立起与慕课相配套的数据收集与分析系统，利用大数据技术记录学生观看视频的时长、参与互动的次数、完成作业的质量等学习数据，进而分析出慕课课程的质量和受欢迎程度，弥补传统的学生评课存在的主观性问题，提升课程评价的科学性与完整性。

新文科课程体系建设作为新文科建设的重要抓手，在创新人才培养、学科专业转型方面发挥着基础性作用。新的社会发展时期，应从多个维度对新文科课程体系建设进行观察，重新对本科课程内涵进行定义、定位和定向。

从人文学科精神层面来看，新文科之"新"是对人文学科的改造，是对人文精神的重塑。从新文科建设到课程建设，其根本目的都是以人为本，促进人的完善与发展。那么，新文科课程建设的首要指向应是顺应时代发展要求，重塑"新人文精神"。科学技术、人工智能、大数据的突飞猛进，已经向人文精神的回归提出了一系列问题：科学技术理性是否会淹没人的感性认识？人工智能时代中人的主体地位如何凸显？一系列挑战和问题正扑面而来，需要新文科课程作出有效的回答。

从人文学科知识层面来看，新文科之"新"强调学科交叉融合、注重实践创新、使用新技术等内容。随着新时代知识与技术的爆炸式产出，交叉、融合、渗透、创新成为新文科建设的主要特征和重要手段。这就要求新文科课程建设的目标、内容、实施和评价都要聚焦学科交叉融合，设置学科交叉课程，促进文科与文科之间，文科与自然科学、工程技术等学科交叉融合。新文科课程建设为高校教学方式的改革提供了契机。如，大数据、人工智能、信息技术与教育教学的深度融合，探索网络化、数字化、个性化的教育模式，形成"互联网＋高等教育"的新形态。新文科建设尤为注重实践效用，为新文科课程建设提供了目标导向。所以，新文科课程建设要克服传统文科课程重理论轻实践的弊端，突出人文社会科学研究与教育教学、社会实践的深度结合，突出人文学科与未来国家发展的对接。

从人文学科建设层面来看，新文科是高等教育领域应对"百年未有之大变局"和"人文学科危机"的产物，是构建中国学科体系、话语体系、理论体系、学术体系的必然要求。那么，教育部门和高校在推出和实践新文科课程体系建设方案时，要把握新时代人文社会科学发展的新要求，培养新时代创新型、复合型和应用型人才，进而推动人文社会学科与科技革命和产业革命的互通互促。

随着新文科建设的推行和发展，人文社会学科将逐渐呈现"对策化、跨界化、技术化、中国化、国际化"的趋势。本科课程作为新文科建设的关键部分，是新时代人才培养的核心要素，课程建设能够更细致地体现新文科建设的要求，较好地展现新文科建设的时代景观。

第四章 新文科人才培养模式

新文科人才培养模式强调以学生为中心，注重个性化发展，强调批判性思维和创新能力的培养，同时注重与社会的联系和合作。新文科人才培养模式是一种注重跨学科融合、实践能力和创新精神的培养方式，旨在培养具有全球视野、跨学科知识和能力的高素质人才。该模式需要学生、高校和社会共同努力，形成协同育人的良好机制。

第一节　新文科人才培养目标

新文科人才培养目标旨在培养具有深厚人文素养和学科知识、创新精神和创造力、国际视野和跨文化交流能力、社会责任感和公民素养的高素质文科人才，同时提高文科教育的质量和水平。这些目标的实现需要学生、高校和社会共同努力，形成协同育人的良好机制。

一　新背景、新机遇与新挑战

当今中国正在经历百年未有之大变局，在全球局势不稳定、国家经济结构转型、产业和行业发展趋缓和高等教育步入普及化的背景下，文科人才培养也需因时而变。目前，中国人文学科人才培养面临严峻的挑战和问题：人文学科吸引力不足导致生源质量难以保证；人才培养忽视应用能力，使得人文学科适应社会需求能力下降；理论和方法的原创性不足，难以解决中国社会面临的实际问题；人文学科人才培养质量缺乏令人满意的评价标准。所有这些问题体现出新时代中国传统文科急需变革发展的状况。新时代意味着新背景，新背景下面临新挑战。改良"旧文科"，建立新文科是历史发展的必然，《新文科建设宣言》指出，新时代新使命要求文科教育必须加快创新发展，而新文科是提升综合国力、坚定文化自信、培养时代新人、建设高等教育强国、实现文科教育融合发展的必然需要。

当下文科建设面临的新挑战也是文科发展的新机遇。在中国漫长的古代史中，传统文科一直占据着显赫的地位，是国家政治文化生活的核心。在长期的历史发展过程中，传统文科也形成了严谨治学、德智并重、知行结合等人才培养理念，至今仍具有积极的现实意义。在中华人民共和国成立后，人文学科的发展也走在理、工科之前，建成了许多以传统文科见长的高校，为国家建设和社会发展培养了大批人才。然而如今文科的辉煌不复往昔，分析传统文科在培养人才的过程中出现了哪些问题，并在新文科建设的背景下讨论文科人才培养的"新旧之别"，正确评价传统文科人才培养的不足之处，明确新文科人才的培养目标，才是开展新文科建设工作的第一步。

二 传统文科人才培养目标的僵化

人才培养模式这一概念涉及诸多要素，主要有人才培养目标、培养标准、培养规格和方法等要素。其中，人才培养目标处于第一位，是首要的问题，是人才培养模式设计的前提和基础，它回答的是为谁培养人才，培养什么样的人才，后续环节是回答怎样培养这样的人才。没有科学、准确的人才培养目标和规格设定，其他一切工作都将无的放矢。在新文科建设工作开展和新文科人才培养的过程中，第一个重要问题就是明确新文科人才的培养目标。就中国传统文科人才培养目标来看，明显存在着文科人才培养定位不准，培养目标设置狭窄、表述不明等问题，致使文科人才培养陷入困境，所培养的人才不能满足新时代下的社会需求。

(一) 思想政治建设薄弱

人才培养目标首先要回答为谁培养人才这个问题，传统文科人才培养目标的弊端在于强调培养学科专业人才的同时相对忽视对人才思想政治方面的要求。只以完成知识方面的目标为人才培养的任务，表现出明显的重智力轻德行，致使所培养出的人才只能具备学科内的专业知识，缺乏理想信念和正确价值观的引领。目前中国大力提倡的课程思政、思政课程建设以及强化社会主义核心价值观对人才培养的引领作用已经在试图纠正传统人才培养目标这一弊端所带来的问题。

(二) 对创新能力缺乏要求

传统文科人才培养目标的不足也体现在对创新能力缺乏明确要求。人才创新能力培养是任何教育都不可忽视的重要内容。创新能力的重要性已无需赘述，培养人才创新能力也已是老生常谈，但从传统的人才培养目标设置来看，对培养创新能力的重视仍有不足。研究生阶段的文科人才培养是文科建设发展的重要组成部分，但以现行的文科研究生培养基本要求来看，中国对于硕士阶段文科研究生的创新能力要求和具体内容并没有明确的界说。尽管这并不影响当下各个培养单位不断强调培养人才的创新能力，但是因为缺乏清晰明确的目标来发挥导向作用就难免使文科人才的创新能力培养缺乏前进的方向和衡量的指标。而这一问题带来的后果还表现在作为文科人才培养重要组成部分的硕士阶段，教育教学工作所做的较多是对培养创新能力的准备和酝酿。[①] 由此可见，传统人才培养并非不强调文科人才的创新能力，而是仅仅将创新能力作为文科博士研究生阶段人才培养的要求。

(三) 偏向知识本位

传统文科人才培养目标的不足还体现在明显侧重知识本位。长期以

[①] 陈凡：《文科硕士生创新能力的内涵、影响因素和培养路径》，《学位与研究生教育》2021 年第 7 期。

来，中国大学一直以知识导向型为人才培养目标，关注的重点是学生对学科专业知识的掌握程度，而非学生在社会上的适应程度，人才培养活动与校内外联动有所偏离。对于这种现象，一方面可以理解为大学组织具有保守性，人才培养存在惯性；另一方面也折射出承担人才培养任务的多元利益主体间的合作机制尚未建立完善。人才培养目标的确定、培养方案的制定、课程的开设、教师的授课等大多是由大学自己内部决定的，校外组织机构难以参与交流协商。[①]

而向知识本位倾斜的培养目标还导致了应用能力的相对缺失。传统观念中认为文科专业学生比理工专业学生动手能力差，并在培养目标设置上重理论轻应用，而缺少了目标的定向、引导和评价作用，则又愈发导致传统文科人才应用能力不足，最终使文科专业教育与社会经济发展脱节。这一传统文科人才培养目标的弊端反映出的是现行文科人才培养模式的不足，目前文科人才应用能力不足已经使文科教育同社会需要之间产生了极大的矛盾，2014年，在教育部公布的全国就业率偏低的15个本科专业中，有13个是文科专业；2015年，在教育部公布的10个就业率偏低的专业中，文科专业有7个。传统文科人才培养目标的知识导向和理论导向由来已久，也非中国文科特有的问题，在改良传统文科、建设中国特色新文科的过程中一定要将人才培养目标定位到"理论＋实践"，培养出既具备丰富的理论知识，又具备参与实践活动的能力的人才，恢复学科建设和人才培养的初心。

（四）培养目标狭窄

传统文科人才培养目标多局限在高度分化的学科自身之内，囿于传统人文学科高度分化的学科设置已形成的学科壁垒，传统的文科人才培养目标设置不可避免地呈现出保守性和封闭性。传统文科人才培养目标基于自身学科的建设和发展，专业是为学科承担文科人才培养的职能而设置，人才培养目标多关注系统的本学科理论学习，专业划分较为明

---

① 陈武元、李广平：《大学转型发展与人才培养转型》，《中国高教研究》2021年第10期。

显，各门类学科均高度分化，专业间的隔阂现象突出，过窄的专业教育侧重"专业性能力"培养，忽视了对知识高度综合的运用，人才培养难以博通，容易形成专业壁垒和学科障碍，不利于学生跨界整合能力与复杂问题解决能力的培养。在知识生产模式转型、信息技术高速发展和社会生活迅速变迁的背景下，这种拘泥于划分过细的单一学科领域内的培养目标必然会影响人才培养质量和规格，不适应社会发展需求。因此，创新文科建设最终是为满足社会对复合型、创新型等人才的需求，文科人才培养需要打破学科壁垒，走出封闭式培养环境，加快促进人才培养转型。

三 人才培养新目标

随着时代的不断发展和变革，新文科理念应运而生。自启动新文科建设以来，不少专家学者对于新文科的内涵、使命、如何建设、如何发展进行了颇多的研究和探讨。可以确定的一点是培养时代新人是新文科建设的根本任务，新文科人才培养的成效也是衡量新文科建设是否成功的重要标准，因而讨论新文科背景下人才培养该如何定位的重要意义不言自明。新文科人才培养目标的定位，实际上就是回答新文科到底要培养什么人的问题。

（一）塑造中国风格

新文科建设之路是构建中国特色文科体系之路，新文科人才培养必须把树立中国风格放在首位。中国现行文科体系从学科分类、知识内容、理论框架到研究方法多承袭西方，人文学科中国化的力度和程度都远远不够，浓厚的西方色彩几乎弥漫在所有哲学社会科学学科之中。其不良后果则在于一方面使中国文科研究脱离社会现实、难以解决实际问题，另一方面这些西式人文学科中固有的价值因素未必符合马克思主义及中国特色社会主义的要求，容易对中国人文社科工作者的思想产生不良影响。而传统文科体系下的人才培养亦不重视"中国化"，使传统文科人才在一定程度上脱离中国实际的人才。早在20世纪30年代初，就有人尖锐指出过："中国现在还有许多人不知道中国的政治、经济、社会，以及他们的历史是值得研究的，必须研究的，而且是可以研究的……他们看见英美各国的大学有些什么社会科学的课程，也就照样设立这些课程……我们的大学不是在这里为中国造人才，反在这里为英美法造人才。"著名的"人类学中国化"主张者吴文藻先生当时也明确指出："现在大学生所受的教育，其内容是促进中国欧美化和现代化的，其结果是使我们与本国的传统精神越离越远"，以至"已铸下了历史的中断"。南开大学张伯苓先生甚至提出：我们要办"以中国历史、中国社会为学术背景，以解决中国问题为教育目标的大学"。尽管从20世纪30年代起，中国人文社会科学界就认识到了这一问题，并发起过"学术中国化"运动，但将近一百年过去了，这一状况并未得到根本改变。① 在对这一弊端的认识逐渐深入和近几十年的学科发展建设经验的基础上，习近平总书记于2016年哲学社会科学工作座谈会上，发出了构建中国特色哲学社会科学的号召，正式开启了人文社会科学"中国化"的过程。新文科同传统旧文科之间的差异之一就是中国特色学科体系与西方化学科体系之间的差异，因此新文科人才培养目标的第一要点就是培养"中国化"的人才。

"中国化"的人才应具体满足以下这些特质。首先，新文科人才要立足中国优秀文化传统。文科中往往蕴含着大量的人文及价值因素，这些因素又根植在民族的文化传统之中，中华文明具有明显的延续性，想在当下建立中国特色的人文社会学科而又忽视自古至今发展形成的文化传统无异于异想天开。而且在中华民族悠久的历史中形成了诸多优秀品质并一度把这些优秀品质作为衡量人才的标准，如以天下为己任的责任担当和兼收并蓄的胸怀，其意义不仅仅在当时，更在当下。将人文精神与家国情怀和人文社科的现实关怀融合在一起是新文科人才培养所必须完成的任务。

---

① 王学典：《何谓新文科》，《中华读书报》2020年6月3日第5版。

其次，新文科人才是能够服务于中国特色社会主义实际建设的人才。中国的新文科人才必须首先坚持扎根中国大地，关注中国实际，研究和解决中国问题，尤其要聚焦党和国家、人民最关心、最需要解决的重大理论和现实问题，充分体现中国立场、中国智慧和中国价值。

最后，要培养新文科人才对于马克思主义的理解和运用能力。马克思主义在中国哲学社会科学中处于不可动摇的指导地位，用马克思主义理论看待和解释人文社科领域的问题，并通过马克思主义理论同中国实际的结合来解决中国的实际问题是国家和社会对新文科人才提出的必然要求。

(二) 培养国际视野

在培养具有中国风格的新文科人才的同时，还要重视培养其国际视野。新文科建设的目的之一是提高中国文化软实力，构建人文社科领域的中国话语体系。实现中国文科建设走出国门、走向世界，并发挥国际影响力，首先要从人才的国际视野培养开始。目前在中国人才培养的语境中，中国风格与国际视野越来越紧密地结合在一起，现已成为各领域人才培养的共同要求。国际视野是时代潮流对新文科人才培养提出的必然要求，也是新文科人才必须具备的核心素养之一。在国际学术交流日益紧密，各学科新成果和理论层出不穷的当下，没有一个国家可以在闭关锁国中取得真正的发展，学科建设也不能在孤立封闭的环境中获得成功，新文科的成功建设需要以更宽广的国际视野借势用势。同时，经济全球化虽然经受逆流但仍是世界发展大势，国际视野仍是中国未来很长一段时间里任何领域内人才培养的稳定要求，具备了国际视野才能进一步具备把握人类社会普遍规律的能力。

人文学科本就深深植根于各国的历史和文化之中，国际视野要求新时代文科人才去了解世界文明的历史与变迁，探究各个文明所形成的独特文化和价值，关注时代的、民族的和人类的问题，对世界多元文化有充分、深刻和包容性的理解，并能积极参与全球治理，为构建人类命运共同体贡献中国智慧和中国方案，对人类文明面临的根本性问题做出有价值的解答。新文科人才要通过国际视野把握各国传统文科发展脉络，总结世界文科发展趋势，最终通过新文科建设创建符合中国实际乃至引领世界文科潮流的中国特色文科体系。

（三）强化创新能力

新文科人才的培养，要将创新能力放在核心，新文科人才不仅要有能力实现"从一到十"的发展，更要有能力进行"从零到一"的突破。如果把中国风格和中国气派作为新文科战略的根基和归宿，那么新文科战略的核心就是创新。新文科战略旨在开创立足中国实际，总结中国经验，解决中国现实问题的特色文科之路。这条道路前无古人，没有任何现成的经验可以借鉴，新文科战略的提出本身就是对创新和创造的呼唤。

文科创新有自身的独特性，与理工科不同的是，它更倾向于发现新的规律，产生新的理念、观点、制度、方案、政策等，有些属于有形的成果，有些属于无形的成果，文科创新能力的养成以及创新成果的检验也需要较长的时间。但当下新时代对文科人才创新能力的要求十分迫切，习近平总书记在 2019 年 3 月 4 日参加全国政协十三届二次会议文化艺术界、社会科学界委员联组会时呼吁哲学社会科学要"勇于回答时代课题，从当代中国的伟大创造中发现创作的主题、捕捉创新的灵感，深刻反映我们这个时代的历史巨变，描绘我们这个时代的精神图谱，为时代画像、为时代立传、为时代明德"；并强调"哲学社会科学研究要立足中国特色社会主义伟大实践，提出具有自主性、独创性的理论观点"[1]。这无不是在要求新时代的哲学社会科学必须敢于创新、善于创新。新文科人才的创新能力要做到既可大又可小，从大处着眼小处着手，既要体现在分科学科视角下的新理论和新方法的提出，又要体现在推动新文科事业整体建设，最终还要落实到对于现实问题的创造性解决。

---

[1] 中国共产党新闻网：《习近平看望参加政协会议的文艺界社科界委员》，2019 年 3 月 4 日，http://jhsjk.people.cn/article/30957098。

同时，创造性行为是塑造文化和民族精神的关键，这一点古往今来皆是如此。新文科战略想要强化中国文化软实力，构建人文社科领域的中国话语体系，增加中国特色文科的国际影响力，最终还要依靠创新一途，而人文社科领域内理论的创造性提出和中国现实问题的创造性解决都要依靠新文科人才的创新能力，因此培养新文科人才的创新能力至关重要。习近平总书记2016年在哲学社会科学工作座谈会上指出："当代中国正经历着中国历史上最为广泛而深刻的社会变革，也正在进行着人类历史上最为宏大而独特的实践创新。这种前无古人的伟大实践，必将给理论创造、学术繁荣提供强大动力和广阔空间。这是一个需要理论而且一定能够产生理论的时代，这是一个需要思想而且一定能够产生思想的时代。我们不能辜负了这个时代。"① 习近平总书记这番话既是对中国哲学社会科学工作者寄予了厚望，又对新时代中国哲学社会科学的总体工作做出了指引，那就是必须开创新思想、新理论以及构建新体系的创新之路。传统文科长期为有识之士所诟病的一点就是原创性不足，对于西方的一些理论成果盲目追捧，以期拿来就用，一些文科学者长期所做的工作就是在西方的理论框架内修修补补，这与中国传统文科的发展历程不无关系。长期以来，中国人文和社会科学走的是模仿和借鉴他国的老路，直接采取西方的学科分类和学术成果，甚至一度提倡高校在授课时采用西方原版教科书，如此照搬照抄虽然在一定历史时期起到了填补当时学术空白的意义但并非长久之计。而当今世界范围内的文科发展都面临着很多共性的问题，如脱离实际、应用性差、出路狭窄且吸引力不足，如今继续照搬根植于外国国情和文化的人文、社会学科已无太大益处，而渗透其中的西方价值因素更有可能与中国的主流价值观相悖。因此，新文科人才必须是具备创新意识和实践创新能力的人才，通过产出大规模和高质量的创新成果来推动新文科的建设和发展。

---

① 中国共产党新闻网：《习近平在哲学社会科学工作座谈会上的讲话》，2016年5月17日，http://cpc.people.com.cn/n1/2016/0517/c64094-28361550.html。

（四）养成跨学科素养

跨学科素养是时代新人必备的素质，也是新文科人才培养必须追求的目标。跨学科素养既是指具备多个学科的知识，更是指跨学科解决问题的能力。传统文科分科体系由来已久且具有明显的西方特征，传统的依托单一学科传授专业知识为主的文科人才培养模式，由于专业划分过细、课程过专过窄、人文教育缺失等导致学生知识结构不宽广、思维方式相对单一、创新创造能力不强，难以充分适应现代社会问题复杂化、知识应用综合化及知识创新常态化的新要求。传统学科发展至今，各学科之间的分隔日益明显，不仅有人文、社会科学同自然科学的对立，还有人文学科同相对年轻的社会学科的对立，结果使得缺乏价值引导的自然科学如同茫茫大海中缺乏航向引导的孤舟，而无法落地的人文学科则如同悬在半空的孤岛。在讨论新文科同传统分科学科关系时，有学者指出，新文科概念是一个大文科的概念，主张打破哲学、经济学、历史学、政治学、文学、法学等传统文科学科之间存在的"人为"壁垒，提倡文科学科之间内在交融。同时，新文科是跨学科概念，应突破文科与理工农医学科之间的界限，从文理工农医等不同学科视角研究人的行为及其相互影响以及社会运行和变迁规律。新文科还是一个超学科概念，旨在为创造人类现实生活和未来生活以及解释问题提供新的思想源头、分析框架和逻辑路径。[①] 可以说新文科战略之下旨在培养超越现有专业局限与学科局限，跨学科素养高、学术能力精、综合实力强、有创造视野的新人才。

将跨学科素养作为新文科人才培养目标，是由新文科理念的特有内涵所决定的。新文科建设既不是文科与其他学科的简单叠加，也不是技术与文科的简单叠加，更不是新工具与方法在人文社会科学研究领域的简单运用，而是为了更好地解决问题所进行的知识生产与再生产，以及

[①] 马骁、李雪、孙晓东：《新文科建设：瓶颈问题与破解之策》，《中国大学教学》2021年第1—2期。

人文社会科学领域研究范式与知识体系的重构。① 因而，新文科背景下的跨学科素养绝对不是多个学科碎片化知识的叠加。新文科人才的跨学科素养指的是在文科学生特有的水平和基础之上，引入理工科通识知识和信息化知识与技术，进而有机整合，实现文科人才培养同现代科技与人文社会科学研究的结合。

培养跨学科人才的重要性早已体现在各国逐步开展的通识教育之中。美国作为世界最先进的国家和现代高等教育建设的先行者更早地面对人才培养要培养"专才"还是"通才"这一重大问题，其结果是通识教育的兴起及其在国际的迅速传播，通识教育提供的是过于细化的分科学科之外的跨学科知识，旨在培养既专且博、一专多能、具有复合型知识结构、广阔的视野、具有更强社会适应性和应变能力的人才。跨学科素养既是新文科人才培养的目的，又是培养新文科人才的手段，新文科建设对跨学科人才的追求同世界范围内人才培养模式转变的趋势本质是一致的，而中国新文科战略的提出也是通识教育新的发展方向。

同样，跨学科人才培养也是中国人才培养的一贯追求。在中国提倡通识教育之前，教育部便于1985年召开了首届交叉科学学术讨论会，又在2008年将中国高校哲学社会科学发展论坛的主题确定为"跨学科研究与哲学社会科学发展"。新文科建设元年以来，又于2020年经国务院学位委员会批准，设置了交叉学科的门类，并于2021年出台《交叉学科设置与管理办法（试行）》，借助学科融合之路来培养复合型人才，以适应经济社会发展的需要。跨学科人才是中国人才培养长期的努力方向，也是新文科人才培养的必然目标。

（五）注重应用能力

新文科的人才培养一定要注重培养人才灵活应用所学知识和解决实际问题的能力。传统文科人才培养具有明显的学术倾向，纵观在人类漫长的学术发展史中形成的传统文科，不论是中国古代的"儒家正统"，

---

① 权培培、段禹、崔延强：《文科之"新"与文科之"道"——关于新文科建设的思考》，《重庆大学学报》（社会科学版）2021年第1期。

还是西方古代的自由教育,都毫不掩饰其对于"术"和"技艺"的轻视,使得长期以来文科领域重视"无用之用",而忽视"实用之用"。文科研究中的理论性和抽象性无可厚非,理论和基础性研究本就是应用的根基,但现行文科却显得过分重视自身内部的发展,文科人才只注重本学科内理论的完善,导致传统文科长期应用性不足,而现行的学科发展评价模式只关注学科纸面上的指标则更加剧了这一问题。

近年来,对于培养人才应用能力的重视已经体现在应用型人才培养理念和引导建设应用型高校之上。2014年印发的《关于加快发展现代职业教育的决定》明确培养数以亿计的高素质劳动者和技术技能人才,引导一批本科高校向应用技术型转型;2015年三部委发布《关于引导部分地方普通本科高校向应用型转变的指导意见》,2017年实施100所应用型本科示范引领建设项目,推动地方院校向应用型本科转型,是高等教育结构调整的重要举措,2019年已有300所地方本科院校参与转型改革试点,2020年发布的《中国教育现代化2035》明确持续推动地方本科高等学校转型发展,建立完善的高等学校分类发展政策体系。由此可见,培养文科人才应用能力是当下中国高等教育的重要任务,是新时代经济社会发展的呼唤,是解决人才供给与社会需求间结构性矛盾的紧迫要求。

2018年9月,习近平总书记在全国教育大会上强调:"要提升教育服务经济社会发展能力,调整优化高校区域布局、学科结构、专业设置,建立健全学科专业动态调整机制,加快一流大学和一流学科建设,推进产学研协同创新,积极投身实施创新驱动发展战略,着重培养创新型、复合型、应用型人才。"[1] 新文科所培养的应用型人才是指在深厚的人文价值和情怀引导之下,将具体的专业知识和技能应用于所从事专业实践的一种新型人才类型。传统意义上的应用型人才是与学术型人才

---

[1] 中国共产党新闻网:《习近平:坚持中国特色社会主义教育发展道路 培养德智体美劳全面发展的社会主义建设者和接班人》,2018年9月11日,http://jhsjk.people.cn/article/30284771。

相对应的人才概念,新文科的人才培养则应力图做到学术型与应用型相统一。解决实际问题本就是学科建设和人才培养的初心,因而在新文科建设和人才培养的过程中,要做到从传统文科只重"学以治学"到学术与应用相结合的"学以致用"的转变。

(六) 树立新文科理论自信

培养对于新文科的认同及自信则是指新文科的人才培养除了智力与能力,更要着眼于这些新人才的品质及信念。首先,人才培养过程中应重视培养对新文科理念的认同。传统文科的一大特点和文科学者工作的一大特征就在于其批判性,而囿于传统文科高度分化的学科设置,过多关注学科内部发展的传统眼光以及批判性的职业习惯致使部分传统文科学者在面对新文科这一新理念、新思想时本能或刻意地保持一种谨慎的质疑或批判的眼光。以如此眼光看待新文科虽非为了抵制或否定,但依然或多或少地为新文科的建设之路增加了困难和阻力。新文科的提出是为了改变传统文科的困境、解决传统文科的弊病、帮助人文社会学科适应乃至引领时代变化,而新文科的长远发展依然要依托传统文科的优秀理论和成果,改变传统文科对于新文科的质疑和批判,并培养新生代学者对新文科的坚定认同,这是实施新文科人才培养的重要环节。

其次,新文科的人才培养要在培养其认同感的基础上使之形成牢固的信念。不论是传统的人文科学、社会科学或是新文科体系之下文、史、哲、法、经、管、教、艺的八大学科分类,相较于理科、工科而言,都具有的共同特点就是建设发展周期较为漫长,理论的推陈出新再到实际应用的过程较为缓慢。从历史的经验来看,文科很难走上一条如流水线一般的开发—应用之路,也很难及时拿出应用性强的成果来向外界证明自己的地位。突破传统文科建设的思路,打破传统文科的桎梏,新文科意图开创具有中国特色并结合中国实际的人文社科之路,但冰冻三尺非一日之寒,新文科建设亦非一日之功,新文科背景下的文科"新人才"可能要面对较长时间默默无闻地坐冷板凳。因此,更加需要新文科人才坚定的信念和奉献精神,即坚信新文科之路的可行性和推进新文科建设的必要性，进而准确把握新文科的内涵和特点，使新文科建设的战略意图得到良好且长远的实现。

第二节 新文科人才培养标准

新文科人才建设秉承立德树人基本理念，以培养具备中国风格、国际视野、通专融合、创新能力的应用型人才为目标。基于"价值塑造、知识传授、能力培养"三位一体的人才培养理念，新文科人才培养标准应塑造文化自信、中国特色、国际视野的价值取向；传授通专融合、学科交叉等综合知识；培育创新开发、服务应用的实践能力，构建世界水平、中国特色的文科人才培养体系。

一 强化价值引领

文科主要包含社会和人文知识，与自然科学不同，其偏重于传播思想观念，具有思想核心和政治引领等功能，故在新文科人才培养方面，更为注重塑造学生的人文精神、社会责任和人生价值等。2020年《新文科建设宣言》明确构建新文科人才培养体系需要强化价值引领，深刻理解和紧紧把握文科教育的价值导向，坚定不移地以立德树人为教育根本，全方位加强高校思政课程建设，积极将习近平新时代中国特色社会主义思想融入教材、深入课堂、植入学生心中，以提升学生的思想觉悟、道德品质和文化素养，着力培育新时代文科人才。因此，新文科人才培养首先需要强化价值引领，培养新时代学生树立文化自信、坚定中国特色、立足国际视野，使之成为中华文化的传承者、中国理论的创新者和中国声音的传播者。

（一）树立文化自信，培养中华文化的传承者

新文科人才培养坚持以文化人、以文育人、以文培元的使命，以便创造光耀时代、光耀世界的中华文化。文化是一个民族、国家或地区特

有的符号标记,是精神象征和灵魂所在;而文化自信是一个民族、国家对自身文化价值的绵延弘扬的动力源泉,亦是对该文化蓬勃生命力的坚守。辉煌灿烂的中华文化、历久弥新的中华文明,是中华民族自立自强的精神力量,是中国人民奋发有为的精神家园。培育传承中华文化、发展中华文明的时代新人不仅是中国文科建设的首要条件,亦是中国由文化大国成为文化强国的必由之路。

文化自信作为精神力量,其只有在物质发展的特定阶段方能高度凝练,一经形成,便会成为贯穿各类认识和实践活动的支配力量。新文科建设作为社会主义先进文化的重要载体,首先,其培育的人才需是具备文化自信的文化建设主力军,能够观照现实、表达民生、传承发扬文化,并将文化带入社会实践中。其次,新文科建设培育的人才应能推动中华优秀传统文化创造性转化和创新性发展,会讲中国故事、讲懂中国故事、讲好中国故事。以中华优秀传统文化的思想精华和道德精髓滋润社会主义核心价值观,发展中华优秀传统文化,加快推进人才的思想精神塑造,更好地实现现代转型和创新创造,服务新时代文化建设。以世界受众听得懂、听得进、听明白且喜闻乐见的方式传播中华文明,让世界看到可亲、可敬、可爱的中国形象,为推动中外文明交流互鉴创造条件。

(二) 坚定中国特色,培养中国理论的创新者

新文科知识性和价值性的双重属性要求培养时代新人的政治认同、家国情怀、文化素养、法治意识和道德修养等内涵,使之成为爱党、爱国、爱人民、爱集体、爱社会主义,具有中国特色的新文科人才。

坚持和发展新时代的中国马克思主义。追溯历史,自中国共产党成立以来,无数仁人志士前仆后继,马克思主义中国化取得了丰硕成果,指导着中国不断发展进步,中华民族迎来了从站起来、富起来到强起来的伟大飞跃;同样,马克思主义中国化的理论成果为社会发展提供了重要理论指导。历史和实践证明马克思主义指导下的中国特色社会主义道路是适合中国国情的正确道路。用马克思主义中国化理论武装头脑、指导实践、推动工作;以马克思主义中国化的最新成果为指导,学懂、弄

懂、做实习近平新时代中国特色社会主义思想；在马克思主义立场原理和马克思主义中国化理论成果的指导下筑牢新文科建设。

承担为党为国的时代使命。目前文科建设的育人功能面临全新挑战，以美国为主的西方国家不仅对中国的政治、经济进行遏制打压，而且在意识形态领域更是加大对中国的围堵力度，给学生群体思想带来了消极影响，甚至少数学生存在价值取向扭曲、社会责任感缺失、心理素质不佳、艰苦奋斗精神淡化等诸多问题。因此，面临新时代，新文科培育出的人才不仅需要掌握强国的知识和技能，更要肩负中华民族伟大复兴的责任，着力履行为党为国的历史使命，牢固树立为人民做学问的理想，自觉把个人追求同国家民族发展紧密联系，担负历史赋予的光荣使命。新时代文科人才应当坚持马克思主义中国化的指导立场，注重爱国爱党的中国特色，用中国理论阐释中国实践，用中国实践升华中国理论，鲜明地展现中国思想，响亮地提出中国主张，推动新时代中国社会繁荣发展，从容应对方方面面的挑战。

（三）立足国际视野，培养中国声音的传播者

面对世界百年未有之大变局，新文科建设的时代性要求大力培养具有国际视野和国际竞争力的新人，方能在大国博弈竞争中赢得优势和主动。

首先，兼具本土思维和国际视野。随着全球化的持续发展，越来越多的全球问题亟待治理。新文科建设不仅需要打破学科内部的无形划分，更要打破空间区域间的有形壁垒，立足本土，放眼世界，挣脱传统文科的束缚，培养适应全球化发展的新文科人才。随着教育国际化步伐的加快，学生进行国际交流学习的机会也不断增多，国外的理论、课程、教材被引进国内后常出现理论与实际脱节的状况。针对传统文科的"填鸭"教育，新文科建设提倡将国外理论与中国本土实践结合，让时代新人基于国情来借鉴世界优秀文明，以便更好地关注中国现实问题和全球共同话题，运用中国话语体系阐释中国发展道路和构建人类命运共同体，实现固本培元的国际化培育，打造人才基地和思想策源地。

其次，融入国际交流语境。新时代不同文明应平等包容、和谐共处，探索多元文明长期共存的理想模式。针对传统文科教育深受西学东渐的影响，目前中国在构建中国话语体系、引领国际潮流、掌握国际话语权等方面仍存在能量不足、影响较弱的窘境，中国新文科的话语体系尚未建立、优势尚未发挥、影响力尚未呈现。因此，新文科建设需要把握时代发展脉络，打破西强我弱的交流模式，培育新人一要深度融入国际交流语境，加快构建具有引领力、感召力、影响力的中国新文科话语体系，彻底打破文科领域西方话语的垄断地位，体现中国立场、展现中国智慧、彰显中国理念，在全球文科乃至各大领域中融入中国元素、提出中国主张、推广中国经验、创设中国方案。二要秉持开放包容的大国态度，构建全球战略伙伴合作网络。以引进优质教育资源为导向，提高中外合作办学质量和水平，实质性推动高水平人才培养国际化发展。将优秀的人文社会科学内容吸收、借鉴、融合，形成独立主张的中国理解，引导新时代人才积极参与多元国际合作和全球治理，发出中国声音。

二 推进知识融合

新文科人才不仅需要树立价值精神引领其走上可持续发展之路，更需要夯实知识走稳可持续发展之路。与传统文科培养不同，新文科人才培养需要秉持"对传统文科进行学科重组、文理交叉，把新技术融入哲学、文学、语言等课程中"的指导思想，培养出具备学科融通、信息素养的新文科人才。

（一）加快学科知识融通

学科融通是新文科人才培养的重要基础。传统文科在长期运行中早已形成了一套人才培养模式，不同文科门类间存在着泾渭分明的分界线，导致各专业培养出来的人才也呈现出独立性和排他性，更不用说文理学科人才之间的交流研讨亦是羁绊丛生，这样难以培养出"知类通达"的高级人才，也难以实现"博我以文"的育人教学，满足新时代社会建设的人才需求。因此打破传统学科专业壁垒,促进人才培养的学科知识融通是人才培养的必经之路。

首先,学科知识融通是打破传统文科内部壁垒,实现社科和人文的密切结合。新文科建设是新时代赋予育人的新使命,这并不意味着新文科人才培养对传统文科育人的简单否定,而是在传统文科的自我革新下进行传承、发展和改革。长期以来,传统文科划分越来越细,不同学科之间甚至学科内容常有隔阂,新文科建设需要立足时代需求,增进人文与社科的互通互促,让人文贴近现实,让社科更具有情怀,促进培养人才兼具人文性和社科性。同时,面临新时代,文科内在不断更生的要求愈发迫切,新时代文科人才需要与时俱进、积极求变、主动应变,发挥学科优势,深化学科改革,积极创立新的理论体系和学科话语体系。因此,新文科人才需要破除文科壁垒,不断发展新兴文科,以文史哲促人修身铸魂,构建中国魂;以经管法助力治国理政,秉承中国心;以教育学培元育才,铸就中国梦;以艺术学化人美人,根植中国情。着眼未来发展,走出狭隘的学科知识限制,培养具有良好适应能力和创造能力的文科人才,提升人才发现、分析、判断和解决复杂问题的能力。

其次,学科知识融通是跨越文科和其他学科,实现自然科学和人文社科的密切联系。学科跨越符合目前社会发展规律和现实需求,"万事万物都有着密切的联系,任何学科的建设都要强调宽口径、厚基础,我们的文科一定是适应科学技术发展、拥抱科学技术的新文科,是实现文科、理科、工科、农科、医科等不断交融交叉的新文科,是与互联网、大数据、人工智能、基因工程等密切联系的新文科。"[1] 大学之文理分科可追溯至古希腊时代,其作为大学的基本存在格局,始终遵循着各自的发展逻辑。理工科注重探究物质世界和人类社会物质存在的奥秘,追求科学真理,讲求对错正误等;而文科探讨人类社会存在状况,追求人类存在和社会发展的意义、价值、公平等。随着科技进步,时代的发

---

[1] 杨灿明:《从四个维度来看新文科之"新"》,《中国高教研究》2019年第10期。

展，诸多社会问题已然不止局限于理科问题抑或文科问题，其性质更为杂糅，问题愈发复杂，不是简单地具有文科素养或是理科素养的人才能够解决的，比如 DNA 问题，涉及医学、生物学、伦理学等领域。这就要求人才有跨越学科的视野，能够兼具人文社会学科素养和自然科学知识，提供多个视角分析问题和解释现实。因此，文科、理工科人才等都需要逃离"孤岛"，适应新时代、新科技的革新，实现多学科、跨学科融通，为人类现实生活和未来问题提供新的思想源头、分析框架和逻辑路径。

(二) 增强信息技术交叉

具备信息素养、掌握信息技术是新文科人才培养的核心要求。基于新科技革命的奔腾而至和新产业变革的风驰而来，信息技术、人工智能、数字通信等使文科发展面临着新时代的机遇与挑战，将信息技术植入新文科人才培养，把新文科人才融入信息技术，开展交叉研究、综合发展，培育新文科人才不仅能够掌握信息技术的知识，同时也会运用相关知识推动学科领域的跨越发展。

首先，以信息技术植入新文科，带动新文科人才培养现代化。随着大数据、云计算等新技术在社会生活中的广泛应用，信息素养成为文科人才必须具备的基本素质。信息素养主要包括信息拣选能力、信息真伪辨别能力、判断信息蕴含观念的能力以及对善恶价值的认同与批判能力。就目前数据大爆炸的信息时代，眼花缭乱、良莠不齐的信息充斥着人们的生活，如何明辨是非、辨别真伪是人才必须掌握的技能。除此之外，云课堂、虚拟课堂等"互联网+教学""智能+教学"信息技术介入教育，突破传统教学手段的局限，开辟了课堂教学新形式；建立模拟仿真实验室，将虚拟现实、大数据、人工智能等运用于教学科研中，加强学生对技术环境的适应性，增强其应用能力，使之成为新时代需要的文科人才。强化互联网、人工智能等新一代信息技术在教学和管理中的应用，提升教学数智化水平，培养复合型、应用型创新人才。信息技术服务于人才培养，不仅提升文科人才的信息化意识，培养其信息运用能力，而且有利于人才利用信息技术优势服务社会。

其次，新文科融合信息技术，推动人才综合发展。传统文科在面临智能时代的变化时往往反应迟滞，事实上，"信息技术与人文社会科学的融合已经成为一个国际趋势，新文科建设是实现哲学社会科学与科技革命交叉融合在高等教育的实践"[1]。就目前以人工智能为代表的信息技术领域，科学技术研究与人文气息已然密不可分。随着人工智能开发过程中，语言和图像处理技术、神经网络计算、情感计算、演化以及优化训练的研究推进等，人文在人工智能技术领域的推进已经不仅仅局限于伦理和意义方面，而是近乎涵盖文科绝大部分领域。因此文科人才绝不能继续蹲守在"孤岛"看热闹，被智能时代新一轮格局重构的革新落下。文科人才需要真正面对、走进新科技的疆场深处，解决信息技术飞速发展与社会发展缓慢进化的不协调问题，阐释新科技与人文社科之间的人文逻辑关系，回应新技术、新产业发展的人文之需和伦理所求。深入推进新文科人才培养与现代信息技术融合，与其他学科交叉融合，推动新文科人才培养的纵深发展，从而对人才进行文科思维体系重塑，培养新时代文科学生的多渠道汲取、多形式转化的学习能力，多学科观察、多角度分析的研究分析能力，实现综合知识厚、专业技能高、创造视野广的新文科人才培养格局。

三 提升实践能力

新时代的文科教育，不能仅仅停留在价值素养与知识层面，而应该培养其服务经济社会、创新创业发展等能力方面。新文科建设作为中国高等教育改革的新理念，是为了解决"整个文科教育长期以来积累的弊端，从而改变中国高等教育结构布局中学科发展不平衡、不充分的问题"[2]，培养适应时代与国家发展需要的合格人才。传统文科专业设置

---

[1] 周毅、李卓卓：《新文科建设的理路与设计》，《中国大学教学》2019 年第 6 期。
[2] 马世年：《新文科视野下中文学科的重构与革新》，《西北师大学报》（社会科学版）2019 年第 5 期。

与社会需求不对应，教育内容存在理论与实践脱节的现象，忽视学生实际操作和动手能力的培养。《中华人民共和国高等教育法》规定："高等学校应当以培养人才为中心，开展教学、科学研究和社会服务"，以上三大能力被不断弱化。因此，以新文科建设作为创新发展契机，推动学生密切联系社会现实，兼备理论高度与实践深度是大有必要的。

（一）密切联系社会现实

实践是检验真理的唯一标准，任何理论知识都需要实践的检验。知识只有被恰到好处地运用到实践中才能得到锤炼、才能接地气、才能真正有生命力并造福人民。新文科人才必须关注社会现实发展状况，聚焦国家和地方需求，服务国家战略。

首先，新文科人才需要密切关注社会现实。随着中国社会的不断深化发展，闭门造车、无病呻吟的传统已然不再适应时代发展，开放交流、关注现实才是文科持续发展的生命源泉。当今世界正处于百年未有之大变局，社会竞争日益激烈，社会思潮激荡交汇，中国正处于中华民族实现伟大复兴的战略全局的历史新节点。回顾改革开放的发展历程，实践检验出"发展是第一要务，人才是第一资源，创新是第一动力"的真理，正是中国培养的一批又一批高素质人才在各行各业的创造性劳动，才整体带动了国家经济社会的全面进步。面向未来，中国正处于"两个一百年"的历史交汇点，中国特色社会主义进入了新时代。随着科学技术发展的突飞猛进，深化改革进入深水区，中国对于人才能力恐慌、综合素质恐慌等问题已经十分突出，需要培养能够关注"家事、国事、天下事"，做到"事事关心""家国天下、经世济民"的新文科基础人才。

其次，新文科人才需要积极回应社会需求。第一，坚持科学研究面向中国本土实践。培育高校高质量人才需要塑造实践导向的观念体系，推动高校哲学社会科学研究始终面向中国本土实践，与中国社会实践紧密结合。这就要求人才在进行研究时需要加强调查研究，重视第一手资料，推动理论研究落实于实践中，为实践发展提供重要指导思想。第二，关注人们生产生活需求。坚持人民至上，着眼于人民群众需要解决的问题，把学问写进群众心坎里，论文写在中国大地上。顺应时代潮流，聚焦时代问题，洞悉时代精神，凝聚时代共识，引领人民前进，培养具有使命感和责任感的社会主义建设者和接班人。第三，紧跟科技革命和产业变革趋势。新文科必须以培养适应新技术和新产业发展需求的应用型、复合型人才为导向，按照文科人才培养的规律与发展模式，关注实践能力培养模式的转换与创新，加快推进协同育人模式的探索与创新。在法学、新闻、经济、艺术、管理等专业领域，加强理论对实践的关注度，办好政法实务、经济管理、新闻传播、艺术实践、企业管理等实务讲堂，抓好新文科人才培养机制改革的重要创新工程，推进学界业界交流合作和理论与实务双向协同，提高文科教育对社会事务的关注度和契合度，促进新文科教育与社会现实的紧密结合。将高校、政府、企业、科研院链接起来，融教育链、产业链、人才链、创新链于一体，发挥政产学研多元一体的育人作用，不断创新协同育人机制。

(二) 兼备理论与实践

新时代文科人才的社会性，不仅体现在其关注社会现实、回应社会需求，更多的是其在具备解决实际问题的动手能力和实践技能的基础上，同样具备一定的理论体系和创新科研能力，实现理论构建与实践操作的互促互进。

首先，理论落实于实践过程。智能的发展和产业的变革快速地调整着社会实践对人才的需求走向综合化、技能化、实践化，但在对人才需求触觉灵敏性这个维度上，一向关注理论与科研的高校与一直游走在市场和实践的企业实务部门相比，相对封闭、较为保守，对人才需求变化的反应也相对滞后，造成高校哲学社会科学的人才培养与社会需求相对有些脱节，产出与需求有些不对称。因此，高校培养人才不能只重视理论课程的讲授，更应该锻炼其理论落实能力。注重与企业深度合作，在互利共赢、相互融合、平等交流的基础上进行校企联合建设，培养复合型精英人才。如北京语言大学高级翻译学院和信息科学学院联合建立的翻译（本地化）技术实验班、商学院与信息科学学院联合建立的新商科拔尖人才实验班等，前者培养的学生在熟练掌握外语和翻译技术的同时，还可以从事某些语言智能系统的开发和语言资源信息化管理方面的工作；后者则旨在培养具备扎实的经济、金融知识，同时具备大数据、人工智能知识的新商科优秀人才。[1]除开设实验班培养外，北京工商大学建设实验实践课程，依托学校"国家级实验教学示范中心"和"国家级虚拟仿真实验教学中心"两个实验教学平台，各专业均开设了3—5门实验实践类课程，既有传统核心业务的虚拟仿真，也有行业最新技术的场景应用，形成了国际商务谈判模拟、跨境电商模拟实验、证券交易模拟、量化投资、寿险精算实践、风险模型与实验、企业战略管理模拟等20余门依次递进、有机衔接、科学合理的实验实践和实训课程群，通过研讨式、体验式、沉浸式、互动式教学方法，使学生的创新能力得到系统训练。[2]

其次，实践助推理论提升。只有实践能力，而无理论体系的文科人永远也成为不了哲学社会科学家。随着中国社会经济不断深化发展，世界一流大学和一流学科建设顺利推进实施，高等教育的人才培养创新已成为社会共识。因此，在培育新文科人才时，不仅需要实践能力强，更需要兼具实践能力和理论水平的高素质、高质量人才。新技术革命背景下的新文科建设要致力于原创性、引领性成果的形成。新文科建设要努力发挥新技术连接学术研究与社会实践及时代变革的最大价值。创新研究方法，加强基于历史、现实的理论研究，准确把握现实问题并有效预见未来变化，积极回应新技术及时代变革过程中出现的新情况新问题，培育真正的中国社会科学家，进而构建具有中国特色、中国智慧的学术话语理论体系，不断增强中国话语理论的国际影响力。

---

[1] 刘利：《新文科专业建设的思考与实践：以北京语言大学为例》，《云南师范大学学报》（哲学社会科学版）2020年第2期。

[2] 吕素香、倪国华：《经济类专业新文科建设的探索与实践》，《北京教育》（高教）2021年第5期。

新文科建设倡导交叉融合、需求导向和开拓创新,对人才培养提出了更高要求。因而,新文科培养的人才需要具备国际视野、家国情怀、公民意识,具有学以致用、服务社会、造福人类的使命感、责任感,成为具备知识、能力、素养的多元化、复合型、创新型人才。

第三节　新文科人才培养方案的制订

我们如今处于社会大变革时代、国际形势纷繁复杂的时代、新技术革命重塑人的生产生活方式和价值理念的时代。新时代、新形式、新技术要求高等文科教育进行新定位、新变革、新发展。习近平总书记在主持召开中央全面深化改革领导小组第三十一次会议中指出:"加快构建中国特色哲学社会科学,要牢牢把握马克思主义指导地位,立足中国、借鉴国外,挖掘历史、把握当代,关怀人类、面向未来,构建中国特色、中国风格、中国气派的学科体系、学术体系、话语体系。要从中国改革发展实践中提出新观点、构建新理论,加强对实践经验的总结。要加强和改善党对哲学社会科学的领导,建设种类齐全、梯队衔接的哲学社会科学人才队伍,实施哲学社会科学创新工程。"[1] 习近平总书记的讲话表明当代哲学社会科学变革是大势所趋。新文科建设要把握新科技革命与哲学社会科学融合发展的趋势,改变传统的人才培养的方案,培养适应新时代发展的"多元化、复合型、创新型"的人才[2]。

新文科人才培养方案是高校新文科建设的重点内容之一,是新文科建设的行动指南。人才培养方案的制订,对新文科建设起着至关重要的作用。人才培养方案是人才培养共同体根据社会对新文科人才的要求,

---

[1] 中华人民共和国中央人民政府:《习近平主持召开中央全面深化改革领导小组的三十一次会议》,2016 年 12 月 30 日,https://www.gov.cn/xinwen/2016-12/30/content_5155048.htm。

[2] 刘利:《新文科专业建设的思考与实践:以北京语言大学为例》,《云南师范大学学报》(哲学社会科学版) 2020 年第 2 期。

明确人才培养的目标,制订人才培养方案。

一 人才培养方案制订的重点任务

新文科人才培养方案制订主要在于落实新时代和新形势下社会对人才的需求,培养出新时代所需要的文科人才。新文科人才培养方案应体现新文科教学标准规定的各要素和新文科人才培养的各环节的规范要求,"包括专业名称及代码、入学要求、修业年限、职业面向、培养目标与培养规格、课程设置、学时安排、教学进程总体安排、实施保障、毕业要求等内容,并附教学进程安排表等。"[①] 各高校可根据社会对文科人才的需求、自身办学特色和学生自身需求制订新文科人才培养方案,但是要把握以下重点需求。

(一) 新目标的明确

人才培养目标是"对人才培养类型、规格和所要达到标准的总体设计和规划"。[②] 人才培养目标是人才培养的起点,也是终点。新文科人才培养方案的制订要牢牢围绕新文科人才培养目标进行。依据国家对文科的需求、办学特色、学生需求,制订新文科人才的培养目标。只有精准新文科人才的培养目标,才能明确新文科人才的标准;只有精确新文科人才的标准,才能确定新文科人才的培养方式;只有明晰新文科人才培养的方式,才能进行专业建设、规范课程设置、合理安排学时、强化实践环节、严格毕业要求等一系列人才培养方案的程序。

新文科人才培养的总目标是培养"国际视野、家国情怀、公民意识,且能够学以致用、服务社会、造福人类"[③] 的复合型人才。各高校

---

① 中华人民共和国教育部:《教育部关于职业院校专业人才培养方案制订与实施工作的指导意见》,2019年6月11日,http://www.moe.gov.cn/srcsite/A07/moe_953/201906/t20190618_386287.html。

② 向兴华、李国超、赵庆年:《高校人才培养目标定位绩效定位评价研究——以HL和HK两所大学为例》,《教育发展研究》2014年第Z1期。

③ 刘利:《新文科专业建设的思考与实践:以北京语言大学为例》,《云南师范大学学报》(哲学社会科学版)2020年第2期。

制订文科人才的培养目标应立足实际，合理规划。一是各高校制订新文科人才培养方案时，要结合《普通高等学校本科专业类教学质量国家标准》（以下简称《国标》），达到《国标》中文科人才能力总体基本要求，牢记新文科人才培养的本位。二是依据新文科人才培养总目标，深入了解自身办学特色，提出明确的学校人才培养的目标。例如，"南京邮电大学结合本校的行业特色和信息特色，进行了信息文科"的人才培养的探索。各院系可根据学校新文科人才培养的总目标，结合专业特点，明确专业人才定位，制订本专业人才培养的具体目标。

（二）新人才培养规格

"人才培养规格是人才培养目标的具体化和细化，是高校根据总的培养目标和相应的科类培养目标，并结合本专业所需人才的特点来确定的具体目标。"[①] 所以各高校在制订人才培养方式时，要准确把握人才培养的规格。依据新文科培养总目标的要求，结合社会对文科人才的实际需求，针对中国对于新文科人才的现实需求，找准各高校新文科人才培养规格的定位，有利于各高校培养出各具特色的新时代所需要的复合型的高素质文科人才。

新文科人才应具备多元的知识结构、善于解决实际问题的能力、勇于探索的创新精神以及服务社会的责任感。所以说，我们可以将新文科人才培养规格的核心素养归为四类，分别是：知识结构、实践能力、创新能力以及道德品质。

1. 多元知识结构

新文科人才应具备"T型"知识结构，既注重知识的深度，又注重知识的广度，既通晓专业知识又具有多学科的专业知识。第一，在专业知识方面，掌握扎实专业基础知识，在扎实的基础上精通本专业领域知识。了解本专业及相关专业的发展情况以及趋势；熟悉专业领域新理念或新技术的发展；第二，在通识知识方面，广泛涉猎自身专业以外的其

[①] 徐立清：《地方应用型本科人才培养标准的设计思路与实践路径》，《高等教育研究》2017年第5期。

他领域知识。要有良好的人文素养，既要传承中华民族优秀的文化，又要注意借鉴世界文化精华。不仅能够提升自身文化素养，还能拓展自己思维方式，学会从不同角度看问题。第三，在工具性知识方面，掌握计算机网络运用的基础知识，具备基础计算机使用能力；至少掌握一门外语，具有扎实的语言基础知识，不仅能做到听、说、读、写，还可以做到无障碍的沟通交流。

2. 专业实践能力

"新文科的建设强调，大学不仅需要一如既往地繁荣和发展学术，还要积极、主动服务社会发展和国家需求。"[①] 所以说，新文科人才想在本专业领域有所建树，必须重视专业实践能力的培养。新文科人才既要具备翔实的理论知识，又要具备精湛的实践能力，在实践锻炼中创造性运用知识，解决实践中所遇到的问题。一方面，专业实践能力，是在实践中发现问题，通过自身所掌握的专业理论知识并将其运用，解决实际问题的能力；另一方面，综合能力，是在实践中，养成综合考虑政治、经济、法律等问题的能力。

3. 创新能力

新文科人才要具备创新能力，由于创新型文科人才要在自己所在领域有所突破，推动该领域的长远发展，创新能力是所必备的核心素养之一。一是要具备创新意识，新文科人才要善思、善问，具有对新理念或活动充满信心的态度。二是要具备创新思维，新文科人才要具备抽象思维能力，站在前人的理论和实践的基础上寻找新突破、发现新问题、研究新状况、提出新问题。三是要具备创新技能，新文科人才运用自身的知识经验，经过不断的实践将创新思维的成果转化。四是创新素质，新文科人才要有勇于探索的勇气、持之以恒的态度以及坚韧不拔的毅力。

4. 道德品质

新文科人才不仅要掌握丰富的科学知识，还要具备良好的道德品

---

① 黄启兵、田晓明：《"新文科"的来源、特性及建设路径》，《苏州大学学报》（教育科学版）2020年第2期。

质。第一，政治思想素养。培养的新文科人才要有坚定的政治信仰、服务国家的责任感，努力成为社会主义的建设者和接班人。第二，基本的品德素养。既要有良好的言谈举止和文明礼貌，又要尊重他人、富有同情心；既能遵守社会公德、诚信守法，也能恪守学生道德，有理想、有纪律。第三，良好的身心素养。新文科人才要培养自身的心理素质和身体素质，保持身心健康。在心理素质方面，具备开朗大方、平易近人的个性，持之以恒、坚持不懈的意志力，热爱生活、朝气蓬勃的精神面貌，良好的受挫力以及心理调节能力等。在身体素质方面，要具备健全的体魄、掌握基本医疗卫生知识、养成经常运动的良好习惯以及健康丰富的个人爱好。

（三）培养方式的构建

要打破原来一贯的文科专业人才的培养方式，需要构建一套新的文科人才培养方式。交叉融合是实现家国情怀、人文素养和创新精神、人才培养目标、培养新时代高素质文科人才的最佳方式。

首先，构建"学院＋书院"培养方式。要突破传统教育中只重视专业知识学习，淡化通识教育的藩篱，就要打破传统的专业院系的培养方式，构建"学院＋书院"的培养方式，使专业教育和通识教育协同育人，培养出具有人文素养的专业人才。"大学住宿书院制是一种跨专业学院的学生管理制度"[①]，也是中国现代大学通识教育的一种创新制度。传统的院系专业负责专业知识的传授。住宿书院一方面，营造良好的学习氛围，使不同专业学生可以通过日常的沟通交流，拓宽学生视野；另一方面，书院通过开展大量课外活动，培养学生的身心素养。传统专业院系负责知识教学，书院负责文化素质教育，两者相得益彰，互为补充，完善新文科人才素养。

其次，构建"双导师"的培养方式。要打破传统教育教学中，专业教师具有较强的理论知识，缺乏实际工作经验的现状，就要重设导师队

[①] 龙跃君：《书院制融入我国现代大学的价值探讨》，《大学教育科学》2018年第5期。

伍，构建"校内导师+校外职业导师"双导师的培养方式。校内专业导师主要负责学生在校内专业知识的学习。校内导师不仅需要掌握丰富的理论知识，还要具备实践教学能力。校外职业导师主要负责学生实习期间的实践指导。校外职业导师不仅要具备丰富的工作经验，还要有良好的职业素养。通过"双导师"模式的培养，大大提高学生的实践能力。

最后，构建"分类培养"的培养方式。人才培养可以分为学术型和应用型两种类型，根据不同的人才培养类型可以实施不同的人才培养新模式。对于学术型人才培养应用本、硕、博贯通的模式。这样"宽口径、厚基础、长学制"[①]的培养模式，为学术型人才长远的发展提供保障，也确保了人才培养的质量。长学制的培养模式要采取滚动式淘汰机制给予保证人才培养的质量。对于应用型的人才培养应用联合培养模式，提高学生实践应用能力。实施跨校跨院的联合培养，补充学生理论知识学习。实施校企联合培养，提高学生解决问题的能力和团队合作能力。实施跨国联合培养，培养学生国际视野。

（四）优化专业设置

优化专业设置是新文科人才培养方案的重要内容。专业设置是人才培养目标具体落实的关键环节之一。

一方面，推动传统专业融合创新，即对一些传统文科专业自身进行改造，革故鼎新。比如，北京语言大学为了加强新文科专业的建设，对传统的专业采取了"复合化"的措施，完善了"语言+"的培养模式，设置"英语+土耳其语""英语+西班牙语"[②]等专业。

另一方面，秉持交叉融合理念，建设新专业。新专业建设路径主要有四种：一是人文学内部专业的融合，文、史、哲专业进行深度融合。譬如，山东大学尼山学堂为了培养出国学大师，采取了优化文科专业的措施，将文、史、哲专业进行深度融合，以提升文科专业内涵建设质

---

① 樊丽明：《"新文科"：时代需求与建设重点》，《中国大学教学》2020年第5期。
② 曹建：《北京语言大学以"四化"为抓手 探索加强新文科专业建设》，2020年9月28日，www.moe.gov.cn/jyb_xwfb/s6192/s133/s140/202009/t20200928_492341.html。

量，培养学生的"继绝学、铸新知"①的能力。二是人文与社科专业的融合。比如，"心理学+经济学""语言学+法律学""哲学+传媒专业"等新专业模式培养多元化、复合型的国际人才。三是文、理专业的融合。比如，北京语言大学将语言类相关的专业和信息类相关的专业进行融合，"设置'语言智能与技术'二级学科，探索'语言+智能'跨学科专业特色建设路径。"②四是文工、文医的融合专业。比如山东大学对复合型人才培养体系进行探索，在2020年新设4个双学位复合型人才培养的项目，新增"'公共管理+信息''护理学+工商管理'"③等专业。

（五）课程体系的重构

课程体系的重构对新文科人才培养方案的制订起着举足轻重的作用，在根本上决定着新文科人才的培养质量。在新文科背景下，各高校要梳理自身的文科学科的资源，积极探索与其相关学科的关联关系，重构新文科课程体系。高校制订新文科人才培养的课程体系要把握四个方面，分别是课程、教材、教师、教法。

第一，改造老课程，开发新课程。对于传统文科课程不是全部摒弃，而是对其批判与修正，淘汰水课，整合传统文科课程。对于新课程建设而言，主要建设跨学科课程。跨学科课程建设并不是简单的拼接，而是对相关学科进行交叉融合，建设全新课程。第二，编写新教材，补充新内容。教材是课程建设的重要载体，是课程建设的重要支撑。新教材的编写要立足于中国特色社会主义发展的实际，放眼全球，补充国内重要理论和研究方法。第三，建立新师资，践行新课程。教师是课程实施的核心。只有优质师资队伍，才能落实新文科课程。对于师资队伍建

---

① 山东大学本科招生办公室：《尼山学堂——继圣绝学，熔铸新知》，2019年5月20日，http：//mp.weixin.qq.com/s/e6W80LCPh4b1g0Eh2m0SHQ。

② 曹建：《北京语言大学以"四化"为抓手 探索加强新文科专业建设》，2020年9月28日，www.moe.gov.cn/jyb_xwfb/s6192/s133/s140/202009/t20200928_492341.html。

③ 袁凯、姜兆亮、刘传勇：《新时代 新需求 新文科——山东大学新文科建设探索与实践》，《中国大学教学》2020年第7期。

设可以通过横向扩展和纵向深化两方面实现。从横向扩展来看，高校要通过院系合作和校外聘请专业教师扩展学生视野。从纵向深化来看，高校通过对教师职前和职后培养，提高教师教学能力和学术研究能力。第四，改变"教师为中心"的教学方法，综合运用"教师中心"和"学生中心"相结合的教学方法。教学方法是教师讲授知识的依托，是影响课程目标落实的重要因素。在新课程落实过程中，一方面，在课堂教学中要采取"教师中心"与"知识中心"的教学方式，通过课堂中师生互动交流，使学生掌握显性知识；另一方面，在课后应采取"学生中心"与"问题中心"的教学方式，通过学生自主实践，解决问题，掌握文科中的缄默知识。

（六）实践教学环节的建设

新文科人才既要精通理论知识，又要具备实践能力，所以实践教学环节对于新文科人才的培养至关重要。实践教学环节是"高校人才培养过程中贯穿始终、不可缺少的重要组成部分，是培养学生综合素质和实践能力、实现人才培养目标的重要环节，是学生获取并掌握知识、提升创新和应用能力的重要途径。"[1]

第一，推动实践教学体系的改革，提升文科人才素质。依据学校特色，构建特点突出的实践教学体系；完善人才培养模式，探索理论教学与实践教学相结合的运行模式，构建有利于文科人才实践与创新能力的实践教学机制。依据学校类型，分类推进实践教学变革，比如，"双一流"高校要构建创新能力为核心的实践教学体系；应用型高校构建技术应用能力为核心的实践教学体系等。明确实践教学目标的要求，改进文科专业实践能力、课程、项目的标准，促进新文科人才实践与创新能力的达标。依据文科专业特点和对新文科人才的要求，重构实践教学的环节课程，提高实践学分比重，将实践教学环节贯穿新文科人才培养的始终。

---

[1] 河南省教育厅办公室：《河南省教育厅关于加强本科高校实践教学体系建设的指导意见》，2021年11月26日，https：//jyt.henan.gov.cn/2021/11-26/2355259.html。

第二,搭建文科实践教学平台,夯实文科人才基础。实践教学平台分为校内与校外两类实践教学平台的建设。在校内实践教学平台构建过程中,依据专业实践的需要,梳理学校内部的实验教学资源,建设跨学科、跨学院、跨专业的实训基地和实践教学平台;构建完善的实验室管理、运行机制,提升实验设备的使用效率;注重完备实验室的安全机制,完善实验室安全管理制度,注重教育宣传,确保师生安全。在校外实践教学平台的构建过程中,依据高校专业特色,充分调动社会资源,构建"高校+行业""高校+科研院所""高校+事业单位"的开放共享的校外教学实践平台;注重校外教学实践平台规章制度的建设,确保新文科人才实践能力和创新能力的提高。

第三,完善实践教学环节师资队伍的建设。合理规划实践教学师资队伍的规模,优化实践教学环节师资队伍的年龄与学历结构;时刻关注文科领域动态变化,不断更新师资队伍知识与技术;定期组织师资队伍实验竞赛,不断提高师资队伍的教学水平与实践能力;实施"高校+事业单位"联合培训模式,培养双师型的教师队伍;建立实践教学奖励机制,调动实践型教师队伍的积极性。

第四,规范实践教学组织管理。制订实践教学环节规章制度,严格规范实践教学环节的实践基地、师资队伍、教学的管理;对实践教学环节进行深入调查,制订有效措施,落实实践教学的目标任务;建立实践教学环节考核方式,激励学生主动学习;搭建高校与企业之间信息交流平台,实施全过程的信息管理。

(七)毕业要求

中国高等教育由大众化进入普及化,高等教育面临被普遍质疑和"玩命的中学、快乐的大学"的诟病[1]。文科专业属于高等教育的重要组成部分,面临同样问题。因此,对于新文科的建设各高校要严格制订毕业标准,提高文科人才质量。

---

[1] 袁靖宇:《高校人才培养方案修订的若干问题》,《中国高教研究》2019年第2期。

一方面，合理设置学时、学分结构，淘汰水课。中国高校在学时和学分的设置方面存在"学分多、单位学分的课时多"的问题，所以在文科类专业建设过程中，要适当减少学分与学时，避免课程冗杂的问题；"目前文科类专业'水课'比重较大"的问题，在减少学时与学分的同时要淘汰"水课"，设置文科类的"金课"①。

另一方面，改革评价方式，综合使用结果性与过程性的评价方式。"人文社会科学的知识具有弥散性、积累叠加性"②，所以，新文科人才评价对考试这样的结果性评价方式，可以适当增加作业、小组讨论、定期检测等过程性的评价方式，将结果评价与过程评价相结合；同时，合理分配理论教学与实践教学的权重，"减少理论教学考核权重，增加实践教学考核权重"③，综合考察新文科人才质量。

二 新文科人才培养方案的路径选择

新文科人才培养方案的路径选择应该注重跨学科融合、实践能力培养、创新能力培养、国际化发展和个性化发展等方面。高校应该根据自身特色和优势，制定符合自身发展的人才培养方案，为培养高素质文科人才做出贡献。

（一）价值认同是新文科人才培养方案制订的先导

一方面，厘清人才培养方案的重要价值。新文科人才培养方案是党和国家教育方针和政策的落实，是实现人才培养目标的指南，对人才培养质量起着重要作用。因此，制订人才培养方案要在立足于时代发展基础上，精准把握时代对人才的要求，对新文科人才培养进行整体规划，进而确保人才培养的质量；另一方面，扫清实施人才培养方案的思想观念的障碍。要促进方案的制定者对新文科人才培养方案的价值认同，减

---

① 袁靖宇：《高校人才培养方案修订的若干问题》，《中国高教研究》2019年第2期。
② 公钦正、张海生：《新文科人才培养何以实现——基于中英两所大学PPE专业人才培养方案的案例研究》，《重庆高教研究》2022年第2期。
③ 袁靖宇：《高校人才培养方案修订的若干问题》，《中国高教研究》2019年第2期。

少人才培养方案实施过程中的阻碍。通过有效的宣传、解读、培训、研讨等方式，让方案制订者对人才培养方案从价值观念上进行理解、认同、创新。

（二）团队建设是新文科人才培养方案制订的基础

一是加强党的全面领导。新文科人才培养方案的制订是高等文科教育，落实新时代人才培养新要求的总体设计，加强党的领导是保证人才培养方案制订质量和有效实施的根本保证。

二是组建专业建设委员会。组建由学校领导、院系（部）负责人、专业带头人和教科研究人员等参与的专业建设指导委员会，发挥其对专业建设和专业调研、制订指导、方案审定与改进的作用。

三是组建方案制订工作团队。组建由学校专业带头人、教科研究人员、院系（部）专业教师等多方参与、结构合理的团队。

（三）统筹规划是新文科人才培养方案制订的前提

一是开展充分调研。没有调查就没有发言权，充分的调研是新文科人才培养方案制订的依据。新文科人才方案制订前要对社会对文科生的需求、毕业生和在校生进行深入调研，明确对新文科人才的需求，了解学生职业规划，在此基础上，对新文科人才提出精准的定位，对专业建设、培养模式、课程构建等提出建议，形成人才培养报告。

二是统筹规划制订工作方案。高校根据新文科建设的特点和高校专业实际现状，做好人才培养方案制订工作的统筹规划，明确各部门职责及各专业方案负责人，确定人才培养方案制订时间表与程序、规范内容要求。

三是规范制订工作程序。人才培养方案制订的过程要严格规范方案的规划、调研、起草、审议、发布等程序。将党的领导贯穿人才培养方案制订的始终，制订好的人才培养方案提交学校党组织会议审议，按规定程序发布实施，向上级主动报备并向社会公开。

（四）梳理重点是新文科人才培养方案制订的核心

一是明确人才培养目标。人才培养目标是制订人才培养方案的行动指南，对人才培养方案的制订至关重要。新文科人才培养方案的制订基于社会发展的实际、新文科的内涵以及学生的特征，从知识、能力、素养对新文科人才培养目标进行准确的把握，体现新时代高等文科教育的要求。

二是规范课程设置。根据新时代对高等文科人才多元、复合、创新的要求，全面构建"通识教育＋专业教育＋创新教育"的课程体系，确保新文科人才培养要求的实现。

三是完善实施保障。不断完善人才培养方案，优化师资队伍、教学设备等方面保障机制，尤其多方协同的教学质量监控与评价是优化人才培养方案的重要保障。

四是精确毕业要求。为了保障新文科人才培养目标的实现，要根据专业教学标准和学校实际，将毕业要求具体化为科学检测的评价指标，使人才培养目标在教师人才培养的过程中充分落实。

（五）突出特征是新文科人才培养方案制订的要求

一是根据学校特色调整人才培养方案。各高校特色不同，所处地区不同，所拥有的资源条件不同。各高校根据自身的办学条件、专业特色的实际情况，制定出个性化的人才培养方案。

二是课程设置彰显特色。各高校根据新文科人才培养目标，结合自身专业优势，设置特色课程，供学生学习。如北京语言大学，设置"语言智能"专业，形成"语言＋智能"的特色课程。

三是分类培养体现特点。人才培养可以分为学术型和应用型两大类，针对不同类型的人才需求，应采用相应的人才培养模式进行精准培养。学术型人才培养实施本硕博贯通的人才培养模式。应用型人才主要实施联合培养模式。因地制宜地培养人才，满足学生个性化学习的需求。

（六）持续改进是新文科人才培养方案制订的保证

一是优化方案论证机制。各高校通过召开教学研究人员、授课教师、学生代表（包含已毕业学生）参加的人才培养方案论证会，经过各方面的论证，不断完善新文科人才培养方案。

二是健全实施过程中的评价改进机制。将新文科人才培养方案作为高校"教学工作诊断与改进"的重要内容。由授课教师、学生定期对新文科人才培养方案进行评价，做出反馈，使人才培养方案得以不断完善。

三是完善多主体的监督机制。高校要积极争取行业企业、科研机构、社区、家长等多方面力量参与新文科人才培养方案的制定过程，通过网络对新文科人才培养方案进行公布，接受社会各方面的监督，充分听取各方意见，不断完善新文科人才培养方案，培养出与时俱进的文科人才。

第四节　新文科人才培养机制创新

时任高等教育司司长吴岩在《积势蓄势谋势识变应变求变——全面推进新文科建设》中提到："文科教育的振兴关乎高等教育的振兴。高等文科教育应精准把握高等教育新形势，构建以育人育才为中心的哲学社会科学发展新格局，加快培养新时代文科人才，全面提升国家文化软实力。"我们由此可以感受到文科的重要性以及培养新时代文科人才的迫切性。新文科建设是提升综合国力的需要，是坚定文化自信的需要，是培养时代新人的需要，是建设教育强国的需要，是文科融合发展的需要。[①]

一　把握文科特点及发展规律

认识对实践具有指导作用，正确的认识是积极的实践活动发生的必要条件，因此新文科人才培养机制创新要基于对文科特点及发展规律的

---

① 樊丽明：《凝心聚力 创新建设 开创文科教育新未来》，《中国高等教育》2020 年第 24 期。

把握。

文科具有两个基本特征：一是内容的多元化。按照研究对象和任务的不同，文科可分为人文科学和社会科学两大类，这一内容多元化的特征决定了新文科建设内容的广度更宽、难度更大，为提高成果的可行性与有效性，要求新文科研究与建设应具有分类思维。二是文科具有科学性和价值性的双重属性。"必须从客观事实出发，承担意识形态功能。在坚持科学性的前提下，要自觉地维护一定的价值观念和社会利益，因此，文科发展具有高度复杂性和理论的非唯一性、非标准化。文科的双重属性，使其与自然科学的专业、课程、内容相比，具有典型的人文特质和社会品性。因而，它具有特殊的育人功能，培养学生在掌握科学知识的基础上，树立正确的人生观价值观，增强社会责任感，涵养人文精神。"[①] 文科的基本特征启示我们应根据不同的领域、层次有一定的分类思维；另外在培养学生基本文化知识的基础上要注重树立正确的人生观价值观。

知识生产的学科都有其自身的规律和特点，文科发展也有自身的规律性。"从学科演化的规律来看学科总是在高度分化与高度综合的辩证统一中向前发展的，因此应深入研究影响新文科发展的重要因素，特别是科技进步、产业变革、经济转型及其对人类社会生活的革命性影响，敏锐把握有效知识生产过程中的关键性问题、优化学科分类体系。坚持扎根中国大地，从知识生产实践基础来看，人类社会生活中遇到的问题是知识创造的基础和动力，而中国特色社会主义建设是前无古人的实践探索和理论创新，没有现成道路和现成理论可供借鉴参考，中国的新文科建设必须首先坚持扎根中国大地，研究和解决中国问题。"[②] 以教育管理专业为例，想要把握文科发展规律需要重点关注以下几个方向：一是新兴产业领域出现的新的问题，例如与人工智能、区块链、大数据等

---

① 樊丽明：《"新文科"时代需求与建设重点》，《中国大学教学》2020 年第 5 期。
② 马骁、李雪、孙晓东：《新文科建设：瓶颈问题与破解之策》，《中国大学教学》2021 年第 1—2 期。

技术的教育应用相配套的相关法律、公共政策、社会服务等；二是传统文科转变带来的新的学科问题，诸如基于大数据采集和处理等技术而引发的教育管理、教育评价等问题都应成为该专业关注的重点；三是社会发展和人们需求所带来的新的学科问题，如当今社会教育潮流中蓬勃发展的 AI 教育、在线网络教育等智能型教育形态中出现的新的教育管理问题，也将是新文科背景下教育管理专业发展的重要方向。只有把准文科基本特征及文科发展基本规律，才能站在正确的位置提出新文科人才培养机制的创新点。

二 明确新文科人才培养目标

人才培养机制的优化创新首先是时代发展的外在推动。社会的不断进步，对人才的需求也在更新。明确培养什么样的人是新文科人才培养机制创新的目标引领。吴言提出"要培养时代新人，推动文科教育创新发展，构建以育人育才为中心的哲学社会科学发展新格局，不断增强自信心、自豪感、自主性，培养中华文化的传承者、中国声音的传播者、中国理论的创新者、中国未来的开创者"。由此可见，我们复合型人才培养目标的制定需要既凸显专业人文性，又能引领人文社科新发展，同时要紧紧围绕国际国内专业行业的发展。

新文科是对传统文科教育的升华，在中国当前强调社会转型、产业升级、提倡创新的背景下，长期以来占据主导地位的专门化教育理念已经不能适应新文科对培养"复合型""创新型"以及全面发展人才的时代需要，在强调学科融合、文理交叉的新文科建设理念指导下，目前要积极寻求不同专业与学院的合作与融通，重视人文素养与科技应用能力的结合，重视学生技能、信息素养水平、创新创业能力、社会服务能力等综合能力的提升。同时人才培养还应根据新科技、新产业的发展需求，培养具有"创造性适应力"的高级复合型人才[1]。新文科建设的提

---

[1] 张继明：《智造社会背景下一流本科教学的课堂重构——大学教学内向型改革的微观视角》，《大学教育科学》2020 年第 4 期。

出为传统文科的人才培养提出了新思路，对人才的定位更偏重于要求学生主动兼容、学习和吸收其他相关专业的知识或技能，努力培养出超越现在专业局限与学科局限，专业素养高、综合能力强的创新型人才。[①]

从上述学者对新文科人才培养目标的观点中我们可以看出，新文科背景下要培养的是创新型、复合型的人才，这样的人才需要既具有较高的科学文化知识，又具有丰富的人文素养，同时具有国际视野，能解决现实问题，在当前世界全球化竞争中为中国发展做出一定的贡献。

三 推动专业布局融合创新，培养过程夯实专业基础

上述人才培养目标的实现首先需要推动专业布局融合创新，因为专业是人才培养的基本单元。传统的文科人才培养模式，主要依赖单一学科来传授专业知识，这种方式由于过于精细的专业划分、狭窄且专深的课程设置，以及缺乏必要的人文教育，导致学生知识面不广、人格塑造不完善、思维方式局限、创新能力不足。因此，学生难以有效应对现代社会中日益复杂的问题、知识的综合应用以及创新常态化的新挑战。新文科所谓"新"，一方面表现在学科的融合交叉上，与传统文科相比，新文科背景下各学科之间的界限不再泾渭分明，学科之间的交叉融合成为必然趋势。同时，"新"还体现在新一代信息技术与人文社会科学教育深度融合的方式方法上。大数据、物联网等信息技术为新文科建设提供了高效便利的工具，有利于智慧化、个性化的文科教育的实施。因此需要推动专业布局的融合创新，主要从对传统专业的改造、新设符合时代需要的"特色化"专业、课程与教学专业化等方面夯实学生的专业基础，增强核心竞争力。

（一）传统专业"复合化"

新的人才培养目标要求我们优化专业布局，但是专业布局的优化绝不是对原有的否定和颠覆，而是在已有专业发展的基础上进行拓展和深

---

① 张俊宗：《新文科：四个维度的解读》，《西北师大学报》（社会科学版）2019年第5期。

化，以完善自身发展。新文科背景下，专业的优化是指对该专业进行学科重组、文理交叉，以继承与创新、交叉与融合、协同与共享为主要途径，把新理念、新体系、新手段融入专业的人才培养目标和课程体系之中，为学生提供综合性跨学科学习。①

新文科特别突出交叉与融合，各类高校可以发挥各自优势，以情景化问题解决为中心，打破学科壁垒，倡导人文社会学科与其他学科的交汇相融。建立在专业基础相融相通基础上人文社科内部不同学科的跨界、交汇与创新，"将专业理论知识与学科发展实践、社会发展实践进行整合，逐渐摒弃以学科专业目录为指导的专业设置机制，建立起灵活的、可持续的、以现实需求与问题解决为导向的多元主体跨学科专业发展模式。"②

进行跨学科人才培养学科专业的交叉融合是高等教育发展的大趋势，但多年形成的院系专业壁垒，并不那么容易打破，同时还要充分调动不同利益主体合作育人的积极性，通过政府统筹、行业参与、校企合作、协同办学、科教融合、区域联动和国际合作等方式，打破院系之间、学科之间、专业之间、学校与社会之间森严的壁垒，建立起专业的动态调整机制，以及时调整相关专业设置。③致力于构建促进学生全面可持续发展的专业体系，促进学生由知识层面向能力、素质层面的递进和辐射。另外，搭建拔尖人才实验班等平台，也是探索跨学科、跨专业建设，促成不同专业尤其是文理专业融合的一种比较行之有效的办法。

（二）新设专业"特色化"

当前对于专业布局的融合创新可以通过文理、文工、文医、文农交叉融合，形成全新学科专业领域及体系来实现，着力培养复合型创新型

---

① 谢娟：《新文科背景下教育管理专业人才培养机制创新——以济南大学为例》，《山东教育》（高教）2021年第Z1期。

② 段禹、高怡楠：《教育学本科人才培养的目标定位与模式创新——基于新文科建设的视角》，《教师教育学报》2020年第5期。

③ 段禹、高怡楠：《教育学本科人才培养的目标定位与模式创新——基于新文科建设的视角》，《教师教育学报》2020年第5期。

人才。在新专业建设方面可以是文科内部的交叉重组升级,也可以尝试文科与理科的跨界融合,设立有特色的新专业;还可以设置跨学科专业。高校应当跳出学科本位的专业布局理念,改变思维定式,努力寻求专业学科与新科技革命和产业革命、与各种新兴教育形态、与人民群众新产生的需求之间的结合点,以教育学为例,可以尝试在"人工智能+教育""虚拟现实+教育"、社区教育等方面进行试点,建立相关学科。

高校的专业布局受学科自身的发展逻辑以及不断变化的市场逻辑两方面的影响。还是以教育学为例:从学科发展的逻辑来看,新时代的教育学已经走向融合发展的新阶段,衍生出众多新的教育学分支学科,例如教师教育学、教育政策学、教育逻辑学、研究生教育学、计算教育学等,体现出融合与分化并行的趋势;从市场逻辑的角度来看,随着人民群众生活水平的提升,新兴的教育需求层出不穷,但就目前而言,教育学专业似乎没能将学科逻辑与市场逻辑进行很好的融合与转换。面对当前教育学专业知名度相对较小、就业市场承认度低的现实,教育学应努力推动本专业的融合创新,通过应用型人才的培养,致力于将学科发展逻辑转化为市场逻辑,满足人民群众的教育需求,从而体现自身的社会价值,这与新文科建设所倡导的学科融合发展、与新兴产业技术结合的理念一脉相承。①

(三)培养方案"立体化"

专业是人才培养的基本单元,人才培养方案又是专业建设的核心内容之一。但传统人才培养方案侧重知识与技能的培养,对思想、通识、实践教育的重视程度不够。新文科建设提倡交叉融合、需求导向和创新精神,从价值理念、能力、素质等方面对人才培养提出了更高要求。新文科要培养的是学生的公民意识、家国情怀、国际视野;学以致用、服务社会、造福人类的使命感责任感;具备知识、能力和素质的"多元化、

---

① 段禹、高怡楠:《教育学本科人才培养的目标定位与模式创新——基于新文科建设的视角》,《教师教育学报》2020年第5期。

复合型、创新型"人才。因此人才培养方案在新文科背景下需要紧紧围绕人才培养目标来制定,以学生为中心,以成效为导向,强化通识教育,形成"思想教育+通识教育+专业教育+创新创业教育"的立体化培养方案。

具体而言就是通过调整通识教育课程结构及学时学分来拓展学生的知识宽度,以北京语言大学新文科建设为例:培养方案设立由六大模块组成的通识课程群,包括多语能力与文化沟通、文史经典与人文素养、国际视野和文明对话、社会研究与当代中国、科技发展与创新精神、艺术创作和审美体验,涵盖了人文、科技、艺术、政治等多个方面。还要鼓励教师开设学科交叉性强的课程,努力使学生获得广泛的文化艺术修养与道德判断能力,为未来参与公共事务做好知识储备。同时要增加思政、实践类课程的比重,进一步培养学生公民意识、家国情怀、国际视野,增强学生使命感。①

制定上述立体化培养方案,有利于学生养成认知世界、改变世界的心态,培养学生的领导力和跨学科能力,对学生未来就业质量的提升具有明显促进作用,因而对新文科专业建设来说是非常重要的内容。

(四) 培养过程"专业化"

培养过程包括课程和教学两个大的方面,对于不同类型、不同层次的高校而言,由于其办学定位、学科优势、师资力量以及地域特色的不同,对于人才培养不可能遵循同样的一套体系,但目前文科人才培养并未呈现出明显的差异性,具有同质化的特点。并且这种非合理性的人才培养直接导致了人才培养的低效率以及与就业市场的不对口。因此要提升人才就业质量,必须坚持分层分类培养。鼓励高校根据自身实际情况,走特色发展和差异化发展之路。②要走特色发展和差异化发展之路就需要培养过程"专业化"。

---

① 刘利:《新文科专业建设的思考与实践:以北京语言大学为例》,《云南师范大学学报》(哲学社会科学版)2020年第2期。

② 段禹、高怡楠:《教育学本科人才培养的目标定位与模式创新——基于新文科建设的视角》,《教师教育学报》2020年第5期。

1. 课程设计"合理化"

课程是人才培养的核心要素，传统的专业课程设置过于强调专业基础课，导致培养出的学生成为无源之水，这是学科思维逻辑主导的结果。因此课程设置应着眼于学生更好适应当前社会发展和未来变革所需要的知识结构、能力结构和素养结构。

在课程设计方面，当前既存在"国标"要求的基础性课程，以及有利于促进学生全面发展的人文、艺术和自然科学方面的课程和社会调查与研究方法之类的工具性课程开设不完整的情形，又存在课程内容更新不及时、知识容量狭小、课程挑战度低等缺陷，更谈不上构建有效的跨学科复合课程群。[①]

要解决这些问题，首先，应摒弃传统专业学科课程知识的碎片化，在整合传统专业课程知识体系的基础上，建立健全以问题为导向、以课题或项目为依托的跨学科的复合课程群，增大课程容量并与时俱进地更新课程内容，提高课程挑战度。跨学科课程的设置应基于学科本身的专业基础而"跨"，这样既有助于学科相关知识的了解和学习，又可以帮助学生跳出自身的圈子，进入更广阔的社会文化语境中，对所学习的知识有更深刻的理解。

其次，需要根据不同专业人才培养定位，合理构建专业课程体系。对定位于研究领域后备人才的专业而言，专业基础课是十分必要的，但同时也不应忽视积累跨学科知识背景、了解规范的社会科学研究方法以及引入中华优秀传统文化课程，使学生能够立足中国语境、解决中国问题的同时努力构建中国特色的话语体系。对定位于实际运用型的专业在课程改革方面的重点在于缩减一定比例的专业基础课，在通识课中强调信息素养的培育以及跨学科知识背景的增加，而在专业方向课中则要重点强调学科知识背景的重要性，可以要求学生以辅修双学位的形式来完成。对于定位从业的专业而言，首先要坚持自身的学科属性，对于专业

[①] 马骁、李雪、孙晓东：《新文科建设：瓶颈与破解之策》，《中国大学教学》2021年第1—2期。

基础课绝不可敷衍了事，在此基础上根据自身的专业方向调整其他课程设置，尤其注重适当扩大实践课程所占比例。另外，不同学校要因校制宜，如综合性高校要发挥学科综合优势，实现文科与其他学科相互借力助力，在学科专业方面形成"精致文科"的发展局面。①

最后，因为课程是基础和关键，不同课程的有机组合本质上体现了教育理念及教学水平。② 要重视课程设计的"合理化"，合理构建专业课程体系，在整合传统专业课程知识体系的基础上，以问题为导向建立跨学科的复合课程群，注意课程内容的及时更新。

2. 课堂教学方法"多元化"

课程教学方法的创新，应因时制宜采用多元化的方法来进行教学。以教师为中心、以知识传授为目标、以班级编制为组织载体的传统课程教学模式仍在大多数学校和专业的人才培养中占主导地位；人才培养的狭窄化与现实问题综合化的矛盾还比较突出，对符合新文科要求的人才培养目标的支撑力度亟须加强。③ 教学过程应以解决现实问题为出发点，培养出创新型、复合型的人才，因此要推进全要素"课堂革命"，鼓励启发式、研讨式教学，培养学生的创新意识、创新思维。

另外，科技飞速发展的时代对于文科来说是挑战，也是机遇，智能化时代的文科"应积极走进科技的疆场深处，把握新文科建设的历史机遇"④，运用现代科技成果为文科建设服务。首先要提升硬件设施水平，努力为师生营造出人性化、智能化的教学空间；同时还要重视信息技术与课堂教学的融合。例如搭建集多种功能于一体

---

① 谢娟：《新文科背景下教育管理专业人才培养机制创新——以济南大学为例》，《山东教育》（高教）2021 年第 Z1 期。
② 段禹、高怡楠：《教育学本科人才培养的目标定位与模式创新——基于新文科建设的视角》，《教师教育学报》2020 年第 5 期。
③ 马骁、李雪、孙晓东：《新文科建设：瓶颈问题与破解之策》，《中国大学教学》2021 年第 1—2 期。
④ 叶祝弟、张蕾：《新文科之新与人文社会科学研究范式转型》，《探索与争鸣》2020 年第 1 期。

的"慕课"教学平台，建设精品慕课，打造线上金课；鼓励教师使用智能平台进行授课，探索翻转课堂等新的课程模式，打造线上线下混合金课。①

总之，新文科人才培养需牢牢把握课程与教学两个方面，以解决现实问题，以知识、能力、素质为导向培养学生。课程设计应因地因时而变，及时扩充，促进交叉融合，合理构建课程体系。注意避免流于形式的课程设计，关注课程实施与评价等各个环节；须鼓励启发式、研讨式教学，将新一代信息技术与人文社科教育深度融合，充分利用大数据、物联网等工具为新文科建设服务，促进教学方式个性化、智慧化，利用信息技术为教学服务，以提升教育教学质量为出发点和评价标准。

（五）管理教学"协同化"

人才培养是高等学校的根本任务，"教学管理在人才培养工作中发挥着至关重要的作用，从学科专业调整到教育计划的制定；从组织教学运行到质量监控；从建立有效运行机制到优化教育环境；从推进教学基本建设到教育资源的合理利用等，教学管理如同一条'纲'把这一人才培养系统联接起来并使之有序、高效地运转。"② 因此，我们必须促进教学管理制度创新。

1. 实行弹性教学管理制度

当前以管理者为本位，以教学控制为中心的教学管理制度在选课方面学生自由度较低、班级管理制度"专业"占据主导，导致教学管理制度的僵化。这一方面限制了学生的学习自由，不利于适应学生的个性差异；另一方面压抑了教师教学的探索热情，使教师难以根据学生具体学习情况及课程的特点进行教学的灵活安排与调整。"根据形势的发

---

① 刘利：《新文科专业建设的思考与实践：以北京语言大学为例》，《云南师范大学学报》（哲学社会科学版）2020年第2期。
② 葛道凯、李志宏：《适应形势发展　推进教学管理创新》，《中国高等教育》2002年第8期。

展,改革'刚性'较强的教学管理制度,积极推行弹性教学管理制度,是当前教学管理创新的关键。"[1] 弹性教学管理制度是以学分制为主要特征,其本质是尊重学生的自主选择,允许学生分阶段完成学业、允许学生提前或延长修业年限,学生在选择专业、选择课程和选择学习方式上有较多的自主性。文科类专业知识较为零散,这种弹性教学管理制度对于新文科背景下人才培养目标实现有促进作用,激发学生的创新意识与灵活处理问题的能力。此外,弹性教学管理制度对外保持横向交流和纵向沟通。横向交流就是要确立高校之间的学分互认,加强彼此之间的联系,纵向沟通则是学生的学业可以向上下延伸,以此保证所学知识的广度以及深度。

2. 完善以学院、学部为主体的教学管理体制

在大学整体的教学管理改革上,要继续完善以院系作为管理主体的职、责、权。对于具体的教学管理事务而言,各个院系作为管理基层单位,它们与教学活动的关系较为直接和紧密,对于教学管理的现状感受更为敏感和准确,因此应该赋予院系更多的教学管理权限,适度下放学校的教学管理权力,明确学校和院系教学管理的职责权,减少对院系教学科研活动的直接干预,让院系在教学管理改革中担当更重要的角色。例如实行单独自主管理,同时应该授予院系充分的教学自主权,使其能够有效协调与其他专业院系教学资源的使用。各个院校应根据自己的实际情况,努力增加可供创新型、复合型人才培养模式专门使用的教学资源。[2] 以河南大学为例:将教师教育学院、教育学院、心理学院、基础教育研究院等资源进行整合,成立河南大学教育学部(田家炳教育书院),实现教学、科研等资源共享,更有助于学科的长远发展。

---

[1] 葛道凯、李志宏:《适应形势发展 推进教学管理创新》,《中国高等教育》2002 年第 8 期。

[2] 王晓辉:《一流大学个性化人才培养模式研究》,博士学位论文,华中师范大学,2014 年。

四 关注培养主体，组建复合型师资

要实现新文科人才培养目标需要对人才培养机制进行创新，创新的关键是发挥人的主观能动性，而学生和教师正是这一过程中的主要参与者，因此需要关注生源构成、学生学习动力的培养与激发、师资队伍建设。

（一）生源构成与志趣培养

人才培养正是对于学生的培养，学生是独特的人、是发展中的人，每个学生都有自身的独特性、有巨大的发展潜能。因此需要注重学生的不同特点，激发培养主体的发展潜力。

1. 生源构成要更新

人才培养质量高低受诸多因素影响，特别是当前新文科强调学科交叉融合，因此在招生方面就要摆脱分科分类的人才选拔传统。传统的文理分科中形成的高校专业人才选拔方式使得"文科"专业生源构成相对单一，在此背景下新文科建设强调的培养创新人才、促进学科交叉融合等在实现过程中存在阻力。

当前中国在学科交叉融合创新上难以产生"化学反应"。文科学者之间、文科学者与理工农医学者之间因教育背景、学科训练、研究对象以及所使用的方法和工具等方面的差异，无法有效地利用技术工具或其他学科的理论和研究方法来解决所在学科、专业领域的前沿问题和重大问题。要解决这一难题，一方面需要组建跨学科跨学校跨部门的学科交叉融合创新平台；另一方面在生源构成方面要多样化。以法学为例：现在应当鼓励有条件的法学院尽可能多地招收理科生，让文理科的学生形成合理的比例。法学教育从历史形成来看，它应是精英教育和职业教育的结合，生源质量是法学教育质量的基础。现在应当鼓励有条件的文科专业尽可能多地招收理科生，使生源结构形成合理的比例，理科思维方式与文科知识配合，实现新文科领域的突破，解决前沿问题。

2. 培养学生志趣，激发内在学习动力

根据行为科学理论，人的行为是由动机支配的。一个人学习积极性的高低，干劲的大小，取决于他是否具有进行这项学习的动机以及动机的强弱。也就是说激发内在动机才能挖掘其巨大的潜能。

现在大学中常用立志教育与基于竞争性考试成绩排名的一系列奖惩措施，这两种方法分别取自志向的内容与形式。但是"立志一旦成为教育内容，就难免成为价值灌输，与现代社会的多元价值环境格格不入，难以获得真诚的认同"。[1] 另外，通过考试竞争（包括评优和淘汰）来强化学生的学习易使消极的外在压力替代健康的内在动力。但单靠激发兴趣也并不能长久地使学生拥有学习动力。因此，我们需要探究一种稳定持久的内在学习动力，即志趣。

大学本科的通识教育是形成"志趣"有效的制度化途径，专业的选择是"志趣"养成的第一步，但是在选择专业之前需要学生认识自我才性、了解社会的需求以及不同专业的内容、价值与前景。这些主要依靠大学的通识教育完成，这对于文科专业尤为重要；"志趣"的进一步养成需要教育资源及优质学生的师徒制、人格化培养，增加师生交流机会，耳濡目染影响学生，激发学习动力；创造学生"志趣"养成的理想环境——具有荣誉感、志同道合的教学共同体；教师帮助学生通过不同方式认识自己，发现自己的天赋特长；管理与评价上应给"志趣"的养成留有余地。[2]

由于人文社科的学术成果需要长期积累，因此更需要培养学生的志趣，使他们形成一种持续不断的学习动力，解决现实问题，实现学科交叉融合以及理论的创新，成为"创新型""复合型"的新文科人才。

---

[1] 陆一、史静寰：《志趣：大学拔尖创新人才培养的基础》，《教育研究》2014 年第 3 期。

[2] 陆一、史静寰：《志趣：大学拔尖创新人才培养的基础》，《教育研究》2014 年第 3 期。

（二）重塑基层学术组织形态，组建复合型师资队伍

基层学术组织是以学者为核心、以知识生产为目标、以协同创新为途径的基本学术单元。高校教师一般是基层学术组织中的一员，在新文科人才培养过程中要注意重塑基层学术组织形态，组建复合型的师资队伍。

目前组成高等学校基层学术组织的学者们大多是专门化教育的产物和受益者，习惯于专门化教育形塑的知识结构和"深井式"的研究视野，无法有效地利用技术工具或其他学科的理论和研究方法来解决所在学科、专业领域的前沿问题和重大问题。基层学术组织承担着知识创造和人才培养的主要职责。因此高等学校要以文科领域的某一学科门类为主，吸收文科内部的其他学科门类的学者和其他学科门类愿意参与主体学科横向拓展工作的学者共同组建基层学术组织，以打破受传统学科建设理念指引的以传统院系、教研室或课程组为单位的条块分割的学科壁垒。[1]

另外，受师资队伍的限制有些高校文科专业的课程体系往往是"各行其是"的学者间平衡的结果。这不仅需要努力打破由一名教师主讲一门课程的传统教学形式，把其他学科专业优秀学者引进来，从而突破单一学科专业在认识论、方法论方面的局限；还应双向推进，组建复合型师资队伍。培养复合型人才离不开专业的复合型师资队伍，要在明确专业发展机遇的基础上，利用"引进来"和"走出去"两种策略。一方面通过聘请校外专家、与知名高校建立合作等方式引进教育理念和师资力量，另一方面鼓励教师到知名院校访学、与企事业单位交流、参加教师发展培训，提升自我。[2]

五 加强人才培养质量保障机制建设

为保障人才培养质量，培养一批优秀新文科人才，需要社会、政

---

[1] 马骁、李雪、孙晓东：《新文科建设：瓶颈问题与破解之策》，《中国大学教学》2021年第1—2期。

[2] 谢娟：《新文科背景下教育管理专业人才培养机制创新——以济南大学为例》，《山东教育》（高教）2021年第Z1期。

府、高校等通力合作，协同推进，共同构建系统化的人才培养质量保障机制。

（一）充分发挥政府的宏观调控和资源配置作用

评价体系是人才培养机制创新实施情况的关键影响因素，是具有导向作用的"指挥棒"。首先，政府要构建以人才培养质量为核心的评价指标体系，特别是在进行学科评估、高层次人才遴选、经费绩效考评等方面，要进一步强化人才培养质量的核心地位。

目前学科评价体系侧重于对某一学科领域的纵向发展成效评估，尚未对学科横向扩展与交叉创新能力给予足够重视。坚守传统学科、传统专业的价值追求，对探索学科交叉融合创新以及新文科转型发展激励不足，因此需要改革完善评价体系，以更好引领新文科人才培养机制创新，激励新文科走向综合化。在学科评价上，学科分类与设置是构建学科评价体系的基础，因此要摒弃"一刀切"的做法，坚持分类评价，根据不同学科及成果特点制定相应评价标准。对于基础类研究，强化"代表作评价"制度，关注标志性成果的贡献度以及影响力，侧重评价其在推动理论创新、思想进步和文明传承等方面的贡献。对于应用类研究，应突出质量和效用导向，处理好学术性成果和智库性成果的关系，处理好独立研究成果与团队合作成果的关系，将咨政研究成果纳入评价体系，侧重评价其在服务国家战略需求、解决经济和社会发展问题上的能力。适应新文科知识创新创造的现实逻辑和未来趋势，打破学科设置过细过窄的趋势，尤其是官方学科评估、专业评估和"双一流"建设绩效评估都要发挥引领作用，要从实质上建立有助于推动新文科交叉融合创新的评价标准。[①]

其次，政府在选拔高校领导时要特别关注其对于人才培养的重视程度、采取的相关措施及效果，将人才培养工作结果作为考核奖惩、任免的依据。对于重视人才培养，积极实施相关措施并取得一定成效的，给

---

① 马骁、李雪、孙晓东：《新文科建设：瓶颈问题与破解之策》，《中国大学教学》2021年第1—2期。

予相应奖励、提拔；对于不重视人才培养质量、在职期间忽视学生的创新能力培养，不关注教师灵活教学的人员，进行诫勉谈话，必要时对其降级等。

最后，在经费方面，政府可采取将现行的以学生人数为基数的拨款机制与人才培养质量系数相结合的创新型拨款机制。对于人才培养质量的测量方式，我们进行评价时要充分利用信息技术以及大数据分析，对学生创新能力以及跨学科素养、学生对于教师及学校的满意程度、用人单位对学生的满意度等方面进行综合评估，力求达到真实客观。

(二) 高校将人才培养工作放在中心地位

在高等学校的人才培养、科学研究、社会服务三大职能中，人才培养居于首位。高校是当前新文科人才培养质量保障体系建立的关键，需要把促进学生发展、提高人才培养质量作为学校各项工作的出发点和落脚点，从育人环境建设、评价指标更新、激励机制确立等方面进行引导。

育人环境建设方面：既包括以教学楼、体育场、学生宿舍、图书馆及图书资料、仪器和课桌椅等教学设施为代表的硬件环境，也包括校风学风、管理制度、师资力量、专业设置及课程资源等非物质形式的软件环境。高校要不断激发学生的学习兴趣和积极性。在软件环境方面，要营造以学生为中心、有利于学生成长的良好氛围。如安排高水平教师为本科生授课，探索"双师型"授课模式，将科研成果转化为教学内容，健全教学管理制度，为学生个性化发展提供条件和机会，加大学生实践活动和国际交流力度等。[①]

评价指标更新方面：当前各高校在学术评价方面还广泛存在着将成果质量等同于期刊影响因子的评价方式，并未真正建立起以能力和贡献为导向的科研评价和激励机制；高校对教师的科研考核、职称评聘看重论文及专著的数量，对教师的科研成果创新性以及是否是学科融合创新成果关注不足。首先我们需要根据文科的特点，以利于人才培养与科学

---

① 吕思思：《高校"双一流"建设中的人才培养工作思考》，《科教导刊》2017年第29期。

研究协调发展为目标，学术成果要将质量放在首位，着力构建面向立德树人、面向理论和实践创新质量的评价标准和评价体系；要综合考察教师的学术道德、治学态度、个人作风等多个维度，反对浮夸浮躁、投机取巧，营造风清气正的科研环境；协同政府和兄弟高校的力量探索建设高水平国内学术期刊，努力破除"洋论文"迷信；做更前沿更具挑战的基础研究，缩小在前沿科技领域与领先国家的差距，为中国未来的发展奠定更加坚实的基础。[①] 其次，需加大教师教学质量的考核力度。将教学质量考核结果与职称评审、岗位聘任、津贴发放、评先评优等教师的切身利益相挂钩，对于优秀者予以奖励，对于不合格者予以警示，构建教学质量良性循环机制。[②]

激励机制确立方面：建立健全教师教学质量激励约束机制，以更好保障人才培养的质量。对在教学工作和人才培养工作中有贡献的教师予以奖励表彰，激发教师的责任感、荣誉感和使命感。对于不能胜任教学任务的教师建立预警与退出机制，使其感受到外在的压力，激发从事教学工作的动力[③]。

（三）完善通识教育及学生评价机制

当前人才培养目标的实现在学生方面除了需要生源构成更新之外，还需要学生对于所学知识有持续稳定的热情。通识教育的目标就是在现代多元化的社会之中，为受教育者提供通行于不同人之间的知识和价值观。当前部分高校采取本科阶段实行一段时间的通识教育，这有助于学生了解到更为全面的知识，并且对自身兴趣有更深入的把握。文科与理工科不同，文科学生在专业学习开始前更需要这种通识教育，在了解文科不同领域的基础上才能选择出适合自己的方向，因此在保证生源结构

---

① 马骁、李雪、孙晓东：《新文科建设：瓶颈问题与破解之策》，《中国大学教学》2021年第1—2期。

② 赵韩强、刘莉萍：《"双一流"建设背景下人才培养质量保障机制研究》，《工业和信息化教育》2021年第2期。

③ 赵韩强、李亚汉、张宇鹏：《"三位一体"高校教师教学发展机制研究与实践》，《当代教育理论与实践》2018年第2期。

创新的基础上要大力发展通识教育，使学生了解广博的知识，进而根据学生的基础、兴趣爱好及个人需求，为其定制个性化培养方案；注重调动学生的学习积极性和主动性，教师要根据文科的特点，以解决实际问题为切入口，采用灵活多样的授课方法，激发学生的学习兴趣，调动学生的学习积极性；为保障人才培养质量，需建立学生学业预警机制：充分运用大数据分析技术和信息化手段，对有学业困难的学生早发现、早提醒、早处理，针对不同学生的问题采取不同的改进策略和方法。

除此之外，针对当前高等教育学生评价中存在的问题，也需要进行改进。当前毕业生就业的专业对口情况在本科教学工作审核评估过程中要进行考核的做法，有悖于新文科建设的目标与价值追求；研究生学位论文评价指标体系中存在论文选题是否符合专业培养要求的内容问题，如果研究生毕业论文是跨学科研究成果，论文评阅者会认为其不是本学科或本专业的研究成果，进而放弃评阅或投否决票。在学生评价方面应将毕业生就业专业对口情况在本科教学工作审核评估考核中比例降低，适时鼓励学生探索多种就业路径与领域，跨专业灵活就业，研究生学位论文在符合文科专业培养要求的基础上适度放宽选题范围，对于跨学科、交叉领域选题给予一定支持。

只有建立完善的人才培养保障机制，融合多方力量共同努力，新文科人才培养机制实施才能更有效，人才培养目标才能顺利实现。

第五章 新文科师资队伍建设

中国语境下的新文科一词于2018年5月召开的教育部产学合作协同育人项目对接会上被首次提出。2019年4月29日，教育部、科技部等13个部门联合启动"六卓越一拔尖"计划2.0，要求全面推进"四新"建设，新文科建设正式实施。虽然新文科建设在中国相对于新工科、新医科等学科建设而言起步较晚，但在构建中国特色的哲学社会科学体系的背景下，其重要地位不言而喻，发展备受重视。2020年11月3日，新文科建设工作会在山东召开，会议发布了《新文科建设宣言》，强调新时代新使命，擘画了新文科建设的"施工图"，新文科建设迈入实质性的建设阶段。

新文科概念的提出既满足了时代变化下中国对高素质人才的需求，也促进了科学研究的不断创新。教师是教育活动中的主体，在新文科的建设过程中，师资队伍的建设是新文科建设的重要环节。新文科的建设需要各教师运用跨学科思维，借助科技，通过交叉融合各学科进行创新，打破学科的壁垒，推动文科的发展，塑造有中国话语权的人文精神思想，构建有中国特色的社会文化秩序。新文科建设的创新性、多元性、融合性和发展性等特点对高校教师的素质、水平和能力提出了更高的要求。

第一节 新文科教师专业发展

新文科教师专业发展是指在新文科建设背景下，教师不断更新知识、提高专业素养、增强教学能力的过程。随着新文科建设的深入推进，教师专业发展也面临着新的机遇和挑战。新文科教师专业发展需要教师具备跨学科知识与能力、创新教学方法、学术研究能力、国际视野和持续学习与自我更新等。只有这样，才能更好地适应新文科建设的需要，为培养高素质文科人才作出贡献。

一 文科教师专业发展内涵诠释

文科教师专业发展主要指的是文科教师在其职业生涯中，通过不断的学习、实践和反思，提升自身的教育教学能力、学术研究能力、跨学科融合能力以及专业素养等，从而更好地适应新文科建设的需要，为学生的全面发展提供优质的教育服务。文科教师专业发展是一个综合性的过程，需要文科教师在教育教学、学术研究、跨学科融合以及专业素养等多个方面不断提升自身的能力和素质，以适应新文科建设的需要，为培养高素质文科人才作出贡献。

（一）教师专业发展的内涵

教师专业发展的基本内涵包括"教师专业"的发展与教师的"专业发展"。前者主要是从教师群体素质来说，强化教师专业的发展与标准制定，从制度、体制等方面来保证教师专业的发展与独立，重视制度与体制建设，为教师专业发展立法并奠定教师专业地位。后者是从教师个体素质来诠释专业化的教师是什么样的，强调教师由非专业人员到专业人员的转变，主要是看教师自身内在素质诸如专业情意与态度、专业知识、专业能力的发展与成熟是否达到教师专业标准。①

作为中国高校学科建设中的一个组成部分，文科专业承担着培养现代化人才的重要职责，随着中国高等教育改革的不断深化和对学科专业的调整，重视学科间的双向交流、知识与实践的相互作用，以及不同学科相结合的具体应用成为当前高校文科教育的一大趋势，这对于传统知识形态下掌握单一学科的文科教师来说无疑是一项崭新的挑战。教师的专业发展涵盖了教师的整个从业生涯，是教师逐渐将自己的职业升华为一门专业的全过程，这一方面包括教师对所学专业内容的不断丰富，另一方面也包括教师自身从业能力的不断加强。应该说，专业发展既涵盖"讲什么"，同时也囊括"如何讲"的问题，只有将二者有机结合，教师才能真正将自己的知识储备以最佳的方式传递给学生，并最大化地发挥知识的作用。当然，在此基础上，教师专业发展所包括的内容还不仅仅局限于教师教学内容和教学方法的更新与发展上，还应该包括专业理念和专业道德。它要求教师首先在专业理念上要树立正确的教师观、学生观和课程观，此外在专业道德上要具有爱岗敬业、为人师表的师德师风。由此可以看出，教师的专业发展是专业理念、专业道德、专业知识、专业能力四个方面共同作用的结果，也就是说，只有在这几个方面共同进步，才是真正意义上的教师专业发展。②

（二）文科教师专业发展的特点

文科教师的专业发展具有自身特点。首先，文科教师的教学内容与社会文化大环境紧密相连。相比于理工科老师来说，文科教学内容普遍与社会文化、社会政治、公共事务等联系紧密，比如文艺学、宗教学、社会学等学科更是以社会文化大环境为直接研究对象，因此文科教师所讲授的内容更容易与时下的社会生活挂钩，与大学生的实际生活挂钩。这就要求文科教师在自己的专业发展过程中，既重视专业知识，同时还

---

① 张忠华、况文娟：《论高校教师专业发展的缺失与对策》，《高校教育管理》2017年第1期。

② 杨旭：《高校文科教师专业发展的团队建设研究》，《中国成人教育》2016年第24期。

应了解社会文化的发展脉搏，运用科学的视角和方法来阐述社会文化的热点问题，才能更好地将现有知识与时代发展进行更好地衔接。其次，文科教学内容多侧重理论知识的积累，理论性强，多数内容对于本科阶段的大学生来说不易理解。理论性强是文科教学的一个重要特点，不论文学、历史学，还是政治学或法学，这些文科专业的课程均以专业性极强的理论知识点为讲解重点，而且多数的内容都涉及悠久的历史和不同国家思想发展的积累，抽象的思维过程对于学生来说相对艰深。由此，联系历史与现实、综合理论与应用是文科教师专业发展过程中一个迫切需要解决的问题。最后，文科教学受到其教学内容的影响，在具体的教学过程中不同于理工科教学实验课、动手操作课的方式，而多以单纯的课堂讲授进行，这就容易造成学生在接受知识的过程中产生疲劳感，而老师在长期的课堂讲授中也容易出现职业倦怠。这就要求文科教师在专业发展方面要比理工科教师更为关注教学方法，即"怎么讲"的革新，既要不断充实课程内容，与时下社会文化热点紧密结合，同时又要在教学方法上不断创新，使学生不光被动地听课，还能主动地参与到课堂中来。

（三）新文科建设下教师专业发展的必要性

第一，新文科建设带来的新使命、新要求和新任务要求教师进一步提升自身的专业水平。教师只有不断发展专业水平，才能适应时代发展需要，从而更好地提高教学水平，实现新文科建设下人才培养目标。第二，在信息化与智能化时代，多媒体技术以及大数据、虚拟现实技术、人工智能技术等现代信息技术已成为教育教学的重要手段。迅猛发展的科技催促着教师们快速学会利用"互联网+"的科技手段提升自己的专业知识和能力，以满足新文科建设下大学教学的新需要。教师要利用"互联网+"技术挖掘和分析大数据，做出学情分析，了解学生需求，然后有的放矢地进行课程准备；利用"互联网+"教育平台为学生打造智慧课堂，并重构教学生态系统，同时，教师也可以利用"互联网+"教育平台完成自己的专业发展培训和实践。第三，新文科建设下，国家高等教育改革与发展要求提出，教师不仅要提高自身的专业水平和发展能力，还需要提高自身的道德修养与思想境界。教师要在教学中融入课程思政，帮助学生通过了解和对比不同文化，建立文化自信，树立家国情怀和责任意识。

二 新文科建设下教师专业发展存在的问题

师资水平是新文科专业建设的关键，相对于传统的教育学科师资队伍，新文科背景下的师资队伍主要区别在跨学科的专业性上。在实践过程中，中国高校教师专业发展仍存在诸多问题，主要表现在发展意识、发展内容、发展方式、发展过程、发展保障五个方面。[①]

（一）发展意识：被动胜于主动

教师自身注重专业发展是提升教师教学质量的前提。专业发展是高校教师职业发展的趋势，专业发展主体意识对于教师教学质量的提升具有较强的正向促进作用。目前，中国部分高校在师资队伍建设过程中忽视了教师发展的重要性和必要性，导致教师专业发展主体意识不强，使部分教师丧失行业竞争力，习惯于现有的发展环境，进而对于工作中产生的危机难以有效地感知，影响教师的职业发展。教师难以发现自身存在的不足与问题，难以在教学工作中形成良好的反思机制，导致教师缺乏对于自身专业发展的责任感以及提升教育教学质量的意识，不利于教师自身的发展和学生学业的进步，无法保障教师和学校的教学质量。同时，部分教师对专业发展的内涵认识十分模糊，对专业发展活动的参与缺乏主动性，从而导致专业发展进程缓慢或者收效甚微。另外，高校教师专业发展多采用指令式的"自上而下"模式，这种模式主要体现上层意志，教师专业发展政策制定主要取决于学校或学院上层管理人员的经验和判断，而作为发展主体的教师却处于被动的角色位置，教师在专业发展内容、方式的选择上少有自主权，导致专业发展内容与教师的实

[①] 杨海燕、李硕豪：《回顾与前瞻：我国高校教师专业发展问题研究十年——基于2005—2014年国内高校教师专业发展的文献资料》，《中国大学教学》2015年第4期。

际需求不一致。

(二) 发展内容：科研高于教学

一是高校教师在教学过程中承担了过多的科研任务，投入自身教学工作的时间和精力较少，影响了其学术研究，不利于教师专业发展。二是在高校教师专业发展过程中，受利益机制和职称晋升制度的影响，高校教师在落实教学任务的同时，不仅有继续进行深造的需求，而且还有科研工作的考核压力，这不利于教师自身的可持续发展。三是高校教师入职后，面临多方面的压力，尤其是目前高校教师的工资津贴大多数与科研和职称挂钩，他们无法安心教学与从事科研，教师专业发展的动力不足。

(三) 发展方式：形式重于内容

高校开展的教师专业发展活动，往往是形式重于内容，不能实现专业发展目的。以高校初任教师岗前培训为例，它是初任教师进入高校必须接受的培训，关系到高校教师今后教学、科研和服务工作的合格程度和规范程度，其重要性不言而喻。但目前的岗前培训严重缺乏针对性，培训内容单一，培训方式老套，以教育学、心理学等课程的理论讲授为主，从理论到理论，从书本到书本，使非常有意义的岗前培训因缺乏对教师实际教学工作的针对性而很难起到应有的作用，变成走形式、走过场。[1]

(四) 发展过程：个人先于集体

目前，高校教师专业发展多拘泥于教师个体，而忽视教师群体。实际上，对高校教师专业成熟程度的衡量，不仅包括教师个体维度，还包括教师群体维度，单纯的个体专业成熟并不能代表教师整体专业化水平的提高。长期以来，大部分高校教师都是通过孤立的个体反思和实践方式学会教学与科研，高校中教研室往往形同虚设，少有教学和科研的交流活动。[2] 在今后的高校教师专业发展过程中，应注重教师个体发展和

---

[1] 曲铁华、冯茁：《基于学术特质的高校教师专业发展论》，《教育研究》2009年第1期。

[2] 王楠：《高校教师专业发展的现实性问题研究》，硕士学位论文，黑龙江大学，2009年。

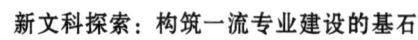

群体发展的融合，多开展教师群体间的合作和交流活动，以群体发展促进个体发展，个体发展得到后，又会转而促进群体发展。

（五）发展保障：制约多于支持

现有的高校教师专业发展缺乏相应的保障措施，其制约程度大于支持程度。在组织机构上，中国只有少数高校设立了教师专业发展的专门机构，难以保障教师专业发展活动的持续性和经常性。在规章制度上，诸如教师评聘制度、薪金制度在内的相关配套性制度不够完善，教师专业发展的评价体系也尚未形成。此外，教师专业发展的过程中，由于缺乏相应的激励措施，教师专业发展往往流于形式，难以获得预期的效果。

三　新文科建设下教师专业发展的可行路径

新文科建设下教师专业发展的可行路径包括加强跨学科学习与研究、创新教学方法与手段、提升学术研究水平、加强师德师风建设以及推动产学研用深度融合等方面。这些路径的实施需要教师的积极参与和努力，同时也需要学校和社会的支持和帮助。

（一）观念层面

科学的教师专业发展观至少涵盖以下几方面的内容：教师个体自主发展的观念、教师群体交流合作的观念、实践与反思相融合的观念及终身学习的观念。此外，有学者提出，还应树立教师全面发展、和谐发展和可持续性发展的观念。[1] 教师应树立终身学习和探究学习的理念，促进知识更新和知识结构的优化。大学教师需要着重关注与教学和科研相关的知识。在教学方面，教师知识包括内容知识、理论知识、教学知识、学习者知识、情境知识、社会文化知识。由此可见，新文科建设背景下，大学教师不仅需要与时俱进地了解国家社会发展需要，明确人才培养的定位，在课程设计中融入社会主义核心价值观，还要结合"互

---

[1] 叶小明：《高等职业院校教师专业发展研究》，博士学位论文，华中科技大学，2008年。

联网+"技术,配合相应的教学法,知道如何教,并针对学生的个体差异进行个性化评价。大学教师还需要不局限于语言和文学,掌握信息素养、跨学科领域、教学实践运用以及测试评价等方面的知识。在科研方面,大学教师应关注国际社会文化和各学科的前沿研究,积极学习各种相关的科研方法,参加学术交流和课题研究等活动增强科研信心,提升科研能力,从而激发科研创新。

观念的树立离不开文化的营造。通过文化营造形成文化自觉,有助于促使高校教师主动地进行自我反思,从自身出发,理解自己,理解对方;同时也有利于促使高校教师不断地进行自我更新,通过剖析自我专业结构、设计和实施自我专业发展计划、调控自我专业发展方向等措施,达到自我发展的目的。具体而言,文化氛围的营造可通过三条途径:培育凝练大学精神,引导教师树立正确的价值观;优化环境文化,提供教师发展的诗意空间;增加人文关怀,激发教师的发展活力。[①]

(二) 制度层面

观念通过制度得以确立,并获得合法性。要促进高校教师专业发展、促使发展观念深入人心,就必须扫清制度障碍。第一,确立专业标准。在高校教师专业标准上,只有《中华人民共和国高等教育法》《中华人民共和国教师法》和《教师资格条例》中对教师的任职、培训以及基本义务做了简单规定,除此之外,迄今尚未出台过详尽的专业标准或教师发展框架。因此,当前很有必要制定高校教师一般专业标准或发展框架,为高校教师发展提供可依循的标准和制度保障。第二,严格教师资格认证制度,细化对教师专业性向、教育教学能力、职业道德等方面的要求,提高高校教师的学历门槛,并落实先取得教师资格再上岗的制度。[②] 第三,改革教师评价制度。重新权衡现行的高校教师评价标准,增加教学水平和教学效能评价的权重,从师德师风、教学组织、教学理念、教育效能、学术水准、知识综合、知识创新等方面全面评价高

---

① 姜羡萍:《以大学文化建设助推高校教师发展》,《高等教育研究》2013年第8期。
② 李春梅:《我国高校教师专业发展:问题与对策》,《黑龙江教育》2010年第7期。

校教师。第四，改进职称晋升制度。促使职称晋升标准向教学倾斜，摒弃传统排辈论资的职称晋升模式，按照贡献量的大小晋升。第五，健全教师培养机制。根据教师所处的发展阶段，确定相应的培训目标、培训内容和培训方式。第六，构建高校教师专业化成熟度测评体系。对高校教师群体在科学研究、教育教学等方面的总体发展水平进行标准化的度量和评价，高校教师个体借此明确与专业标准的差距，从而进一步确定工作改进方向。

（三）组织层面

制度的运行依靠相应的组织。高校教师专业发展制度的运行、活动的实施，都要以组织为载体。首先，要构建专业共同体。高校教师以专业为单位，其工作环境、教育对象、教育任务、教育实践等具有高度相似性，可通过建立教师专业共同体，如各种研讨会、共同项目、网络交流平台等，促进教师间的交流与合作，提升教师群体的专业水平。其次，要建立专门机构。高校教师专业发展需要通过一定的组织机构来实施，这既是教师专业发展的有效途径，也是教师专业发展实现组织化和制度化的重要保障，更是教师专业发展活动实施的载体。具体而言，在机构的服务对象上，应面向全体教师，重点突出青年教师，同时兼顾研究生助理；在机构服务内容上，应以提升高校教师教学能力和水平为主要目标，以提高人才培养质量为主要目的，此外，还要兼顾高校教师全面发展的需求。[①] 最后，要提升职业认同感，增强教师专业发展意识和动力。高校管理者和领导要做到深入钻研教师教学的课程性质、功能和价值，增强教师的职业认同感；更加重视教学效果的科学评价机制，持续强调或突出高校教师在教学工作中的重要性，提升高校教师的工作承诺度；突出教师工作的重要性，按照职业认同的相关特征和发展轨迹，将关怀和鼓励具体到每一个教师个体，在引导高校教师逐渐适应并坚守本岗位工作的同时，做到引领高校教师对各自所从事的职业形成科学正

---

① 庞海芍：《大学教师发展中心的功能与运行机制研究》，《国家教育行政学院学报》2012年第8期。

确的认知、树立自我发展意识。当然，高校教师也要不断地通过反思、合作等一些主观内在的心理实践活动，帮助教师个体逐步形成教学生活，成为教育实践的自觉的独立主体。

（四）行动层面

观念、制度、组织层面的努力，最终要落实到个体的行动层面上。高校教师是专业发展的主体，要自觉地寻求专业发展。第一，确立专业自我。高校教师要改变自我角色定位，从自我与角色相统一的"生命人"的角度看待自己。此外，高校教师还要学会良性地自我暗示、自我调节，懂得悦纳自己、悦纳工作、悦纳生活，并注重心理保健。[①] 第二，进行实践反思。通过教育实践反思，可以提高教师的创新能力和教学水平。高校教师在教育教学的实践过程中，要善于分析教学现状，发现问题，从不同角度审视问题，搜集与问题相关的信息和材料，明确解决问题所要达到的目的，择优选取解决问题的方案，并对反思性教学进行阶段性总结评估。第三，参与专业合作。教师专业群体组织在一起，进行资源共享、意见交流，可以实现教师个体无法达到的发展目标。高校教师进行专业合作的具体形式有：教学研讨、项目参与、民主共商、服务合作。第四，提升信息技术和数字素养。在智能技术与教育教学深度融合的时代，随着教育现代化的推进和新文科的发展，将学科教学、科研工作与现代科学技术相结合是发展的大趋势，教师必须不断提升自身的信息技术应用水平和数字意识，学习相关的技能，有意识地转变自身的角色，逐渐从传统教学模式中的教育者转变为智慧时代的学习者。能够灵活运用基于"互联网＋"、AI技术、大数据可视化技术等新型教学模式，积极采用慕课、微课、翻转课堂、虚拟仿真实验实训教学等新型教学方式，以及研讨式、案例式、体验式、实操训练式、阅读指导式等文科教学行之有效的教与学的方式。[②]

[①] 李春梅：《论高校教师专业自我的缺失与确立》，《现代教育科学》2010年第9期。

[②] 何万国、兰刚：《地方高校新文科专业建设策略》，《重庆文理学院学报》（社会科学版）2021年第3期。

第二节 新文科教师能力标准体系

相比传统文科人才培养注重专业性、理论性、辨识性、继承性等特点，新文科人才培养注重的是复合性、实践性、应用性、创新性等特点，素质要求更加全面。培养新文科人才的关键在教师，与新文科对人才素质的基本要求形成比照，目前部分文科教师在知识、能力、价值观等方面仍然存在不适切的表现。高校教师在教学观念、人才培养、教学改进等各个链环上都有自身独特的内涵。

一 文科教师基本素养与新文科要求的现有矛盾

从本质上看，文科教师的基本素养与新文科要求之间并不存在矛盾，而是相辅相成的关系。文科教师的基本素养，包括扎实的学科基础、良好的教育教学能力、深厚的文化素养、创新精神和创新能力等，这些素养都是新文科建设所需要的。文科教师的基本素养与新文科要求是相互促进、相互支撑的关系。文科教师应该不断提升自身的能力和素质，以适应新文科建设的需要，为培养高素质文科人才作出贡献。同时，学校和社会也应该为文科教师提供良好的发展环境和支持，促进文科教师的专业发展和成长。

（一）学科归属专一，缺乏知识交叉

借鉴苏联学科建设的基本模式，中华人民共和国成立以来的人文社会学科建设一度细化和明晰。学科分化使各个学科在哲学基础、研究对象、研究方法等方面存在明显的差异，各学科逐渐形成了各自的研究范式。窄化的学科专业教育导致其培养的人才在知识结构上单一，知识面较窄，学科交叉意识和能力不足。学科专一的研究生被大批招聘到应用型本科院校任职，这对培养"宽口径、厚基础"的应用型文科人才来说不仅存在知识瓶颈的问题，也存在能力局限的问题。一方面，学科本

体知识和方法论知识之间存在失衡。这些教师大多对某学科的本体知识，即学科的元认知知识和专业知识掌握颇多，但是在知识的拓展应用或者知识与实践结合的方法论知识的掌握方面比较欠缺。另一方面，教师开展学科内课题研究的能力较强，但是将学科研究结论向教学转化迁移的能力欠缺，由此导致一定范围内的教学和科研脱节。从长远来看，这不仅不利于学生的专业培养，也不利于教师自身的学科专业发展。比如，一个教育学学科背景的教师，如果只掌握教育学的知识，不具备一定的社会学、管理学、文化学等其他学科知识的交叉，不仅不利于教师自身的跨学科创新性研究，也不利于启发学生的创新思维，扩大其专业视阈，培养其专业能力。

(二) 依赖传统教学思维，观念革新迟缓

思维力是个体借助过往经验和已有知识积累，对问题进行全面、深入思考，以求得问题有效解决的能力。这一能力对所有人都很重要，对于文科学生来说更是至关重要。因为文科学生相比于理工科学生，其更多的时候是提供问题解决的思路和方向，而不是进行具体的操作。所以，文科教师理应在知识传授的同时，更注重培养他们的思维能力，即遇到问题时，能认清问题的本质、分析问题的原委、找到问题解决的关键点和用力方向。这种能力的培养依托的课堂教学模式应该是启发式、探究式、互动合作式，而非单纯的授受；课堂教学手段应该是多样的，翻转课堂、慕课、微课等新型教学手段与黑板加粉笔的传统手段结合使用。但是，目前文科教师在教学过程中，秉持传统"三中心"理念的还不乏其人。这既与教师们保守的教学观、师生观、学习观有密切关系，也与他们在课堂教学模式上的路径依赖有关。毕竟对教师习惯、学生熟悉的教学方式进行改革是需要付出成本的，而且效果还不得而知，与其冒这样的风险，还不如因循守旧，维持原有的教学状态。正是部分文科教师在教学过程中欠缺教育教学观念的转变、缺乏变革的魄力和持续学习的动力，所以文科课堂教学改革一直比较迟缓。

二 新文科视角下教师教育教学能力的特质分析

贯彻立德树人的根本任务,培养符合要求的新文科人才的关键,在于拥有一支与其要求相匹配的"德才兼备"的师资队伍。根据新文科的核心要义,结合文科教师基本素养与新文科要求的不适切,可从"德""才"两个角度探讨新文科视角下文科教师教育教学能力的构成。其中,"德"主要体现为教师的思想政治品质、文化自信和职业信念。"才"主要体现为教师的知识素养、教学能力素养、信息技术素养以及长效学习素养等方面。[①]

(一) 正向积极的思想政治品质和文化自信

习近平总书记在全国教育大会上指出,培养什么样的人,是教育的首要问题。新文科建设中,要培养学生坚定的政治觉悟、良好的思想水平、道德品质和文化素养,离不开有德性的教师。所以,新文科背景下,对文科从业教师的基本要求更强调将"教书"和"育人"结合起来,树立立德树人的思想,既担负起优秀传统文化传播者的任务,也要担负起人才的道德养成和文化塑造的重任。而这一责任的担当需要文科教师首先在思想政治上,要坚定不移地坚持政治正确,牢牢地把握人才培养的政治方向,为学生世界观、人生观、价值观的培养给予积极的正向引导和塑造;其次,要有鲜明且强烈的文化自信,既尊重、学习本学科国内外的先进思想、优秀文化,也能结合自身的教学、科研工作对其进行本土化、创新性地推广和传播,更要在学习和借鉴中,融入中国元素,体现中国特色、中国风格。最后,教师要在教育教学中尊重并践行"知行合一"的基本理念,不仅要主动研究新文科战略对专业要求的变化、对人才要求的变化、对课堂教学的挑战、对学科研究的挑战,还要努力在教育教学实践中探索、革新、总结,打破人们以往对文科人"光想不做、光说不练"的狭隘认识,为文科学生树立起"知行合一"

---

① 房敏:《新文科背景下应用型本科院校文科教师基本素养的解构与重构》,《教学研究》2021年第3期。

的学习榜样。

(二) 多学科理论融合的教师知识素养

新文科对教师多学科贯通的知识结构要求较高，强调综合性研究，与传统文科强调单一学科、偏向学科继承性研究存在较大差异。简单来说，新文科教师的知识素养不仅要有知识的广度，还要有知识的深度。首先，新文科教师要比传统文科教师了解掌握的学科知识更多、更广，但这并不意味着学科领域涉及越多越好，同时教师还要讲求学科间的贯通和融合。其次，新文科教师既要精通某一学科基础的本体性知识，也要掌握充分的方法论知识。本体性知识的充分占有，可以保证教师们能够在教学中拥有扎实的专业认知，引领学生对专业形成科学、合理的认知和积极的学习兴趣。方法论知识的精通，可以带领学生慢慢掌握专业学习的技巧和门路，以便于学生养成自己学习、摸索的习惯。再次，教师既要掌握大量的了解性知识，也要重视对知识内涵的掌握。所谓了解性知识主要是指关于某个主题，人们知道的一星半点的零碎信息，能够用来作为谈资、提出问题、做出选择和判断，只是在满足日常生活运用的水平上熟悉这些信息，而不是特别深入地理解。对于专业教师来说，了解性知识掌握得越多说明知识面越广。而知识内涵，即某些学习的主题在生活中的意义或者对于未来生活的价值的深刻理解则体现了教师知识的深度和丰度，教师大量的理解性知识要想能长久地保留在学生的记忆中，还需要结合积极性的自然情境进行巩固和强化。最后，新文科教师要具备学科交叉、学科共振的知识创新力，突破单一学科的限制，善于从交叉学科中寻找专业发展的新契机。

(三) 为未来而教的教学能力素养

传统的文科教学呈现出明显的"三中心"特点，即教师中心、教材中心和课堂中心。教师的教和学生的学多以教材为载体，以课堂为主阵地，教师单向度的向学生传授知识。这种层级结构式的单向交流没有很好地反映出学生的生活和知识的生命力。随着人们生活的集体世界变得越来越小,个人体验到的世界却变得越来越广阔、越来越复杂。文科教学的重点如果还是一味地停留在教授已知的知识、已经验证过的事实和已经确立的法则,那么培养的学生就会被社会需要远远地甩在后面。文科教师要转变教学观,在教学中既要关注已知,也要关注未知,更需要以为未来生活服务的视角来审视当前的文科课堂教学活动。要逐步培养为未来而教的教学能力素养。这种素养的核心在于问题的发现和提出。传统文科课堂教学中,回顾性问题和程序性问题占据主导地位。这些问题能够检测学生对知识掌握的熟练程度,但是却不能激发学生的求知欲望和好奇心。明智的教育者应当帮助学生从学习的主题中发现好奇、悖论、技巧、戏剧性、幽默和趣味性的特性。也就是说,教师在传递给学生已经打开的盒子里面的内容的同时,还要通过抽样式教学方法和产婆术式教学手段的改进,培养学生对"尚未打开的盒子"和"即将打开的盒子"里面内容的好奇心,启发学生的智慧,培养学生的主体性、思维力和责任感,让其更有意义地学习。

(四) 敏感且实用的信息技术素养

信息时代,一方面学生接触新知识的机会越来越多,渠道越来越广,这一定程度上挑战了文科教师的知识权威,给他们带来一种无形的压力。另一方面,随着信息技术的发展以及学科研究方法的进步,目前量化研究的方法不仅在自然科学的研究中广泛应用,在人文社会科学的一些研究领域中也在悄然地发展起来。此时的文科教师,既要有一种危机意识,不断的培养自身敏感的信息素养,在信息充斥的情况下,能够及时、准确地收集到有用的信息并整理,为己所用,产生信息的积聚效应,同时也要转变以往单纯思辨式的研究习惯,学习、掌握一定的量化统计分析方法,并将其在自身的课题研究中应用起来,以提高研究结论的稳定性和可信性。具体到教学工作,新文科教师在坚持传统课堂教学优势的基础上,应不断了解新兴技术发展的特征,主动学习和接受智慧教学、翻转课堂、数字课堂的新理念,掌握一定的信息技术,灵活运用基于"互联网+"、大数据可视化技术等新型教学模式,将教学、智能教学和网络教学有机结合①,以提高课堂教学的人本性、适应性、有效性。

(五) 持续高效的创新性学习素养

从心理学角度来看,学习过程是指在适应环境的过程中,能保存和运用过去的经验,发生行为改变的过程。这种因经验而产生的行为改变被视作学习。在这个过程中,学习素养体现在人的实践反思能力、知识建构能力以及知识转化能力上。首先,新文科教师要有较强的实践反思能力。在教育教学工作中,新文科教师要能根据学生需要、单位需要以及社会发展需要,不断地反思在课程教学体系中,哪些是该保留的,哪些是该健全完善的,哪些是该替换的,并将反思结果清单化。经过对实践的不断反思总结,教师们积累的知识资本就越来越丰富,相对于学生来说的知识优势就越来越明显,有利于建立自身的学术权威。其次,新文科教师要有知识建构能力。教师们在对教育教学实践做出反思的基础上,结合自身专业发展需要和学生发展需要,将实践中、反思中获得的缄默性知识、实践性知识融入自己的知识架构中,成为自己知识体系的一部分。这需要教师放弃对"普遍适用"这一理想状态的追求,不再试图掌握包揽所有的内容,而是面对不同的选择,有指导地协调自己的知识输入。最后,新文科教师还要有知识转化能力。师生在课堂情境下,是一个学习的共同体。要让学生在课堂中能理解、接受并内化教师的教学内容,教师需要有知识管理的能力,能将个体的隐性知识通过社会化、外在化、组合化、内在化的过程传递给学生,并转化为学生可以接受、内化的隐性知识,从而使学生能在知识学习的过程中,不断从侵入式被动的学习转变为融入式主动的学习,从个体分散性学习转变为成员合作共享性学习。

---

① 张政文等:《新文科怎么建?学科跨出去,文理融起来》,《光明日报》2019年7月24日第8版。

三 新文科视角下教师教育教学能力评价标准的构建思路

新文科视角下教师教育教学能力评价标准的构建思路应突出跨学科融合、强调实践能力和创新能力培养、以学生为中心、采用多元化的评价方式等方面。这样的评价标准有助于促进教师专业发展和教学质量的提升，同时也能够更好地适应新文科建设的需要，为培养高素质文科人才作出贡献。

（一）坚持学科育人的评价指导思想

高校教师的教育教学活动是以立德树人、人才培养为统领的学科专业教学活动，其中育人为本、教学为本，二者间互为"目的—手段""方向—路径"关系，提升大学生的核心发展素养、终身发展力与职场竞争力是高校教育教学活动的根本育人目的所在。从这一意义来看，将学科育人情况作为高校教师教育教学活动评价的首要对象，确保教师在课堂上开展的是真正意义上的"教育教学活动"，是促使其教育教学能力评价回归初心、守正务本的选择。在美国，高校教师知识结构大概包括四类——学科性知识、跨学科知识、实践性知识和条件性知识，[1] 其中"跨学科知识"尤为显眼，这要求高校非教育学科教师必须同时具备教育学知识并且具备将所从事学科与教育教学知识深度融合于学科育人能力，这是由其岗位的复合性——学科研究与教育教学的复合性决定的。在高校教师教育教学能力评价中，要体现学科育人的首要地位，就必须强化育人为本的价值导向，重视教师学科育人资源的深入发掘，重点评价教师利用学科资源灵活开展育人实践的能力，评价教师的德育渗透能力与育人中心意识，评价大学生学科能力与职业道德的同步培育情况等。在教育教学活动中，缺失育人意识的学科教学是缺乏灵魂的教学活动，缺失学科专业知识依附的育人活动则是空头说教。因此，在高校教师学科育人能力评价上必须将重点置于学科要素与育人精神间的融合

---

[1] 熊华军、丁艳：《当前美国大学教师的专业知识结构探微》，《中国高教研究》2012年第8期。

关联上,置于学科育人效果效率评价上,否则,其教育教学活动随时可能陷入动力不足、精神颓废、方向迷失的境地,进而难以培养出"社会主义事业的建设者与接班人"。

(二) 坚持以活动元为单位分解评价指标

高校教师教育教学能力评价的直接对象是其教育教学活动,教育教学活动评价的底线是确保这一活动不被随意或过度肢解,以至失去了教育教学的原本活体形态,最终导致评价失真现象出现。为此,高校教师教育教学能力的直接评价对象应该是一个个教育教学活动元,是教师在每个活动元中的实践表现及其整体性解释,不过度拆解评价对象是高校教师教育教学能力评价指标分解的根本原则。从不同角度分析,高校教师的教育教学活动可以分解为不同的教育教学活动元。譬如,从教学流程上看可以分解为三个活动元,即教学准备活动元、教学实施活动元、教学反馈活动元,其中,"教学准备活动元"可能包括多种具体活动,如教案设计活动、课程资源收集活动、学情分析活动、课件制作活动等,这些具体活动不能进行独立评价,必须将之放在教学准备活动元中进行整体评价,以防逃逸出"教学准备"这一功能单元。再如,从学生学习角度进行分析,高校教师的教育教学活动应由以下活动元组成,即课堂自主学习活动、课堂听课活动、课堂讨论活动,可以按照这一活动元系列开展教师教育教学能力评价活动。在高校教师教育教学能力评价中,以活动元来划分评价板块、设定评价标准、分析评价标准是较为科学的一种评价理念,它能够充分保证评价对象的相对完整性与活体性,最大化地提高评价结果的可靠性与可信度。[①]

(三) 坚持"立体性、学术性、循环性"的评价理念

高校教师教育教学能力评价的内核是教育教学活动评价,"能力评价"只是"活动评价"的一种解释、扩延与深层判定。就高校教育教学活动评价而言,它涉及目标、对象与方法三个重要问题。从评价目标上

[①] 龙宝新、李贵安:《论一流高校教师教育教学能力标准构建的依据与思路》,《武汉科技大学学报》(社会科学版) 2020 年第 6 期。

看，这一评价服务高校人才培养活动，而人才培养活动体现在大学教育教学活动的方方面面，只有按照立体性原则来对之加以全面解剖，才能对教师教育教学能力状况给出一个公正的结论；从评价对象上看，高校教师教育教学活动的内核是教学学术性，其直接内容是学术性教学，即学术研究成果的教学传播，凸显教学方法与内容的学术性是永葆高校教育教学活动本色的要求；从方法上看，高校教师教育教学活动评价必须关注循环性、轮回性，力促完整"教学改进环"的形成，凸显教师教育教学能力评价的循环性。人才培养效果是高校教师教育教学能力评价的主线，教学学术性是高校教师教育教学能力评价的重点，循环改进是高校教师教育教学能力评价的生命线。为此，彰显教师教育教学能力评价的立体性、学术性、循环性，开展有主线、有重点、有生命力的教育教学能力评价，是构建科学先进的高校教师教育教学能力评价体系的重要原则。

（四）坚持"表现性评价+绩效性评价"的结果形成原则

从呈现方式上看，教师教育教学能力既是通过现场教育教学活动表现出来的，又是通过固化了的教育教学绩效、作品、荣誉、口碑、风格、人格等表现出来的，分别适用于表现性评价与绩效性评价，二者间是互补互证的关系。因此，高校教师教育教学能力评价结果必须坚持"两条腿走路"的思路，并将二者有机结合起来。就前者而言，教师教育教学能力评价要关注教师临场表现、实践智慧与"行动中反思"这些关键能力的评价，故必须基于课堂观察来进行，在观察结果处理上可以考虑采用量化技术，并结合相应理论解释框架来对评价分数进行解读，否则客观事实、数据资料始终难以转化成为教学能力等级或能力评价得分；就后者而言，教师的教育教学工作的绩效、奖项、口碑尽管是固化了的数据、表现或评价，却是教师前期长期的教育教学经验积累、教育实践表现凝练而成的，这无疑与教师教育教学能力水平之间呈正相关，其对教师教育教学能力评价同样具有适用性、可靠性与可信度。所以，有机整合两种评价方式的优势，用量化思维实现现场评价与成果评价的兼顾与合成，用质性评价呈现两类评价的综合结论，是提高高校教师教育教学能力评价品质的行动方向。

第三节 新文科教学制度建设

教学既然是人类特有的社会实践活动，我们当然可以说，教学活动乃是为人的人为事业。但是，作为人为事业的教学活动本身又有可能成为任意妄为的活动，走向非人性的歧途。所以，为了保证教学活动目的的达成，促进教学事业的健康发展，就不得不遵循教学活动的结构方式，制定相应的组织规则，来规范教学活动，正是这些方式和规则制约甚至支配着教学活动的性质，以及各种教学资源的获得途径和使用效率，从而也制约甚至支配着教学活动主体之间的关系的性质。于是，规范教学活动的教学制度产生了。[1]

教学制度是高校教学质量保障的重要环节。目前，高校教学制度建设过程中，主要存在制定过程的强制一致性和模仿趋同性的机制制约，制定理念的人本价值与工具价值的观念冲突，利益相关者的权责不清与封闭隔阂以及基本功能的存在空间被挤压和边缘化等问题。为此，必须保持教学制度建设理念的先进性，领航高校教学特色的发展方向；坚持教学制度建设机制的科学性，保障高校教学工作的流畅运转；促进教学制度组织实施的协同性，助推高校教学实施的和谐有序；满足教学制度服务主体的需求，彰显高校教学以人为本的价值导向，从而有效消解高校教学制度建设存在的问题。[2]

一 高校教学制度的内涵诠释

高校教学制度是连贯的教育规章和教学管理体系，主要指在高校组

---

[1] 徐继存：《教学制度建设的理性与伦理规约》，《西北师大学报》（社会科学版）2006年第2期。

[2] 赵哲、宋丹：《高校教学制度建设的问题及消解途径》，《中国高等教育》2016年第Z1期。

织或学术团体中，要求教师、学生和管理人员等组织成员共同遵守，并按一定程序活动的准则和规范。高校教学制度涵盖人才选拔和培养的全过程，将教学系统中的教育者和受教育者的各种行动联结、组成一个互动整体，从而确保人才培养基本职能的有序、科学与高效。

教学制度使高校办学理念转化为教育相关者的自觉行动，促进教学活动的顺利展开，具体包含三方面作用。第一，教学制度规范教学主体的行为，具有行为导向的作用。教学系统包含教学管理人员、教师、学生等高校内部组织的群体和个体，教学制度通过明确规定他们的职责、权利和义务，使教学系统的个体和群体行事明确、有章可循，从而形成良好的教学秩序。第二，教学制度从宏观和微观两个层面，整合协调教育系统的持续运行。一方面，教学制度通过对高校教学目标的规定，以及教师教学制度、教学组织制度、教学管理制度等的建立健全，使高校教学系统与整个高等教育系统乃至社会政治、经济、文化等制度融会衔接。另一方面，在专业教学过程中，教学制度全面调动和优化配置教学过程所涉及的人财物等物质资源和信息资源，在各种运行机制的作用下，组织成一个微型教育生态系统，为教学活动提供基础保障。第三，教学制度继承和传递着传统的制度化成果。教学制度具有历史继承性和时代创新性特质，一方面将传统的教学相长、有教无类、尊师重教等制度化成果去粗存精地继承下来，是传统教学制度的发展延续。另一方面，将因材施教、以人为本、立德树人等现代教育科学实践与先进理念凝聚积淀，以制度化的形式传递下去，为教学制度科学性延续奠定基础。

高校教学制度的体系结构主要包括三个部分：即国家根本教学制度、高校普遍性的基本教学制度和具有校本特色的具体教学制度。第一，国家根本教学制度是必须体现宪法、高等教育法中的教育宗旨、培养目标或教育方针，它是国家对高校教育教学的核心要求，对高校教学制度起着规则运行的引领和规范作用，是普遍性教学基本制度、校本特色教学制度产生和存在的依据和基础。第二，普遍性基本教学制度是高校落实国家根本教学制度、具体组织教学活动的普遍适用制度,它为校本具体教学制度的衍生和建立提供框架范畴。第三,校本特色的具体教学制度涉及内容十分广泛,它直接规范教学的某一方面活动或规制教学和管理人员某一方面行为,综合、理工、农业、医学、法律、师范、语言和艺术等各级各类高校通过建立各具特色的校本教学制度,充分体现不同高校的合理定位、培养目标与办学特色。高校是一种高等耗散结构,其发展过程可以看作是一种有序化规模的增长过程,而教学制度的根本作用在于维持和发展耗散结构的有序化规模,并保持高校自身自在发展的"应变张力"。改革开放以来,中国高校教学制度改革主要表现在专业设置、学分制、选修制以及教学管理制度等方面。历史经验表明,教学制度的建立健全是提高高校教育质量、扩大社会影响力和打造教育品牌的关键。[1]

二 高校教学制度建设的现实境遇

高校教学制度建设的现实境遇存在多种问题和挑战。为了解决这些问题,高校需要加强制度建设的完善和执行力度,增强教师的参与和认同度,关注学生的需求和反馈,优化资源的配置和利用,以及适应社会环境的变化。同时,高校还需要加强各方面的沟通和合作,形成教学制度建设的合力,为高校教学质量的提升提供有力保障。

(一) 制定理念的人本价值与工具价值的观念冲突

高校教学制度的人本价值,即必须具有以人为本的主观情怀和理性尺度,随受教育者的学习需求而形成与灵活调适,具有清晰的服务指向。而工具价值是教学管理人员将教学制度视为规范和约束师生教育活动的客观管理工具,一旦建章立制就严格执行,一切教学工作都应遵章办事。两种价值取向的冲突主要表现为,随着高校办学规模的逐渐扩充,学生数量急剧增长,师生比例日益下降,教师和行政管理人员的工

---

[1] 赵哲、宋丹:《高校教学制度建设的问题及消解途径》,《中国高等教育》2016 年第 Z1 期。

作量大幅增加。由于规模扩张所带来的高校大量繁重的行政事务，进一步强化了行政权力，使管理的行政化趋向更加突出。这使本应以人为本的教学制度显得无所适从，管理人员与教师、学生之间人本凝聚力逐渐削弱。

（二）利益相关者的权责不清与封闭隔阂

高校的教学质量尚未达到理想效果，主要原因在于教学制度建设过程中的校内职能部门之间、学术组织与行政组织、职能部门与二级学院、校级民主组织与基层民主组织等机构之间的相互牵绊和制衡。一方面，受典型科层制学校组织环境的影响，高校内部管理机构的职责权限不明确。一般而言，教学制度的制定与实施由高校内部职能部门负责，但由于一些高校的内部组织结构不健全，加之内部治理能力较弱，极易产生校内职能部门之间的权力划分不当、职责不明相互推诿等弊病，从而导致教学制度无法及时建立健全与完善。另一方面，高校教学制度仍存在部门本位主义倾向，往往只注重解决本部门负责的事情，给资源共享工作形成制度性壁垒。受组织本位主义的陈旧观念影响，一些高校的二级学院之间的诸多教学资源无法共享，尤其是不同院系和学科专业的教师互聘流动，隶属不同二级学院的实验室、仪器、设备操作平台和图书、资料、信息等教学辅助资源的封闭，造成教学资源的重复建设和使用效率低下。

（三）基本功能的存在空间被挤压和边缘化

高校教学制度的制定功能主要是服务和保障教育教学的顺利实施，践行人才培养的核心地位。但随着经济增长方式的转变和产业结构的优化调整，加剧了社会转型和市场经济对高校的科研创新和社会服务两大功能的诉求，导致功利主义盛行，造成高校教学功能的认识错位，由于教学功能具有隐形特征、滞后特征，无法立竿见影，而高校科研、社会服务却可以马上见到经济效益、社会效益，致使教学退到高校的边缘位置。[1]

---

[1] 赵哲、宋丹：《高校教学制度建设的问题及消解途径》，《中国高等教育》2016年第Z1期。

三　全面推动新文科教学制度建设的主要途径

全面推动新文科教学制度建设需要高校从顶层设计、教学模式、实践教学、教师队伍建设、社会联系和教学质量监控等多个方面综合施策。只有这样，才能为培养具有创新精神和实践能力的高素质文科人才提供有力保障。

（一）保持教学制度建设理念的先进性，领航高校教学特色的发展方向

综合、艺术、财经、师范、政法、语言、体育等文科类型高校应坚持繁荣高校哲学社会科学，服务区域文化软实力的特色教学制度建设宗旨，重点强化文科实践教学体系和特色专业体系建设。同时，文科高校尤其应大力进行课程体系改革，按照"基础知识、科学思维方法和人文通识"三个层次来构建新的课程体系，提高科学思维方法课在人文社会科学专业教学计划中的比重，使文科人才培养从注重知识传授向注重应用能力和综合素质转变。

（二）坚持教学制度建设机制的科学性，保障高校教学工作的流畅运转

教学制度建设应加强民主机制。健全重大教学决策的审议制度和听证制度，保证广大教师和学生的参与权和知情权，尤其要充分尊重和汲取二级学院教学指导委员会等教学基层民主组织、专业教研室和校级教学督导、教学评价、教学研究等职能部门的谏言，集思广益、广开言路，增强教学制度建设的实用性、民主性、全面性和科学性。

教学制度建设应健全自律机制。一方面，强化大众舆情监督。进一步完善《本科教学质量报告》常态化发布制度，规范质量报告的行文格式与撰写要素，推动教学信息向社会公开，接受政府、社会和主流媒体的监督与评价。另一方面，加强教学研究与督导。成立教学改革与发展研究中心和校内教学评估机构，遴选组建具有多学科背景、多专业教学经验的专兼结合的专业化、职业化研究团队，深入开展教学改革研

究，厘定教学质量检测标准，建立教学质量评估和监测的大数据库与信息系统平台，开发应用软件和监测工具，健全专业教学评估与监测的公示、公告、约谈、奖惩、限期整改和复查制度。

教学制度建设应完善二级管理机制。通过教学管理体制改革，适当下放权力重心，赋予院系更多的教学自主权，建立以院系为核心的教学管理组织体系和运行机制。一方面，通过进一步完善校院（系）两级治理方式，充分赋予院（系）在制订人才培养方案、厘定教学内容、探索教育教学改革、开展教学督导、选聘专业教师、设置教学管理服务岗位、选择专业教材等方面的自主管理权，使院（系）真正成为主动作为、充满活力的教学实体。另一方面，各院（系）还应围绕专业教学工作，探索建立与专业课程组织模式以及承担的教学任务相适应的、灵活多样的专业教研室、教学改革课题组、实验教学研究组、教学创新团队、教材编写组等基层教学组织。

（三）促进教学制度组织实施的协同性，助推高校教学实施的和谐有序

通过制定文件政策、工作规程和实施细则，促进教学制度的规范化发展。一方面，建立校长、院（系）负责人、职能部门中层干部等教学管理主体的协同负责制度。应进一步明确校领导听课评课制度、校院领导与教师和学生对话制度、教育教学意见反馈制度等，促进各级领导定期深入教学一线，形成上下齐抓共管教学工作、关心教学和支持教学的良好局面。另一方面，进一步明确职能部门的职责权限，厘清工作范畴。各职能部门还应建立协商制度和资源、信息共享制度，加强横向的沟通和交流，避免政出多门。

通过破除条块分割的院（系）管理体制壁垒，实现教学制度的系统化建构。一方面，各院（系）应相互协调、相互配合、相互支持，建立一整套服务于复合型人才培养目标的学分互认、师资互聘、课程互选、实验室相互开放、教学资源互通有无等衔接有序的教学管理制度。另一方面，各院（系）应以优势特色的学科群建设

为载体，进一步完善不同学科专业之间的（弹性、创新、创业）学分制、主辅修制、双学位制、实习实践制、三学期制等学生学习制度。

（四）满足教学制度服务主体的需求性，彰显高校教学价值的以人为本

全面适应"以学生为中心"的教学整体设计。"以学生为中心"，即以学生的学习和发展为中心，实现从以"教"为中心向以"学"为中心转变，从"传授模式"向"学习模式"转变，从而提高学生的学习质量，使学生在知识、能力和素质上获得全面提升。一方面，及时调整和修订自主招生制度、学籍管理制度、考试制度、学位制度、评价制度、奖励制度等教学制度细则，遵循学生身心发展规律和素质教育目标，全面促进学生的差异化发展与立德树人。另一方面，合理制定学生学习的权利与责任体系、整合教学资源、创新学习管理体系，规范不同学科专业的教学行为，为学习自由的实现创设和谐的制度环境。应通过科学采用研究性学习、引导性学习、合作式学习等教学方法，构建个性化、数字化、现代化、远程化、定制化、差异化的教学模式，运用多媒体教学工具等实践举措，从强制性制度控制转入诱致性制度规范，从注重统一到鼓励教学形式多元化，以此满足学生的多元智能发展差异和保障不同专业课程体系的学习自由。

探索推进教师人事管理制度和教学质量评价制度改革。首先，推动教师分类评价制度和职称评聘制度改革。科学制定以教学效果、服务贡献、创新质量和科教结合为重点的分类评价标准体系，建立教学型和科研型的不同类型教师职称申报制度，科学合理地制定不同学科、不同岗位教师的职称聘任标准，带动教师的专业化发展。其次，全面推进教师课程管理制度革新。在课程开设的前期准备阶段，实行任课教师试讲制度、教研室集体备课制度和师生联席会制度；在课程中期阶段，实行课程定期交流会制度、专家听课和同行评课制度；在课程结束后，实行教学情况分析评定制度、集体总结制度和学生学习

效果综合分析制度，以此保证对课程教学质量的全面监督。最后，创新教师教学督导制度。探索建立"校级—学院"连贯一致的两级教学督导制度，构建校院两级质量监管体系，科学厘定检测指标和评判标准，支持院（系）组建教学督导机构或民主组织，自主开展教师教学督导，建立校级随机抽查管理和院（系）常态化监控相结合的教学督导运行机制。[1]

第四节　新文科教师团队建设

当今时代，新的教学理念、方法以及工具不断涌现，高校教师团队的建设越完善，他们可发挥的助推教学的功效就越高，高校教师团队建设已然成为提升高校教师素养、高校教研水平的关键。

一　团队建设对于文科教师的重要性和迫切性

教学团队是教师基于共同的目标和兴趣，旨在通过合作机制不断深化教育教学改革、开发优质教学资源、促进教学研讨和教学经验交流、加速教师的专业发展、培养可持续发展的教学队伍，最终达到提高教育教学质量的目的而组织起来的正式群体。[2] 可以说，对于文科教师的专业发展来说，不论是教学团队还是科研团队的建设，都具有相当重要的价值。

（一）团队建设有利于教师的专业发展

每位教师都有自己不同的理论背景和专业特长，而将同一专业甚至是不同专业的教师以团队的形式进行整合，既能弥补教师的专业盲点，

---

[1] 赵哲、宋丹：《高校教学制度建设的问题及消解途径》，《中国高等教育》2016 年第 Z1 期。

[2] 李昌新、刘国瑜：《基于教师教育专业发展的高校教学团队建设探讨》，《中国高教研究》2008 年第 6 期。

同时还能使年轻教师得到来自团队的教学帮助，从而使团队内的教师能尽快适应高校教学工作。针对文科专业来说，团队建设也十分重要。因为当前的文科教学侧重于学生综合素质的提升，学生在学习的过程中不仅需要对本专业的知识进行学习，同时对与专业相关的交叉学科也需要了解。这就要求文科教师在专业发展的内涵方面不断丰富已有的知识、扩充知识范围，而团队的形成就成为教师获取知识的有效途径。在团队中，教师们形成一荣俱荣的良好关系基础、集体荣誉感的增强使教师之间能够开诚布公地分享自己的学习经验和学习材料，信息的共享有效地促进教师知识的更新。只有教师个人专业知识不断提升，才能带动学生在本专业中不断探索和进取，这样才能促进文科教学的可持续性发展。[1]

（二）团队建设有利于教师教学实践经验的提高

教学方式的形成并不是一蹴而就，而是需要不断更新、不断发展的。因为不同阶段、不同年龄的学生群体特点不同，只有根据不同学生群体的接受能力和学习特点来进行有针对性的备课和讲课，才能最大化地提升学生的学习水平。因此，教学实践能力的提高和优化，不仅仅是针对年轻教师，老教师也面临着同样的问题。团队建设在这方面的意义就在于，它能够将教师的能力化零为整，每一位教师在教学过程中通过教与学的观察，形成对学生的不同认识和看法，而团队的力量则可以将这些零散的认识进行整合，以此帮助教师形成对学生的综合性评价，从而有效地指导教学方法的更新，真正做到因材施教。此外，不同教师的教学经验还能在团队外进行交流，通过公开课、课堂观摩、说课比赛等多种形式进行相互交流和切磋。尤其是文科教学过程中，课堂多以教师的讲解为主，课程形式较为单一，这就更应该利用团队的优势探索一条适合文科特色的教学道路。

（三）团队建设有利于提升教师的专业道德和专业理念

以思想育人、以文化育人是文科教学的主要任务，以先进的文化培

---

[1] 杨旭：《高校文科教师专业发展的团队建设研究》，《中国成人教育》2016年第24期。

养学生首要的就是用先进的文化武装教师。高校文科教师不仅在具体的教学内容和教学方法上要与时俱进、因材施教，更要在自我师德师风方面不断严格要求自己。当前，急功近利的浮躁风气严重地影响着高校教师，高校对科研和课题的偏重也严重地影响了教师对教学的重视程度。而且在个体化教学的背景下，课程内容设置和讲课进度，以及课程配套练习作业完全依赖教师的个人因素，学校方面也只能进行外围的基础检查，无法形成针对课程内容和课程效果的规范、有效的教学管理模式。团队建设的重要意义就在于，通过团队的相互帮助和监督，有效地将教师个人的教学计划、教学方案纳入团队整体的教学活动中，形成相互制约、环环相扣的教学发展模式，以团队文化来鼓舞和感召教师个体，从而在整体上形成优良的师德师风，增强教师的责任心，提升专业理念。

（四）教师团队建设有利于构建和谐人文环境，营造向上合力氛围

高校人文环境是大学精神内涵、精神底蕴的重要表现，良好的人文环境有利于形成一种良好的学术和文化氛围。高校的学术环境和人际氛围是高校教师赖以生存的空气，良好的学术环境和人际氛围可以增强教师的归属感，激发其创造力。加强教师团队建设，有利于营造和谐的人文环境，形成良好的学术氛围。长期以来，地方高校教学及教研活动的开展通常是以教研室为单位，这种组织形式通常结构较为松散，不具有较强的约束力和凝聚力，而且多是程式化的公事活动，如课程的分配、试卷的共同编制和批改等，使教师之间单打独斗的局面较多，真诚的交流和分享较少，彼此或明或暗的竞争较多，相互接纳、心理相容较少。随着高等教育机制体制的改革创新，高校纷纷采取不同的教学教研组织形式。作为一种高效的管理模式，团队的概念也被广泛运用到高校建设中，并发挥了重要的作用。

二 新文科视野下教师团队建设的不足

近年来高校不断加大师资队伍建设的投入，通过培养和引进一批活跃在学术前沿的学科领军人物和创新团队，聚集优秀人才。同时鼓励教

师出国访学、深造，聘请国外学者来校教学、访问，提高师资队伍的国际化水平。但是教师团队建设中仍然存在一些不足。

(一) 团队管理的行政性较强

目前高校很多教师团队都是由教学管理人员来实行领导和维持运行，比如各学院分管教学的院长、各系部主任等。这种角色分配本身没有问题，因为教学管理人员具有一定的权威和资源分配权限，是团队领导者的合适人选。然而因为他们原有的行政身份，团队教学教研活动的发起、组织、评价等等均由领导者来完成，这使团队活动有较强的行政色彩。教师在研讨时围绕规定的主题，按照既定的流程，逐一陈述建议，受限于管理者在场所制造的行政氛围，不能充分激发大家的研讨热情和真实感受的表达，更多的是形式化的反馈以及中肯的建议。这样就不能达到团队教研活动的真正目的。

(二) 团队成员的凝聚力较弱，缺乏团队意识与沟通

教师团队是作为一个整体的组织而存在的，跨部门多学科交叉的教师之间可以互动与沟通。团队各成员在对自己的工作负责的同时也要注意与其他成员之间的沟通合作，共同向团队的目标和高水平成果迈进。然而，目前的实际情况是仍有部分教师忽视团队建设的影响力，固守自身的教学方式，不愿探索、交流新的教学形式，从而造成自身教学的简单重复和知识的陈旧，也使得团队缺乏凝聚力，大大削弱了团队的整体协作。在没有教学任务或者研究课题结束以后，教师彼此间交集较少，通常都是各自完成教学和科研。加上同行评教、科研考核和职称评定中潜在的竞争关系，教师彼此之间的信任度、包容度、支持度较低。这就阻碍了教师在教学教研上的协同发展。因为团队成立之初没有创立达成共识的组织文化，教师在团队中缺乏共同努力目标，从而导致团队组织松散。部分教师职业道德标准意识淡薄，缺乏责任感，容易发生道德偏差，只注重个人得失与否而忽视集体成败，不利于团队的稳定发展。

(三) 团队活动的形式化明显

教师团队各类活动的形式化表现在两个方面。一是活动的目的形式

化。通常教师团队每学期的教学教研活动从频率到主题都带有完成任务的性质。比如每学期要组织一次公开课、两次教学研讨和三次集体备课等等。虽然教师能或多或少地从中受益，但是并没有完全投入活动中，甚至少数教师会缺席早退。二是活动内容的形式化。大多数教学教研活动都是围绕"如何教"，而不是围绕"如何学"。比如怎样设计课堂活动，怎样讲解某一个知识点，怎样撰写科研论文等，脱离了以学生学习为主导的教学理念。

（四）团队运作的支持度不够，缺乏有效的团队运行机制

教师团队不仅是教学组织形式的改变，同时也是对科学的管理和运行机制提出了新的考验。加强教师团队建设，需要创新管理体制机制，理顺各方面、各层次的关系。但是，在教师团队建设管理方面，目前部分高校还缺乏操作性较强的规章制度，对团队成员如何分工、如何考核等规定得比较笼统，使教师对自己应有的职责和权限不甚明晰；在激励机制方面，缺乏有效的激励体制、评价机制，干与不干差不多，使教师参与的积极性不高，对于团队建设投入的精力不足，导致教师团队建设效率低下，存在较高的人才流失率；在运行机制方面，普遍缺少定期交流和协作的长效机制，使教师与同行之间的交流较少，观念、理念较为落后，禁锢了自己的思想，甚至同一个团队内不同成员的协作也存在不足，致使团队没有发挥出应有的作用。[1] 同时教师团队的架构、制度以及沟通渠道等没有获得全员的认可和支持。首先，一些教师团队的成员构成是由教学管理者指派，而非遵循自愿原则或遵从教师的兴趣。这样形成的团队很难达成共同的愿景。其次，团队的规章制度不是由成员共同拟定，无法代表每位成员的利益，使得成员参与度不高。最后，没有建立有效的沟通渠道，导致成员之间缺乏交流，难以形成彼此之间的默契和亲和力，对于反馈和评价环节容易产生消极情绪。

---

[1] 党红：《地方高校教师团队建设研究》，《教育与职业》2015年第28期。

三 新文科教师团队建设的策略

新文科教师团队建设的策略应涵盖加强师德师风建设、提升教师学科素养、加强跨学科融合、优化教师团队结构、加强团队合作与交流以及建立激励机制等方面。这些策略的实施将有助于构建一支高素质、有活力、具有创新精神的新文科教师团队。

(一) 加强制度保障

建立健全教师团队建设的各项规章制度。教师团队建设既需要学校各项政策支持，也需要明晰、准确、科学、完善、合理的制度体系。连续的、操作性强的制度能够调动教师的积极性、归属感，提升个体的高度，从而造就稳定有序的教师团队，共同为学校的教学、科研尽心尽力。在这样的形势下，高校必须认真分析自身特点，努力创新管理制度，不仅要明确教师团队带头人及不同成员的职责，还要实现责权利的统一。

设置科学的人才引进制度。一方面，完善人才引进制度吸引高级优秀知识分子，为教学团队源源不断地注入新鲜血液。如采取"预聘长聘"制度，通过给予高标准的薪酬待遇，吸引有能力的高级知识分子加入本单位，通过前期预聘再加后期考核的方式，实现长聘机制。另一方面，在人才引进的制度设计上既要结合学校现阶段的目标追求，也要立足长远为长期发展做规划，配套相应的资金保障，瞄准海内外市场，抓住时机吸引高级知识分子加入自己的团队，率先发挥出人才优势，助力教学团队建设，才能保障教学团队源源不断的生命力和创造力。

建立科学的考核评价制度。在考核内容上既要考核专业贡献，也要考核师德师风建设，发挥党建的作用，充分进行职业道德教育，把师德师风建设作为教学团队引进人才的首要考核指标。因此在对教学团队整体建设的考核中要把团队成员的职业道德作为考核的重要方面，一旦出现违反师德师风的情况，就要一票否决，把这类教师清理出团队。在考核的形式上一定要区分不同层次、不同阶段的教师，分别制定考核评价标准。既要重视结果评价,也要重视过程评价,要设计稳定、长远的考核制度,不能朝令夕改。

设计合理的激励制度。高校教师是受过高等教育的组合群体,精神方面的需要尤为突出。在正确理解现代激励理论精髓的基础上,进行合理的教师激励策略设计显得至关重要。团队带头人应充分发挥成员的主观能动性,通过制定一系列有效的激励制度,激发教师的奋斗动力,促使他们保持积极的态度朝着团队的目标努力前进,以期为团队乃至整个学校发展注入强大的活力。同时,团队带头人要注意运用多种情感激发手段尊重人、理解人、关心人,注意运用恰当的情感激励来促进团队教师的积极参与。

(二) 组建行动力强的团队

团队的建立需要两个部分,即团队带头人和团队成员。带头人是一个团队的灵魂和核心,一个优秀的带头人需要有过硬的学术科研能力和教学经验,带头人要具有强烈的教学改革意识、较高的学术水平,还应有较强的领导力、感召力和组织协调能力。[1] 在带头人的领导下,团队成员在选择的过程中应该考虑好年龄层次,还要形成知识结构和学科专业上的互补,以此形成合理的梯队结构。在组建团队的过程中,还要考虑学科课程的设置情况,根据学生知识结构的需求来科学配比不同专业甚至是不同院系的教师成员。对于文科教师来说,相对于自由、宽松的工作形式,更应该注重团队的行动能力,不仅有形式上的组织,而且还要有实际的活动机制,确保团队组织的生命力持久不衰,能让文科教师在团队的大家庭中真正实现个人的专业发展,提升文科教师的专业能力。

对于团队带头人的培养制度,则应该侧重培养他们团队建设的能力。在专业建设上,这部分教师已经成长为行业领军人才,能够独立承担起团队建设、课程开发、教学改革、科学研究方面的重担。因此,高校应该加强对他们的培养,建立起一系列配套措施,帮助他们树立团队

---

[1] 方成智:《高校教师教学团队建设的探讨》,《中国成人教育》2010年第24期。

建设的意识，并帮助他们提高团队建设、管理的能力，使这部分教师不仅能具备团队建设的专项技能，更能够管理好、规划好、引导好整个教学团队，发挥团队优势，创造团队价值。

强化全环节的团队管理。有效的团队管理，应从目前单纯的目标管理转向全过程管理，管理行为应覆盖团队的立项、组织、验收、总结等全环节。具体而言，在立项环节管理机构要全面判断团队建设的必要性和可行性，即根据学科领域、项目内容，权衡有无必要实施团队建设；根据申报材料，判断拟组建团队有没有合作的前期基础和相应保障。在组织环节，管理机构需加强对团队建设的引导，即强化对团队建设过程中合作、交流行为及成效的督查，诊断分析其中出现的问题，并提出相应改进意见。在验收总结环节，管理机构不仅要考察预定团队目标的达成度，更要考察成绩的取得是否是团队合作的结晶。①

加强团队精神培养。首先，要设立明确的教师团队目标。明确的团队目标具有导向作用，教师团队要有明确的研究方向和目标。研究目标要紧密结合国家和行业的重大需求和学科发展前沿的重大问题，具有可行性和可实现性，核心方向保持稳定。在明确的发展基调和方向下，团队建设带头人要注意引导团队各成员形成向心力。其次，要树立团队的集体意识。教师团队所承担的任务必须依靠集体力量共同完成，团队的水平和质量是以共同的成果来评判，因此团队成员的集体意识对教师团队的建设至关重要。团队中的每个成员都要有整体观念或团队意识，各成员之间相互信任、同舟共济，强强联合、优势互补，共同承担责任和风险，为地方高校的建设贡献力量。

（三）搭建信息服务平台，建立团队合作平台

搭建信息服务平台，积极应用信息技术，让平台成为高校教师创新团队建设的重要辅助工具，为教师提供多元化的交流和学习渠道。比如，开展教研团队信息资源一体化建设，基于信息化的整体框架，构建

---

① 刘国艳：《地方高校教师团队建设：现实困境与变革走向》，《江苏高教》2015年第3期。

高度集成化、智能化和一体化的信息资源系统，实现对高校教职人员的有效整合。通过平台的构建，能帮助学校高层管理者明确校内现有人才的分类情况和真实水平，为他们实现人力资源利用成效最大化提供辅助，也可推进教学与人才资源的更合理配置。在实践工作中还应该重视社交软件的功用，并借助多种沟通方法，消除成员之间的距离，为创新团队建设方法提供辅助。①

基于文科原有专业团队建设相对滞后的现状，应该有针对性地为团队设置具体的科研与教研内容。作为团队合作的基本平台，一方面，团队成员要在学术带头人的引领下确定与本专业和本团队实际相关的科研选题，以科研带动教研，既能提升团队的整体科研能力，也能为团队成员的个人专业发展奠定基础。另一方面，科研要与具体的教学实践相结合，这就需要上级职能部门的支持，为团队建设的起步建立相应的平台课程。该类课程的设置既可以形成对原有课程的有效补充，同时还可以利用团队合作的优势进行交叉知识的课堂教学探索。鉴于现有教学计划的安排，可以初步设置为选修课程，根据教学效果再进一步向其他类型课程推广。这样循序渐进地推进团队建设模式既可以充分发挥文科教师的团队协作能力，还可以与原有的课程体系进行良好的衔接，不至于影响现有教学任务。

（四）分工负责加强交流，增强教师综合素养

文科教师的团队建设要注意分与合的关系。所谓"分"即是团队成员分工负责自己的相应任务，而"合"则是团队成员在专业发展的过程中，将自己的教学和科研反思在团队成员间进行分享。应该说，正是在这种分与合不断交替发展的过程中，教师的专业发展才能真正得到有效提升。在这里，团队建设所搭建的平台相当于给团队中的每一位教师提供了一个学术交流平台和岗位培训的平台。相比于理工科教师，文科教师对于所在专业的知识掌握更加需要长时间的积累，尤其是文学、

---

① 程莉、季跃东：《信息化视角下高校教师创新团队的建设探析》，《中国高等教育》2021年第11期。

法学等拥有悠久历史的学科，在对专业知识的消化和吸收方面需要耗费的时间更长，在相应的教学过程中也格外需要时间和精力的投入，而团队平台的搭建无形中帮助文科教师缩短了这一时间，促进了教师与学生之间知识的传递与接受。

营造支持与合作的氛围。团队的运作离不开成员的合作，高校教师团队中每位教师的学历背景、教学水平和科研能力存在一定的差异，只有互相支持、互相学习、互相合作才能最大化团队的效能。一个兼容并包、求知上进的氛围和友善互助的环境才有利于成员在实践中的真实反馈和评价。只有通过不断地完善学科知识体系、改进教学方法、提高科研能力，成员们才能提升作为教师的业务能力，更好地为学生服务。同时，加强团队教师成员角色定位。每个教师在团队中的位置应该是呈现互补关系，要实现各学科不断交叉、集成和融合，实现信息、知识、经验、资源的共享与互补，使个人的知识结构和思维模式得到改善，从而减少知识生产成本。

开展高校教师创新团队建设工作，就必须提升教师的专业素养、教学能力和信息技术应用水平，为打造现代化教师团队奠定基础。在此背景之下，高校教师团队成员的信息技术掌握程度，将会直接影响高校教师团队的建设质量和效率。为了能切实保障高校教师创新团队建设有效，要求相关工作人员应该对信息技术水平提升加以重视。在此环节，高校教师团队必须积极培养成员的信息技术应用水平和信息化教学能力，为他们将信息技术灵活融入教研活动奠定基础。应加强宣传教育，将信息化教学水平设定为教师能力考查指标，让高校教师们从根本上重视信息技术应用问题，为科学使用该技术奠定基础。对于高校教师团队建设的行为，相关工作人员应该强化教师培训，进而打造出实力强劲、业务水平极高的团队。此时，培训目标是提升教师队伍的综合素质，而内容则需要包含教师专业、教学方法、信息技术等多方面。[1]

---

[1] 程莉、季跃东：《信息化视角下高校教师创新团队的建设探析》，《中国高等教育》2021年第11期。

第五节　新文科教师教学发展中心建设

教师教学发展中心是大学教师发展的专门机构，虽然国内外对于此机构的名称各异，但类似机构在大学中的重要地位均得到国内外学者和大学管理者的认可。教师教学发展中心最早出现在 20 世纪 60 年代的美国，国外相关研究主要基于学习范式的转变与教育发展需求，探讨"教师发展"的内涵、模式与路径。伯格威斯特、菲利普斯、盖夫等学者立足于实践的基础和诸多学者的观点，构建了大学教师发展的理论模型。① 对教师教学发展中心的研究，则基于教师发展理论，将其作为支撑"教师发展"的组织机构，探讨有效运行模式，多为实践性、经验性研究。②

一　新文科教师教学发展中心内涵建设的重要性

大学教师发展中心是实现大学教师专业发展的有效抓手，其建立能帮助高校教师群体改进教学技能，并为提升其教学素质提供相应的支持与服务，以促进大学教育教学高质量发展。建立大学教师发展中心并开展卓有成效的服务，已经日益成为大学管理者的共识。

（一）教师教学发展中心是高校教师队伍建设的重要基地

2011 年，教育部、财政部联合下发《关于"十二五"期间实施"高等学校本科教学质量与教学改革工程"的意见》，提出引导高等学校建立适合本校特色的教师教学发展中心。自 2012 年教育部高教司发函批准了包括厦门大学教师教学发展中心、重庆大学教师教学发展中心

---

① 林杰、李玲：《美国大学教师发展的三种理论模型》，《现代大学教育》2007 年第 1 期。

② 沈文淮等：《高校教师教学发展中心促进教师教学能力发展的机制与模式》，《中国电化教育》2012 年第 12 期。

在内的国家级 30 个教师教学发展示范中心以来,通过近十年的建设,示范中心为全国以及所属地区的高校教师队伍建设发挥了重要作用。各高校也纷纷借鉴示范中心的建设经验,探索各自的建设路径。教育部高等教育司 2016 年工作要点明确指出要"完善高校教师教学能力培训体系,推动高校普遍建立教师教学发展中心,加强国家级教师教学发展示范中心建设"。2018 年 1 月 20 日,下发的《中共中央国务院关于全面深化新时代教师队伍建设改革的意见》中指出:全面提高高等学校教师质量,着力提高教师专业能力,搭建校级教师发展平台,组织研修活动,开展教学研究与指导,推进教学改革与创新。2018 年 9 月《关于加快建设高水平本科教育 全面提高人才培养能力的意见》指出要全面提高教师教书育人能力,提升教学能力;加强高校教师教学发展中心建设,全面开展教师教学能力提升培训。由此可见,教师教学发展中心自 2011 年被明确提出至今,一直被视为加强大学内涵建设、提高办学质量和人才培养能力的重要基地,中心建设也成为了大学师资队伍建设的重要抓手之一,其重要性不断被强化。

(二) 新时代对本科教育的内涵发展要求使教师教学发展中心的重要性更加突显

2018 年 6 月 21 日,新时代全国高等学校本科教学工作会议召开,在教育部陈宝生部长"坚持以本为本,推进四个回归,建设中国特色、世界水平的一流本科教育"的讲话中论述了本科教育的重要性,旗帜鲜明地指出了高等学校的根本任务就是培养人,高等学校的根本标准就是立德树人的成效。2018 年,《教育部关于加快建设高水平本科教育 全面提高人才培养能力的意见》从十个大的方面就如何建设高水平本科教育提出了标准和要求。随后国内高等教育掀起了一场质量革命,从"六卓越一拔尖计划 2.0"的全面启动,到一流专业、一流课程建设"双万计划""四新"建设的深入推进,高水平本科教育对大学学科、专业及课程建设均提出了明确的任务和精准的要求。要完成这些任务,达到这些要求,高素质的教师队伍是基础,也是关键。如何培养和建设一支高水平、高素质、能支撑起一个大学高质量发展的教师队伍,成了国内大学发展中面临的重大课题。依靠教务处、人事处或师资培训部门开展师资队伍建设工作的传统模式已经难以适应新时代对高校教师发展的需求。新形势下,大学需要有一个专业平台,针对教师开展系统化、科学化及终身化的培养,以满足新时代大学内涵建设的需要。教师教学发展中心经过近十年的理论与实践探索,已具备一定的基础,积累了一定的成果,成为大学教师发展的重要平台。教育部高等教育司2019年工作要点明确"选树20个左右高校教师教学发展中心典型,示范引领全国高校教师教学发展中心建设"。在教育部印发的《普通高等学校本科教育教学审核评估实施方案(2021—2025年)》中,"加强教师教学发展中心、基层教学组织建设的举措与成效"成为审核的重点内容。

二 新文科教师教学发展中心基本内涵

新文科教师教学发展中心的基本内涵是以服务为导向,致力于实现卓越教学目标,通过平台建设、职业发展体系和多样化的举措,全面促进教师的教学发展。

(一)新文科教师教学发展中心的职能定位

教师教学培训。高校应针对文科教师及相关人员建立完善的培训制度,定期聘请专业机构和人士对各级教学管理人员进行有针对性的培训。例如,高校对新入职的文科教师助教进行基本的岗位培训,对在职教职工继续进行教育培训,从教学理念和专业技能、科研能力和方法、学术道德和师德等方面全面提升文科教师素养。学校应着重对新入职教师展开岗前培训,使其达到最基本的岗位要求。高校还应在教师通过培训提升教学和研究能力的同时,组织教师进行探讨和交流,从教师职业规划的方面促进教师的发展。

教师监测评估。教学发展研究的先决条件是完善教师的教学基本状态,而监测评估制度就是指发动全体教师和学生从不同角度对教学效果进行的调查和评估,鼓励全校教师和学生积极参与测评,反馈评教信息，在此过程中，开展有针对性的教学基本状态监测评估。

教师教学服务。在基础设施建设方面，发展中心通过调查学校的教育、教学政策从制定到实施过程中所存在的各方面的评价反馈信息，来服务于职能部门和专业学院；在教学方面，发展中心利用课堂观摩、录像分析、微格教学等多种方式更好地服务于师生，还可以通过提供教学咨询、辅导、诊断和指导辅助，为教师提供服务；在教师个人发展方面，教师教学发展中心注重教师的情绪疏导，帮助教师合理平衡教学和生活。

教学示范与推广。为充分发挥高校教师教学中心的教学示范作用，普及高校教师发展中心模式的实施，推动高校为满足教师的发展而建立具有自己特色的教师教学发展中心，高校应该建立示范中心。该中心建立旨在推动区域教学质量的全面提升，为区域各高校教师发展中心建立培训专业的管理人员，并向各高校分享优秀的教学理念、教学手段、教学方法和最新的教学技术成果。

(二) 新文科教师发展中心组织结构

中国高校教师教学发展中心机构设置纵向主要有两种：一种是校直属机构，如复旦大学教师教学发展中心；一种是挂靠附属机构，主要挂靠于校教务处、学生处、学生部或本科生院等部门。教学发展中心科室设置一般在4—5个。人力资源结构倾向于专兼结合、专家与管理人员共同参与的人员配置制度。中心主任和常务副主任各1名，副主任2—5名，成员人数各校不等。主任由分管学术的副校长兼任，或由学科领域的教授或专家担任。中心成员主要由院士、国家教学名师、教育专家、老教授或院系部门领导组成。突出特点为专家为主、行政为辅。如北京大学教师教学发展中心以专家为主、行政人员为辅，突出学科专家、教育家和教育技术专家的组合。[1]

基于以上组织结构，中国教学中心的运行方式主要有直线—职能式

---

[1] 孙冬玲、李晓波、左选琴：《我国高校教师教学发展中心的现状、问题及对策》，《高等理科教育》2017年第6期。

和矩阵组织式两种运行方式。直线—职能式主要为校直属机构，且一般为高水平研究型大学。此类中心在高校支持下，为校独立实体机构。矩阵组织式教学中心一般挂靠于校教务处、人事处和学生处等部门，运行方式为多部门统筹规划、协同联动。中国高校教学发展中心与大学的关系主要有独立建制与非独立建制两种。独立建制的教学发展中心所拥有的权力和获取关键资源的机会较多，工作效率和影响力较高；非独立建制的教学发展中心具有综合优化资源的优势，但因权责边界模糊易产生工作低效的不良局面。从组织人力资源来看，专兼结合的人员配置制度，可谓优劣互补，但关键问题在于如何保障工作人员的工作精力和积极性。中心的组织化程度越高，其服务品质和专业水准也就越高。组织结构松散、权力下移、富有弹性和效率，便于不同学科背景的教师或其他领域的学者参与进来进行讨论交流。① 为确保中心功能的正常发挥和实现，各高校应最大程度确保中心独立建制，配备专业的人力资源。

（三）新文科教师发展中心服务机制

2012年7月12日，教育部、财政部联合发布了《关于启动国家级教师教学发展示范中心建设工作的通知》，明确了国家级教师教学发展示范中心的重点建设内容包括：教师培训、教学咨询、教学改革、教学质量评估、提供优质教学资源和承担区域内高校加强中心建设的相关任务。② 教学发展中心主要通过教师培训和教学咨询的形式提供教学服务并组织教学研究。教师培训的形式主要有工作坊和授课等，融入"以学生为中心"的教学理念，基于教师需求，采用参与式培训；教学咨询通过教学中心平台为教师们提供个性化的交流和对话服务。教学发展中心依据规则开展教育活动，服务对象广泛，价值需求多元化。中心工作内容与高校使命、工作重点、学科专业发展和教学需求以及人才结构等密切关联。教学发展中心的建设是大学回应社会问责教育质量的一项重要改

---

① 操太圣：《走向开放而灵活的教育：校长何为》，《江苏教育》2019年第10期。
② 教育部高等教育司：《关于启动国家级教师教学发展示范中心建设工作的通知》，2012年7月12日，http://www.moe.gov.cn/s78/A08/tongzhi/201207/t20120712_139396.html。

革举措，其发展成效仍然需要通过学生的学习呈现。因此，教学发展中心的建设需要将学生发展纳入机构建设统筹考虑的范畴，将其学习过程中存在的问题进行及时解决和反馈。①

高校教师教学发展中心通过提供多元丰富的活动项目，使人们聚集一起向专家学习和相互学习。这为在职教师和未来教师以及其他人员提供了一个再学习和有效教学实践的场所，促进了教学和学习的对话，激发了教师教学的兴趣和参与度。而基于教师需求的评估则可为中心未来工作的调整和改善提供借鉴。科技革命迅速发展，培养未来科技创新领军人才需要创新性的教学科研高地。面对新的教学冲击和挑战，教学发展中心如何依托现代教育技术为教师提供支持性帮助是当下信息化教学环境的重要服务内容之一。北京大学教师教学发展中心基于 TPACK 理论框架，为新入职教师规划培训项目，凸显了信息化时代下教师教学需要考虑的重要因素。②

（四）新文科教师发展中心评价体系

2012 年至今，中国 30 所国家级教师教学发展示范中心按照要求积极开展了各类教学和教师发展活动，为提升教师教学能力和提高人才培养质量发挥了重要作用。同时也在国内掀起了重视组织机构建设、重视教师发展和重视教与学理论及实践的热潮。③ 但如何评价一个教师教学发展中心工作的好坏却很困难。中国教师教学发展中心已初步发展为一种致力于提升教师教学能力的专门机构，而要建设好教师教学发展中心就应该多关注教师的满意度问题，并可以将其作为衡量教师发展中心功能发挥的重要指标之一。④ 严格的评价体系不应仅包括对教学结果的评

---

① 李小娃：《高校教师发展中心建设的制度逻辑与理论内涵》，《中国高教研究》2013 年第 12 期。

② 孙冬玲：《我国高校教师教学发展中心现状及优化对策》，《当代继续教育》2020 年第 4 期。

③ 刘进、刘之远、Michael Sweet：《新教师发展中心筹建的理念、路径与模式——基于对美国东北大学教师发展中心的访谈》，《高教发展与评估》2017 年第 2 期。

④ 魏红、赵彬：《我国高校教师发展中心的现状分析与未来展望——基于 69 所高校教师发展中心工作报告文本的研究》，《中国高教研究》2017 年第 7 期。

价，还应包括评价目的和评价过程。

教师发展中心的健康发展和自我更新要在自我发展的过程中不断增强发现和解决问题的能力；明确目标和重点的能力；提出正确解决问题方案的能力；贯彻并执行所选方案的能力。教育要成为唤醒、生成学生美好精神世界的活动，就必须从根本上引导学生个体精神世界的成长。因此，教学中心评价体系不仅要关注教师教学的技艺，还要引导教师的生成性成长，并将教师幸福体验反馈和影响学生的发展。基于可行和可改善的评价导向，制定有效的测量指标，创建灵活的服务方案，丰富教学发展内涵，建立参与者满意度反馈的评价机制，对于建设科学的评价体系大有裨益。

三 新文科教师教学发展中心建设路径

新文科教师教学发展中心的建设路径应以确立核心理念为引领，构建两级平台为基础，设计职业发展体系为核心，实施多样化举措为手段，建立长效机制为保障，注重评价与反馈为提升途径。通过这些方面的综合推进和实施，可以有效推动新文科教师教学发展中心的建设和发展。

（一）加强顶层设计，走专业化发展道路

文科教师教学发展中心的建设应认真贯彻相关教育部门的方针政策，同时各高校要根据校情对中心职能和性质进行定位。教师教学发展中心以关注与服务支持教师成长发展需要为首要任务。[1] 大学教师发展中心作为一个促进教师专业发展的专门组织机构，无论是作为独立机构还是附属机构，大学教师发展中心都应以促进教师专业发展为首要任务。因此，大学教师发展中心需要知晓行政权力的限度，弱化对行政权力的依赖，加强中心统筹管理，厘清各部门职责，相关部门协调互助、共商共谋，提高中心工作效率和水平。中心的各个职能部门要及时沟

---

[1] 李福华、王瑛、汪碧玉珠：《大学教师教学发展组织建设的路径探究》，《教师教育研究》2018年第5期。

通，信息畅通，上下联动。在中心工作运行过程中应将全部教师群体作为服务对象、以促进教师专业发展的视野来清晰准确定位，制定长久高效的教师专业发展规划；把教学发展当成教师职业化或专业化的必要组成部分，将教师培训理论与教学实践问题相结合，致力于将教师发展中心打造成一个培训服务、专业研究以及检测评价等功能结合起来的专业系统。①

除此之外，大学教师发展中心应增强其工作的透明度，接受来自政府的监督和社会公众的评价，增强中心自身发展动力。大学教师发展中心在人员配备方面，可参照国内外已有教师发展机构的人员配置经验，加强专业人员队伍建设，实行专兼职结合模式，增强大学教师发展中心的专业性。专职人员负责教师发展中心日常事务的处理，保证中心正常运转，同时要求有经验的学者、专家、教授成为教师发展中心的兼职参与人员，为中心工作运行提供指导和建议，使其针对教师的发展需求提供个性化、专业化的服务。②

具体来说，一是学校要构建和用好教师发展中心。利用中心的积聚优势，一方面助推文科教师的能力培训和专业发展指导，另一方面打通文科教师之间以及文、理科教师之间的交流合作的障碍，为其提供平台支持。鼓励不同学科教师之间开展基于教学活动、教学项目或者科研活动的对话和合作。二是学校要加强信息平台建设，推动建立教师信息数字大平台。不同专业开设同一课程或相似课程的教师组建教学团队，强化以老带新和文理交叉式的资源共享模式。三是学校加强工作制度建设，特别是鼓励跨学科、跨专业教学项目研究和教学任务的分担等工作激励制度建设，鼓励文科专业之间、文理科专业之间的教师团队建设，以提高文科教师的综合素质。

---

① 王晋、刘赛楠、王丹丰：《大学教师发展中心：结构功能、发展困境和变革方向》，《当代教师教育》2021 年第 3 期。
② 赵珂：《中美两国高校教师发展中心比较研究——以美国密歇根大学和中国东南大学为例》，《南京理工大学学报》（社会科学版）2016 年第 4 期。

(二) 创新常规培训方式，提高服务质量

加强文科师资的教育培训，通过骨干研修、在职攻读学位、国内外高级研修访学等多种途径，实现政治素质、业务能力全面提升，建设高水平的新文科教学团队。增强文科内及文理工科师资之间相互融合，形成专兼结合、结构合理、交叉融通的新文科教师队伍体系。构建以教学投入为导向的激励体系，建立符合新文科建设需要的职务职称评聘制度，建立符合新文科学科建设和培养方向的科研评价体系。

建立工作坊，提供教学咨询是发展大学教师发展中心的重要项目。可根据教师需要发展的内容，召集教师参加讨论、学习及交流教学知识、教学经验与技能等教师发展方法，建立包括短期或长期的离校工作坊与简短或拓展性的校内工作坊。根据教师的具体需求为不同发展阶段的教师制定不同的职业发展规划，提供相应的个性化精准服务，为教师提供有效的发展途径。同时可采用"集中培训+网络研修+校本研修"的混合式模式，以教师工作坊为核心组织，构建"个人空间、个人工作坊、研修社区"一体化的研修体系。[①]

大学教师发展中心可在后台提供国内外较先进的教学案例、优秀大学教师的讲课实景、新颖的课堂方式方法、师生有效互动的案例等，以供教师自己研究学习；教师在前台可以上传教学课件、实践活动方案、课题研究等资料进行资源展示共享，进而在工作坊与研修社区中开展专题研讨、听评课、摩课等活动。大学教师发展中心还要认真研究多方反馈信息，及时有效地将多方对教师的评价反馈到教师身上，促进教师自身的专业发展。大学教师发展中心要从海量的数据中高效获取信息资源，通过描述统计或者复杂统计分析出大学教师的真实需求。跟踪教师成长，借助大数据平台为教师做成长档案袋，为高校教师专业发展提供

---

① 王晋、刘赛楠、王丹丰：《大学教师发展中心：结构功能、发展困境和变革方向》，《当代教师教育》2021年第3期。

数据支撑，用数据决策，提高高校教师发展质量和水平。① 使教师真正地感受到中心"服务本位"的初衷，促使教师发自内心地端正自身态度，积极主动地参与教师发展中心的工作。

（三）互学互促，加强不同文化背景下教学文化的传播和发展

大学教师发展中心的发展应遵循国际化趋势，加强国际交流与合作，包括与国际高校的联系、与访问学者的沟通、教育经验的国际交流、高校教师发展中心运行机制的国际交流等。校校联动、内外联动，邀请校内外和国内外的学者或专家进行灵活多样的主题演讲亦是汲取外部资源的有效途径。可以创建高校教师专业发展联盟，联盟之间要定期交流，互通有无。各大学教师发展中心可以用强强联合、资源共享、新老交融等形式展开合作，扩大资源，共同进步。建立健全中心各职能部门的沟通互动机制，增强中心工作的有效性。

教师发展中心可与本校各学院加强合作，或在各学院设置教师发展中心，通过分设中心加强中心工作的流畅性和专业性，可根据各学院教师的学科背景和学科特性提供更加精准化服务，更好地推进教师发展工作的常态化和制度化。2019年复旦大学已启动设立各院系教师教学发展分中心。大学教师发展中心需要增强现代技术的支持，发挥网络和信息技术的优势，搭建教师资源信息化平台，为高校教师发展提供专业信息化环境。可利用互联网建立高效教师发展中心网络信息交流平台，满足处于不同地点与区域教师之间的交流，增强中心传递服务信息传递的便捷性与时效性，同时也可丰富教师获取服务的途径和发展性支持资源，提高中心服务水平和质量。②

（四）加强全面评估，健全评估机制

教学中心对有效教学的重要性和复杂性日益成为共识。评估在任何

---

① 庞海芍等：《教师发展中心如何才能告别边缘化》，《高教发展与评估》2018年第6期。

② 王晋、刘赛楠、王丹丰：《大学教师发展中心：结构功能、发展困境和变革方向》，《当代教师教育》2021年第3期。

专业发展计划中都具有非常重要的作用，但如何进行稳健且有效的评估面临诸多挑战。因此，有必要采取多元发展的动态评价策略，以确保中心评价的科学性。评价主要分为两个阶段：全面需求评估和持续性评估。全面需求评估主要界定提供服务环境中的需求、问题、资产、机会和目的，即确定所需资源或服务的需求，以及满足这些需求的问题或障碍。而后，利用中心的专业知识、服务及资源等来克服和化解以上问题。持续性评估是在全面需求评估完成以后和新的活动计划开始时进行，评估重点为中心活动具体项目的评估。科学的评价为教育者提供了宝贵的数据资源，根据评价结果的反馈将有助于增加关于改进教学的相关知识。评价要满足不同服务对象的需求、利益、能力和目标。[1]

评估机制的构建离不开三个基本要素，即评估标准、评估主体和评估方式。评估标准即评什么，这就需要建立一套科学合理的评估指标体系。这套评估指标体系又必须以高校教师教学发展中心的职能为基准，树立评估指标的方位感；同时，要能充分反映中心的工作成效，展现指标体系的激励性；还要借助这一评估指标引导高校教师教学发展中心提升专业化水平，体现指标的引导性。因此，评估指标体系是基于职能定位以激励开展工作提升专业水平为目标的引导性指标。评估主体即谁来评。教学发展中心各项活动的教师是主要的评估主体。此外，根据利益相关方理论，评估主体还应该包括学校管理者、教育行政部门等。评估方式即如何评。就目前中国教育评估的现状而言，评估方式已趋多样且相对成熟，采取何种方式无关紧要且要视情况而定。但重要的是要正确使用评估结果，为此应将评估结果向全校教师公布，通过各种平台将高校教师教学发展中心的工作成效及时地公开化、透明化，并接受全体教师的监督和评价，从而形成良性的反馈机制。[2]

---

[1] 孙冬玲：《我国高校教师教学发展中心现状及优化对策》，《当代继续教育》2020年第4期。

[2] 杨洁：《我国高校教师教学发展中心：现状、问题与突破》，《教育发展研究》2018年第9期。

第六章 新文科特色质量文化建设

当今世界正处于百年未有之大变局，在新科技革命和产业变革的机遇与挑战中，中国高等教育乃至世界高等教育都进入了一个全新的发展阶段，高等教育的创新发展势在必行。当前，迈向大众化阶段的中国高等教育面临着改革与创新发展的迫切需求，如何从规模扩张到质量提升已经成为新发展阶段高等教育内涵式发展的重要议题。2018年，教育部提出的"四新"建设，开启了新文科建设之路。"四新"学科建设是新时期全面提高高等教育质量的重要举措，质量文化建设则是"四新"学科发展的重要保障。当前新文科尚处于探索初期，构建一个适宜新文科发展的特色质量文化保障机制对于新文科质量提升具有重要意义。

新文科特色质量文化建设，首先要厘清两个问题，一是建设什么样的质量文化，二是怎样建设这样的质量文化。质量文化作为新文科建设的核心和灵魂，也是保证新文科建设顺利推进的关键环节和重要保障。新文科特色质量文化的形成和发展是一项长期而复杂的系统工程。构建新文科特色质量文化机制，需要基于新文科的学科属性和知识基础，综合考虑多重因素，其中，既要遵循质量文化建设的内部逻辑，又要适应新文科发展的知识逻辑与制度逻辑，将坚持质量文化的制度逻辑与新文科自身学科发展逻辑有机统一。

2020年11月3日，全国有关高校和专家齐聚中华文化重要发祥地山东，共商新时代文科教育发展大计，共话新时代文科人才培养，共同发布《新文科建设宣言》，明确提出要打造新文科建设质量文化，即

"坚持学生中心、坚持产出导向、坚持持续改进，构建中国特色的文科教育质量保障体系，建设文科特色质量文化。建立健全以大数据为基础的文科教育质量常态监测体系，实施文科专业认证，强化高校质量保障主体意识，促进文科人才培养能力持续提升。"[1] 在其指导下，本章内容将从以下几个方面进行新文科特色质量文化体系构建，要加快建设以质量提升为核心的新文科教学管理体制；进一步建立健全高校内部教育质量保障体系；积极构建面向新文科的文科专业三级认证体系。

第一节　新文科教学管理体制建设

提升高等学校教学质量是实现高等学校教育内涵式发展的关键，是培养适应新时代经济社会发展必备人才的奥义。新文科是传统文科基于新形势下进行的知识生产与再生产转型发展的新形态，作为人文社会科学创新发展的新形式，新文科面临着学科发展范式、专业发展方向、人才培养模式、质量评价等方面的变革需求。教学作为大学培养人才的主要途径，新文科建设背景下的教学管理体制建设显得尤为重要。

一　构建新文科教学管理体制的必要性

教育部高等教育司司长吴岩指出，高等教育是兴国强国的"战略重器"，服务于国家经济社会高质量发展，根本上要求高等教育率先实现创新发展。在中国的学科门类中，文科占据三分之二，文科教育的振兴关乎高等教育的振兴。高等文科教育作为培养青年人自信心、自豪感、自主性的主战场、主阵地、主渠道，应精准把握高等教育新形势，积势、蓄势、谋势，识变、应变、求变，构建以育人育才为中心的哲学社会科学发展新格局，加快培养新时代人才，全面提升国家文化软实力。

---

[1] 刘坤轮：《〈新文科建设宣言〉语境中的新法科建设》，《新文科教育研究》2021年第2期。

新文科作为文科教育的创新发展，旨在培养知中国、爱中国、堪当民族复兴大任的新时代文科人才；培养优秀的新时代社会科学家；构建哲学社会科学中国气派；创造光耀时代、光耀世界的中国文化，这也正是新文科担负的四大任务、四大使命。以上任务和使命的完成，则需要通过新文科培养出来一代代优秀的新文科人才才能实现，作为新文科人才培养的主要途径，新文科建设中的教学管理体制的重要性不言而喻。

（一）回归大学教学职能的首要地位

自中世纪大学之滥觞到现代大学的诞生，教学作为大学最古老的职能，也一直是大学最重要的职能之一。进入现代社会以后，随着大学与社会联系日益密切，大学从知识的象牙塔走向社会的中心，大学职能也从最基本的教学和人才培养职能逐渐扩展为教学、科学研究、社会服务三足鼎立之势。但是，无论大学职能如何演变，教学和人才培养依然是大学最首要、最基本的职能。基于此，大学教学管理是大学运作的中心枢纽，结构完备、功能良好、运行高效的大学教学管理组织是落实教学核心地位和保证教学质量的基本保障。

大学是培养高素质人才的专门机构，这一任务主要是通过教学活动来完成的，离开了教学，大学就失去了其存在的价值。因此，教学工作始终是大学的中心工作。良好的教学管理虽说不是取得教学高质量发展的充分条件，但却是一个必要条件。随着中国高等教育大众化进程的加快，新文科教学管理制度必须与时俱进、不断创新，需要体现以人为本、和谐发展的管理理念，着重解决提升院系教学管理的活力、增强管理制度的弹性、提高学生选择的自主性、强化管理制度的服务内涵等核心问题，逐步形成学校统筹协调、院系管理为主、师生自主发展、服务体系健全的教学管理新体制。[1] 新文科建设是当前国内哲学社会科学发展的重要目标，对于破除传统学科的壁垒，构建新的学科体系，探索新的人文社会科学研究方法，创建新的中国学术理论体系，毫无疑问将是

---

[1] 王俊豪、胡春光：《从控制到自主：大学教学管理制度的反思与重构》，《北京教育》（高教版）2006年第10期。

新文科建设的重要价值旨归。

(二) 顺应大学知识生产转型的发展趋势

《新文科建设宣言》提出，要"紧扣国家软实力建设和文化繁荣发展新需求，紧跟新一轮科技革命和产业变革新趋势，积极推动人工智能、大数据等现代信息技术与文科专业深入融合，积极发展文科类新兴专业"。新文科建设的开展既是人文社会科学发展脉络的自然延续，也是其应对自身当代危机的应然之举。从某种意义上讲，新文科建设的实质是为了弥合以学科专业为载体的知识生产方式，由单一学科专业向跨学科、超学科转型。[①] 基于知识生产模式转型的背景，大学为了顺应大学知识生产方式转型带来的机遇和挑战，需回应时代诉求。作为一个介于主观与客观、抽象与具体之间的特殊范畴，新文科教学质量不同于企业领域的产品质量或服务质量，高等教育质量管理也不同于企业领域的全面质量管理。在普遍重视质量，质量话语可以主导一切的新时代，高等教育必须高度重视质量管理。在高等教育领域中，"质量"和"质量管理"已经成为越来越热门的话语。就像"科学"作为一种强势话语入侵了人类所有知识领域一样，今天"质量"和"质量管理"作为一种强势话语也同样进入了社会生活的各个角落。质量和质量管理就像人的影子一样无处不在，成为这个时代无法回避的话题。由于高等教育"质量话语"的依附性，加之高等教育质量管理研究的不成熟以及大学组织本身的特殊性，"高等教育质量"作为一种话语，其象征意义大于实际价值。尽管如此，由于质量的重要性，高等教育的质量话语在较短的时间内却创造了不朽的传奇。通过对其他学科领域中"质量"和"质量管理"话语的不断引入与繁殖，从而使高等教育迅速走进了以质量为中心的新时代。在一个全新的以质量为中心的世纪中，质量管理绝不只是高等教育管理的一种趋向，而且是高等教育发展的新希望。高等教育领域必须加强对质量管理的研究，并积极付诸实施，只有如此才能

---

① 崔延强、段禹：《新文科究竟"新"在何处——基于对人文社会科学发展史的考察》，《大学教育科学》2021年第1期。

为迎接高等教育质量管理的新时代做好准备。

(三) 应对高等教育教学质量管理危机

20世纪80年代以来,在高等教育质量危机的威胁下,在美国大学纷纷启动质量改进活动的示范作用下,在企业领域强大质量话语的压力下,在政府的政治干预下,强化对高等教育质量的管理已是大势所趋。在质量变革面前,大学改变不了别人,不得不改变自己。于是借鉴企业质量管理模式,建构高等教育质量管理体系就成为大学的必然选择。对于企业而言,如果说20世纪是生产力的世纪,那么21世纪就将是质量的世纪。与企业相比,大学的命运大同小异。20世纪对于大学而言同样是"规模的世纪""数量的世纪";在21世纪里面对如此庞大的高等教育规模与在校生人数,大学只能以质量求生存、以质量谋发展,只有在20世纪所创造的巨大规模和数量的基础上,不断通过有效的质量管理提升高等教育的质量,大学才会有美好的未来。

在知识社会背景下,高等教育质量管理过程中大学必须从传统组织向高质量发展组织转型,以知识管理为中心建设学习型大学是新时代高等教育质量管理的必然要求。在本质上,大学是一个生产、传播与应用高深知识的地方,但在实践中,大学并不重视对高深知识的管理,更没有将知识管理作为大学管理的一种有效手段。目前在质量危机的大背景下,在高等教育领域实施质量管理已经势在必行,但是对于如何进行质量管理,如何建立适合于大学的高等教育质量管理体系仍然没有明确结论。结合大学组织的特性以及当前质量管理理论与实践的最新进展,高等教育领域中通过质量管理改善大学组织绩效的核心问题就是如何有效地在大学内部实行知识质量管理。对大学而言,如果要从传统组织转变为质量组织,要想有效地实施质量管理战略,质量知识管理是不可缺少的手段。一方面知识管理的实施有利于解决高等教育质量管理过程中大学教学质量知识匮乏的问题;另一方面高等教育质量管理作为知识管理的新领域,也有利于大学知识管理的深入与系统化。

二 新文科教学管理体制的意蕴与理念

新文科建设的目的就是适应新时代哲学社会科学发展的新要求,打破传统文科发展的壁垒,探索新的人文学科发展范式,推进人文社会科学与新一轮科技革命和产业变革交叉融合,不断推动文科专业建设的思想创新、理念创新、方法技术创新和模式创新。

(一) 新文科教学管理体制的内涵

管理一般是指在特定的环境下,对组织所拥有的资源进行有效地计划、组织、领导和控制,以便完成既定的组织目标的过程,是人们依据社会发展的客观规律,以及在特定历史条件下对各种规律的表现方式,进行有意识地调节社会系统内外的各种关系和资源,以便达到既定的系统目标的过程。第一,管理是为实现组织目标服务的,是一个有意识的、有目的的活动过程。管理是任何组织不可或缺的,但绝不是孤立存在的。只要有组织及其活动,就存在管理问题。第二,管理活动是通过一系列相互关联的资源要素进行的,管理工作就是要综合运用组织中的各种资源要素,通过计划、组织、控制等来实现组织目标,达到活动的目的效果,这就成为管理的基本职能。第三,从管理本身来讲,管理活动应该按照自己的规律进行,但是,现实管理活动中的资源并不是孤立存在的,管理工作是在一定的环境条件下进行的,管理是一种社会活动,有效的管理必须充分考虑组织的特定环境。[①]

新文科教学质量管理是指根据高等教育的目的和发展规律,调配新文科教学资源,调节新文科教学系统内外的各种关系,进行有效的计划、组织、领导和控制,以便达到既定的新文科建设目标的过程。教育系统目标的特殊性决定了教育管理目标的特殊性。新文科教育系统的主要目标是根据新文科教育的功能来确定的,因此,对管理的功能与目标相应地提出了它的特定要求。新文科教育作为贯通学科发展的新理念,

---

① 应力、钱省三:《知识管理的内涵》,《科学学研究》2001年第1期。

不仅主张打通文史哲，跨越人文学科与社会科学的界限，而且尝试更广泛地渗入理工农医等其他学科领域，孕育一批新兴的交叉学科群落。新文科"改变世界"的方式表现为基于人的美好生活需要来改造社会，致力于解决人的存在与社会发展的各种问题，尤其是回答时代重大问题、社会发展难题和人民关切问题，为推进国家治理体系和治理能力现代化提供知识储备并制定理论方案。① 新文科教学管理的功能就是要通过计划、组织、协调、控制等使其更加符合社会发展的要求，符合社会生产力的要求，这种要求表现在教育的层次、结构、规模、质量等方面的目标。另外，在微观方面，新文科教学管理要使组织中的每个成员按照教育规律办事，更好地完成既定的目标，该目标依据教育规律和社会发展对教育的需求而制定。新文科教育系统的协调活动应该以教育的规律为指导，而不能简单地照抄企业管理中的某些方式方法。从这个意义上说，新文科教育的微观管理是以更好提高人才的质量为根本目标的管理活动，它不能也无法以只追求经济效益（更不能以追求利润）为目标。高等教育的"质量管理"是指要管理"质量"，即把高等教育系统本身作为高等教育的质量载体进行全方位的管理，其目的就是要通过树立以质量为中心的意识，建立完善的质量管理体系，培育全员参与的质量文化，从而使大学从一个传统组织转变为一个高质量发展组织，进而使组织质量不断提升和质量持续改进成为所有大学人永恒的追求与信仰。如布伦南等人认为："我们用'质量管理'这相对较为广义的概念描述对高教质量的判断、决策和行动的整个过程。我们选择'质量管理'这个术语，是作为一个宏观的概念，因此这个术语不意味着我们推崇对高教质量实施'管理性方法'，更不是指我们要采取某种具体的管理理念，如全面质量管理之类。'质量管理'涵盖保证高等教育质量所涉及的一切内部和外部的结构和过程，其中对'质量评估'的安排就构成了'质量管理'的一个重要部分。"②

---

① 黄铭、何宛怿：《在新文科建设中强化价值引领》，《中国高等教育》2021年第7期。
② ［美］约翰·布伦南、特拉·沙赫：《高等教育质量管理——一个关于高等院校评估和改革的国际性观点》，陆爱华等译，华东师范大学出版社2005年版，第7页。

(二) 新文科教学管理理念

教学管理理念的创新是新文科教学管理创新的前提，新文科教学管理凸显了以人为本的理念，彰显了现代教育的基本价值倾向，体现了新文科教育追寻人的幸福、自由、解放等终极价值。在传统的高等院校管理中，较为注重学生的知识积累，学生被视为被支配和管理的对象，其创新能力、实践能力和学习积极性的培养被忽视。在科层制管理制度之下，教师的主体地位受到忽视，而新文科教学理念则倡导关注教师和学生的主体地位，教学管理坚持以人为本，尊重和理解他人。首先，在教学管理工作中弘扬尊重知识和人才的观念，秉持以学生为本的教学理念，充分尊重学生的学习需求与身心特征，唤醒学生的自我意识，发挥学生的主体能动性；其次，将教学置于教学管理的核心地位，健全监督机制，激发教师的积极性，关心教师和学生的情感需求；再次，教学管理者需要关心教师，调动教师积极性，帮助其积极完成教学管理任务，并为其专业发展提供持续成长的机会；最后，教学管理人员、教师与学生之间需通力合作，加强沟通与交流，充分发挥教学管理人员和专业人员的专业才能，发挥优秀人才智慧治校的技能，为新文科教学管理营造良好的文化环境。建构新文科教学质量体系，需要充分体现新时代教育价值取向对新文科教学的导向与规范作用，紧紧围绕学习的主体——学生的需要和发展而构建。

1. 基于教育目的

"目的"是人类有意识的自觉行为，教育活动最为独特的表现是具有明确的目的，开展有目的、有计划、有系统的人类学习活动，并能够充分利用各种有利条件去实现教育目的。因此，建构教学质量监控体系离不开教育目的的考量。如果教学失去了教育目的的规范与导向，那么，教学实施也将无所依从，教学的价值也只有通过教育目的的达成过程才能真正地体现出来。基于教育目的这一基本理念，有助于厘清教学活动与非教学活动的区别，让教学活动始终沿着最为有效的方式与途径展开，排除不利于教学的干扰因素。同时，新文科教学对教学的目的一般都具有明确的规定性，以目的为参照点，能够使教育评价简单易行，具备可操作性。

2. 以学生发展为本

新文科教学质量建设的根本目的是要促进学生的发展，这不仅是为了考查学生达到学习目标的程度，更是为了检验和改进学生的学习和教师的教学，改进课堂设计，完善教学过程，从而更有效地促进学生的全面发展。进言之，新教学质量管理体系构建的主要价值在于改进或增值学生学习，而不仅仅是鉴定或选拔，其最终的目的是激发和调动学生的学习积极性。这就要求教师要以发展的眼光审视学生的学习活动，注重学生过去和现在的比较，着重于每一个个体在原有基础上实实在在地发展。教师以鼓励代替批评，巧妙地提醒学生向新的目标做出努力、做出尝试，变"培养适应教育的学生"为"创造适合学生的教育"。现代教育理念越来越重视"全人"的培养，而传统的教学培养方式难以符合这一时代的新要求。因此，新文科教学质量管理体系关注的是学生在知识、情感、态度、价值观诸方面的学习变化，通过多方位的手段促进学生的全面发展。所以，"发展性"成为有效教学质量管理的重要原则与核心理念。

3. 秉持教育公平

实现教育公平一直是现代教育的核心理念与基本追求，教育的一个重要内容就是教学质量的公平性，公平性因而成为构建教学质量管理体系的重要理念。只有体现公平，才能满足新文科教学管理的合理性与有效性要求。一般而言，人们对于公平的认识在于起点公平、过程公平与结果公平。新文科教学质量管理体系的构建首先在于关注学生的起点公平，对学生的学习起点进行个性化、差异化的诊断，进而为促进每个学生的学习提供依据和目标。其次是关注过程公平，能够针对每个学生的学习过程提出有效的改进策略。最后是关注结果公平，能够根据学生的学习起点，对学生的学习结果做出公平的评价，对每个学生的进步与不足进行有效的分析，使评价真正成为一种个性化的学习过程。概言之，

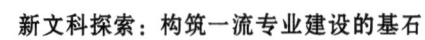

在新文科课堂教学的过程中，教师要尽可能地做到对每个学生做出评价与反馈，使每个学生都能享受到公平的对待。①

三 新文科教学管理体制的内容体系

新文科人才培养模式的建构对学校教学管理体制提出了新要求，由此促使高校必须积极改革当前的教学管理工作，探索与之相适应的新文科教学管理体制，为新文科人才培养工作的顺利进行创造良好的条件。教学质量的提升是新文科教学管理体制构建的核心，重点需健全教学质量监控和评价体系，发挥其强化导向、监督与评价功能，调动教与学的积极性，突出教师的主导和学生的主体地位，管理手段从单一走向多元，管理方式从目标导向到注重过程导向，发挥新文科教学管理制度的制度化与规范化功能。

（一）建立"多层环状"教学工作系统

新文科教学管理运行体系的创新，需体现激励与约束相结合、以约束为主的运行机制，重点建立和健全教学质量监控和评价体系。努力实现管理方式由过程型向目标型转变，管理手段由单一化向多样化、网络化转变。从系统的"结构—功能"理论模型出发，完善高职教学工作的决策、执行、监控和信息反馈系统，构建多层环状、环环相扣、结构紧密、功能优化的教学管理工作"回路"。通过系统的集成作用，强化教育教学管理的设计、检查、监控、评估、反馈功能，强化系一级在教学管理层面中的主体地位和实体特性，强化教学管理对教学质量的监控、保障和对学生学习的引导功能，强化教学评价在教学管理中的激励、导向作用。这一教学管理系统应包括教学工作决策、执行、监控、信息反馈四个子系统。

1. 教学工作决策子系统

新文科教学管理体系建构的核心是构建以"院—系—教研组"三

---

① 田建国：《高等教育学》，山东教育出版社1990年版，第461页。

级管理为主体的管理体制，强化学院级别的管理，突出系的主体作用，建立功能优化的新文科教学管理体系，实现从封闭到开放、从刚性到弹性、从单一到多元的模式转变。新文科教学管理体系通常由院长全面负责，分管副院长主持日常教学工作，教务处等职能部门统一协调教学资源，教学指导委员会负责对新文科教学工作开展咨询。新文科教学质量建设在学院层面的主要职责为：负责人才培养的总体设计和规划、制定教学管理制度、开展课程评估、管理教改项目、组织论证新文科教学建设、建构新教学质量监控和评估体系、提供师资研训、教学研究、选编教材等服务。

2. 教学工作执行子系统

新文科教学管理体系的子系统由教务处及其所属职能科室、系教学管理部门组成，是层层递进的决策执行机构。教务处部及其所属职能科室是管理职能部门，代表教学工作决策中心执行学院层面的教学管理，教学干事履行系层面的教学管理职能，教研室是教学管理的基层组织，具体从事教学和教学改革的管理工作。

3. 教学工作监控子系统

该子系统由管理人员、管理干部、教学督导员、信息员和管理制度、管理措施、教学检查、教学评估等方面组成，对教学过程、教学状态、教学资源、教学质量实行动态性的监控，实现由"末端检验或随机性检查"向"教学全过程监控与检查"转变。

4. 教学工作信息反馈子系统

该子系统由教学队伍、教学信息中心、学生工作信息中心等为主体构成的校内常规性信息反馈网，以毕业生跟踪调查为主的社会人才质量需求信息反馈网，以国家教育管理组织和社会评价机构进行的高职院校评价为主的教育质量评价信息反馈网等组成。主要功能是及时进行信息反馈，提供决策参考。

(二) 构建新文科教学监控体系

无论是在理论上还是在实践中，质量都是评价高等教育水平高低的尺度，管理是维持和改进高等教育质量的方法，质量管理代表了人们通过管理提升高等教育质量的努力。有目的、有计划、有组织的教学活动是实现人才培养目标的关键，教学作为新文科教育的主阵地，教学质量关系到人才培养的质量，提升教学质量是教学活动组织开展的价值旨趣。教学质量提升涉及教师专业能力、学生素质、教学媒体、管理水平等诸多要素，诸要素之间相互联系、相互配合，共同作用于教学系统功能的发挥，影响着教学质量的提升。为此，建立新文科教学管理体系，需要对以上因素进行有效调控，优化各要素的排列组合，建立科学的教学监控系统，确保人才培养质量达到预期目标。

1. 构建原则

第一，系统性原则。新文科教学质量监控体系是一个完整的系统，在对其进行科学化的构建时，应秉持系统性的思维和方法论，对其各组成部分进行分解和阐释，系统地考察新文科教学质量监控体系的各个组成要素及其相互之间的关系，使影响新文科教学质量的各因素之间、教学过程开展的各个环节之间紧密联系，在此基础上形成有机的整体，便于主体对其加以有效控制。第二，目标性原则。新文科将教育发展与人才培养放置在百年未有之大变局来观察，"是新时代中国教育界在应对变局中提供中国方案的时代要求"。[①] 在此背景之下，新文科教学质量监控体系需紧紧围绕培养通识型人才这一目标，将教学目标达成的相关要素加以组织与协调，为人才培养提供外部保障力量。第三，规范性原则。新文科教学质量监控体系需遵循国家政策规定，使各项监督工作制度化与规范化，确保教学工作有序开展，教学质量稳步提升。第四，持续性原则。影响新文科教学质量的外部因素随时代发展而变迁，在可持续发展观影响之下，新文科教学质量监控体系应不断改进，确保教学质量稳步提升。第五，可操作性原则。构建教学质量监控体系既需要理论的探讨与学理上的分析，又涉及可操作性的实施经验与细则。在新文科

---

① 张俊宗：《新文科：四个维度的解读》，《西北师大学报》（社会科学版）2019 年第 5 期。

教学实践中，新文科教学质量监控体系实施既需要体现新文科教学理念，即彰显时代背景下的育人思想，注重教育中人文精神的养成，聚焦建设学科，加强学科协同交叉融合，同时又要制定适合各级学校实施的规章制度和实施模式。

2. 构建的基本内容

新文科教学管理体系分为教学目标、教学过程、教学信息等要素，构建科学的新文科教学管理体系，需要全面掌握影响教学质量的要素。具体包括以下几个部分：（1）教学目标管理体系，包括确定人才培养目标、制定教学大纲、调整专业结构等，这类纲领性的实施计划和方案具有完整的体系，其实施有助于提升人才培养质量；（2）教学过程管理体系，教学过程包括教学检查、评估和督导等方面。教学检查包括同行评议、中期教学检查、随机听课、教学文件核查、学生评教等。教学评估即监控教师的教学情况和学生的学习进程，及时发现教学中存在的问题，对教学中存在的问题给予及时反馈，提供指导性建议，为学校教学工作改进提供智力支撑。教学督导通常由专业技能过硬的教学专业和教学管理人员组成督导团队，深入课堂教学，考察教学活动运行的过程，以便于科学、全面、有效地监测教师的教学质量；（3）教学信息监控体系。教学质量信息反馈具有即时性、有效性等特征，科学的教学质量监控体系呈现为一种制度化的立体的信息反馈网络，能够及时有效地反馈教学信息。教学管理部门通过督导组、教学例会、调研、座谈会等形式，从多种渠道收集教学信息。随后，通过会议、媒介等形式，教学管理者将所收集的教学信息反馈给相关部门。

（三）构建新文科教学质量评价体系

新文科教学质量评价体系关乎教学质量管理的成效，科学的评价体系是教学决策的基础。通过对教学效果的评价，进而对教师的教学质量做出较为全面和准确的了解。有效的教学质量评价体系是指对教师的教学质量做出客观衡量和价值判断的过程，新文科教学质量评价可以提供教与学的反馈信息，有助于教学管理者及时调整和改进教学，促进有效的课堂教学，保证教学目标的顺利实现。

1. 新文科教学质量综合评价的基本原则

有效的学习评价，除了要符合基本理念之外，还应满足一些基本原则。这些基本要求为有效开展新文科教学质量评价提供了基本准则。

第一，明确评价目标。明确的目标是新文科教学质量评价的必要条件。通过对目标的明确陈述，不仅能够了解新文科教学目标的达成程度，更有助于提供任务以及确定可能获得与目标相关的资料的情境。评价目标的确立有两个步骤：一是确立"领域一般性"目标，"领域一般性"即涵盖新文科教学质量标准中对各门学科、各学习阶段的目标要求；二是确立"领域特殊性"目标。一般性目标给新文科教学指明了方向，而"领域特殊性"目标能够从各门学科的差异及实际需求出发，确立具体的、适合各门学科的目标，这样的评价目标对于教学而言才是真正发挥作用的、具有实际意义的目标。新文科教学质量评价标准不是要设计对各门学科教学进行彼此比较的评价程序，而是要制定各门学科教学水平的特定目标，就教师教学对这些目标的达成程度加以评价，对于各学科来说，不管它们达到特定目标要花多长时间。唯有明确、清晰的目标，新文科教学质量评价才能发挥实有的意义。

第二，评价内容全面。在对新文科教学质量做出评价的过程中，评价主体不能仅仅看知识和技能是否得到了落实，或者是否有了提高，还要注重学生在情感、态度和价值观等方面的发展。有效的教学评价在内容上呈现出多维、综合的特征，关注德育、智育、体育、劳动技术教育、美育等多个方面的发展。

第三，评价方式多元。新文科教学质量评价的方式应该是多样化的，尽可能做到综合性、全方位地评价教学状况。传统的评价方式主要是通过量化的问卷调查等形式对教学质量进行评估，方式较为单一。除此之外，还可以通过非评比性的经验报告等质性方式对教学进行评价，从而实现评价的多元化。根据评价所对应的教学目标和内容的不同，具体评价任务或问题也要呈现多样化特征，可以是侧重教学技能方面的问题，也可以是开放性情境中的教学思想等方面的问题；可以是需要通过口头或书面语言来表达的任务要求，也可以是通过动手操作来完成的评价任务。

第四，评价主体多元。评价主体是指那些参与新文科教学评价活动并按照一定的标准对评价客体进行价值判断的个人或团体，主体多元化主要体现在：参与评价活动的主体除了教师外，还可以包括专业的评价机构、教育决策机构、学校管理人员、学生家长、学生群体和个体以及学校以外的其他有关人员。充分发挥评价主体的作用，使评价结果更为客观，继而提升教学评估的有效性。在评价情境中，不论是评价者还是被评价者，都是平等的主体，评价不是靠外部力量的督促和控制，而是每一个主体对自己行为的"反省意识和能力"；评价过程是一种民主参与、协商和交往的过程，所以，价值多元、尊重差异就成为主体取向评价的基本特性。特别是当同行作为学习评价的主体时，同行会参与对教师的评价、对自我的评价。把专业经验丰富的同行引导到评价中去，将评价的权力交还给教师，让教师在评价中交流，在交流中学习，在学习共同体中成长，这是现代学习评价的一个新理念。

第五，评价反馈及时。及时反馈是新文科教学质量有效评价的基本要求之一，如同心理学家林格伦所言："学习任务的最有效形式，是那些具有某种反馈的形式。"[①] 布鲁纳同样将"反馈"作为教学的基本原则。评价的根本目的是促进教学，进而促进学生的发展。能否及时地进行评价反馈，决定着评价功能是否能有效发挥。

四 建设新文科教学管理体制面临的挑战

新文科教学管理体制建设对于提升人才培养质量、推动经济社会发展、增强国际竞争力等方面具有重要意义。然而，新文科教学管理体制建设也面临着诸多挑战，需要不断更新教育观念、加强教师队伍建设、

---

① 李蔚、祖晶：《课堂教学心理学》，中国科学技术出版社1999年版，第58页。

优化教学资源等方面的工作，以实现新文科教学管理方式和方法的成功转型。

(一) 科层化的管理结构漠视人的价值

传统的教育管理是一种科层制的管理模式。科层化组织是现代管理理性设计思想的产物，是现代管理思想中工具理性的集中表现，即在组织结构、功能和绩效上，追求秩序化，将组织异化作为达成既定目标的一种工具，适应规范化管理秩序的需要，体现了理性管理思想的本质要求。它以某一个权力中心的存在为中心，并由上至下依次递减成权力等级链条。其中"权力中心"是科层制管理模式的典型特征，规章制度是科层制管理模式维系的纽带。科层制恰恰是现代工业生产中分工协作关系及注重效率的典型特征。社会大分工是社会政治经济发展到一定程度后的必然现象。一方面，社会大分工弥补了因为个体的弱小而不能胜任组织内部繁杂工作的弊端，使各项工作井然有序，提高了组织工作效率；但是另一方面，社会大分工的出现使他们成为组织链条上前前后后的独立部分，割裂了部门与部门之间的联系，使得组织呈现条块分割的状态。学校是一个封闭系统，减少了与外界环境的联系，对来自社会环境的大多数影响持抵制态度。学校组织所表现出的科层取向的突出特点就是强调严格的层次节制。在科层取向的学校组织中，每一个职位都被预先授予其承担者对下属人员进行合法控制的权利，整个组织是按照服从命令为原则的。科层制度所赖以维系的规章制度将学校组织内业务范围、工作程序、行为标准以及学校系统内各科室的职责、关系以规章的形式明确下来，使学校内的各项工作有法可依，有章可循。结构是功能的基础，功能依赖于结构。学校系统的功能优化是与结构的优化密切联系在一起的。但是，科层取向过于强调权威的层级节制，也导致了一系列问题，法规条例的运用发展到极端化程度必然会带来严格监督与控制、有效奖惩成为具体手段的结果。而严格监督与控制、有效奖惩必然会带来学校组织内部的高度疏离，由疏离导致进一步的控制，最终形成学校内部的人际恶性循环，严重破坏学校气氛。最为常见的问题是部门与部门之间较为频繁的矛盾冲突。如决策系统的校长、校长委员会等与执行系统的教务处、后勤部门与操作系统的教职工、学生等容易出现矛盾冲突。尤其需要引起我们注意的是，由严格的制度管理导致的强制性学校气氛，对学生个性发展具有严重影响，极端化的制度管理有可能把学生培养成规章制度的奴隶。而高校就组织性质而言，它是一个不可分割的整体，其各个部分都是密切联系的，是以学生的成长成才为目标的，任何工作都需围绕着学生的成长成才而展开，以上做法不仅破坏了学校组织的正常运行和快速发展，更是与学校组织的性质相悖而行。

（二）工具主义思维异化个体的创造性思维

现代教育管理诞生于大机器生产的工业化社会。"大众教育是工业社会制造的一部精巧独到的机器，用以培养它所需要的成年人……教育制度的等级是仿照工业体系官僚式的模式发展起来的。把知识组织成永久性的学科是以工业方面的设想为根据的……，学校内部的生活完整地介绍了工业社会的全貌，成了反映工业社会的镜子。"[1] 在目前的高等教育管理中，建立在普遍性和一般性之上的制度、规范因为功利主义的价值取向和工具主义的思维方式的肆意蔓延，并伴随现代化和理性化催生的文化传统的失落而产生。组织中的现代人对历史的衰落和失去整体的感觉，是与现代社会组织的高度管理理性主义和经济主义普遍扩张直接相关的，组织中的人成了管理"现代化"文明和文化的副产品，扭曲了人们的生活世界，造成了人的失落、变形。人已经被异化为与工具无异的材料。

第一，目前高等教育管理的思想与方法多采用科学管理，追求效率的最大化。科学管理的基础在于确定管理对象的本质，通过管理对象本质的抽象把握实施管理，主张采用实证的方法如教育统计、教育调查、教育测量与评估等使学校管理标准化、系统化和程序化。然而高等教育管理所针对的群体是具有鲜明个性特点的人，他们接受着高等教育，有

---

[1] 梁迎春、赵爱杰：《高等教育管理与质量评价研究》，西安交通大学出版社2017年版，第26页。

着自己的思想，是活生生的、富有个性的个体。他们的思想是难以控制的。我们惯于将他们标本化，视他们为具有统一性质的抽象的物，而非具有思想的人。从而人与人的关系也变成了冷冰冰的人与数据的关系。这种简单化一的方法因为忽略了人的差异性，在解决不同的问题时难免有些片面与单调。

第二，现代管理组织的金字塔结构和科层管理制度默认了上级部门的绝对霸权地位。管理政策和措施的制定者"制而不做"，执行者"做而不思"，究竟谁为高等教育的管理实效买单呢？久而久之，没有人再质疑和思辨，也就失去了质疑和思辨的能力。他们的话语权被剥夺，创造力被磨灭，成为对话中的"失语人"，成为现代话语霸权下的"囚徒"。在科层化组织中，下级必须服从上级的命令，服从是下级的天职，倘若出现不服从行为，必须诉诸惩罚或处置。这种严格的等级制度将组织内人们的视线聚焦于权力、职位，忽视了个体的创造性思维的成长，久而久之，我们看到的更多的是权力链条上追名逐利的人，而鲜有富有创造性的人，我们开发得更多的是人的"奴性"的一面，而不是人的自主性和主动性。

（三）科学理性的管理目标束缚了人文精神

在理性主义看来，现代主义的核心品质是理性，理性是现代精神的理论内核。同时，人是理性的动物，理性是人的本质。理性具有绝对的、至高无上的权威，只有崇尚理性，人们才能推崇科学，追求真理与自由。伴随科学技术的发展，现代理性日益把工具理性作为其主要内容，而早期理性中的价值观念却逐渐失去了立身的根基，理性渐渐成为一种异化的力量，借助于各样的规范性对人进行控制和奴役。不能否认，科学管理在高校管理中的作用也是有目共睹的，它简化了我们繁琐的管理过程，提供了方便快捷的方法。然而正所谓"过犹不及"，倘若将理性与科学置于高不可及的位置，使其游离于人文精神的约束，放弃了价值坐标的引导，则容易诱发科学主义、工具主义和功利主义的不良倾向。

事实证明，在现代主义视野中，管理深受科学主义、工具主义和功利主义的影响，人文精神则悄然退居幕后。目前，高校教育管理工作很多都是通过量化管理实现的。注重用明确的数字和具体的行为来说明问题，但是对于那些影响教育管理的道德性因素却考虑得很少，排除教育管理中的价值因素，主张教育管理乃是一项价值无涉的活动。举例来说，学生管理中推行综合测评量化管理方法，将学生的学习成绩、思想品德、日常表现分门别类地量化为不同的分数，并规定了各项的加权系数。这种方法可能会为我们遴选出优秀的学生，为下一步奖学金评定、荣誉称号评选做足准备，但是我们不能不怀疑的是，这种评价体系是否就是科学的、合情合理的。他们所做的这些事情，比如义工、校园文化活动等等是出于道德需要和兴趣爱好还是出于对综合测评加分的渴望，我们又如何去甄别其背后的动机。对教师课堂教学和科研能力的评价也多以量化方式为主，缺少实质内涵。优绩主义取向依然在校园里盛行，工具主义和功利主义为今天的校园蒙上了一层厚厚的尘埃，科学理性则充当了助推器的角色。在这种情况下，管理的目标仅限于实现学校的要求，通过奖励或者惩罚，维持学校内部秩序的有序性，管理者成为学校秩序的维护者，却缺少了管理者应该具备的内在要求。

高等教育组织是以培养人为目的，并且是以人为主要对象，因此，无论在管理组织过程中还是其预设目的，都应该关注人，尊重人的价值、生命和人的生活，另外学校办学目标、日常管理、发展战略决策、资源分配等都内在的含有价值因素。依据客观原则进行管理、决策，将复杂的管理问题简单化，抛却其中的价值成分注定是要失败的。只有认识到管理中的价值层面，冲破理性主义和科学主义一统的局面，打破其束缚，才可能促进高等教育管理的创新和发展，"唯有人文，才可化成天下；唯有人文，才可出大智慧"。

（四）整齐划一的管理模式忽视了差异性

科层制度带给组织的另一后遗症就是确定性。自上而下的封闭的权力链条强化了人们头脑中的"确定性"。这种"确定性"一方面使人们认为自己在组织中的角色和职责都是确定无疑的，是以结构固化的。另一方面催生了人们内心的惰性，只是接受上级所制定的方式、方法，不再追求适合自己的方式、方法，它逐渐抹杀了人的主体性和差异性，忽视了人的个性，单纯强调人的理性维度对组织管理的重要性。这种倾向在目前的高校管理中非常明显。在实践方面，我们习惯用统一的教育管理理论指导不同类型的学校组织，而忽视了对不同类型学校组织的研究。比如，综合性大学、师范类大学、艺术类大学等等是具有不同个性特点的学校组织，即便是在同一所院校内，不同的院系、专业也是不一样的。但是以往的高校管理没有深刻地认识到他们的差异性，而是简单地采用统一的理论指导教育管理实践，难免有戕害其特性和差异性之嫌疑。另外在理论领域，目前学校目标管理是德国管理学大师彼得·德鲁克目标管理学的移植。在移植过程中，有两点是值得我们怀疑的，第一，将西方企业管理的理论简单套用到教育管理领域，其科学性如何，又有多少实效性？第二，产生于西方的文化背景下的管理理论是否能够适用于中国的具体情况，如何面对彼此的文化差异？

五 建构新文科教学管理体制的路径

在后现代背景中，科学的权威地位被动摇，网络技术、电子通信技术使信息流通极为快捷，从而极大地改变了人们原有的时空观念，使人们置身于一个瞬息万变、错综复杂的环境中。它要求组织成为一个开放系统，能及时适应环境的变化与要求。在这种情况下，现代组织的科层体制和机械管理已难以适应，相反地，具有灵活性、适应性和创造性的组织则更符合环境的要求。

（一）新文科教育组织结构从扁平化走向立体

美国组织行为学者韦克等人于1976年提出学校是"松散结合系统"的观点。"松散结合系统"的意思是"结合在一起的成分是有责任的，但各种成分保持着其本性及可分离性的迹象""学校系统或学校其实结构很松散，学区内的学校有相当的自治权和自由度，教师在课堂上也只受校长的一般性控制和领导"。① 这是一种有别于科层管理组织的形态。这种组织结构的最大特点在于结合了科层管理与专业管理的优势。从横向上看,一改以往单纯重视科层组织结构的局面,转而调动了包括学校教师在内的所有职工的积极性,拓宽了教育管理者的范围,实现了组织结构由扁平化科层组织到立体化松散结合系统的转化。这种转化需要遵循如下原则:

第一,开放性原则。在后现代主义中,科学的权威地位受到威胁,网络、电子通信等电子技术使世界逐步缩小,改变了人们以往的时间和空间观念,使人们所处的环境更加瞬息万变和错综复杂。相比之下,现代管理所依赖的科层管理体系难以为继。在此背景下,要求组织成为一个开放的系统,增强环境千变万化的弹性,具有灵活性、适应性和创造性。

第二,系统化原则。后现代管理重视有机性和整体性的管理形态,强调事物各要素的有机组合和整体性特征。创建发展型组织是一项复杂的综合系统。其本身包含有复杂的子系统,并且各个子系统是相互联系、密不可分的关系,因此要想增强组织活力,必须提升组织综合效能和系统整体能力。

第三,创新原则。创新是一个民族进步的灵魂,是国家兴旺发达的不竭动力。对于高等教育组织而言也是如此。美国教育管理学家克罗韦尔认为"教育面临的最大挑战,不是技术,不是自愿,不是责任感,而是去发现新的思维方式。"后现代知识观认为,知识的形成是以局部的、情境性的条件为前提的,知识和真理不是必然的,而是特殊历史条件下的创造,知识永远是某一角度的知识,知识的情境性甚于普遍性。知识的这种非确定性决定了人们必须不断进行创新。另外,人是创造性的存在物,每一个人都体现着创造性的能量,创造性是人的本质属性。因此,后现代视野中的高等教育组织必须以创新求生存。创新是保持一

---

① 康永久:《公立学校的结构松散问题》,《教育学报》2011 年第 3 期。

个人的首创精神和创造力,而不是放任其天性,能力和个性则表达方式,更不是助长其个人主义,密切注意每个人的独特性,而不忽视创造也是一种集体活动。

第四,动态原则。从理论上我们能够说明这种系统是什么而不是什么,但是在现实操作过程中,如何把握其中的度、处理好诸方面的关系却是摆在管理者面前的一道难题。但是可以肯定的是,现实中的高校必须尽可能地摆脱目前的权威型、科层制管理模式,至少引入另外的一种思想,以缓解学校内部专业取向与科层取向的冲突,减少学校内部的疏离,将学校导入良性运转的轨道。在组织结构的设计变革中最为核心的问题就是权力的分配和职责的划分。清晰的权责关系能够进一步明确组织的规章制度,规范人们的行为,通过权力下放、授权、赋权改革教育管理组织的科层结构。学校组织结构的设置一方面要充分注意权责统一,调动管理者的积极性,使评价标准与预定目标相联系,另一方面又要充分注意实行预定目标的可能性及其客观条件。事实上,每一所学校都是处在某一种发展状态之中的,只有兼顾平衡的状态才会获得理想的管理效果。特别在高校中,其独有的特点决定了一方面我们需要保留科层体制的学校组织结构,但另一方面必须相应增加教师参与管理的自主权,并通过系统的法规条例加以保证。由此形成两条管理线索,其一是自校长、各职能部门的行政管理人员到普通的职工,由上至下实行层层控制;其二则由教师及其他专业人员组成自己的层级结构,如专业委员会或教师联合会等组织,进行自我管理。这两条线索是并行不悖的、协同运作的,共同实现对学校的管理。由此,整个高校管理文化呈现出较强的人文特点和生命力,平衡了诸方面的关系。

(二) 新文科教学管理组织文化从单一性转向丰富性

后现代的组织不能是道德虚无的,必须要有一种精神力量。后现代管理理论始终把建立和塑造新的组织价值观系统作为一个侧重点。组织文化根据其影响力可以分为强势文化和弱势文化,按照内容可以分为高道德标准文化和低道德标准文化。高道德标准文化要求管理者能更多地承担风险，具有较高的控制力，对冲突更能宽容。这对学校管理者来说具有更强的激励作用，更富有挑战性。同样，强势文化会以其内在的力量影响学校管理者产生心理驱动，自觉形成皈依强势文化的观念，直至规范其行为。例如，追求"人师"的教育理念会积淀管理者以身示范的道德观，民主的氛围会提升管理者注重参与管理的意识。

以往在组织文化方面我们更侧重于物质文化。物质文化是学校文化的表层，是学校文化的物质基础，是学校文化的有机载体。它包括学校建筑文化、设施设备文化、环境文化等。但是物质文化仅仅是组织文化这一冰山的一角。诚如梅贻琦先生所言："所谓大学者，非谓有大楼之谓也，有大师之谓也。"① 这里我们认为教育组织文化要实现由单一到丰富的过程，必须注意以下两个方面：

第一，精神文化。精神文化是教育组织文化的观念层，是教育组织文化的核心和灵魂，是教育组织发展的动力所在。精神文化的核心在于打造共同愿景。所谓共同愿景就是一个共同追求的目标，卓越学校拥有强势文化及清晰的目标，而辅以自主权的强势文化则可提高成员对学校的承担感，令成员更热衷并忠于学校。学校组织成员心怀共同目的，可以借着共同勾画出来的轮廓，共同找出达到目标的途径与方法，培养出对团体或组织的向心力。学校精神、校风、教风、学风、校训等都是教育组织精神文化的载体，一方面，我们要在长期的教育实践中将师生员工所创造和积淀下来的并为其所认同和遵循的文化传统、价值观念和行为习惯等做出准确的归纳。另一方面，运用多种形式有机承载，反复宣传，使之渗透、内化到师生员工的思想和行为之中。

第二，制度文化。制度文化是教育组织文化的规范层，包括教育组织结构以及其相应规范、纪律、制度和约定俗成系统。它规定了师生的工作、学习、生活等各方面的具体要求。它把学校的精神文化、行为文化和物质文化有机结合成一个整体，是学校文化的制度保证。它包括学

---

① 眭依凡：《大学者，有大学文化之谓也——兼谈大学新区的文化建设》，《教育发展研究》2004年第4期。

校对人、财、物、时间、空间、信息等的管理制度,如教师管理制度、学生管理制度、会议管理制度、作息管理制度、校园管理制度、专用教室管理制度、财务管理制度、档案管理制度、网络管理制度等。当这些制度内化为师生的行为习惯时,不但能保证学校正常的工作、学习、生活秩序,而且对师生道德品质的养成、遵纪守法意识等的形成,具有重大意义。

(三) 新文科教学管理思维从工具理性走向价值理性

高校管理者要把师生员工的利益放在首位,关心他们的学习和生活的诸多方面,重视与他们的对话、交流和沟通,保障他们参与学校管理的权益,与其建立亲密、友好、融洽的关系,强调学校组织目标与个体目标的一致性。发挥他们的主人翁意识,参与学校管理的主动性和积极性,争取他们为学校管理进言献策,突出其存在的价值和之于学校的重要性,使每一个个体都能最大程度地实现个体的价值。从根本上说,由重视物到"以人为本"、关注人的转变是由教育组织的主体性所决定的。

第一,关注组织中的人。格林菲尔德认为,组织不是自然实体,而是由人组成的。康德认为,人是目的而不是手段。因此相比较组织中的物来说,人的地位和作用是显著的。"只有在以人为本的现代教育管理价值观指导下,教育管理人员才能把目光清醒地投注人类命运的终极关怀,努力改变被工作异化的状态,在活动中充分展示自我主体性,并与他人一起共同营建一种和谐共进全面发展的生存状态。"[1]

第二,尊重组织中人的差异性。管理组织去中心化,符合后现代主义的特征,也就是说要尊重个体的差异性和创造力。因为组织是人创造的,而人又是具有不同个性特点的,因此必须尊重组织的丰富性,凸显组织中的人的个性和差异性,并最终体现组织的主体性。

第三,重视每一个人的作用。后现代主义主张采用后结构主义的观

---

[1] 张伏力:《以人为本视角下的教育管理理念创新》,《中国教育学刊》2013年第10期。

点来看待教育管理组织，尊重组织中个体存在的价值和创造性，认为在教育管理组织中权威的存在应该以成员是否接纳为前提，管理组织应该采用民主的决策方式，扁平化的决策结构，凸显作为个体的人的地位，强调为个人提供更多的自我实现和发展的机会，尊重个体的创造能力，增强管理方式的灵活性。

第二节 新文科质量保障体系建设

新文科教育质量是衡量高校人才培养质量的显示器，健全的教学质量保障体系能够促进高等教育的健康持续发展。建设高质量的新文科教育教学质量保障体系，符合高等教育的发展方向，既突出了"双一流"建设背景之下高校对于办学水平的重视，又通过教学质量评价带动对教学质量的监控，引导教师基于教育实践开展全方位的教育教学改革，凸显新文科建设的育人价值。

一 新文科质量保障体系的构成

新文科质量保障体系是一个多层次、全方位、全过程的质量保障体系。它旨在确保文科人才培养质量得到全面提升，为培养具有创新精神和实践能力的高素质文科人才提供有力保障。

（一）新文科质量保障体系的定义

新文科质量保障体系是以教学质量保障为目标，对教学过程进行即时性调控，对教学成效加以反馈和控制的具有系统性的教学体系。在教学系统运行过程中，根据人才培养目标进行适度调控，有助于适时纠正系统运行过程中出现的偏差，对教学质量进行及时干预，使新文科教学朝良性的方向发展，从而达到预期的人才培养目标。

质量保障体系分为不同的层面，就功能而言，教学质量保障体系分为内部和外部系统两个方面，外部保障系统主要是学校教育中的主管部门和认证机构对教学活动开展所提供的保障,通过教育管理过程、资质鉴定、质量评估和预测预警等方面得以体现;内部保障系统是学校为确保教学质量达到人才培养目标,建立人才培养体系与相关配套措施,满足社会需求,包括培养目标、课程体系、专业设置、师资队伍、教学手段、管理机制等。就构成要素而言,质量保障体系包含以下三个要素:第一,控制要素系统;第二,测量与评价系统;第三,组织系统。

(二) 新文科质量保障与监控体系的组成

新文科质量保障体系关涉各个部门与工作环节,包括人才培养的目标、教学资源的获取、教学过程的设计、教学效果的达成等方面,影响着教学质量的提升。在高等教育逐步走向普及化的背景之下,其人才培养目标呈现多元化格局,由此带来质量标准制定的多样化。系统来讲,新文科质量保障体系主要包括四个子系统:控制要素系统、测量与评价系统、组织系统与保障系统。各系统具体的职能如下:第一,控制要素系统,包括师资状况、学生表现、教育教学资源配置、教学管理等;第二,测量与评价系统,负责搜集教学质量信息与资料,并对其作出评价;第三,组织系统,是指与教育教学工作直接相关的教学单位或职能部门,为教学实践提供所需的物质基础和环境支持。例如,代表学校从事教学质量保障与监测的机构;第四,保障系统,学校财务处、后勤处、物资设备处、图书馆和现代教育技术中心承担着教学工作的后勤保障任务,它们构成了学校教学质量保障与监控体系的保障系统。

(三) 新文科质量保障体系的运行

新文科质量保障体系包括确定目标、建立质量标准、测评教学过程、评价与反馈等环节。在教育教学质量保障与监控体系建立以后,由教务处牵头,相关单位和职能部门构成的组织系统与保障系统分工协作,共同落实该体系的各个工作环节,保障其正常运行。

1. 确立人才培养目标

推动文科教育创新发展,构建以育人育才为中心的哲学社会科学发展新格局,是增强民族自信心、自豪感与自主性的重要举措。新文科的关键特征在于对人的精神、价值及由人组成的社会关系、社会现象的研究，对人本身的强调是其价值旨归。围绕人这一核心理念，新文科建设面向"全人"的培养，关注人的身心全面协调发展，关注完整人格的养成，包括德行、智能、情感、意志、理想、信念和情操等方面，力图实现人的全面发展价值。新文科蕴含着崇高的人文理想和深刻的人文内涵，通过帮助受教育者掌握特定的专业知识和专门技能，使其能够应对未来职业发展的挑战。

2. 制定各主要环节质量标准

新文科建设过程中，基于从问题到实践的需要，学科融合坚持综合性、跨学科和融通性的原则。综合性是指思考和解决问题依靠学科系统而非单一学科，超越各个专深而狭窄的学科专业，围绕解决理论和现实问题的需要开展创新性研究。跨学科则是跨越不同学科边界，打破既定的学科壁垒，本着解决复杂性问题的宗旨，实行学科总动员。从综合性需要出发、经由跨学科途径，融通性的学科融合最终得以完成。建构新文科教学质量保障体系中，教学质量标准以教学管理文件的形式得以呈现，且具有相对的稳定性，并根据教学观念的更新加以调整和修订。教学环节质量标准需符合学校实际，它是在现代教育理念指引之下，依据学校发展目标和人才培养目标而制定，亦是师生共同遵循的准则，包括课堂教学质量标准、实践环节质量标准与考试质量标准等。

3. 完善教学质量管理与监测体系

统计与测量是构建新文科教学质量保障体系的基础，主要是对教学过程中的信息与数据进行搜集、整理和分析。教学监督体系由校院督导系统、教学管理系统、教学检查系统与学生信息系统等组成。校院督导系统的主要任务是强化学校与学院教学管理工作，监控教学质量，贯彻教学管理规章制度的实施，担负着调控职能；学生信息系统则是向学校管理部门提供有关教学质量和学生发展的相关信息。信息搜集的渠道有：职能部门、教学督导组、教学信息管理人员、网络留言板等。教学质量保障体系所涉及的各组织部门所收集的信息与结果，应向教务管理部门反馈，教务处以学院为单位对其加以统计与分析。

4. 优化教学质量评价机制

评估是新文科教学质量保障体系构建的中心工作，是判断教学质量保障体系是否达到其目标的重要判断指标。评估将新文科教学质量保障体系中的五个主要环节联系起来，使其构成完整的体系。建构教学质量保障体系的最终目的在于确保教学质量符合学校的发展目标，是否达到人才培养目标是判断教学质量标准的重要指标。具体过程包含如下步骤：首先，科学地设计新文科教育评估方案，筛选适合的评估指标，制定科学的评估标准；其次，采取正确的统计与测量方法，搜集教育教学工作资料，搜集学生学习信息数据，并加以科学地整理与分析；最后，建设一批高水平高质量的专家评估队伍，切实履行院级教学工作评估、专业建设评估与课程建设评估等职责。学院是普通高等学校的二级教学单位，也是落实教学规章管理质量、组织教学活动的基本单位。在学校开展教学质量评估，是引领各学院开展教学管理与改革、贯彻教学工作基本任务、确立教学工作中心位置的重要途径。品牌专业体现了学校办学特色，是学校在发挥社会影响力中的重要名片，专业建设评估是人才培养质量保障的重要手段，是推进专业品牌建设的基础。课程是教学目标落实的载体，课程评估作为推进课程建设的重要手段，有助于调动教师参与课程建设的积极性，继而提升课程建设质量。

5. 提供即时性反馈

反馈是教学质量监控系统实现螺旋式循环运作的重要方式，在系统而有效的调控中，系统得以优化，教师、学生与教学管理者等主体得以从中增加自我改进，例如，教师因此得以了解自身的教学状况，为教学改进提供了可能性；学生因此了解自身的学习状况，针对薄弱之处查漏补缺；教学管理者洞察工作中的漏洞，弥补管理中的不足之处。为了有效地反馈和调控，需保证信息搜集和信息反馈渠道的畅通，包括从教师、学生、毕业生群体、就业市场、社会各界等多元主体广泛收集信息，所收集的信息需具有代表性，能真实地反映教师教学工作的真实状态。所收集的信息主要由教务管理部门做进一步整理与汇总,并对教师、学生等主体进行即时性反馈,例如,教师理论课课堂教学评估分数、实践课评估分数与教学事故反馈给教师本身及所附属的学院领导,教学信息则通过简报的形式在校园网络空间公开反馈。

6. 有效调控组织系统

教学质量监控体系的构建离不开有效的调控措施,调控有助于优化教学质量,提升学校发展水平,完善教学质量的保障。教学工作的调控基于有效的教学反馈信息,包括对学校发展目标的调控、对课堂教学目标的调控以及对教学环节质量标准的调控。调控的方式有将专业申报与专业评估结果相结合;依据培养计划,制定教学大纲、教学目标和教学过程;依据反馈信息,调整教学改革计划和方案;增加教学投入,调整教学资源配置;设置专业建设评估工作与课堂教学评估工作相关的奖惩制度,对于教学质量不过关的教师,给予一定的处罚措施。[1] 从要素之间的关联建构教学质量保障体系,明晰了不同管理主体之间在教学质量保障系统中的职责范畴,使高校更加有针对性地组织开展不同层次、不同阶段的教学质量管理工作。教学质量保障系统建立了"计划—实施—监测—反馈"的循环管理模式,对宏观层面的人才培养目标进行精细化定义,以课程教学目标为计划,以学生学习成效为实施部分,监测教师教学过程和学生学习过程,根据监测和评价结果及时为管理者、教师和学生提供反馈,从而形成微观的质量管理循环周期。在螺旋式循环过程中,各主体之间通过协同实现人才培养质量的逐步提升。[2]

二 建构新文科质量监控体系的核心理念

新文科质量保障体系建设将质量保障体系建设定义为动态丰富的实

---

[1] 高海生、胡桃元、许茂组等:《高等教育教学质量保障监控体系的构建与实践》,《教育研究》2006 年第 10 期。

[2] 许曰才:《全面质量管理视角下高等学历继续教育质量内部保障体系建设》,《中国成人教育》2021 年第 10 期。

践过程，这不仅意味着文本化的制度规章建设，而且将动态化的教学质量保障体系建设进程作为重要的关注内容。这种定义方式标志着教师与学生的主体能动性得以发挥，激发了其主动参与的意识，不仅丰富了质量保障体系的内涵解读，同时对于高校、教师等主体而言，彰显了其思维方式的积极转变，使其立场坚定地开展新文科教学活动。

（一）明确学校质量保障的主体责任

新文科教学质量保障体系建设应根据学校特色和办学目标，将《普通高等学校本科专业类教学质量国家标准》、"六卓越一拔尖"2.0版行动计划中先进的教学理念与方法融入教学质量保障体系建设之中。学校应提供相应支持，清晰划分各职能部门的工作范围，为教师顺利开展教学提供应有的保障，保障教师教学顺利开展。全面质量管理理论对于完善新文科教学质量保障体系具有重要的解释意义，该理论倡导"全员性、全过程性与全要素性"，将影响新文科教学质量保障的各项因素均纳入质量监控范畴，即有的评价标准偏向教学设施的投入、规范化的教学过程与结果，而对以学习为导向的评价、以学生核心素养为评价标准等方面的关注则较为缺失，质量监控标准的不成熟，影响了新文科教学质量的提升。新文科教学质量监控应既包括对教师和学生的评价，例如，评教活动、课堂教学、课外实践、过程性测试、毕业设计等环节，也包括各级各类专业认证与评估的教学质量监控措施。[①] 该理论将利益相关主体作为质量保障工作的责任主体，具体到新文科教学之中，影响教学质量的各个教学工作要素、环节、过程均被纳入质量监测范围之内。教学和教师是改革的难点，教师的教育教学能力与学生学习能力的提升密切相关，新文科教学质量体系的保障，其目的在于促进教师教学能力的提升。

（二）加强质量监控与评估

专业是学科发展的立足点，专业发展与人才培养息息相关，新文科

---

① 杨焓、曾武华：《应用型高校内部教学质量保障体系建设之路》，《韶关学院学报》（教育科学）2021年第2期。

教学质量保障体系的建设离不开完善的评估制度，专业的评估制度由内部与外部评估相结合，并通过课堂教学这一重要的人才培养渠道，落实人才培养目标，在课程实施和评估中，推进新文科教学质量保障体系的完善。评估具有导向和调控等功能，评估的实质在于促进新文科教学质量体系的完善，科学性、系统性和针对性的评估理念与技术手段有助于促进新文科教学质量的提升，并深入实际考察工作开展状况。从顶层设计的视角来看，成立专门的机构监测教学质量，采取管办评分离的措施，可以将教学质量监控部门的职能与教师工作职责相整合，将诊断、监控与评价一体化，切实落实到教师教学之中，系统协调各相关主体的质量保障工作，深入考察实际开展状况，建立系统、科学的教学质量保障体系。

教学质量的评估需要制定精细化和针对性的质量评价标准，明确质量标准的内涵，制定具有可操作性的质量评价标准，健全教学质量的评价机制。学校应制定新文科教学评估指标体系，在实行中发现其中存在的问题，引导教师树立以学习产出为基础的理念，监督评教实施过程，完善评教的标准体系。同时，需要加强建设二级学院的内部教学质量保障体系，强化对二级学院教学质量保障体系的监督，指导二级学院根据学科性质、专业特色和发展愿景，有针对性地开展自我监测与评估，同时发挥教研室等基层教学组织的作用，根除流于形式的弊病，切实提升教研室活动开展的实效性。

(三) 拓展质量保障工作的广度和深度

健全教学质量保障体系，需要形成多元主体协作共赢的保障格局。新文科教学质量保障体系关涉的相关利益主体有教育主管部门、教师、学生、家长与就业市场等，在利益主体协商的基础上制定人才培养目标，建立教育监督与评价长效机制。在教学评估方面，加强课堂教学监督机制，包括教学督导师资团队的组建，拓宽督导工作的广度与深度，强化课堂教学实践督导，关注教师课堂教学的内容与智力，诊断教师教学基本能力，以传帮带等形式改进课堂教学，切实提高教师教学能力。

在课堂教学方面，将"计划—实施—评估"一体化，落实到专业、课堂与教学之中，建立课堂教学质量监督的长效机制。此外，新文科教学质量保障体系的完善离不开教学质量信息的即时反馈，借助大数据分析等技术手段，追踪学生学习情况，分析新文科教学中存在的问题，针对其薄弱环节，学校行政机构、教师等主体需要开展针对性改进措施，将整改结果作为质量监测的重要标准。其重心在于解决课堂教学实践中的真实问题，并以此作为人才培养和专业质量建设的重要参照建议，为学校层面顶层设计新文科教学提供决策基础，为教师专业发展提供规划的依据。[①]

（四）以树立质量文化为旨归

学校的发展离不开质量文化的熏陶。学校变革与发展基于三方面的要素：一是乐于变革的情感因素，这是改革的动力系统；二是促进变革理念发生的智慧要素，这是促进改革的能力系统；三是促进行动发生的执行力量，它能将理念转化为积极的行动，产生有价值的实践成果。质量是专业发展的生命线，学校作为新文科专业质量保障体系建设的主体，需要有变革的理念、方法与行动。质量评估犹如诊断把脉，负责评估的机构将评估的结果反馈给教师，教师针对薄弱环节给予针对性改进建议，在"诊断—开处方—改进"的过程中，形成自主的专业质量保障文化。

质量是学校的生命线。从长远来看，需要以建设优良的质量文化为目标。促进学校自我发展和自我改善需要三种力量：一是动力系统的情感力量，即乐于改进和变革；二是能力系统的智慧力量，即有好的改进与变革想法；三是行动系统的执行力量，即能创造性地把好的改进与变革想法变成实践成果。通俗来讲，作为质量保障主体的学校要有改进的意愿，有改进的方法，还不能缺少改进的行动。如果把教学质量改进比作健康调理的过程。审核评估就是"把脉诊断"，并将

---

① 范菁：《高校内部教学质量保障体系建设的现状与展望——基于本科审核评估实践的研究》，《中国大学教学》2019 年第 3 期。

诊断结果告诉评估学校。学校根据诊断结果对症下药。如果是短期不能解决的问题，还需不断进行"检查"和"调理"。"接受把脉诊断—主动寻药问诊—习惯持续改进"的过程就是形成质量自觉、质量习惯和质量文化的过程。

新文科质量保障体系的完善离不开物质与精神双管齐下的激励机制，秉持"学生中心，产出导向，持续改进"的质量理念。激励措施有助于引导教师增加教学投入，提升教学荣誉感，进而激发教师对教学的热情，产生积极的教学效果。为激励教师参与的积极性，切实保障教师的教学质量，质量监测结果与教师职称评聘、期末考核、荣誉评选、教师考评相关联，以此激发教师在日常教学中提升教育教学质量。激励机制的目的在于提升教师在人才培养与教育教学中的自觉性，将提升教学质量作为工作的重中之重。在完善教学质量保障体系中，教师要树立问题意识，利用自身所持有的理论知识和实践经验，从现象背后深入问题实质，探究事物发展变化背后的运作原理，寻找问题解决的最优方案，改进教学薄弱环节，提高教育教学能力。同时，形成问题解决的理论思维，超越浅显的经验性认识，提升理论素养，并能够灵活地将理论转化为实践。[1]

（五）明确责任主体之间的联动

建立新文科教学质量提升的长效机制，明确责任主体，辨别质量保障体系中的薄弱点，加强对问题的理论、实践与对策研究，加强督导检查，确认整改重点，形成提高教学质量的循环系统，自觉提升教学质量。在建设质量保障体系中，需明确责任主体，其中，学院领导是教学质量的第一责任人，教研室主任是主要责任人，而教师则是直接责任人。教学质量监控涉及多个环节，需加强日常监控，建立每位教师的教学质量档案，对其教学进行过程性监测和结果性监测，以期对教学成效作出及时有效的反馈。

---

[1] 范菁：《高校内部教学质量保障体系建设的现状与展望——基于本科审核评估实践的研究》，《中国大学教学》2019年第3期。

新文科教学质量保障机制与负责院系、教师发展中心等部门紧密相关，这类组织机构通过教师培训活动开展教育教学变革，并在此过程中实现教师专业发展水平监测，通过采取可行措施帮助教师改进薄弱环节，切实提高教学成效，增强自我效能感。[1]

三 建构新文科教学质量保障体系的路径

建构新文科教学质量保障体系需要从多个方面入手，注重教学的系统性、科学性和实践性。只有这样，才能确保新文科的教学质量得到有效保障和提升。

（一）加大教育质量经费投入

教育经费投入是在国家总体战略布局与教育经费投入总体格局规划之下，为实现特定教育目标的社会活动，推动高质量教育体系建设的重要物质保障。教育经费投入是国家治理体系的构成部分，采取有力可靠的政策性措施，构建以结果为导向的教育经费投入激励机制，是破解高质量教育体系中需求与投入比例失调的有效路径。

1. 政府发挥引导功能

政府担负着开展公共服务的职能，教育是关乎人们切身利益的重要一环，其经费投入需要得到保障。教育经费投入需要坚持公益性原则，保障其公平性、公正性与公共性。在中央财政对义务教育和高等教育经费投入给予充足的财政保障这一基础上，地方政府需通过公开预算、奖励与惩罚等方式约束经费的使用情况。2019年，国务院办公厅印发《教育领域中央与地方财政事权和支出责任划分改革方案》，该方案的实施以相应的奖惩措施作为激励手段，其中，一般公共预算教育支出占全国财政性教育经费的80%以上，对义务教育的经费投入提供了奖励方法说明，对地方高等教育生均经费投入提供了奖励措施办法，全国一般公共预算教育支出80%以上来自地方。

---

[1] 吴志强、沈记全、原东方：《OBE 视角下高校内部教学质量保障体系建设的思考》，《黑龙江教育》（高教研究与评估）2020年第2期。

2. 投资主体多元化

投资主体多元化是深化教育经费改革、增加经费投入的重要举措。教育经费投入不以营利为目的，投入主体除政府之外，也包括具有半公益性质的组织和个人。尽管目前教育经费投入尚未达到预期目标，但随着经济发展水平的逐步提升，产教融合与校企合作的逐步推进，企业对高质量人才的需求将更加迫切，对高质量教育需求的支付能力也会逐步提升。在教育经费投入主体多元化的前提下，政府需要制定具有针对性的引导措施，将社会场域的资金引入公共教育体系之中，例如，《中华人民共和国公益事业捐赠法》规定了奖励方法，提升了社会群体对经费捐赠的积极性；又如，在"双减"政策背景之下，将中小学课后辅导服务权责进行划分，完善收费制度，将家长对学生的教育经费投入引导至学校教育体系之中。

3. 多主体协同机制

协同的目的在于从意识和行为层面统一主体的行动，形成关于教育经费投入格局与政策价值取向的共识，构建经费投入的总体愿景。教育经费投入主体包括政府与提供教育服务的社会组织，不同行动主体之间存在差异性的需求，继而带来迥异的行动决策。在信息获取渠道不通畅的情况之下，对目标缺乏共同的理解，容易带来沟通上的隔阂，产生相斥的行为模式。为此，需要在不同行为主体之间建立良性的信息沟通模式，营造以目标导向的沟通环境，打破参与主体之间的区隔状态，破除行政化、个体化的藩篱，鼓励多元主体之间的协商，提升经费配置的效率。[①]

4. 形成多主体联动的激励机制

激励机制建构了人们的行动空间，影响了人们的交往互动过程、行动状态与利益空间。《中华人民共和国国民经济和社会发展第十四个五年规划和2035年远景目标纲要》中专门强调"深化教育改革"，突出

---

① 庞丽娟、杨小敏：《高质量教育体系建设的经费投入保障思考与建议》，《国家教育行政学院学报》2021年第8期。

了教育经费改革，其主要内容为"坚持教育公益性原则，加大教育经费投入，改革完善经费使用管理制度，提高经费使用效益"。为深化改革要求，为教育体系构建提供充足的经费保障，需调动多方利益主体的积极性，建构多主体联动的激励机制。通过正向的奖励和负向的惩罚相权衡的操作办法，形成多主体参与经费保障的合力。

（二）重构新文科师生关系

重构新文科师与生的关系，意味着在传统的教学模式基础上，重新塑造师生之间的互动方式、交流模式和教学角色定位，以适应新文科的教学特点和需求。重构新文科师与生的关系需要建立平等的师生关系，加强师生互动和交流，提倡合作式学习，注重学生的自主学习和探究，建立多元化的评价机制。通过这些措施，可以塑造出更加适应新文科教学特点的师生关系，提高教学质量和效果。

1. 新文科专业与学生发展的"互促"关系

新文科专业是培养学生专业能力的重要平台，是成就学生人生目标和职业理想的动力源与孵化器，专业培养的目标在于帮助学生掌握必备的知识素养、能力要求及社会人才需求，形成较为丰满的专业印象，建立起富有感召力和影响力的职业理想。2017年9月，教育部对《普通高等学校学生管理规定》加以重新修订，明确提出"学生在学习期间对其他专业有兴趣和专长的，可以申请转专业"。如此，一方面赋予学生基于理想信念、个人兴趣与能力水平重新理性选择的机会，使学生能够作为独立个体审慎思考自己的职业路径与人生理想。另一方面，也可以吸纳到"有兴趣学习、有能力学好、有热忱追求卓越"的优秀学生，最大限度地调动学生学习的内部动力，使其乐学、爱学，形成新文科专业与学生交互促进的协同发展态势。

2. 重新确立课堂上教师与学生"互动"关系

人才培养以课堂为主战场，以学校设置的课程体系为载体，帮助学生建构完善的知识体系。就对课堂教学真义的把握来看，课堂是学习发生的场域，教师与学生之间关系的互动是课堂教学的本质，不同于中小学课堂偏重对文科知识的讲授，大学新文科课堂注重激发学生的学习兴趣，追问知识的探究过程，以及在此基础上生成的独特性观点。学生的学习动机既来源于个体层面，如优越的学分绩点、进一步深造的机会、光鲜的履历等，又来源于社会层面，如与社会问题的对话、对促进社会发展的使命感。在新文科课堂中，教师在"传道、授业、解惑"的基础之上，同时以引导者的角色带领学生挖掘知识的发生过程、知识体系的内在逻辑，教师发挥"脚手架"的功能，触动学生对既有专业理论的质疑与反思，引发对社会问题的思考，实现学生与社会问题的对话。在保持对周围世界探究的热情之上，由于尚未受到知识体系框架的禁锢，学生往往能够发现教材以外的新观念或新思考。在教师的专业启蒙引领之下，学生从被动、沉默的知识接受者，逐渐转变为问题意识浓厚、思维活跃、有独立思考和创新能力的参与者，进而成为具有创新思维和独立思考能力的优秀人才。

(三) 坚持理论与实践联结的发展方向

坚持理论与实践联结的发展方向意味着在教学过程中要注重将理论知识与实践应用相结合，通过实践来加深对理论知识的理解，并通过理论来指导实践的进行。这种联结的发展方向有助于培养学生的创新精神和实践能力，使他们在未来的学习和工作中更好地适应复杂多变的社会环境。坚持理论与实践联结的发展方向，需要整合课程内容、加强实践教学环节、建立实践教学基地、加强师资队伍建设和完善评价体系等措施的支持。通过这些措施的实施，可以推动理论与实践的深度融合，提高学生的综合素质和创新能力，为新文科的发展提供有力保障。

1. 建构教学体系中理论素养与实践能力的"互融"关系

培养卓越人才的重要途径是理论素养的训练和实践能力的塑造，并实现二者的有机联结。受评价方式和学科特点的影响，新文科专业的学习评价通常以是否拥有大量知识储备、掌握专业话语体系及具有较强语言表达与运用的能力为依据。高等院校文科专业在人才培养的过程中，师资投入重心通常放置于学生对理论知识的掌握之上，而对学生实践能力的培养则主要通过有限的实习等社会实践活动来实现。但文科学生实践能力的培养体系需要最大限度地促成理论知识与实践能力的互融，即建立与理论课程、实习实践密切衔接的实训环节。简言之，一方面，在课堂内外可以通过案例分析、情景模拟、虚拟演练等方式帮助学生模拟真实的工作情境，使其在真实的工作环境中能够快速迁移出与工作内容相关的所有知识，并高效解决现实问题；另一方面，需要把抽象的理论内容具象化为多种实际专业技能，在每一学年理论学习结束后组织学生开展综合能力训练，集中考查学生在本学年所学专业技能的掌握程度，使学生的实践能力培养从理念真正落实到有内容、有过程、有评价的教学环节，植根于专业教育的深厚土壤，致力于成为创新型、复合型与应用型人才。[1]

2. 探索新发展方向，回应实践需求

新文科建设的要义在于引领学科方向，坚持问题导向，打破学科壁垒，以解决新时代提出的新问题为旨归，对专业建设的方向、课程与教学理论等方面做出探索与实践。第一，建设新的专业发展方向。着力建设交叉融合专业，以新的思路和跨界模式，探索建设适应引领时代发展的新专业，培养创新型专业人才。按照交叉融合范围和程度，新专业可分为人文科学内部融合的新专业，例如国学人才培养；人文与社科融合的新专业，以融合哲学、政治学、经济学于一体的 PPE 项目培养理论人才；文理融合的新专业，将大数据、人工智能等新科技与传统文科相结合，培养创新型人才等，以上都是有价值的改革探索。第二，推动现有专业的转型升级。通过培养目标和课程结构的改革调整，实现人才培养质量提高和未来发展潜力提升。譬如，以往新闻学科培养的人才主要适应各类传统媒体发展的需要，新文科则主要致力于全媒体时代国际新闻传播人才的培养，这就需要进行培养方案的全面修订。又如，在新的

---

[1] 马骁、李雪、孙晓东：《新文科建设：瓶颈问题与破解之策》，《中国大学教学》2021年第1—2期。

社会需求和教育背景下，文科专业如何增设人工智能、大数据、编程技术等课程，优化调整实践课程结构，是新文科建设值得做出的尝试。第三，探索新模式。依据新文科的建设理念，探索学术型人才培养的本研贯通模式。学术型人才的本科与研究生阶段的统筹设计至关重要，有助于实现宽口径、厚基础、长学制贯通的人才培养目标，同时整合服务于人才培养的优质资源，实现高校与境内外教学科研机构联合培养。对于应用型人才培养，通过国内外机构的学习、政校企联合培养、跨校跨院联合培养等形式，开拓学生视野，增强实践能力。第四，建设新课程。既致力于开发适应新专业的专业课程，又要特别重视开发通识教育课程。编写反映中国特色社会主义理论与实践新发展的新教材，着力打造线下与线上相结合的混合教学形式，改变传统的教育教学理念、内容、手段、方法、学生考查标准，运用新型的教学手段激发学生的创造性思维，切实提高课程质量和学习成效。第五，构建新理论。建立中国特色哲学社会科学理论体系，通过长期积累和探索，促进马克思主义与儒家文明、东西方文明对话交融，构建人类命运共同体，致力解决新时代提出的需要新文科去探索解决的新课题，逐步形成完备的理论体系。[①]

第三节　新文科认证体系的建构

从新时代培养高素质人才的角度出发，借鉴工程教育专业认证的理念和方法，在新文科教育领域开展专业认证，成为发展中国高等教育的重中之重。传统意义上的人文社科专业认证，其评价方式较为主观，难以用明确具象的标准加以衡量，在一定程度上阻碍了其正向功能的发挥。新文科专业认证需要以结果为导向，以社会需求为指南，倒逼专业

---

① 樊丽明：《"新文科"：时代需求与建设重点》，《中国大学教学》2020年第5期。

建设的各个环节，持续推进专业建设的各项工作，力求实现新文科与社会需求的深度对接。

一 专业认证与新文科的"相遇"

专业认证与新文科之间存在密切的关系。专业认证是对高等教育机构中的专业进行质量评估和认可的过程，以确保这些专业达到一定的标准和要求。而新文科则是指在传统文科的基础上，融入新的学科元素、教学方法和技术手段，以适应时代发展的需要。专业认证与新文科之间存在相互促进、相互依存的关系。在未来的发展中，需要进一步加强专业认证与新文科之间的融合和互动，共同推动高等教育质量的提升和创新人才的培养。

（一）专业认证的内涵解析

专业认证是指由专业性认证机构对高等教育机构开设的职业性专业教育实施的专门性认证。这种认证过程由专门职业协会会同该专业领域的教育工作者共同进行，旨在为相关人才进入专门职业界从业的预备教育提供质量保证。专业认证是一个评估高等教育机构中专业教育质量的过程，它旨在确保这些专业达到一定的教育质量标准，为毕业生进入专门职业领域从业提供质量保证，并推动高等教育质量的提升和创新人才的培养。

1. 认证的内涵

认证是指对能力、权威或信誉进行证实的过程。《国际高等教育百科全书》是这样界定认证这一概念的，"认证是由一个合法负责的机构或者协会对学校、学院、大学或者专业学习方案（课程）是否达到某既定资质和教育标准的公共性认定"[1]。认证通过初始和阶段性的评估进行，其目的在于为学校或其他机构提供一项权威的有关教育质量的专业评估方案，并促使不断改进和提升质量。美国教育学家伯顿·克拉克

---

[1] 魏捷：《高等教育扩大招生的若干认识——〈教育经济学国际百科全书〉带给我们的启示》，《中国高教研究》2001年第3期。

和盖伊·尼夫则将认证定义为："在高等教育中，通过检查或评估或二者兼而有之，院校或院校中的专业得到认证，表明达到了可接受的最低标准的质量控制和质量保证的过程"。[①] 联合国教科文组织2007年修订的《质量保证和认证基本术语和界定词汇表》指出："认证是由非政府机构或私立机构开展的把高等教育机构作为一个整体，或者对某一个特定的教育项目进行评价，从而正式认定其是否满足某些预先确定的最低标准和指标的过程"。美国高等教育质量认证委员会认为，"认证是高等教育为了达到教育质量保证和教育质量改进目的而详细考察高等院校或专业的外部质量评估过程"。概言之，认证是由第三方机构认定高校或专业是否符合预先设定的标准，即判定被认证对象是否具有某种资格和能力，最终目的是为专业或学科发展提供质量保障。

2. 专业认证的内涵

专业认证起源于美国，是高等教育评估体系的重要组成部分，其英文表述为 specialized/professional pro-grammatic accreditation，意为"专门的/专业性的教学计划的认证"。专业性的认证机构通常会协同该专业领域的教育工作者，根据已经制定的相关规范对教育实体机构所提供的专业教育计划进行专门性认证，依据专业设置、课程计划、教学实施、师资队伍、教育成果、资源设备等综合考量其教育质量，以此确保其培养出的学生符合人才培养目标，使其能够满足社会需求。依据上述对认证这一概念的理解，专业认证是由专业性认证机构对专业性教育计划实施的专门性认证。具体看来，（1）专业认证是建构高等教育质量保障体系和评估体系的组成部分，通过论证的过程检测高校专业设置中教学计划是否合乎制定的标准；（2）专业认证的实施主体是由相关专业协会组织与该专业领域的高等教育工作者共同组成；（3）在固有的观念中，人们将专业认证的对象理解为高校，但事实上，专业认证的对象是高校所开设的专业教学计划，尤其是一些为进入某些专门职业领域

---

① 褚丽莉、史宪睿、刘晓勇：《基于工程教育认证的教学质量保障机制建设》，《辽宁工业大学学报》（社会科学版）2021年第6期。

（如工程教育、医学、法律、商业等）而设立的专业；（4）专业认证有其"特殊性"，专业认证是对专业教育的质量控制过程，以"专业性"决定其认证标准，较之于一般的认证对象，专业认证的合格标准有着更高的要求。

（二）专业认证的标准

中国的专业认证秉持"以评促强，追求卓越"的精神，在参考了欧盟高等教育质量保障标准、经合组织的评价标准的前提下，建立了具有"中国特色、世界一流"的专业认证标准体系，着力打造以"五个度"为核心内涵的"7+1"认证方案。"五个度"包括：（1）培养目标与培养效果的达成度；（2）专业定位与社会需求的适应度；（3）教师及教学资源的支撑度；（4）质量保障体系运行的有效度；（5）学生和用人单位的满意度。认证的对象是经教育部备案或审批，具有五届（含）以上毕业生，人才培养质量和社会声誉高的普通高等学校本科专业。"7+1"认证方案中，"7"是指培养目标、毕业要求、课程体系、师资队伍、支持条件、质量保障、学生发展，"1"是指自选性质的特色项目。专业认证的结论分为三种：通过、有条件通过和不通过。其中，（1）通过的，有效期6年，要求专业必须保持认证状态，并根据认证考察时反馈的问题和建议进行整改，教育部视整改情况进行抽查。（2）有条件通过的，有效期也为6年，专业必须在2年内提交整改报告，教育部评估中心再次组织专家进行审核，若逾期不提交整改报告或审核不通过的，中止原有效期。（3）不通过的，专业可在一年后重新申请参加认证。

（三）专业认证的特点

1. 自愿性

专业认证的参加与否并非具有强制性，而是各院校专业在自愿原则之下做出的行为。专业认证在实施过程中不是只涉及某一部分师生或本科教学管理部门，而是面向各专业的全体师生。专业认证并非简单地对专业做出结果性评价，而是一次自下而上的教育观念和教育模式的更新，意味着用全新理念、标准来推动专业建设，使之赢得未来生存和发展的主动权。

2. 达标性

专业认证标准不是传统意义上的质量评比或者水平比拼，而是专业对自身的梳理和对比。认证标准规定认证达标的基本门槛，对各个专业的具体培养方案、培养目标、课程体系等不作具体要求，各专业结合自身特点和实际情况制定培养计划和方案，开展专业建设。因此，专业认证并不是一个专业的最高标准，而是在同一等级下各专业应实现的合格性标准。传统的评估检查工作关注学校、关注亮点、关注特色、关注优秀师生等标志性成果，而专业认证在实施过程中，则强调对专业所涵盖的全体师生情况做全面了解和掌握，并以相应的调查数据作为支撑。

3. 外部性

专业认证属于中国质量保障体系中外部质量保障体系的组成部分，是通过外部压力对学校的专业建设和人才培养质量进行监测和督促。需要说明的是，专业认证中的自评报告仅作为进行认证的基础性材料。专业认证通过之后并非一劳永逸，而是通过外部力量促使专业保持在认证合格的持续状态，其认证有效期为6年，在此期间，教育部会对认证过程中反映出来的问题抽查整改情况，在有效期结束后能否再次通过认证，需要重新接受检查。

4. 实证性

专业认证以事实为依据，以数据为支撑，强调科学论证和实践检验的过程，该过程具有实证性特征。在认证过程中，对于认证标准的每一条都要进行如实回答，是否达到，如果达到为什么达到、是否有制度保障达到、是否具有持续性；如果没达到是什么原因导致、存在什么问题、如何改进等等。同时，对于认证自评报告的内容采用数据和事实逐条举证的方式，专家在此基础上，根据认证标准和自评报告提交的内容检查是否符合标准，证据是否能合理支撑论点，概言之，强调"说、做、证"的一致性。

(四) 新文科建设的特征

文科即人文（哲学）社会学科，主要研究关涉个体与社会发展的现象及其价值、规律等领域。人文社会科学同自然科学一样，是科学技术不可缺少的组成部分。人类作为改造客观物质世界的主体，具有主观能动性特征，以知识、观念或理论等思维认知方式表征外部世界。人文学科是关于思维创造的精神世界的研究，虽然会受到客观世界的影响，但人文学科的魅力在于在客观世界的基础上进行想象和创造，通过独特的思维方式创生出文学、艺术和语言等精神产物，由此形成"领域特殊"的学科研究成果。

1. 新文科建设的时代性

新文科与"传统文科"相对，是随时代发展而不断变化的动态概念，文科即人文（哲学）社会学科，主要研究关涉个体与社会发展的现象及其价值、规律等领域。人文社会科学同自然科学一样，其发展水平反映了一个民族的思维能力、精神品格、文明素质，体现了一个国家的综合发展实力。自20世纪90年代以来，新文科的内涵经历了三个阶段的变迁：第一阶段是指在改革开放后，为适应中国社会转型及市场经济发展而出现的"商化文科"，它是相对于传统文科专业文、史、哲而言，包括被改造后的政治、经济、法律类专业，突出强调文科专业的实际应用性；第二阶段是指理工类院校出现的新文科群，其在课程设置上强调学科交叉，在专业方向上强调社会需求和实用，在人才培养模式上注重实践和操作；第三阶段即以全球新科技革命、新经济发展、中国特色社会主义进入新时代为背景，在学科内容方面注重跨学科融合、知识理论创新，在目标任务方面突出全人的培养，引领和服务于社会需求的新文科。2019年4月，教育部正式启动"六卓越一拔尖"计划2.0，全面推动发展新工科、新医科、新农科、新文科建设，标志着中国新文科建设的元年正式开启。[1]

---

[1] 于杨、尚莉丽：《新技术革命背景下新文科建设的价值指向与路径探索》，《教育理论与实践》2021年第21期。

2. 新文科建设具有价值负载性

人文学科重在保护、发掘和利用中华优秀传统文化资源，重塑新时代的人文精神；社会学科则需加强政策咨询和智库建设，将学科发展与社会治理相结合，推动理论创新和实践创新的交融互动。人文学科与自然学科、社会学科最大的不同在于它是对人的研究，是对人的主观世界（认知、精神）的研究，其成果是为了人更好地认识自己、改造自己，体现为较强的价值倾向性。而自然学科等则是为了认识和改造世界，其研究结果具有较为明显的客观性。这种对外对内影响的方向性区别，使得人文学科的影响更直指内心。由于人文学科的内容具有较强的独特性，因此在对其进行比较和评价时，只能依据相对模糊的标准和自我主观判断来进行评定，难以得出一个客观的标准。通过感性（直觉、情感、想象、体验）而不是通过理性（经验、逻辑）来对其进行评定。"事实"在这里不具有判决性的意义，很可能由于社会、文化、思维、立场、观点的不同，对同一内容呈现出不同甚至相反的评价。

3. 新文科建设具有鲜活的实践性

经济社会的快速变迁带来生活方式的诸多革命，社会的发展图式通过人们的价值观念、思维方式和生活样态得以映射。新文科建设以反映时代变迁中人们思想和精神观念为使命，需高度关注社会中的制度设计、法律保障、公共政策等诸多问题，基于人们美好生活的愿景改造当今社会，致力于解决人的存在与社会发展的各种问题，回答时代重大问题、社会发展难题和人民关切问题，为推进国家治理体系和治理能力现代化提供知识储备并制定理论方案。

4. 新文科建设突出问题导向

实践需求催生了学科的发展，学科是否能够为实践中的问题解决服务是其存在的合法性依据，社会实践中的问题通常具有复杂性，社会发展具有整体性，当代人类实践面临的突出问题，如现代化问题、国际关系问题、城乡一体化问题、生态环境问题等综合性的人与社会问题，单纯依靠某一门具体的学科知识并不能有效解决。这就需要新文科建设秉持跨学科的思维,以综合性视角和学科整合应对新时代发展的需求。新文科在解决新时代的理论和现实问题时必须具有明确的价值立场和高度的社会责任,坚持以马克思主义为指导,坚持科学性与革命性、政治性与学理性相统一的原则,在探索世界的真善美中推动社会进步和人类解放。

二 开展新文科教育专业认证的必要性

中国的工程教育专业认证已经取得了长足进步,为提高人才培养质量做出了重要贡献。然而,就目前高校的实践模式来看,新文科专业认证尚未得到大面积推广,与之对比,工程教育专业认证已获得长足发展,在提升人才培养质量过程中发挥了不可忽视的影响力。

(一) 国家管理的需要

在高等教育普及化的背景之下,专业认证是对传统专业评估方式的超越,是第三方组织依据经济社会发展趋势,协同高校系统检查专业建设中存在的问题,引导高校深化专业建设水平,提升专业建设质量的重要举措,其价值已经得到广泛认可。在高等教育逐步走向普及化的背景之下,国家通过专业认证推进专业质量提升的目标进程,继而提升人才培养质量。就目前专业认证开展的实践来看,专业认证正如火如荼地开展,截至2019年年底,全国共有241所高校的1353个工程教育专业通过了认证,与此同时,师范教育、医学教育等领域的专业认证也在有组织、有计划地逐步推进。然而,在新文科领域,新文科的专业点数量虽达到30292个,专业认证在部分学校以试点形式开设,但总体上尚处于探索阶段,缺乏系统化和标准化的专业认证模式。这种现状产生了不良的后果,既不符合教育部关于普通高等学校开设专业认证的总体筹划,不利于国家从宏观层面引领专业建设,又使新文科专业认证在国际化水平中处于劣势地位。

(二) 高质量专业建设的需求

新文科专业建设是双一流学科建设背景下学生培养工作的基础环

节,涉及培养目标的确立、师资队伍的建设、课程体系的构建、教学条件的配置和培养质量的保障等方面。提升人才培养质量需要加强师资队伍建设、优化人才培养方案、完善课程与教学体系,以此构筑质量保障体系,促进专业内涵式发展。不同于自然科学所蕴含的确定性特征,新文科专业具有人文性,难以用可操作性的量化标准加以衡量。传统意义上的专业评估标准较为主观,其评价标准以师资、投入和典型为主,缺乏量化的评价指标,在某种程度上削弱了对专业建设的促进作用。因此,新文科专业认证需要以结果为导向,立足社会需求,监测专业建设的各个环节,规范专业建设过程,加强新文科专业建设与社会需求、实践需求的联结。

(三) 社会对高素质人才的需要

专业认证制度由来已久,最早起源于医学专业领域,随后扩展至工程技术类专业领域,继而延伸至法律、教育与经济等人文社会学科等专业领域。从起源来看,医学领域的专业认证与公众的健康安全及公共安全密切相关,引发公众极大关注。正因为如此,专业认证与职业准入制度有着天然的联结,既能确保专业建设的发展水平,又能保证从业人员在专业领域从事劳动的专业性,故此,专业认证在维护公共安全、促进社会稳定等方面发挥着积极的作用。首先,专业认证是规范专业教育、推进专业建设逐步完善的过程,在这其中,学生是最大的受益者,能够享受最大的"红利",这也符合"以生为本"的教育价值取向。其次,随着经济社会的发展,各行各业均需要高素质人才,尤其是知识社会时代,社会对专家型人才的需求尤为迫切,从业人员需要精进自身的技能,提升专业化知识水平。在此背景之下,虽然新文科建设已取得一些成果,但涉及经济、管理、法律、人文等新文科领域的专业认证进程仍然难以满足社会的需求,因缺乏相应的质量保障机制监控从业人员的执业资格和职业素养,制约了新文科专业教育水平的持续提升。[1]

---

[1] 姚卫新:《关于新文科教育专业认证的若干思考》,《上海教育评估研究》2021年第2期。

三 新文科专业认证的核心理念与价值功能

新文科专业认证的核心理念可以概括为"学生中心、产出导向、持续改进",其价值功能在于提高教学质量、增强社会认可度、推动专业建设和发展以及促进国际交流与合作。

(一) 新文科专业认证的核心理念

新文科专业认证表征了高等教育发展的主流理念,引导着中国高等教育专业建设的发展方向,在人才培养质量提升中发挥着关键作用。新文科专业认证的过程离不开科学的指导理念,概括来讲,新文科专业认证需秉持以结果为导向、以学生为中心和教学质量持续改进三大基本理念。

1. 以结果为导向

传统教育教学以知识获得为主要目标,教学重心放置于知识体系的讲授,或是学生的掌握程度,所遵循的逻辑通常是题海战术,期冀在较短的时间内以高效的方式最大限度地获取知识。而以结果为导向的专业认证理念则关注知识的转化与应用,关注学生在专业学习中的学习过程与结果,即学生在专业学习中获取了何种知识、关键能力与素养。该理念的转变,意味着教育教学工作的重心以人才培养质量为评价标准,专业设置聚焦于人才培养目标的达成,服务于"以人为本"的教育宗旨。专业认证以结果为导向,结果导向是指专业设置以培养目标和学习结果为"风向标",以此为前提推断人才培养所需设置的目标体系、课程体系、教学方式与教学评价等,目的在于所制定的人才培养体系能够促进学习目标的达成,使学生获得高质量的学业成就。

2. 以学生为中心

学生是教育体系中的核心要素,专业认证的最终目的在于服务学生的发展,传统教学方式以教师为中心,教学围绕课程标准和教学计划而展开,教学评价关注学生对知识的掌握程度,忽视了学生能力的发展。故此,专业认证过程需秉持"以生为本"的原则,教学过程需关注学生的学习过程，监测学生学习过程中存在的难点和不足，提供合适的教学支持措施，以此提升学生的学业成就。这意味着教学计划的制定需围绕学生开展，引导学生达到所预先设置的人才培养目标。首先，培养方案的制定应面向全体学生，不论成绩的差异，所有学生的知识储备、认知水平与能力水平均应被纳入目标制定的参照来源之中，目标制定应合乎中道，能对不同层次学生的知识和能力水平进行观照；其次，采用过程性评价，建立覆盖广泛的学生能力水平监测机制，给予学生即时性的学习反馈和学习支持，这有助于弥补结果性评价在培养学生能力上的缺失，切实提升人才培养质量，真正将以人为本的教育思想落到实处。

3. 教学质量持续改进

新文科专业认证的重要保障在于教学质量的持续改进，通过循环的"教学—评价—反馈—改进"形成教学反馈系统，使教学质量得以螺旋上升。传统教学质量监测主要关注知识的记忆水平，以应试型的智力测试为主要评估手段，忽略了学生的能力水平。为此，新文科教学质量监测理念应坚持能力导向，突出综合运用和问题解决能力，关注核心素养的养成，既要关注对学生认知过程的考查，又要关心学生的情感态度、学习时间投入、学习习惯与方法以及学校教育教学过程中的各种问题。行之有效的教学质量改进机制，能够有效地结合培养目标和教学实施过程，使人才培养理念融入课堂教学之中。

(二) 新文科担负着价值引领的功能

新文科建设以立德树人为核心任务，发挥着培养时代新型人才的功能，在中国特色社会主义建设中发挥着夯实价值根基、搭建文化桥梁、彰显大国担当等重要作用，致力于培养立足中国国情又适应全球化时代的全能型应用人才。

1. 德性的关怀与培养

新文科育人注重培育大学生的家国情怀，帮助其形成兼济天下和共谋福祉的人文素养，使其成为担负民族复兴大任、推动人类社会向前发展的领军人物。新文科建设需要充分利用思政课程等途径，将价值引领有机地融入知识传授和能力培养之中。第一，溯源中华优秀传统文化，在寻根中增强学生的文化自信。中华优秀传统文化是人文社会科学的"精神基因"，为新文科人才培养提供了深厚基础和宝贵资源；第二，深入挖掘文科教育天然的价值塑造作用，精准把握专业知识与思政元素的融通点。在传授知识理论时，坚定学生的理想信念和社会主义立场，激励学生发挥工匠精神，在所处的专业领域向精深方向发展；第三，拓展专业领域的国际比较与对话，引导学生保持高度文化自信和自觉，建立广阔的全球视野，塑造深厚的人类命运共同体使命关怀，夯实人类命运共同体的人文根基。

2. 文化的涵养

新文科建设在国家战略层面的意义在于提高文化软实力，向世界讲述中国故事、形成中国话语体系。新文科通过培养具有综合素质的人才，向国际传达人类命运共同体的内涵与意义。第一，以培育未来的哲学社会科学家为目标，培养一批学术型文科人才。中国话语体系的形成是一项持续推进的过程，需要新文科在人才培养中激发学生的原创意识和创新能力，为创造性阐释中国道路和中国实践孕育新生力量。面对"中国故事"的丰富素材，可引导学生以现实关怀为底色、以解决问题为导向，跨越学科和专业之间壁垒，探究其内在逻辑与思想内涵。第二，培养一批专业型文科人才。"讲好中国故事"本质上是一种跨文化传播，除了遵循一般的传播规律，还必须掌握跨文化传播的规律和策略。为了让中国故事更易于理解和接受，可尝试探索"传播传统文化"的专业人才培养模式，通过分析研究不同文化背景受众的习惯和心理，积极探寻中外融通的情感内核和审美共性，使中国故事的传播以潜移默化的方式深入人心。

3. 培养适应国际竞争的应用人才

新文科建设肩负着增强国家综合国力和提升国际话语权的使命，致力于培育一批具有宽广国际视野、过硬专业能力、适应全球新格局的高素质应用型人才，为中国参与和引领全球治理提供人才支持。第一，培育"领域一般"和"领域特殊"技能相结合的全面发展人才,这种人才既熟悉中国国情,又通晓国际规则;既掌握扎实的专业理论,又了解国际政治、文化等相关知识。为此,新文科建设需要搭建跨学科、跨院系、跨专业的协同育人培养平台,在国际应用人才的培养模式、课程设置和教学内容方面做出积极探索。第二,突出强调专业人才的外语表达能力,新文科建设应聚焦国家对外开放新格局和"一带一路"建设,以服务国家需求为导向,有针对性地加强专业人才的外语表达能力,弥补对外贸易型应用人才的缺口。第三,搭建国际化合作交流平台。深化国际合作是人才走向世界舞台的重要条件,将"引进来"和"走出去"相结合,这需要新文科建设在依托学科布局和专业特色的基础上,吸纳国外优质教学资源,为学生提供丰富多元的对外交流学习和实习锻炼机会,在实践中磨炼国际竞争力。

四 新文科教育专业认证面临的挑战

与工程教育专业认证相比,新文科领域的专业有其自身特点,增加了专业认证的复杂性。分析其可能面临的挑战,有助于为后续开展新文科教育领域的专业认证奠定基础。

(一) 学生的学习效果难以衡量

新文科专业认证以结果导向为理念,关注学生对专业知识的掌握程度以及学生的发展水平。不同于自然学科,在对新文科专业学生学习结果进行比较和评价时,其标准具有模糊性,难以以确定性的量化标准加以评价,大多通过直觉、体验、想象等感性方式加以判定,由于评估主体社会、文化、立场、思维等方面的差异,对相同的事实可能做出迥然有别的评价。此外,学生的学习结果难以以显性的方式得以表征,不同于技术型特征明显的专业,文科类毕业生在专业领域的表现体现为主观世界的思维创造,其魅力在于对客观事物进行想象和创造,通过独特性的思维方式和视角呈现文学或艺术,其劳动成果具有价值评判较为主观的人文特征,人们对其价值的赏识并无客观统一的标准。为此,如何以相对科学有效的标准衡量学生的学习结果,成为一项具有挑战性的课题。

(二)认证结果难以国际互认

在经济全球化背景之下,国家要想占据战略发展高地,需要对人力资源进行优化布局,合理配置人力资源,以使优秀人才在适合的岗位上发挥自身的潜能。新文科专业认证的重要目标在于帮助学生在专业领域实现职业化发展,然而,在新文科领域,专业知识带有价值负载性特征,与国家的政治、经济、文化、历史、地理等有着密切的关系,各个国家在人才培养的过程中,会有意识地加强意识形态和价值观念的引导,不同国家之间因缺乏共同体性而带来评价标准的多元化,这使新文科专业认证在国际互认中缺乏客观统一的评价标准。以民族学专业为例,教育部在颁布的《普通高等学校本科专业类教学质量国家标准》中,民族学专业在高校的人才培养目标表述为:"各高校的培养目标应适应国家和地方经济、政治、文化、社会与生态文明建设对民族学类专业人才的需要,符合民族学类专业培养目标的要求及教学质量国家标准,体现学校办学目标、学科优势和人才培养特色"。该专业在人才培养过程中坚持社会主义方向,坚持"四项服务"——为人民服务、为中国共产党治国理政服务、为巩固和发展中国特色社会主义制度服务、为改革开放和社会主义现代化建设服务,而不同国家的民族学专业设置与自身的政治、经济和文化背景紧密相关,因此,若要形成统一的互认,则面临较大难题。

(三)缺乏成熟的认证标准和管理经验

就目前来看,专业认证标准尚未存在完全统一的标准。新文科专业认证具有较强的专业性,需要相对成熟的认证标准和经验,而专家通常具有娴熟的专业技能,能够高质量地完成相关工作任务。由专家进行专业查证是新文科专业认证的重要路径,其认证标准是专业查证的依据,认证标准保障了评估主体之间相互对话和协商的可能性。与工程领域的管理、建筑环境与设备工程等领域的专业认证不同,新文科专业认证发展历程较短，参与专家数量较少，尚缺乏充分的经验积累。专业认证的流程较为复杂，时间跨度较长，且需要在一定年限之后接受复审，这就要求新文科专业认证过程中专家或第三方机构能够有丰富的经验，能够合理组织评估人员开展评估工作。新文科专业认证需以客观标准和主观判断相结合，认证专家除了需要掌握本专业丰富的知识以外，还需熟知认证过程中的程序、方法或工具，专家拥有精准的判断和决策能力是保障认证工作顺利开展的重要前提。就目前新文科专业认证的实践来看，国家和地方尚未建立专门的机构，也没有充足的管理经验。

五　构建新文科教育专业认证的路径

在新文科专业认证制度体系中，标准是核心内容。高质量的认证标准，是规范化开展专业认证的重要依据。为规范专业认证的过程，专家需制定科学有效的认证标准，并据此开展专业建设和评估工作，考查专业认证过程中所取得的成效、经验和问题，并提出改进措施，保障专业建设的高质量发展。

（一）认证标准的制定原则

参照中国工程教育专业的认证思路，新文科专业认证的标准可以从基础性标准和拓展性标准两条路径展开。基础性标准是指面向新文科认证的所有专业，其评估结果应达到最基本水平；拓展性标准是指在符合基础性标准之上，各专业应根据自身特点制定适合自身专业的标准，其适用范围较小。不论是基础性认证标准，还是拓展性认证标准，其制定原则应包含以下几个方面：第一，适应性原则，即认证标准需与中国特色社会主义现代化建设的具体国情相适应，发挥专业建设的价值引领功能；第二，开放性原则，即高校应与企业通力合作，吸收企业优秀人才参与到认证制度的建设之中，构建满足经济社会发展需求的认证标准体系；第三，发展性原则，新文科专业认证需注重稳定性与灵活性相结合，稳定性有助于高校基于长远发展战略眼光有效地开展专业建设，灵活性则是指专业认证能够及时反映国家经济社会发展的发展变化历程；第四，科学性原则，是指新文科建设需符合中国新文科教育的发展水平，遵循学科发展的基本规律。

（二）认证标准的弹性

构建具有包容性、层次性和弹性化的新文科专业认证标准是当前新文科建设的重要任务。在中国高校发展过程中，受社会政治、经济发展水平因素的影响，学校的办学宗旨、办学水平和学科建设等方面存在较大差异。对于综合实力较强的高校来说，其达到专业认证基本标准的程度较为容易，而对于综合实力处于弱势地位的高校来讲，达到专业认证标准的程度较为艰难。如果认证难度设置不合理，则会影响高校专业建设的积极性，不利于一流大学或一流学科的建设。为此，新文科专业认证需建立弹性标准，确保能够被综合实力不等的各类高校所接纳。以2007—2018年42所一流大学建设高校的工程教育专业认证为例，在12年的时间跨度中，中国一流大学建设高校中，仅有15所高校专业认证年均通过数量大于或等于1个，比例仅占总数额的35%左右；有18所高校年均通过数量小于1个，其比例为40%左右；另有9所高校无缘参与到专业认证之中，吊诡的是，其中的部分高校却参与了美国 ABET 组织的专业认证。[①] 就当下的新文科专业认证而言，许多实力较强的"985"高校对专业认证并未表现出强烈的兴趣，反而是部分"211"高校与地方高校积极参与其中，将专业认证作为学科高质量内涵发展的重要抓手。

（三）认证标准与职业资格标准衔接

就国际专业认证经验来看，专业认证与职业资格紧密衔接。建立专业认证标准与职业资格标准相衔接的机制，能够强化企业、政府和社会公众的信心，深化校企合作教育对专业建设和人才培养的重要价值。例如，英国在开展工程教育专业认证时，设置专门的管理机构，

---

① 谢丹：《相遇：专业认证与人文社科》，中国国际广播出版社2018年版，第33—34页。

依据制定的专业评价标准,将不同类型和层次的专业与工程师职业资格相对应,二者相互强化和促进,专业认证促进了工程师的职业发展,工程师的职业发展深化了专业认证。就目前新文科专业认证开展的实践来看,尽管在少数专业领域设立了职业资格证书制度,提升了职业准入的门槛,但其局限性在于,参与该制度的职业岗位数量尚且有限,专业认证尚未积累成熟的推广经验,缺乏完善的体制机制保障机制。

(四)改变评价机制

评价机制是直接关系新文科专业健康发展的核心要素,在专业认证过程中,要与时俱进地制定学科规划、学科评价指标与评价体系,不能简单套用传统人文社会学科的评价体系。在以往的评价体系中,传统人文社会学科存在"过度西化"和"过度量化"等问题:重西方理念价值轻本土传统特色;重书斋式研究轻田野式应用;重论文发表轻社会效果;重影响因子轻学术质量;论文评价指标过多偏向借鉴理工类,在论文发表数量和期刊档次上,片面追随国际期刊,忽视了人文社会科学的阶级性、民族性特点。这种评价方式使人文社会科学因在国际期刊发表论文少,而相对处于"弱势地位"。尤其是目前从上到下,特别是一些重点高校,规定教师在职称评定中,必须有一年在国外进修的经历,将一篇国外期刊论文等同于在国内期刊上发表的数篇论文。久而久之,诸如此类的片面的评价指标,会严重制约和阻碍中国人文社会科学的健康发展。

首先,新文科建设不能以排行榜左右办学宗旨,应摒弃以排行论成败的倾向性。正确的价值导向应是致力于培养一流人才,消除功利和浮躁现象,重视教书育人和学科特色,切实保障和扩大学校自主权,切忌千校一面。其次,积极建立现代学校制度,让高校有充分的自主权,结合学校特色确立办学定位,根据社会变化和人才需求,做出学科调整。新文科建设的最终目的是形成高校新文科发展的新格局、新气象,以期带动全社会的人文社会科学蓬勃发展。2016年5月17日,习近平总书记在哲学社会科学工作座谈会上的讲话中寄希望于广大哲学社会科学工作者，要"解放思想、实事求是、与时俱进，坚持以马克思主义为指导，坚持为人民服务、为社会主义服务方向和百花齐放、百家争鸣方针，深入研究和回答中国发展和我们党执政面临的重大理论和实践问题，推出一大批重要学术成果，为坚持和发展中国特色社会主义作出重大贡献"。[①]

[①] 方延明：《"新文科"建设：何以必要及如何可能》，《江海学刊》2020年第5期。

第七章

新文科分类推进建设

习近平总书记指出,哲学社会科学是我们认识世界和改造世界的重要工具。进入新时代,面临新挑战,迎接新使命,中国高等文科教育必须加快创新发展,坚持走中国特色的文科教育发展之路,构建世界水平、中国特色的文科人才培养体系。2020年11月,《新文科建设宣言》正式发布,《新文科建设宣言》对中国新文科建设作出了全面部署,是当前推动中国高等文科教育创新发展的重要指南。其明确提出,文科门类众多、特色各异的特点决定了新文科建设必须坚持分类推进。要根据各自学科专业特点,结合行业领域特定问题,促进八大学科门类特色发展,实现文史哲促人修身铸魂、经管法助力治国理政、教育学培元育才、艺术学美人化人。本章聚焦于新文科分类推进建设,主要探讨文史哲、经管法、教育学、艺术学四个领域新文科建设过程中面临的问题与挑战、建设重点、建设难点、应对策略以及建设实践中的经典案例等内容。

第一节 文史哲领域新文科建设

按照中国《普通高等学校本科专业目录(2012年)》,文史哲领域包括了哲学、中国语言文学、外国语言文学、新闻传播学、考古学、中国史、世界史等一级学科,以及马克思主义哲学、中国哲学、逻辑学、美学、汉语言文学、中国古典文学、比较文学与世界文学、考古学及博物馆学、历史文献学等一批二级学科。

一　文史哲领域新文科建设的背景

与传统文科相比，新文科意在创新，以创新理念搭建新的学科发展框架。文史哲领域开展新文科建设，既是融入当前现代信息技术发展、建设文化强国的必然选择，也是回应国家经济社会发展对文史哲新型人才需要的必要举措。

（一）科技发展对以往人才培养模式和学术研究方式提出了新挑战

中国文学、哲学、史学自古就重视"知人论世"，强调通过对文学作者或研究对象所处的历史时代、人生经历、创作背景的认识，特别强调对基础文本，尤其是原典的阅读，将古典诗词学说或历史传记还原到它所处的时代进行理解。因此，掌握大量原始资料是文史哲学科开展研究的前提，是学术研究者从事学术研究的主要方式，传授给学生搜集、研读原典著作的能力是文史哲学科培养人才的重要任务。但自20世纪60年代以来，在计算机媒介的支持下，人文知识的获取、分析、集成和展示都发生了显著变化。目前，大部分历史典籍、文学著述几乎都已被数据化，如文渊阁四库全书电子版、汉籍全文检索系统、二十五史全文检索阅读系统、国学宝典等，海量的报纸、期刊、图片、绘本等人文资料被数字化，并通过互联网得以便捷地传递给社会公众。数字媒介已经渗透到文史哲学科领域，对学科教育教学和科学研究提出了新的挑战，也提供了前所未有的机遇。

一方面，相对于信息搜集、挖掘、整理、利用方式的转变，传统的人才培养理念与方法已落后于时代发展。信息技术变革要求新时代的文史哲学科在开展人才培养活动的过程中，注重引导学生多元利用新技术手段，拓展学科学习的历史背景与理论深度[1]。同时，信息获取的便捷性也正在改变原有课堂教学的主要任务。在纸媒时代，信息获取的局限

---

[1] 光明日报：《新文科建设要文史哲贯通，更好地联结和阐释科技与人文之间的逻辑》，2020年12月29日，http://www.mbatrip.com/zonghe/2020/1229/21924.html。

在某种程度上决定了信息、知识的传承是课堂教学的重要任务。但进入电子媒介和人工智能飞速发展的时代，知识的获取唾手可得，这势必会打破原有的单向度的知识传授式的培养模式，教师有必要从过去单向度的知识传授者向思维方式的训练者和知识获取的引导者转变。[1]

另一方面，这种研究资料的数据化和史料利用技艺的进步，也正在从根本上改变着文史哲学科研究者的工作手段和条件，预示着文史哲学科研究规范和研究方法的转变。新一代历史学者的工作重点，不再是传统意义上的"学术积累"，而是需要在深厚学术史背景下"产出思想"[2]。如何在利用现代信息技术手段基础上，产出富有思想性、理论性、前沿性的深度观点，是当前文史哲研究者面临的新挑战。

(二) 提高文化软实力要求文史哲学科结合时代发展做出新作为

文化是一个国家、一个民族的灵魂。中国有着五千年绵延不断的优秀传统文化，并在中国革命、建设、改革的伟大实践过程中孕育出了革命文化和社会主义先进文化。博大精深、源远流长的中华优秀传统文化，是中华民族最根本的精神基因和独特的精神标识，更是我们国家前进发展的宝贵财富。随着科技的进步、文明的发展，当前的文化已经与经济、政治以及社会生活的方方面面融合在一起，成为直接影响国家经济社会发展水平的重要因素。文化软实力正日益成为一个国家综合国力的重要组成部分，在国际竞争中发挥着举足轻重的作用。[3] 尽管中国有着强大的文化根基和强劲的文化发展势头，但也存在着全社会的文化创新活力有待激发、文化产业的规模与国际竞争力有待进一步提升、名家大师和文化人才培养能力有待进一步提高、版权贸易逆差长期存在等实际问题。中国目前还只是一个文化大国而不是一个文化强国[4]，文化综

---

[1] 刘春勇、梁静：《探索"新文科"建设路径》，《中国社会科学报》2020年11月25日第3版。
[2] 陈春声：《新文科背景下的史学研究与人才培养》，《中国高等教育》2021年第1期。
[3] 王光荣：《提升国家文化软实力的着力点》，《光明日报》2020年4月21日第6版。
[4] 新华网：《文化自信——习近平提出的时代课题》，2016年8月5日，http://www.xinhuanet.com/politics/2016-08/05/c_1119330939.htm。

合国力对世界文化发展产生的影响不足,文化软实力的表现与物质硬实力的日益强大并不相称。

文史哲领域新文科建设是对以文化人、以文育人、以文培元的使命的践行。文科的发展是建立在文化自信基础上的,文科的繁荣同样能够促进一个民族文化自信心的提升。新文科建设关系着中国文化软实力提升,而文史哲学科的建构与发展则更是与民族精神文化探索、国家社会价值体系建立密切联系在一起的。站在新的时代节点,面临新的发展任务,通过教育教学和学术探索,服务民族进步和人类发展,是中国文史哲学科的一大使命。国家文化软实力的提升要求文学、哲学、史学等学科进一步发挥其在充实中华民族精神生活、探索至真至美精神境界、培育止于至善的精神追求、激发全民族文化创新创造活力等方面的独特作用,为人类发展和进步创造更多的文明成果,不断挖掘、凝练中华民族伟大的文化和价值。这是文史哲学科迫切需要做的,也是以往做得不够的。[①] 可以说,在提升国家软实力、建设文化强国的大背景下,建设能够培养具有中国自信心、自豪感、自主性的时代新人,能够产出具有中国影响力、感召力的优质文化成果的新文史哲学科,在当前的中国比以往任何时候都更加重要。

(三) 现实社会问题呼唤富有思维创造活力的文史哲新人

立德树人是中国高等教育和研究生教育的根本任务,在立德树人过程中,文史哲学科的作用至关重要。我们常说以文化人、以史明智、以理服人,大学生人格的塑造、道德的修炼、境界的提升,独立人格的养成,高尚情操的培育,社会责任感、历史使命感的形塑,都离不开优秀的文学熏陶、史学教育和哲学启迪。但随着时代发展、国家发展和高等教育自身的变化,文史哲学科人才培养的标准或要求也在发生变化。比如,在全球化背景下,在提升中华民族优秀文化国际影响力的背景下,文史哲人才需要具备更多的国际视野和表达交流能力,当前,国际化复

---

① 樊丽明等:《新文科建设的内涵与发展路径(笔谈)》,《中国高教研究》2019 年第 10 期。

合型人才供给不足已经成为多家跨国企业迫切需要解决的问题。又如，日益复杂的理论问题和社会现象的解决，已经超出了单一学科知识的范畴，个别学科点对点的接触与结合已经不能满足新形势下社会建设对于人才的需求，也无法解决数字化浪潮中个人发展所面临的专业瓶颈[①]，文史哲人才既要掌握专业知识，更需具备广博的视野。再如，文史哲学科是富有社会温度的学科，面对世界百年未有之大变局，当前的文史哲人才更需要具备对世情国情敏锐的观察力，对多元社会思潮理性的判断力，对社会主义先进文化的准确理解力，以及解决社会现实问题的实践能力。

面对外部对人才培养的新要求，一些文史哲学科在专业设置、课程内容、教学模式等人才培养环节并没有做出非常有效的回应。愈加突出的学科间隔膜、专业之间的界限严格，导致文史哲学科在人才培养过程中普遍存在领域限制、视野狭窄以及专精有余、精博不足的问题。[②] 本土有余、国际不足导致文史哲学科人才培养缺乏国际视野和对国际规则的了解，在国际上发声的能力不足，独立思维能力和创造能力弱。面对复杂的社会需求与学科建设问题，解决的办法可能并不在于设计更好的改革方案，或者从某些具体的革新和政策上出新花样[③]，而在于能够根据时空条件的变化适时地转变思维模式和发展策略。人才培养的这些新要求，要求我们结合时代形势，整体把握、综合考虑文史哲学科人才培养模式改革与创新，也正是基于此，文史哲新文科建设势在必行。

二 文史哲领域新文科建设的主要任务

进入新时代，面临新任务，迎接新使命，中国文史哲学科的新文科建设需要立足国情、尊重规律、守正创新，从明确价值引领、打破学科

[①] 严程：《数字时代的新文科通识教育》，《中国社会科学报》2020年7月6日第3版。
[②] 马世年：《新文科视野下中文学科的重构与革新》，《西北师大学报》（社会科学版）2019年第5期。
[③] ［加］迈克·富兰：《变革的力量——透视教育改革》，中央教育科学研究所、加拿大多伦多国际学院译，教育科学出版社2000年版，第9页。

壁垒、创新人才培养模式等方面发力。

(一) 坚持守正创新，培育新时代文史哲人才

文史哲是修身铸魂的学科，修身铸魂就是以优秀的文化去滋养人、启迪人、激励人、塑造人，提升人的思想觉悟、道德水平和文明素养。从这个意义上说，文史哲学科的人才培养首先涉及的，也是最重要的问题就是用什么思想、文化、价值来培育人。要在新时代建设好文史哲新文科，首先要强化价值引领，以立德树人为根本任务，牢牢把握人才培养的价值导向，传承发扬优秀传统文化，推进习近平新时代中国特色社会主义思想进教材、进课堂、进头脑，引导学生求真、向善、寻美，形成高度的文化自信与文化自觉[①]；与此同时，积极融入新形势，回应时代发展新变化，培养具有独立思维能力、创新创造能力和国际竞争力的，能够担当民族复兴大任的新时代文史哲人才。

伟大的民族精神和优秀的传统文化是中华民族生生不息、发展壮大的内在动力，是中华民族的精神命脉。[②] 文史哲学科承载着民族文化、根植于本国土壤，文史哲领域新文科建设须以博大精深的中华文明为基础，传承已知、开拓心智、探索未知。扎根中国大地，系统梳理和阐释中华文明谱系，考察中华文明的起源与构型，理解中华文明的发展规律，挖掘中华文化的时代价值，进而探索伟大复兴的实践路径，努力实现传统文化的创造性转化、创新性发展，使之与现实文化相融相通，共同服务于以文化人的时代任务。充分发挥文史哲学科文明传承与创新的作用，激发学生求知欲望，拓宽学生生活视野，培养学生理论思维，升华学生人生境界。着力培养学生捕捉和把握时代性问题的理论洞察力、分析和提炼时代性问题的理论概括力、阐述和论证时代性问题的理论思辨力、回答和解决时代性问题的理论思想力。[③] 引导学生更加坚定地走

[①] 李凤亮：《新文科：定义·定位·定向》，《探索与争鸣》2020年第1期。
[②] 樊丽明《"新文科"：时代需求与建设重点》，《中国大学教学》2020年第5期。
[③] 中国经济网：《新文科"新"在哪儿？并非"科技＋人文"那么简单》，2019年7月23日，https://news.gmw.cn/2019-07/23/content_33019391.htm。

向田野大地，走进人民大众，突出实践教学在人才培养中的作用，不断丰富发展现场教学。① 在提升能力和健全人格的相互融合、相得益彰中落实立德树人。

与此同时，面对国际国内新形势、新任务，新时代的文学、史学、哲学学科应当站在时代前沿，以天下为己任，开阔国际视野，以更加开放的胸怀和更加宏大的气魄，推进国际交流与合作。融汇古今、贯通中外，探究世界文明与文明之间的传播与互动，关注人类发展面临的共同问题，积极参与全球治理，致力于思考和解决人类共同面临的重大问题，为构建人类命运共同体贡献中国智慧，对人类文明面临的问题作出有价值的解答。② 培育一批熟悉文学、史学、哲学传统，具备浓厚人文精神、社会责任感和深厚理论素养，并在积极参加世界性百家争鸣的过程中引领时代的未来文学家、史学家、哲学家，开创具有中国风格和中国气派的文史哲研究。

（二）打破学科壁垒，实现学科间交叉融合

20世纪以来现代大学的专业设置重视专业的细化，推进了各个学科、各个领域学术研究的深入与专精。但随着社会问题的综合化和复杂化，知识生产模式也在发生着转变，学科与学科之间趋于高度综合，知识的增长点从学科大厦内部转移到了学科边缘、交叉领域。③ 伴随着这一趋势，集体性、跨学科的团队协作研究模式兴起，个人主义的研究文化正在被多学科团队合作文化所代替。④ 学科交叉融合已经成为现代学科建设和知识生产的重要路径。美国希拉姆学院在2017年提出新文科这一概念的时候，就突出强调了学科间的交叉融合，认为新文科主要是对传统文科进行学科重组、文理交叉，把新技术融入哲学、文学、语言

---

① 姜萌：《走进现场，让田野成为"知识活化器"》，2021年8月9日，http://www.jyb.cn/rmtzgjyb/202108/t20210809_612012.html。
② 龚旗煌：《新文科建设的四个"新"维度》，《中国高等教育》2021年第1期。
③ 王战军、杨旭婷：《世界一流学科建设评价的理念变革与要素创新》，《中国高教研究》2019年第3期。
④ 李志峰、高慧、张忠家：《知识生产模式的现代转型与大学科学研究的模式创新》，《教育研究》2014年第3期。

等诸如此类的课程中，为学生提供综合性的跨学科学习①。可以说，学科交叉、学科融合是新文科建设的重要内容，是应对新变化、解决复杂问题的必然选择。对于文史哲学科而言，其交叉融合不仅体现在文、史、哲内部学科专业之间的融合，也包括其与经济学、社会学、管理学等其他社会科学学科的融合，以及其与理学、工学、农学、医学等自然学科之间更为广泛的交汇融通。

打破学科壁垒，实现学科交叉融合，有助于培养出视野开阔、思维活跃的复合型文史哲新人才。通过招收跨学科生源、组建跨学科师资团队、搭建跨学科课程、优化专业布局、增设跨学科新专业、开发新课程、灵活选课安排、设置多元教学内容等方式，搭建能够凝聚多元学科主体、关注跨学科共同问题、提炼创新性教学和研究成果的学科间交流平台。结合实际情况，探索建立能够激励文史哲学科与其他各类学科之间形成更为灵活、广泛交流机制的办法，调动各类型学术资源，形成新兴优势学科集群，建设一批超越知识点传授、强化思维训练和能力教育的一流课程。培养既具备浓厚人文精神、社会责任感和深厚理论素养，也具备扎实专业知识和交叉学科的学术积淀的文史哲人才。

打破学科壁垒，实现学科交叉融合，有助于产出更多具有创新价值的研究成果。在学术研究过程中，学科交叉是寻找新的知识探索切入点的重要方式。当前，其他学科的学术探索和实践发展正在影响着文史哲学科学者的研究问题和研究思维，围绕人工智能、量子科学、生命科学等新事物带来的文史哲新的研究课题，探索新理论、新方法、新路径，有助于推进文史哲学科创新研究方法，纵深研究问题，拓展研究领域。比如，秦亚青教授将"过程与关系"中国社会文化中两个重要理念融入国际关系理论，在此基础上提出了过程建构主义的理论模式，形成了具有中国特色的国际关系理论体系。

（三）创新培养模式，探索拔尖人才培养新路径

要打破原有以固化学科专业培养人的"传统模式"，需要建构一套

---

① 王之康：《新文科：一场学科融合的盛宴》，《中国科学报》2019年5月8日第8版。

新的人才培养创新模式。导师制、书院制、学分制三者交叉融通是当前创新文史哲学科人才培养模式、打造新时代文史哲拔尖人才的可靠改革路径。

　　导师制是一种通过为本科生配备导师、搭建指导平台，促进学生在导师指导下自主地开展科学研究的育人模式。导师制意在通过潜移默化的导生互动培养学生的问题意识、研究能力，形塑学生的学术素养和学习规范。书院制是中国现代大学通识教育、博雅教育的一种制度创新①，是诸多世界一流大学为保障人才培养质量而采取的重要形式。书院制将学生住宿生活管理与人才培养过程融会贯通，通过打破学科专业界限，促进具有不同专业背景的学生生活在一起，为彼此之间交流、探讨以及共同生活提供了良好的环境与空间。②学分制是现代大学所采用的一种旨在有效协调知识、社会需要、学时和学生发展之间关系的教育教学制度③。学分制通过学生自由选择课程、自主研读的方式，尊重学生作为受教育者的主体地位，有助于培养学生的思维能力、实践能力，有利于创新型人才脱颖而出，也有利于促进学生的全面发展。上述三种制度对于拓宽人才成长路径、优化人才培养模式、促进学生全面发展、高素质发展具有积极意义。

　　在人才培养实践当中，导师制、书院制、学分制融会贯通也是三者顺利实施的可靠保障。具体而言，导师制有助于引导学生合理规划、选择适合自己的课程，避免学生在选课过程中出现趋易避难倾向，帮助学生处理好书院学习与专业学习之间的关系；书院制则为其提供了新的学生管理制度，而专业任选、弹性学制的学分制打破了传统的学院为主的学生管理模式。三者协同，为文史哲新文科人才培养提供了灵活的模式设计和制度保障。

---

　　①　龙跃君：《书院制融入我国现代大学的价值探讨》，《大学教育科学》2018年第5期。
　　②　刘阳、宋永华、伍宸：《再论书院制——英、美及我国香港顶尖大学书院制模式比较及其启示》，《高等教育研究》2018年第8期。
　　③　别敦荣：《论学分制的教育原理及实施的原则要求》，《中国高教研究》2013年第3期。

（四）运用现代信息技术，构建学科发展新思维

当前，大数据、云计算、人工智能等技术手段所带来的全新场景、研究工具、思路方法等，正在推动整个人文社会学科发生深刻变化，推进其自我革新。新文科建设不仅是一项行动，更是学科发展理念的一种转变，尤其需要重视新技术对文科建设发展的影响。文史哲学科在新文科建设过程中应积极融入新技术潮流之中，运用现代信息技术手段改进建设思路、优化发展路径，实现传统文科在新时代的创新发展。

文史哲领域新文科建设不仅要顺应媒体融合与智能化、大数据的发展，更重要的是要引导师生积极主动接纳新的思维方式、学习方式和教学方式。探索技术融合下文史哲育人新模式，以及文史哲教育教学创新的技术路径。一方面，在新兴技术手段支持下，可运用线上、线下、线上线下混合式、虚拟仿真、信息可视化等多元方式，创新文史哲学科课程教学，帮助学生形成更加活跃、更富创造性的思维模式。另一方面，新技术的发展也催生出了新的产业和新的人才需求。这就需要文史哲学科在育人过程中要注重将现代信息技术对文学、史学、哲学课程内容的影响及时转化到教育教学过程中，同步改革，紧密结合科学技术、产业发展优化课程体系。比如，随着互联网与智能媒体的普及，新闻传播学科需要更加关注网络虚拟社会与二次元文化等当代文化新阵地；又如，数字内容产业、数字创意产业的出现与发展，要求高校在培养人的过程中注重学生数字化知识与素养的培育。除此之外，把握科技革命对文史哲学科发展带来的影响，也要求文史哲学者学会运用现代科技手段进行社会科学研究，善于将一系列新的研究工具，如语言和图像处理技术、神经网络计算等运用到研究当中，改变传统文史哲学科的研究范式，建构更为开放、共享的协作研究与学习模式[①]，以大数据为依托，以新科技激活思想力，开创文史哲学科发展新局面。

---

① 王涛：《数字人文的本科教育实践：总结与反思》，《图书馆论坛》2018 年第 6 期。

三 文史哲领域新文科建设的理念与实践探索

目前，一些院校已经围绕文史哲领域新文科建设进行了探索，构建出了一系列理念体系和实践框架，并取得了积极的发展成效。本研究选取文史哲学科领域新文科建设中建设成效显著、代表性突出的几所大学作为案例具体阐释。

（一）华东师范大学：汉语言文学专业改革与实践

1. 重构课程体系，创新育人理念

华东师范大学汉语言文学专业建构了文史哲大类培养平台，以平台为基础，强化文史哲课程交叉融合。构建"原典阅读+读写训练+课程思政+导修制+过程性评价"五位一体的原典阅读设计。设计既尊重了原典阅读的重要性，强化了课程思政的元素，也强调了教学方法的革新，注重了质量评价的建设。

全新打造"经典细读""学术前沿""专业提升""专业实践"四大板块系列课程，培养学生批判性思考能力，激发学生学术兴趣，促进学生自我学习、自我探究。支持学生在全校范围内跨学科、跨年级选修课程，鼓励学生选修合适的研究生课程，实现"本硕博贯通"。

2. 探索学科专业交叉融合，强化技术方法应用

汉语言文学强基计划以"古文字学"相关课程为核心，同时涉及"古代史""古典文献""经典阅读""语言学""汉语史"等相关课程内容，凸显强基计划"厚基础、宽口径"的特点。注重把学科优势与学术前沿成果转化为教学内容，注重课程作业、学年论文和毕业论文的有效衔接，培养学生的研究和创新意识。同时，特别强调熟练掌握应用信息技术来优化古文字学习的方法与技能，积极借助各种现代信息传媒手段，提升学生专业能力。

3. 加强实践教学，提升学生实践创新能力

学校以实验教学、大学生创新创业训练、专业实习等平台为载体，通过科研训练实践类课程、专业实践与实习、语言实验室实践教学、大

学生创新创业训练项目，完善实验实践课程体系。推出"走进商周古文字"虚拟仿真项目，正式开设"语言与人工智能""语言康复与语言发展"等校企合作课程。强化文学采风、图书馆访书、方言调查等专业学术实践，重视创新创业训练，支持学生积极参与国内外学术会议、学术夏令营等。

4. 创新教学模式，助力学生成长

学校以学生为中心，推进混合式教学，打造系列"金课"。采用教师引导、助教主持与学生主导讨论的方式，将教师课堂讲授与学生的读写训练结合，将文献阅读与专题讨论结合，调动师生的双重主体性和积极性。每学期开设 20 余个读书会，学生在导师的带领下，精读原典，提交读书笔记，举办报告会。将本科一二年级的导师活动升级为"经典导读与写作训练"课程；增加课程中的读写训练环节；以写作专题讲座、工作坊等形式开展课外写作培训；积极利用创意写作研究院和驻校作家等资源，提升学生在文化创意领域的创新能力。

5. 加强国际交流与合作，培育具有国际视野与中国情怀的人才

学校把外语学习和专业学习相结合，提升学生阅读英文文献、撰写英文论文以及用英文表达个人见解的能力。利用聘任的多位外籍专任教师、青年学者大多具有海外留学背景的优势，开设德语、日语、古希腊语等外语"准课程"，让每位学生掌握至少一门第二外语。为学术搭建丰富的国际交流平台，鼓励学生积极参与境外交流。此外，通过邀请国际一流学者开设讲座、开展一个月以上的学术工作坊等，让学生有机会与学科前沿国际学者交流和对话，培养坚定中国立场的传承者、中国话语的讲述者和中国文化的传播者。

(二) 北京语言大学：新文科专业建设[①]

1. 传统专业"复合化"

完善"语言+"培养模式。推出"汉语+专业""英语+专业"等

---

① 刘利：《新文科专业建设的思考与实践：以北京语言大学为例》，《云南师范大学学报》（哲学社会科学版）2020 年第 2 期。

多样化培养模式，强化学生语言能力的培养，推进复合型高层次人才培养。在公共外语教学方面，增设日语、法语、德语等公共外语课。在复语教育方面，开设英语+土耳其语、英语+西班牙语、英语+罗马尼亚语等复语专业。同时，面向全校学生开设日语、阿拉伯语等外语类专业作为辅修专业双学位课程。

扶持国别与区域专业。国别区域学具有多学科、跨领域的特点。学校打破学科壁垒，汇聚外语、国际政治、管理学等领域的学术力量，不断推进国别区域研究的学科建设和专业建设。目前，阿拉伯语专业正以国别与区域研究中心为依托，积极筹建"联合国及国际组织人才培养实验班"，旨在培养至少掌握两门外语，同时具有国际政治、管理等专业知识的国际组织人才。

2. 新设专业"特色化"

设立有特色的新专业。根据学校办学优势，在全国率先设立了"语言学"专业，以生物语言学为方向，具有鲜明的学科交叉特点。首批本科生全部从理科考生中录取，开设的课程除外语、语言学理论等文科课程外，还开设神经解剖与语言认知、语言与人工智能等交叉课程，以培养兼具现代语言学知识和相关自然科学知识的语言学专门人才。

设置跨学科专业。把语言类相关专业与信息科学相关专业进行整合，在中国语言文学一级学科下，自主设置了"语言+智能"跨学科专业，满足语言智能的科学理论发展和社会服务对语言智能人才的需求。在知识传授上兼顾计算机科学和语言科学，在技能培养上重视语言数据处理和分析能力，在思维训练上兼顾形式化、计算化思维，培养对语言现象进行抽象化、泛化的能力。

设立跨学科实验班。为打破多年来形成的院系专业壁垒，搭建"拔尖人才实验班"等平台，探索跨学科、跨专业建设，促成不同专业尤其是文理专业融合。目前学校已建成4个实验班。高级翻译学院和信息科学学院联合建立了"翻译技术实验班"，以培养熟练掌握外语和翻译技术并掌握语言智能系统的开发和语言资源信息化管理技能的学生。商学院与信息科学学院联合建立了"新商科拔尖人才实验班",以培养具备扎实的经济、金融知识,同时具备大数据、人工智能知识的新商科优秀人才。

3. 培养方案"立体化"

调整通识教育课程结构及学时学分。为了丰富学生的知识体系,培养方案特别设计了一个包含六大模块的通识教育课程体系。这些模块分别是:多语言能力与跨文化沟通、文史经典与人文素质培养、国际视野与文明交流对话、社会研究与现代中国解读、科技发展与创新思维培养,以及艺术创作与审美感受力提升。这一课程体系全面覆盖了人文、科技、艺术和政治等多个领域,旨在为学生提供全方位的教育和培养。同时,积极倡导教师开设具有跨学科特性的课程,旨在全面提升学生的文化艺术修养和道德判断力,为其未来参与公共事务奠定坚实的知识基础。

增加思政、实践类课程的比重。为提升外语人才的中国情怀、国际视野、问题意识、实践能力,培养方案增加了思政、实践类课程的学分比重(占总学分比例的15%—20%),同时明确规定创新创业训练项目或科研创新计划项目可以换算学分。

4. 课堂教学"智能化"

提升硬件设施水平。学校建设智慧教室和智慧语言实验室,集智能物联、智慧教学、课堂录播等各个系统为一体,为师生营造人性化、智能化的教学空间。

重视信息技术与课堂教学的融合。搭建集多种功能于一体的"北语慕课教学平台",建设精品慕课,打造线上"金课"。同时,以智慧教室建设为条件保障,鼓励教师使用智能平台进行授课,探索翻转课堂等新的课程模式,打造线上线下混合"金课"。

(三) 中国传媒大学:打造开放融合育人新模式[1]

1. 建设全媒体运行中心

为适应媒体融合发展需求,进行全媒体人才培养,与索贝·华栖

---

[1] 全国新文科教育研究中心编:《新文科建设年度发展报告》(2020),山东大学出版社2021年版,第170—172页。

云、艾迪普合作建设全媒体运行中心。中心由多平台发布系统、全媒体交互式新闻演播室系统等组成，包含融媒体新闻采编制作、数据可视化和虚拟图文包装制播等16个子系统，可实现对融合新闻、融合内容生产、互动运营发布等多种业务、多种场景实践和教学活动的全流程生产、演示和监控，并对发布运营效果进行实时响应和反馈。全媒体运行中心的建立有助于学生学习新时代媒体运行的知识与技能，掌握现代信息技术在媒体运行中的应用。

2. 建设 AI 虚拟主播实验室

AI 虚拟主播实验室有利于进一步深化 AI 虚拟主播与情感计算关键技术研发与行业应用示范研究，探寻 5G 媒介生态下的基于动画影像、AI 情感计算与虚拟仿真技术的新产品、新应用与新场景。2020年，动画与数字艺术学院利用实验室网络直播平台，举办了一场别开生面的线上毕业设计展。启用三维动画虚拟角色作为主持人，并与真人现场互动，通过运动捕捉技术完成真人演员动作的实时复刻，将艺术与科学完美结合。

3. 搭建新文科建设研究平台

学校成立通识教育中心，下设的阳明书院、修辞学堂，目前已经成为实现"弘道崇德、经世致用"人才培养目标的重要平台。整合专业团队优势，倡导主题聚焦下的多样化授课，推动经典阅读、创意写作和书院学习深入开展。

4. 推出"光明影院"项目

联合北京歌华有线、东方嘉影，为视障人群讲解优秀影片，与视障人群共享电影文化成果，传播新时代新思想、新气象，为国家公益事业与文化建设贡献力量。

5. 制作中国新闻传播大讲坛

为切实推动抗疫精神进校园，激励新闻学子坚定理想信念，邀请40余位记者围绕共同的抗疫主题，录制40堂视频课程，构建了一门案例鲜活、剖析详细、讲述深入、手段融合的大课程"来自武汉抗疫一线的报道"，引导学生在参与视频制作过程中深入现实场景、了解中国精神，成为传承、宣传中国传统文化的重要力量。

6. 创建"数字文化中国"项目

整合文化资源，挖掘文化记忆，传承文化根脉，创新数字化、移动化、影像化的文化呈现形式，用数字技术为文化传播赋能。研发了文化短视频、掌上图书馆、传播文创产品设计等文化产品，发挥其创新文化传播、拓展视频形态、赋能数字文化、助力乡村振兴、深耕区域文化、推动文旅融合等作用。

第二节 经管法领域新文科建设

按照中国《普通高等学校本科专业目录（2012年）》，经管法学科包括理论经济学、应用经济学、法学、政治学、民族学、社会学、马克思主义理论、管理科学与工程、工商管理、农林经济管理、公共管理、图书情报与档案管理等一级学科，以及政治经济学、经济思想史、经济史、法学理论、宪法学与行政法学、中外政治制度、国际关系、文化社会学、社会人类学、马克思主义中国化、行政管理等一批二级学科。

一 经管法领域新文科建设的背景

经济学、管理学、法学领域新文科建设的开展，是当前经济社会发展对具有中国特色的知识理论体系、较强实践能力的复合型人才的迫切需要，以及新一轮科技革命下新业态的出现对传统经管法学科的渗透影响共同决定的。

（一）经济社会发展要求建构更具中国特色的经管法理论体系

历史上，中国并没有演化出现代意义的学科、学科体系以及相应的学术体系。由于科学探索和学科建构上的落后，20世纪初，中国开始学习欧美、苏联等国家的学科设置模式，并按照其学科体系来开展人才培养和学术研究。经过百余年的努力，中国的学科已经结合中国语境作出了一些调整，但追根溯源，一些学科本身的"西方气质""西方特征"仍然显著存在，而且成了当前学科建设的重要阻碍，这一问题在经管法学科上体现得尤为明显。

改革开放40多年来，中国法学、政治学、社会学、经济学等学科的教学与研究对西方学术体系和话语体系的依赖性很强[①]。在很长一段时间里，西方引进的教材一直主导着经、管、法学科教学的课堂，成为教师教学、学生学习的主要内容，是否很好地掌握了西方教材成为学校考察人才成长水平的重要方式。与此同时，西方学者产出的理论观点与建构的研究范式，已经渗透到经、管、法领域研究者的思维习惯与研究过程中，成为其分析中国现实问题、提出解决方案的重要依据。这些做法在中国经济学、管理学、法学发展基础薄弱的阶段具有合理意义，对于中国科学地建构学科体系、培养专门人才发挥了一定的积极作用。

但随着综合国力的提升，中国经济已经取得了举世瞩目的成就，走出了一条适合中国国情的经济发展之路，探索出了中国特色社会主义制度，提出了推进国家治理体系和治理能力现代化的重要课题，政法领域改革持续推进，中国特色社会主义法律体系不断完善，法治强国渐行渐近。在这样的大背景下，如果大学仍然以西方主导的课程体系和知识体系来培养中国发展需要的经济人、管理人、法律人，用西方主导的理论体系和话语体系来解决中国的经济、政治、社会、法治问题，不仅不能达到预期目的，反而会影响学科的健康发展。在凸显与国际人才培养模式同步、与国际学术前沿接轨、增强经管法学科的国际活跃度的同时，却也体现了中国经管法学科在塑造中国特色理论体系、培养中国特色人才、开展自主性本土研究和学说体系方面的不足，存在对中国的经济、管理发展实践中涌现出的新领域与新方向回应欠缺，对经验及其规律总结研究得不够等问题。因此，当前迫切需要开展经管法领域新文科建

---

① 樊丽明：《"新文科"：时代需求与建设重点》，《中国大学教学》2020年第5期。

设，结合中国特色社会主义伟大实践，结合新时代人民美好生活的新需求，提升研究能力，强化对国家战略的支撑作用，加快构建基于中国历史、符合中国需求、契合中国模式、适应中国形势、体现中国背景的经管法新文科。

(二) 复杂社会问题的解决要求培养实践能力较强的复合型人才

区别于文史哲修身铸魂的学科属性，经济学、管理学、法学学科是要服务于治国理政、服务于国家深化管理体制改革、促进经济持续健康发展、建设法治中国的实践。经济学需要着力探讨约束条件下效益最大化的问题，管理学需要分析以"人"为核心的管理问题，揭示思想、精神、价值和方法对管理效率的影响，法学则是致力于促进社会发展公平正义的实现，保障人民安居乐业。可以说，经管法学科与国家和社会经济发展存在着与生俱来的紧密联系。这就要求经管法学科培育的人才不仅要掌握基本理论知识，更应当具备较强的解决专业相关的社会问题能力。

与此同时，就经济学管理学门类而言，还存在实践教学弱化，专业见习实习的学时不足、质量监控缺失的问题。[①] 在培养过程中，强调理论基础和思辨能力而对实践操作和动手能力关注不足，重视科研论文产出而对学术成果的社会价值与影响力关注不足。教育教学过程中对实践能力塑造的欠缺，不利于学生深入了解中国国情，不利于理论知识的有效应用，不利于培养出专业基础好、综合素质强、善于解决国家经济社会发展现实问题的时代新人。社会经济发展对人才实践能力的需要与当前经管法学科人才培养实践能力的不足之间的突出矛盾，迫切要求经管法学科在教育教学这一人才培养供给侧作出变革，创新培养模式、优化培养路径。以新文科建设为契机，主动适应现代化经济体系建设，适应国家治理体系和治理能力建设，适应社会主义民主法治建设的新任务、新要求，找准人才培养和行业需求的结合点，深化经济学、管理学、法

---

① 樊丽明：《"新文科"：时代需求与建设重点》，《中国大学教学》2020 年第 5 期。

学教育教学改革，强化实践教育，完善多主体协同育人机制，为全面建设社会主义现代化国家提供有力的人才智力保障。

(三) 经管法领域新业态要求经管法人才培养模式升级

互联网、大数据、人工智能、区块链等新技术正在改变着现有产业结构、产业形态和产业内容，并催生了一系列新产业。以"互联网+"为例，"互联网+"即"互联网"+"各种传统行业"，这并不是"1+1=2"式的简单加总，而是对传统行业发展思维与运行模式的根本创新。移动终端、大数据、云计算等现代信息技术在融入传统行业的采购、生产、仓储、运输、销售、售后等整个供销链条的过程中已经彻底改变了以往行业的运行模式。而且，这种产业运行模式的变化带来了显著的蝴蝶效应。对于从业者而言，行业经验、渠道、网络、产品认知等壁垒让传统消费互联网巨头优势不明显，并购、合作、自主发展成为其进入产业互联网的主要方式；对于消费者而言，随着移动终端的多样化和智能终端的普及，在线网络已经能够满足人们绝大多数的消费需求，极大地改变了人们生活和消费的习惯。[①] 人工智能、基因工程等新技术在改变人类生产生活方式的同时给传统的管理的依据和习惯、社会伦理以及立法执法等带来了冲击。与此同时，"互联网+"、人工智能、大数据等催生了"数字经济""金融科技""数字化管理"和"数字法治""智慧司法"等新概念。这些变化也必然对经济发展、管理模式、规范办法等提出了新的挑战，影响着经济学、管理学、法学的理念、模式、价值、效率等。这种全新的产业发展状态对经济学、管理学、法学的科学研究提出了新命题，对其人才培养也提出了新要求。

技术革命带来的巨大进步为经管法学科的建设与发展提供了前所未有的机遇，也提出了一系列新的挑战。新时代的经管法学科领域的科学研究与探讨活动需要深度融入新环境，对现实社会中经济、管理新样态

[①] 网盛产业互联网研究院：《互联网+产业：产业互联网时代到来》，2021年10月13日，http://31.toocle.com/v/chanye/。

作出回应，得出能够解释实践问题、分析实践现象、指导实践发展的研究观点与结论；需要培养具备创新思维、紧跟科技革命和产业变革新趋势、善于运用现代信息技术工具的专业人才。而经管法领域新文科建设是对新兴科技革命的回应，有助于经管法学科更好地顺势而为、乘势而上，借助新一轮科技变革实现自身发展。

二 经管法领域新文科建设的主要任务

面对传统经管法学科建设过程中存在的一些显著问题，面对当前国家经济社会发展对经管法学科建设的新要求，中国的经济学、管理学、法学领域新文科建设应当深入中国实践，建构具有本土特色的理论体系，着力探索塑造高水平、复合型、国际型经管法人才的培养新模式。

（一）建构具有中国特色的经管法知识理论体系

要解决中国本土知识理论匮乏、理论服务实际问题解决能力不足的问题，经管法领域新文科建设需要回归中国特色社会主义的实践，做真实世界的经济学、管理学、法学研究，探讨中国问题，在中国经济建设、管理改革、法治推进的过程中提炼出标识性概念、观点、理论。坚持问题导向，在深入理解习近平新时代中国特色社会主义思想的内在逻辑的基础上，从中国特色社会主义发展实践中发现问题、剖析问题，根植于中国大地，尊重中国经济、法律、管理实践发展的历史，把时代作为"出卷人"，把问题作为"时代的口号"。[1] 挖掘中国改革开放和现代化建设的伟大历程，探索新领域、新方向，构建中国特色经济学、管理学、法学学科理论体系，形成能够反映、呈现、包含中国经验、中国数据、中国材料的经管法学科理论体系。在此基础上，凝练学术范畴，推进术语革命，把西方话语体系主导下的文科转向中国话语体系主导下的文科[2]，形成中国的经管法学派，扩大中国经管法科学理论与学术思想的世界影响力和话语权。

---

[1] 刘伟：《推进中国经济学学科建设和教学改革》，《中国高等教育》2021年第1期。
[2] 徐显明：《新文科建设与卓越法治人才培养》，《中国高等教育》2021年第1期。

同时，当前复杂社会问题的解决越来越需要多个学科的智慧集合，依靠多学科学者的联合攻关。建构能够解决各类社会实际问题的中国特色知识体系和理论体系同样也是一个破旧立新的过程，需要打破以往经济学、管理学、法学存在的以单个学科为主进行知识探索的局限，在新文科建设过程中，拓宽思路，借助多学科理论工具，从不同学科视角进行跨学科或者超学科研究，建构开放的学术交流制度。注重与社会多元利益相关主体的对话，及时跟进，深度分析国内外形势变化和新的发展现象与问题，锻造更具原创价值、实践价值的知识成果。

在建构中国特色的知识理论体系的过程中，经管法领域新文科建设也要着重处理好理论的本土特色与国际通行之间的关系。中国的经济学、管理学、法学领域的概念、理论、逻辑、方法不仅能够观照中国本土经济社会发展实际，也应当是国际通用的，是可以让世界听得懂，并能够理解和运用的。建构本土特色知识理论并不意味着对国际观点和理论的摒弃，而是在兼顾国内外经济、社会结构、政治体制、制度建构发展情况的基础上，做出的科学研判。

(二) 探索塑造高水平、复合型、国际型经管法人才的培养新模式

在人才培养方面，经管法学科在新文科建设过程中需要重新审视培养目标、培养模式与中国当前和未来需要的契合度，着力解决当前教育教学过程中存在的实践教学弱化的问题，回应社会经济发展对复合型人才的需要，立足本校和学科发展实践、立足中国实践，开展经管法学科领域的新文科创新探索。

抓好教材建设，尤其是中国特色社会主义经济学、管理学、法学的教材建设。教材是传播知识的主要载体，经管法新文科教材建设就是要建设经得起实践、人民、历史检验的优秀教材，充分反映习近平新时代中国特色社会主义思想，充分反映中国特色社会主义伟大实践，充分反映中国特色社会主义人才培养新要求。[1] 将基于中国社会主义建设实践中构建的理论

---

[1] 田慧生：《推进新时代教材建设，发挥好教材育人作用》，《中国教育报》2020 年 10 月 19 日第 2 版。

体系及时转化为课程教学的核心材料，深入阐释中国经济发展、管理改革、法治建设的本质特征，形成以培养专业人才为目的、涵盖经管法学科领域基本概念、特征、规律的系统教材。将经典理论与实践问题相结合，兼顾教学内容的知识系统性与思维启发性，发挥教材育人的基本作用。

加强课程建设，推进课程教学方法与教学形式创新。一是适应时代发展需要，经济学、管理学、法学相关专业需要与新一轮科技革命和产业变革大潮中出现的人工智能、大数据、区块链、基因工程、虚拟技术等新兴技术加强融合。将新技术、新方法融入课程中，开设大数据分析、人工智能经济学、空间经济学、计量经济学等新专业、新课程。二是回应社会发展对实践型经济、管理、法学人才的需求，丰富课程教育方法，切实改变照本宣科的传统模式，增加实践场景教学课程。注重学生的体验和效果，通过启发式教学、互动式交流、研究性（探究性）教学、情景化模拟、案例分析、现场教学、非标准答案考试[1]等多种手段，优化教学环节与教学活动，增加学生学习投入度，注重学生的学习体验和收获，激发学生探索的激情和潜能[2]，优化课程教学效果。三是融合现代信息技术，运用互联网、大数据、5G 技术、人工智能、虚拟现实等现代信息技术，推动教师教学模式和学生学习模式创新。研发信息化教学服务平台，鼓励创建移动教学平台，开发授课助手及教学 App，打造智慧课堂。加强在线课程资源建设，重点建设一批慕课和虚拟仿真实验课程，提高教学的信息化和智慧化水平。

在高质量专业教材建设和课程建设的基础上，系统创新经管法学科人才培养模式，处理好新经济学、新管理学、新法学人才培养过程中的几个关系。结合行业发展需求更新培养目标，将培养高素质、高水平、知识广博、通晓中外的复合型专业人才作为经管法学科改革创新的目

---

[1] 黄震方、黄睿、侯国林：《新文科背景下旅游管理类专业本科课程改革与"金课"建设》，《旅游学刊》2020 年第 10 期。
[2] 中国人民大学：《新文科与一流经济学本科专业建设研讨会在中国人民大学举办》，2020 年 12 月 24 日，https://www.eol.cn/news/dongtai/202012/t20201224_2061552.shtml。

标，满足中国对国际经济、管理、法律人才的需要。坚持深入中国实践与基础理论训练相结合，提升实习实训教学力度和教学效果，知行打通，促进校内校外资源协同育人，运用好经管法学科人才培养的"第二阵地"，提高经管法专业实践教学课程比重；坚持立足民族性与提升国际性相结合，将立德树人作为根本任务，打造优质通识教育，传承、创新中华民族优秀文化，提升人才培养的继承性、民族性。同时，加强与国际优质教学资源的合作，提升人才培养的时代性、国际性，提升经管法学生在参与国际治理、协商国际经济法律事务方面的能力；坚持立足本学科基础知识与拓宽专业技能相结合，加强经管法学科与其他文科以及理工科学科的交叉融合，拓展教学内容，探索课程的模块化设计，打造学科间交叉融合的新文科人才培养项目。

三 经管法领域新文科建设的理念与实践探索

围绕经管法领域新文科建设，一些大学和学科结合自身发展实际，探索出了开展新文科建设的新思想与新路径。

（一）南开大学："四新"理念与"四抓"举措[①]

1. 发布"南开40条"，引领新文科建设

2019年5月21日，南开大学发布《南开大学一流本科教育质量提升行动计划（2019—2021年）》（简称"南开40条"），正式将"推动'新文科'专业建设"写进了人才培养的教育教学方案中。"南开40条"提出：推动人文社会科学学科与理工科交叉融合，加强文科内部人文与社科的有机融合，将新技术融入文科人才培养体系。通过总结现有文科复合型人才培养模式的特色，促进文科专业优势互补，推进相关学科交融互渗、协同共享。围绕新时代中国话语构建与中华文化传播、国家软实力提升、"一带一路"建设等重要方向，推动新文科项目建设。培育具有引领能力的新时代社会科学家，建设新文科高地，更好地

[①] 全国新文科教育研究中心编：《新文科建设年度发展报告》（2020），山东大学出版社2021年版，第173—176页。

服务国家战略。

在"南开40条"的指引下,南开大学新文科建设探索实践成效显著。经管法班、信息安全与法学双学位班、政治经济哲学等特色班建设实践有力推进了学科交叉融合、协同共享；数十门以"服务学习"系列课程为代表的项目制学科融合"金课",在校内外发挥着显著示范效应；每年百期的"四个一"创新论坛有力地激发了教师参与教研教改的热情,新文科专业建设研讨会等全国性会议的召开促进了新文科建设的经验分享与共识凝聚；借助"校—院—班"三级学业指导体系、助教体系及智慧书院等载体,以数字化教育革命拓展课堂内外、校园内外、线上线下的无边界教学空间,催生新的教学生态,形成师生共同体,保障新文科建设行稳致远。

2. "四新"理念培育时代新人

南开大学从落实立德树人根本任务出发,认真研判各哲学社会科学学科内涵与外延的发展变化,统筹考虑"新的文科专业,文科的新要求",以新的培养目标、课程体系、融合课程、教学方法"四新理念"为引领,积极探索新文科建设。

以立德树人为出发点,新文科建设正在引领学校开启新时代文科人才的培养新模式。

新的培养目标,即培育具有爱国主义情怀的中国文化自信、有思辨能力和创新意识的科学精神、关注全球化重大问题的国际化视野、使用新媒体技术传播中国文化的数字技能,践行育能致公、知行合一的新时代人文社会科学领军人才,构筑新时代一流哲学社会科学人才培养的新高地。

新的课程体系,即着眼于专业发展与学生成长,以强化"公能"素质和创新能力为主线,构建多学科渗透融通、与大类培养相适应的模块化的"通识+专业"课程体系。

新的融合课程,即通过文文互建、文理交叉、文工融合、技术融入等形式实现课程从"单学科知识传递"到"多学科知识构建",推进具有实质性跨学科内容的专业课程、通识课程、实践课程建设。

新的教学方法，即借力学业指导体系、助教体系、智慧书院等载体，以数字化教育革命拓展课堂内外、校园内外、线上线下的无边界教学空间，催生课堂教学、校园文化和社会实践三位一体的教学新生态，促进有效教学和课程育人，构建师生共同体。这不仅使教师的角色实现由"经师"到"人师"的转变，同时也使学生"亲其师而信其道"，实现知识、能力、素质的全面发展。

3. "四抓"举措显现建设成效

结合"四新"理念，学校针对新文科建设中的重点难点，创新提出"四抓"举措，有效破除传统文科人才培养模式固化和现有课程简单"拼盘"的痼疾，建设成效已初见端倪。

一抓跨学科团队建设。以基层教学组织形式组建跨学科、跨学院的课程教学团队，研讨确定新文科项目的培养方案，以复合型专业背景师资团队建设适配复合型创新人才的培养需求，从教研理论与教学实践角度全方位开展融合课程教学、研究与推广工作，促进融合课程建设提质增效，确保标志性教学成果得到培育凝练、辐射推广。

二抓融合课程建设。推动以项目为中心的融合课程建设，通过形式多样的跨学科系列"课程串"设计与实施，开展不同学科教师围绕同一项目主题进行多学科视角协作式教学。通过加强师师、师生、助教、生生之间的交流合作，整合各方面资源，形成基于同一项目主题的"课堂知识传授＋课外项目实践"相结合的师生学习共同体，有效提升多学科知识融合效果。目前学校已开设的15门"服务学习"系列课程是项目制课程建设的突出代表，实现了多学科知识传授与课外项目实践的有机统一。每年寒暑假，有成千上万的南开师生组成学习小组，深入开展"同学同研同行同讲"活动，实现了从课堂学习到社会实践的延伸，形成了师生学习共同体，也造就了南开特色的"师生四同"育人模式。

三抓新文科立项建设。根据学校人文社会学科专业的不同特点和建设需求差异，以"四新"理念打破学科壁垒，引领传统文科专业转型提升、已有文科复合型人才培养模式升级改造，以及全新文科专业的规划构建。自2019年以来，学校共立项新文科专业建设教改项目15项，学校将以教改项目为抓手积极推动构建科技人文、数字史学、数字经贸、智慧旅游等新文科专业。以2019年"南开大学服务学习课程群建设"的通识课教改立项为例，该项目由旅游与服务学院联合公共英语教学部、公共计算机基础教学部、医学院、物理科学学院共同完成。筹建于2013年的城市管理专业，经过多年探索，实现了人才培养与社会需求的紧密契合，课程体系文理工的交叉融合，实验、实践课程教学方式上的创新，同时通过与格拉斯哥大学联合办学实现了人才培养的国际化，已初步形成城市管理方向本、硕、博贯通培养的完整体系，其专业影响力已稳居全国前三。

四抓新文科制度保障。学校成立新文科建设领导小组，统筹推进新文科建设顶层设计与改革工作，加强各部门间组织协同；成立由人文社会科学教学专家组成的新文科校级教研团队，通过开展评优评先、教改立项等活动积极引导各学院开展新文科建设；推动与新文科建设需求相契合的跨院选课、教学奖励、绩效考核等方面的综合改革，筑牢新文科建设制度保障。

（二）南京大学：传承发展、守正创新，深入推进新文科建设[1]

南京大学结合"熔炉工程"与"三元四维"人才培养新体系建设，落实立德树人根本任务，坚持传承、发展、守正、创新，扎根中国大地培养新文科拔尖领军人才。面向新时代国家和社会发展的新需要，从研究性、人文性、交叉性、实践性等方面全方位一体化推进新文科改革创新。

1. 深化专业内涵建设

推进以研究型教学为核心的专业升级。大力加强新文科建设和人才

---

[1] 全国新文科教育研究中心编：《新文科建设年度发展报告》（2020），山东大学出版社2021年版，第180—183页。

培养的通融，以国家重要科研基地和重大科研项目为依托，结合国际和国内人文学科的发展，特别是结合新时代中国特色社会主义的具体实践和构建哲学社会科学的"中国学派"来培养新文科建设。结合"拔尖计划2.0""强基计划""国家一流专业"等，培育校级新文科专业综合改革教改项目，鼓励经济学等学科专业积极探索创新拔尖人才培养新模式，推动文科专业发展实现全面提质升级。

实施文科青年教学名师培育计划。首批共有11位文科青年教师入选培育计划，学校为入选的培养对象选派师德高尚、业务精湛的导师，注重提升青年教师业务能力、强化师德师风。通过改革教师评价机制，建设结构多元、德厚学高的教师队伍。

2. 构建基于新文科思维的优质课程群

建设以新文科思维为导向的三层次文科"金课"群。一是建设通专融合的优质学科平台课程。融汇不同知识领域，将通识教育理念融入专业教育，帮助学生拓展多元知识和技能。二是建设科教融合的优质专业核心课。对专业核心课程教学方案进行整体改进提升，将"内涵充实提升＋助教开展小班研讨＋校内外名家参与＋课外助教辅导＋课程参与度评定"作为课程教学的全过程，推动课程教学方式和学生学习范式的转变。三是建设小班化的优势研讨课。由具有深厚学术造诣和活跃学术思想的教师带领学生接触学术前沿，培养学生的问题意识和创新素质，提升学生自主发现问题、分析问题、解决问题的能力。

打造中国特色社会主义政治经济学课程集群。充分发挥南京大学理论经济学的学科优势，坚持马克思主义政治经济学的基本理论观点和方法，立足中国特色社会主义经济建设实践，实现马克思主义政治经济学中国化，打造具有导向性和标杆性的中国特色社会主义政治经济学课程集群。包括"马克思主义政治经济学"课程模块、"社会主义政治经济学"课程模块、"中国经济运行和发展"课程模块。三大模块之间相互支撑、层层递进，从理论到实践、从研究到应对，对学生的知识学习、能力发展、价值观塑造进行系统、全面、深刻地滋养。

3. 探索多层次新文科复合型创新人才培养模式

开设计算机与金融工程交叉实验班。基于南京大学综合性大学的优势，在学校层面打通资源和政策壁垒，探索文理工交叉融合，建立多学科、多领域、大跨度、深层次的交叉渗透和跨界融合平台。开设"计算机与金融工程交叉实验班"，加强与金融行业人才需求的对接，通过宽口径知识基础、前沿课程体系、深度交叉融合课程，培养具有扎实计算机理论与系统基础、金融理论与系统基础的复合型、国际化计算机与金融交叉复合人才，目前已累计遴选培养160余位高层次复合型人才。

依托人文社会科学高级研究员等交流平台，实施"本科生驻人文社科高研院研"研修项目，推行"导师+青年研修小组"模式，根据每位学生的学科兴趣和特点，实现"每人一套培养方案"。倡导以学生为主体的跨学科学术体验，让兴趣相投、背景多元的青年学子组成学习小组，由导师带领开展人文社科方面的跨学科研究。

4. 推进校、企、地深度合作，实现综合育人

加快校外实践教学示范基地建设。围绕"服务江苏、面向全国"战略，充分发挥江苏省法治建设、经济和信息化建设相关机构和研究院的优势，建设江苏省经济和信息化研究院教学实践基地和最高院第三巡回法庭卓越法治人才实践教学基地。

注重创新实践平台和实验室建设。建设南京大学人文社会科学大数据研究院，大力支持政府治理实验中心、法学实验教学示范中心、数字人文与超媒体GIS实验室等实验室建设，推动智能化、数字化等科学技术融入文科教育。

推动国际科考与科研训练项目建设。鼓励学生"走出去"，拓展国际交流、国际科考、国际组织实习等国际化实践实习项目，开展"国际组织参访与全球治理能力实训"等本科生国际科考项目，开拓学生的视野和格局，以更加直观的方式帮助学生获得切实感受。

(三) 江西财经大学:"四新"驱动财经类人才培养[①]

江西财经大学围绕财经类人才培养,通过完善顶层设计、优化培养方案、构建课程体系、丰富教学资源等措施,推进财经类人才培养质量的持续提升。

1. 强化新文科建设顶层设计

加强思想建设,制定工作原则、目标,通过印发《江西财经大学一流本科教育行动计划(2018—2025年)》《江西财经大学一流本科专业建设方案》《江西财经大学一流本科课程建设方案》《江西财经大学一流本科重点项目考核方案》等一系列文件,强化顶层设计,支持学校新文科发展。

2. 探索财经人才培养新模式

坚持以学生为中心,基于OBE理念优化人才培养方案,构建"五育"并举人才培养模式。完善管理学、经济学、法学等学科大类培养体系,实施学生跨学科选择专业的大类分流机制。所有专业开设辅修专业,打通主辅修专业培养,优化第二学士学位招生,丰富个性化培养。开设12个国际实验班、10个特色方向班、2个拔尖实验班,探索特色化人才培养路径。成立虚拟现实现代产业学院,与江西本地重点产业深度融合,推动产业链、创新链、教育链有机衔接。2019年学校获得第十六届"挑战杯"全国大学生课外学术科技作品竞赛特等奖。

3. 打造财经专业建设新格局

新增金融科技、数字经济等新兴财经专业,建设智能会计、智能商务、智能财税等八个跨学科财经交叉专业。以此为基础,大力推动传统经管类专业的升级与改造,深化与大数据、人工智能、虚拟现实等信息技术的融合。目前,学校已经获批17个国家一流本科专业建设点。

4. 构建财经课程体系新矩阵

重塑公共课、通识教育、专业教育、素质拓展、实践教学和发展指

[①] 全国新文科教育研究中心编:《新文科建设年度发展报告》(2020),山东大学出版社2021年版,第190—191页。

导六个模块构成的"3+7+X"专业主干课程体系,推动专业核心课、通识核心课、新生研讨课、学科前沿课、竞赛指导课、本科荣誉课等多类型优质课程的建设和发展。按照"两性一度"标准,着力建设线上、线下等五类一流课程,目前,学校已经获批16门国家级一流本科课程。

5. 升级财经教育教学新资源

建设国家级虚拟仿真实验教学中心,上线江西高校虚拟仿真实验教学共享服务平台,打造江西虚拟仿真实验共享教学共同体。立项34个教育部产学合作协同育人项目,推进信息技术交叉应用和社会化深度融合的新文科平台建设。通过建成近百门在线开放课程,打造40余个虚拟仿真实验教学项目,出版一批慕课云教材,升级网络教学系统,新建57间智慧教室,改造400余座教学楼休闲学习空间,全面营造泛在学习空间,激发课堂革命,推动"互联网+"时代教育教学能力提升。

第三节 教育学领域新文科建设

按照中国《普通高等学校本科专业目录(2012年)》,教育学学科包括教育学、心理学、体育学等一级学科,以及课程与教学论、学前教育学、高等教育学、教育技术学、认知心理学、社会心理学、心理测量、体育人文社会学、运动人体科学等一批二级学科。

一 教育学领域新文科建设的背景

教育学领域新文科建设是一个推动教育学本土化、科学化、系统化的过程。当前,要建构中国特色教育学理论、提升教育理论对中国教育实践的指导作用,要适应信息时代对教育教学方法手段的新要求,要提高新形势下支撑、引领中国师资队伍建设的能力,这要求我们因时而变、顺势而为,以新文科建设推进中国教育学科的新发展。

(一)教育理论对教育实践和人才培养的指导性有待提升

教育学是研究人类教育现象和解决教育问题、揭示一般教育规律的一门社会学科。作为一门社会学科，教育学理论与教育实践之间存在着天然联系，其研究的对象始终聚焦于特定文化情境中教育与社会、教育与人的发展这一主题上。由于现实教育环境、社会发展条件的不断变化，教育问题或教育现象在不同时空范围内呈现出不同的表现形式甚至与之前认知相矛盾的现实状态，教育学因此也呈现出了不同的文化性格。这种文化性格内在地决定了教育学不是一门简单的"实证之学"，也不是一门纯粹的"辩理之学"，而是一门实现目的性和规律性相统一的、具有鲜明时代和文化色彩的"实践之学"[1]。教育学知识只能通过发现实践逻辑以内源式的归纳积累方式获得增长。教育学研究对象所具有的因时因地持续变化的特征，要求教育学必须在教育实践中、在具体情境中、在动态变化中把握自身理论的生长方向。[2] 也只有在丰富的教育实践基础上发展起来的教育学和教育理论，才能更好地回应实践发展和时代进程，也才是真实的教育学理论。

　　与经济学、管理学、法学学科的成长路径相似，中国的教育学也是在学习西方教育学理论、引入西方教育学知识体系的过程中逐步建构起来的。中国是一个人口大国，存在优质教育资源需求量大、教育资源整体分布不均衡的现象，改革开放以来四十余年的快速发展，在扩充教育资源供给、完善教育体制机制的同时，也带来了因发展速度过快导致的人才培养与社会需求的失衡、资源分配不合理、区域间和城乡间教育质量差异过大、教育管理的体制机制不够健全等诸多个性化问题。面对这些问题，外来的教育理论在与本土的教育实践结合的过程中难免会发生新的冲突，引出新的问题，往往对中国的教育实践指导不足，解释、分析中国教育实践问题的能力有限。相对于当前教育改革发展中的深层次问题，现有的教育研究解释乏力；相对于一个规模日益扩大、体系日渐

---

[1] 谢武纪：《教育学的"普遍"与"特殊"：在实践中走向弥合》，《湖南师范大学教育科学学报》2017年第4期。
[2] 王战军、杨旭婷、乔刚：《研究生教育学：教育研究新领域》，《中国高教研究》2019年第8期。

成熟的教育体系，现有的教育研究相对单薄；相对于经济社会发展对高水平教育的需求，现有的教育学研究仍然支撑不足。这些现象要求我们应重构新的教育学理论，探索体现中国原创的"本土理论"和中国特色教育学，这是教育学学科发展的基本规律要求，也是目前推进中国教育学学科高质量发展的必然选择。

当然，中国特色教育学建构的不足不仅影响了中国教育实践问题的分析和解决，也通过教育知识和理论的课堂传授，持续地影响着一代代教育学人的思维模式、学习方式和研究范式。学习基于西方教育知识理论而"催生"或"改造"的教育学，不利于学生未来成长为能够从事符合中国中小学或高等院校的教学、科研、管理、咨询、设计等工作需要的专业化、高素质应用型人才。当前，开展教育学新文科建设，是构建符合中国特色的教育学理论体系、培育中国教育学时代新人的重要依托。

（二）信息时代高校教学方法与教育理念更新变革不足

传统大学课堂的教学活动主要是以教师为中心，教师就书本知识向学生进行知识传授和灌输，而信息技术的发展为高校教育教学带来了颠覆性的影响。首先，多媒体技术融入课堂教学当中，极大地丰富了教学内容与形式。集数字、图片的收集、编辑、存储、播放等功能于一身的多媒体技术在课堂教学中的运用，改变了以往单一的讲授模式，极大地激发了学生的学习兴趣，有利于学习效果的提高。其次，信息技术也拓宽了学生学习的渠道，学生不再局限于课堂讲授和书本知识，而是可以根据自己的学习基础与学习进度，选择调控教学信息，进行查缺补漏或巩固提高。同时，教师也可以基于教学平台收集学生的个性化学习信息，进行总体把控和个别指导，有效促进了学生学习的主动性，满足了每位学生的特殊性需求。最后，随着信息技术特别是人工智能技术与教育融合的不断深化，作为在线教育新形态的大规模开放在线课程逐步兴起，人类的知识和教育正在被重新定义，传统的教育理念、教育模式、管理模式、治理体系，乃至整个教育生态都在发生深刻的变化①。可以说，信息技术与高等教育的深度融合为高等学校创造了新型教学环境，不仅是互联网时代教学技术和方法的改进，更是一场"学"和"教"的双重革命。②

尽管信息时代为高校创新教育教学方式提供了多样的创新模式，但大学在教学方法、教学技术以及教育理念更新方面并没有做出与信息技术发展同步的有效变革。2011年5月，史蒂夫·乔布斯与比尔·盖茨会面讨论关于教育和未来学校问题时就曾说："为什么IT几乎改变了所有的领域，却唯独对教育的影响小得令人吃惊？""乔布斯之问"反映了教育领域对信息技术回应的滞后性。这种现象并不是因为教育不适合互联网时代，而是在于目前大部分教育软件仍然是按照行为主义学习观设计的，是为教师讲授灌输设计的，无形中扼杀了学生的创造性③。因此，教育领域要作出适应现代信息技术的变革，不仅需要更新教育教学手段与方法，更需要进一步更新教学理念、破除体制障碍。面对全球化、网络化、数字化的历史性变革，教育教学模式需要从以教为中心向以学为中心转变，以课堂教学为主向课堂内外相结合转变，以结果评价为主向过程、结果评价相结合转变，从而达到师生互动、课内外互通、结果过程互融的新境界，④ 这是教育学领域新文科建设过程中需要探讨、解决的重要内容。

（三）新形势下支撑、引领中国师资队伍建设的能力不够

教师是教育的基础，是教育活动的主体，是贯彻新的教育理念、实施新的教育模式、推行新的教学手段的先行者，对于促进学生的成长与发展、丰富学生的知识储备、提升学生的思想品质具有关键作用。教育

---

① 黄璐璐：《雷朝滋：提升智慧教育境界，引领未来教育发展》，2021年8月19日，http://www.jyb.cn/rmtzcg/xwy/wzxw/202108/t20210819_614170.html。
② 李红美、陆国栋、张剑平：《后MOOC时期高等学校教学新模式探索》，《高等工程教育研究》2014年第6期。
③ 桑新民：《MOOCs热潮中的冷思考》，《中国高教研究》2014年第6期。
④ 陆国栋：《教学方法改革的模式与举措》，《中国大学教学》2011年第8期。

的存在与发展,首要前提就是要有一支数量充足、结构合理、素质优良的教育者队伍。① 可以说,师资队伍水平的高低决定了人才培养质量,加强师资队伍建设始终是中国教育活动的重要内容。

进入新时代,在经济多元化、教育现代化、文化多样化、社会价值观不断嬗变的现实背景下,中国教师队伍建设与发展面临一些新的挑战,也出现了一些新的问题。比如,在国家"大众创新、万众创业"战略深入推进的大背景下,创业教育已经成为高校教育的重要内容,而创业教育师资匮乏成为制约创业教育质量的瓶颈,教师的创业学理论素养欠缺、创业课程讲授能力不足、创业实践指导能力不强、创业课程教学研究能力较弱②等问题的存在,无法满足创新创业型人才培养的需要。又如,社会经济发展对应用型、技能型人才的迫切需要,要求高校在培养人才的过程中注重提升学生的实践能力,构建一支素质精良、与高级应用型人才培养相适应的"双师型"师资队伍,但在目前的师资队伍建设过程中还存在对实践教学的重要性认识不足、教师的培养和引进渠道比较单一、数量严重不足等问题③。再如,随着大数据、互联网、虚拟现实等技术在教学中的深入应用,教育系统中每时每刻都会产生海量学生学习行为的结构性或非结构性数据,如何挖掘隐藏在大数据中的丰富价值,将其转化成有价值的信息、知识,并进一步从中发现规律,从而改进教学实践,促进教学管理,完善自身专业发展,已经成为大数据时代教师面临的重大挑战④。除此之外,新时代各级各类教育系统中,教师的业务素质、精神品质特别是师德修养等也都亟须加强与完善。

---

① 李晓延:《新时代教师队伍建设的重要意义》,2018年12月20日,http://www.rm-lt.com.cn/2018/1220/535684.shtml。
② 陈春晓:《地方高校创业教育师资队伍建设的困境与机制创新》,《高等工程教育研究》2017年第3期。
③ 温潘亚:《新建本科高校应加强"双师型"师资队伍建设》,《中国高等教育》2017年第Z3期。
④ 张进良、李保臻:《大数据背景下教师数据素养的内涵、价值与发展路径》,《电化教育研究》2015年第7期。

培养各级各类教师、研究教师成长规律、分析教师发展问题是教育学科的重要内容。新时代教育学领域新文科建设需要加强其对中国师资队伍建设的支撑和引领作用，进一步结合新形势、新要求，分析中国各级各类教师的成长路径、培养模式、能力素养要求、考核评价方式，推动构建符合当前教育实践发展要求的高素质师资队伍，为高等教育强国建设提供有力支持。

二　教育学领域新文科建设的主要任务

结合教育学学科建设面临的机遇与挑战，当前，教育学新文科建设应当着力构建具有中国特色的教育理论体系，提升教育学理论对教育实践的指导力；融合新兴信息技术，推动教育教学理念、手段、模式创新；面向教育发展新趋势，面向教育强国战略，开展高质量教育教学和研究。

（一）构建中国特色教育理论体系，提升理论指导性

作为发展中大国，进入从教育大国到教育强国建设的新发展阶段，中国的教育学理论构建不能再置于以西方为中心的现代化话语和西学东渐的单一维度去考察和解释，更需要确定东西方双向交流和互动的理论视角和考察维度[1]。进一步增强教育学发展的实践属性，立足中国国情和教育实践，加快构建中国特色社会主义教育理论体系，将教育理论有机融入教育教学实践，提升教育理论对教育实践困境和人才培养难题的指导性，更好服务教育现代化和教育强国建设。

教育总是发生在当下，与当下的经济社会发展及科技发展水平相呼应。在不同的时代，教育学概念要对当下的教育形态、教育现象、教育问题做出时代性的诠释。[2] 在中国社会经济发展进入新时代的今天，教育问题表现出了更多的中国特点，这就要求在教育学新文科建设过程

---

[1] 李梅等：《中国教育研究国际影响力的反思与前瞻》，《教育研究》2018年第3期。
[2] 谭维智：《教育学核心概念的嬗变与重构——基于新时代中国特色教育学话语体系建构的思考》，《教育研究》2018年第11期。

中，进一步提升学科课程教学与学术研究活动的实践性，从中国教育改革发展实践中挖掘新材料、发现新问题、提出新观点。在此基础上，注重从实践中创生理论，形成中国特色教育学理论体系。通过与教育实践进行互动的过程中持续的反思、修正和重建，在实践中塑造体现实践发展特点、符合实践发展规律的教育学概念、观点、理论。

中国特色教育学理论体系的形成本质上反映了中华民族的文化传统，是中国文化的产物。离开了民族文化的语言背景，我们也许只能在技术的逻辑层面上理解一种教育概念，而不会把握它的精髓。[1] 因此，在构建中国特色教育学理论体系过程中，应加强对传统教育理念与教育思想的研究，扎根本土文化，发掘和梳理其中有价值、有意义的思想内涵，将其融入教育学核心概念中，赋予其新的生命力。同时，构建中国本土的教育学理论体系和话语体系，应始终坚持马克思主义的指导思想，坚持马克思主义的世界观和方法论，努力对当代中国教育实践解决的重大问题作出马克思主义的理论概括。以马克思主义的立场、观点和方法分析、研究中国教育中的实际问题，总结中国教育发展的经验，找出中国特色社会主义教育的规律。[2] 需要注意的是，立足中国传统文化的中国教育学并不意味着其要唯我独尊，而应当以开放的态度，借鉴、吸收世界范围内的先进理念与观点，加强融合，促进中西方教育理论的交流对话。在走向世界、融入世界，被世界理解、认同和尊重的过程中，深度挖掘教育学的中国品质，形成建构性甚至原创性的研究成果，为世界教育学研究做出贡献[3]，塑造教育学的中国特色、中国风格、中国气派。

（二）应对新兴技术挑战，推进教育教学模式改革

随着信息技术的发展，全球大学的课程教学模式都在经历着一场数

---

[1] 石中英：《论教育学的文化性格》，《教育研究》2002 年第 3 期。
[2] 冯建军：《构建教育学的中国话语体系》，《高等教育研究》2015 年第 8 期。
[3] 李政涛：《走向世界的中国教育学：目标、挑战与展望》，《教育研究》2018 年第 9 期。

字化、网络化、全球化的历史性变革。一系列新型科技，如虚拟现实、人工智能与5G的融合渗透，将对未来的教育产生颠覆性的影响。这些变化为高校传统教育教学模式带来了挑战，也为其创新课程教学模式提供了机遇。教育学领域新文科建设应积极应对信息时代新兴技术对高校教育教学带来的挑战，围绕促进大学生自主学习、深度学习，深入开展教学方法、教育技术手段等方面进行教学改革探索，为其他学科专业教育教学提供教学理论和方法支撑。

开展"互联网+大学教学"、提升教师"教"的效果和学生"学"的能力是一项系统工程。其中最为首要的是打破传统教学思维与教学范式，重视人工智能等为社会和教育变革带来的深远影响，对大学课程教学进行数字化改造，提升教师在课堂教学过程中对信息技术手段的运用能力，利用信息技术板块实时、海量地收集、加工和存储教学信息的功能，发挥其在共享教学资源、把控教学进度、个性化应对学生问题等方面的优势。鼓励教师以信息技术手段为支撑，改造教学内容、丰富教学方式、创新考核办法，打破以教师个体劳动和"机械化灌输+标准化考试"为基础的传统教学模式，逐步走向多学科交叉的网络化课程教学团队。同时，灵活地推动现代信息技术手段与大学课堂教学的深度融合，提升教学效果。以线上线下、课内课外、虚拟现实、时间空间为要素，拓展出"线上线下结合"的混合学习模式、"课内课外结合"的案例学习模式、"虚实结合"的沉浸学习模式、"同时异地"的协作学习模式和"异时异地+随时随地"的移动学习模式，推动以教师传授知识为主的传统课堂向信息时代以激励学习者内在动力为主的高效学堂转型。当然，要实现信息技术手段在课堂教学过程中的应用，需要高校创新管理体制，加大投入，对大学教学公共服务体系进行数字化改造，在技术平台上予以保障。

(三) 面向教育发展新趋势，支撑教育强国建设

教育学不仅担负着培养专门的教育教学或管理人才的重要使命，更起着通过学术研究和社会服务，推动各级各类教育的高素质师资队伍建

设，构建科学系统的课程体系、教材体系、教学体系，探索办学新模式和教育教学新模式，优化教育资源配置，促进教育实践科学发展的重要作用。教育学领域新文科建设应聚焦当前教育领域发展现实问题和社会紧要关切，服务教育强国建设。

建设高素质、专业化、创新型的教师队伍是推进中国教育现代化的战略任务之一。面对信息技术发展背景下教育教学模式、方法、手段的更新换代，以及"互联网+"信息高度饱和时代对教师传统固化教学内容的挑战，教育学应重点研究当前幼儿教育、义务教育、高中阶段教育、高等教育、研究生教育、继续教育等各级各类教育阶段教师的能力素质模型，提高教师教育教学水平，推动教师终身学习和专业自主发展，大力加强师德师风建设。形成一线教师普遍掌握先进的教学方法、教学技术和专业素养，从而促进学生全面发展的良好局面。

课程体系、教材体系和教学方式分别通过确定教什么和怎么教，各自发挥着在人才培养过程中不可替代的作用[1]，关系到学生培养目标的最终实现和培养标准的落实。如何构建科学、系统的课程体系、教材体系和教学体系，是教育学学科新文科建设中需要探讨的问题。具体而言，课程体系及其具体构成是人才培养的主要载体，需要进一步明确课程体系的价值取向和构成要素，构建具有交叉融合、满足学生整体和个性化需求、具有较强适应性和开放性的课程模块；教材体系是沟通课程与教学的重要桥梁，需要进一步建构大中小学上下贯通、有机衔接、相互协调、科学合理的课程教材体系[2]；教学体系是教学过程的基本结构，需要进一步利用好课上和课下教学空间，充分发挥校内外各类资源，探索高校、政府、中小学协同育人模式，构建面向创新人才培养、符合学科特色的教学体系。

---

[1] 梁纯雪、眭依凡：《课程体系重构：基于增强思政理论课针对性和亲和力的调查和思考》，《中国高教研究》2018年第11期。
[2] 马云鹏、李哨兵：《德智体美劳培养体系下的教材体系建设》，《教育研究》2019年第2期。

三　教育学领域新文科建设的理念与实践探索

围绕教育学领域新文科建设，一些高校聚焦师范类人才培养，在拓展实践教学内容，构建系统教学体系，搭建跨学科交流平台，创新人才培养模式等方面做出了新的探索。

（一）北京师范大学：构建实践教学体系，推动卓越教师人才培养[①]

教育教学实践是师范生培养的重要环节。为提高学生教育教学能力和综合素质，北京师范大学在师范类专业人才培养方案中，突出实践育人导向，设置教育见习、教育实习、教育研习、教学技能实训、教学实验和科研训练等实践类必修课程；在教学计划外，开展类型多样的实践活动，形成了课内与课外相结合的教师教育实践教学体系，全面提升师范生的教育教学能力、教学研究能力与实践创新能力。

1. 构建教学能力实训体系，促进教育理念向实践教学能力转化

学校设计与实施的师范类专业人才（即师范生）培养方案，将师范生课程学习与教学能力实训有机结合，构建了三个层次的教学能力实训体系。大学一年级、大学二年级师范生开展渗透性教学观摩与教育见习。大学三年级师范生系统学习学科教学论基础理论课程和教育类、心理类课程；各专业结合自身学科教学特点，设置本专业的教师教育核心课程作为必修课；开设专门的教学技能实训课程，要求师范生在理论学习的基础上掌握基本的教学技能。大学四年级师范生开展教育实习、教育研习，并修读教师教育提升课程。

配合三个层次的课内教学能力实践训练，在课外，组织开展类型丰富、逐级深化的教学技能竞赛活动。大学一年级和大学二年级，以院系学生会、学生社团为主体，组织教学技能比赛活动；大学三年级，由学校组织全校范围内的"未来教育家·师范生教学技能创新实践大赛"；

[①] 杜春光、李艳玲：《教师教育实践教学体系的构建与实施——以北京师范大学卓越教师人才培养为例》，《北京教育》（高教）2020年第4期。

大学四年级，开展学院、学校两个层面的教育实习成果汇报、优秀课程比赛、优秀教学研究论文评选等活动。

2. 强化实践教学课内环节，提升教师教育实践能力

一是开展教学技能训练。学校创建远程观摩、视频观摩与入校见习相结合的教育见习形式。建立"2+11+3"的教育实习模式，即"2周动员培训+11周入校实习+3周总结反思"。为师范生配备大学和实习学校双导师，分别从理论和实践方面对师范生加以指导。在实习过程中，创建"变指导为督导"的实习指导与管理模式，遴选实践基地学校的优秀指导教师，对师范生进行手把手指导；大学教师通过远程的方式对师范生开展指导。

二是开展科学研究能力训练。在学校层面，每年组织实施六百余项大学生科研项目，师范生参与课题研究比例达40%以上。在学院层面，新生导师组织大学一年级师范生与高年级师范生共同交流、研讨，引导师范生进入科研的门槛；大学二年级之后，许多师范生按照自己的兴趣进入导师课题组，或者申报大学生科研项目，正式踏上科研之路。科研训练使师范生了解和熟悉科学研究的过程和方法，养成严谨的科学态度，形成扎实的科研能力，为终身学习奠定基础。

三是开展理科实验技能训练。学校加强对物理学、化学、生物科学等专业师范生实验技能的训练。国家级、北京市级、学校级三级实验教学中心，为师范生开展实验技能训练提供了条件保障与技术支持。各实验教学中心依据师范类专业人才培养要求开展面向中学物理、中学化学和中学生物实验教学的专项建设工作，并对师范生进行中学实验教学技能训练，开展适应中学科学实践活动的创新实验设计竞赛。

3. 开展丰富的教师教育课外活动，全面提升师范生综合素质

一是开展师德养成教育活动。组织开展形式多样的师德养成教育课外活动，有效补充了课内教师教育课程。通过教学技能竞赛、专题讲座、参观学习、教育调查、职业生涯规划教育、形势与政策教育、社会实践活动等多种方式，全方位营造热爱教育事业、做教师光荣、争做研

究型教师的校园文化氛围。

二是开展职业素养提升活动。举办"未来教育家·师范生教学技能创新实践大赛"活动,推动师范生教学技能提升;围绕教育实习主题开展系列活动,包括师范生教育实习征文活动、教育实习课例展示大赛和教育实习经验分享会,促进师范生凝练实习成果。学校将教师教育课外实践活动纳入教学计划管理,进行学分认定,形成课内与课外相结合的多元化、全过程的育人体系。

4. 推进教育教学实践基地和教学资源建设,搭建高水平实践平台

建设了校外教育实践创新平台、校内教学技能实训平台、校内综合实践创新平台三大平台,保证师范生开展教师教育实践与创新活动。

在校外教育实践创新平台方面,针对师范生培养特点,学校积极探索新的教育教学实践基地建设模式,在遵循互利互惠、保证质量的前提下,充分考虑地域、层次和特色,形成了以北京为主体、多模式并举的师范生教育教学实践基地布局。学校在全国近二十个省(自治区、直辖市)建立师范生教育教学实践基地共一百余所。在校内教学技能实训平台方面,设置了微格教室、讨论教室、远程视频教室、普通话测试与研究中心。同时,开展教师教育数字化教学资源建设工作,建成了包括中小学课程、教师职业素养、各学科教学论等内容的数字资源库,供师范生自主学习与研究。在校内综合实践创新平台方面,4个国家级实验教学示范中心、2个国家级虚拟仿真实验教学中心、6个北京市实验教学示范中心、20个校级实验教学中心,为师范生开展实验技能训练和实践创新活动提供有力支撑。

(二)西北师范大学:"人文、经典、融通、创新",推动教育学新文科建设[①]

西北师范大学教育学院响应《新文科建设宣言》和《甘肃省高校

---

① 西北师范大学教务处:《教育学院新文科建设特色工作及未来规划》,2021年3月30日,https://jwc.nwnu.edu.cn/2021/0330/c1209a160406/page.htm。

新文科建设"十项行动"》，以及西北师范大学关于推进新文科建设的号召，以"人文、经典、融通、创新"为目标，深刻把握新文科建设在教育学类专业发展的历史进程中的重大意义和价值，在人才培养、学科建设以及专业建设等方面做了初步探索。

1. 围绕"教育人"凝结新文科专业内涵

教育学院以课程为载体，借助"专业导引课＋专业方向课＋多元选修课"的架构模式，在学院内营造和突出以"教育人""现代教育人"为核心特质的专业内涵。无论是教育学、学前教育还是特殊教育专业的课程，抑或是所有的教师教育课程，都专注培养博文善辩、经世致用的教育专业人才，突出新文科建设在教育类专业中的特殊意义。

2. 深化"U-G-S（K）"协同育人模式

早在2014年，教育学院就借助"卓越幼儿园教师培养计划"，以甘南藏区教育实习支教为依托，着力开展"U-G-S（K）"协同育人工作模式，为探讨多方位、立体化培养人才奠定了基础。在此基础上，以新文科建设为契机，教育学院又开展了"专业方向＋学业导师＋实习就业＋社会服务"的四位一体协同育人机制，突出专业方向凝练，加强学业导师深度介入学生成长和发展，在实习、就业和社会服务之间形成联动机制，密切配合，为培养应用型教育学人才奠定基础。

3. 探索专业发展新方向

《新文科建设宣言》提出，要"紧扣国家软实力建设和文化繁荣发展新需求，紧跟新一轮科技革命和产业变革新趋势。积极推动人工智能、大数据等现代信息技术与文科专业深入融合，积极发展文科类新兴专业"。由此可见，新文科建设要求在传统文科的基础上，结合教育实践发展，规划和设计新的专业及课程体系。为此，教育学院坚持融通和学科交叉的视阈，以教育学、心理学、汉语言文学、外国语言文学、历史学、思想政治教育、数学、物理学、化学、地理学、生物学等学科，在优势互补和深度融合的基础上，自主设置了"教师教育学"一级学科点，为专业发展新方向做了有益的探索。

4. 构建贯通式教师教育人才创新培养机制

教育学院聚集了教师教育全学科的大部分师资和研究资源，涵盖初中、高中大部分学科的师资培养。同时，还开设学前教育专业和特殊教育专业。为了实现贯通式全学段教师教育人才培养，教育学院于2020年8月申报，2021年3月获批了"小学教育"专业，至此，除职业教育、成人教育等学段以外，教育学院实现了全学段教师教育人才培养体系的构建，为职前贯通式教师教育人才培养和职后贯通式教师教育培训奠定了基础。

面向未来，西北师范大学教育学院将围绕以下几个方面进一步探索教育学新文科建设。

第一，开展学科交叉深度融合行动。目前，学科的"融通"和"创新"更多地体现在教育学内部，教师教育学虽形成架构，但尚未产生实际作用，还未能实现真正地打破学科壁垒，促进学科融合。作为新文科建设的必由之路，学科之间的深度、有效的深度融合是未来教育学院新文科建设的主方向。

第二，构建"教育+"现代书院。现代书院制度的优势在于通过教学空间与生活空间的统一，凭借多学科的宽厚基础，为培养复合型知识背景的新文科人才奠定基础。教育学院在构建全学段教师教育人才培养体系的基础上，依托本硕博贯通式人才培养模式，统整全校学科资源，尝试建立"教育+"现代书院，探索新的、创新型人才培养机制。

第三，推进全要素"课堂革命"。在原有的教学改革项目和课程建设（参与式、混合式）的基础上，一方面，进一步推进课堂与信息技术平台的融合；另一方面，进一步打破壁垒，实现融通，让分属不同学科专业的教师共同授课，让分属不同学院的学生共同学习。在"教"上，让学生体悟不同学科对同一理论问题或实践问题的认知差异和融合创新的可能性。在"学"上，让不同专业的学生基于自己的知识背景和经验多角度理解和学习，为突破思维的局限、实现创新思维奠定基础。

第四节　艺术学领域新文科建设

按照中国《普通高等学校本科专业目录（2012 年）》，艺术学学科包括艺术学理论、音乐与舞蹈学、戏剧与影视学、美术学、设计学等一级学科，以及艺术史论、表演、戏剧学、电影学、动画、影视摄影与制作、绘画、雕塑、产品设计、工艺美术等一批二级学科。

一　艺术学领域新文科建设的背景

艺术学科是新文科中人文学科板块重要的组成部分，是人文学科乃至整个文科中对"人的要素"最为坚守的学科。[①] 面对技术变革、产业变革的发展对艺术教育的新挑战，面对行业市场需求和新变化对艺术学科人才培养的新要求，面对多学科交叉融合对艺术学课程体系的新要求，艺术学领域新文科建设势在必行。

（一）技术变革和产业革命对艺术教育提出了新挑战

以信息技术为代表的新一轮科技革命，在重塑全球范围的生产与生活方式的同时，改变着人们的思维模式和认知方式，也在全面影响着人文社会学科，特别是艺术学科的建设与发展。

一方面，现代信息技术为艺术学研究提供了更多的切入点，为创新艺术学研究的深入与拓展提供了更多的可能性。例如，通过对《红楼梦》全文进行大数据解读，对关键词重复进行截取分析，可以发现著作所处的年代背景和帮助了解作者的创作心境，为人们了解《红楼梦》拓展了新思路。数字技术、信息工程、人工智能、虚拟现实等技术的创新与突破，都成为艺术家的兴趣点和关注点，成为他们艺术构思、艺术

[①] 周星、任晟姝：《新文科建设背景下艺术学科综合性发展的思考》，《南京师大学报》（社会科学版）2020 年第 3 期。

创作的灵感来源。① 电子乐的发展为音乐创作提供了更为丰富的在线素材，同时使作曲家摆脱了作曲过程中对传统乐器的依赖，可以在创作音乐时直接将电子琴等乐器的输出在电脑上转化成乐谱。可以说，科技越发展，艺术创作的资源与手段就越多元。② 与此同时，新技术通过创新传媒形式，为艺术创作和艺术实践提供了更为多元的表达形式。比如，VR、AR、AI 等在影视中的应用极大地丰富了戏剧影视学科的表现路径，借助现代信息手段、运用大量科技元素已经成为当前影片的共同特点。互联网视频时代也在改变着原有小范围的影视作品传播方式，受众对影视作品的需求形式正在经历巨大转型。互联网颠覆传统音乐产业的同时，也为新的音乐产业奠定了基础。音乐的商品形态、销售形式、使用方式都发生了剧烈变化，音乐产业链也被重新整合。③

但在科学技术融入艺术发展的过程中，随着科技手段的快速更新、传媒形式的快速变革、人们欣赏艺术的习惯和方式的改变，新技术也在倒逼传统僵化的电影、音乐、戏剧领域的创作模式、人才培养模式以及管理体制变革，传统的表演行为和创作方式正受到数字影像、人工智能等的巨大影响。几十年前科技对于演出场景的介入，以及与表演群体的适度交互，在未来可能表现为对于表演主体的完全取代。④ 未来电影制作、音乐制作、雕塑制作，未来的艺术领域人才的培养，如何更好地利用先进技术的优势，实现科技与艺术的有机融合，并利用先进技术更好地服务于艺术思想的表达，是艺术学领域人才培养和创作过程中面临的重要挑战，也是艺术学领域新文科建设需要重点回答的问题。

（二）行业市场发展对艺术门类专业人才培养提出了新需求

主动服务国家战略和区域经济社会发展需要，培养符合经济社会发

---

① 张杰：《科技时代的艺术与艺术教育初探》，《美术研究》2019 年第 4 期。
② 贾翠静：《浅谈新媒体艺术中科技与艺术的整合》，《艺术科技》2015 年第 8 期。
③ 茅中飞、庄元：《论数字时代新技术对音乐产业的影响》，《艺术百家》2007 年第 6 期。
④ 张巍：《我们为什么要开展音乐表演的理论研究？——基于学科视野的思考》，《音乐研究》2020 年第 1 期。

展需求的各类型专门人才是高等教育的重要任务。进入普及化发展阶段，高校人才培养如何能够更精准地对接社会需求的问题显得更为紧要。在艺术领域，伴随信息技术在音乐、设计、美术、表演等行业的深度应用，经济结构和产业结构的调整以及文化强国战略的推进，中国艺术领域的新产业、新业态持续涌现。在这个过程中，艺术行业对艺术学人才的需求也会发生相应的动态变化，艺术市场对专业人才需求密度不断扩大，需求层次不断提升，并随着一些新业态的产生催生了对艺术人才成长素质与能力的新要求。

比如，数字创意产业是在现代信息技术与文化创意产业的相互融合背景下，以创意为核心，引领文化供给、促进文化消费的一种新型产业。作为一种新的经济形态，其所需的人才要具有现代信息技术与文化创意两个方面的知识背景。[①] 又如，文化科技融合、文化创业等产业的发展对学生的实践能力有了更高的要求，需要在课程教学过程中进一步通过校企合作等方式融入艺术实践场景，提升实践教学的强度。再如，新技术对艺术学科的影响，艺术教育活动需要深入把握新的艺术产业形态对艺术学生素质与能力的要求，引导学生树立符合技术发展的思维模式，成长为适应新一轮科技革命的专门人才。

这些艺术行业的市场需求不仅重塑了艺术学理论研究和实践创作的路径与形式，也对艺术学科的人才培养的目标、内容、方式提出了新的要求。高校的人才培养结构如不能迅速地创新改革，不仅将严重阻碍经济供给侧结构性改革进程，高校自身也面临生存的危机。[②] 深入分析、应对技术变革对艺术教育的影响，调研行业市场需求，探索新时代艺术教育新形式是艺术学领域新文科建设的重要内容。

(三) 多学科交叉融合对艺术学课程体系优化提出了新要求

随着"大科学时代"的到来，许多重大科技问题的突破和解决，

---

① 董占军、田金良：《数字创意产业发展现状、机遇与教育策略》，《艺术设计研究》2020年第1期。
② 王芳：《基于供给侧改革的高校应用型人才培养》，《江苏高教》2016年第5期。

如环境恶化、能源危机等,已经超出了原有的单一学科的范畴,跨学科领域的研究越来越广泛。在这一过程中,学科间呈现出相互融合、彼此联系的现象,涌现出大量的交叉学科。① 目前,多学科交叉融合所具有的积极意义已经为高等教育领域学者们认可,有学者指出,多学科交叉有利于解决重大理论和现实问题,进而产生新理论;有利于产生新的知识增长点,促进学科发展;有利于催生新的交叉学科②。可以说,学科交叉逐渐成为优化人才培养模式和推动现代科研原始创新的主要组织形式,"交叉学科"所带动的多学科集成创新正在驱动高等教育不断进行自身改革③。

近年来,具有文、理、工、艺交叉属性的"数据新闻""大数据与智能媒体""数字媒体艺术""动画艺术""游戏设计"等专业不断涌现。这些交叉学科和交叉专业的出现与发展,进一步推动着学科知识之间、科学与技术之间、技术与艺术之间的深度融合,并不断为社会新文化、新业态、新思想提供了创新源泉与动力。当前,面对奔腾而至的新科技和产业革命浪潮,面对日益综合化、复杂化的社会发展问题,面对构建艺术学研究理论体系和人才培养的课程体系、教学体系的迫切需求,艺术学科需要以跨学科作为重要着力点,增强专业间的知识整合,推动学科融合发展。

但从实际情况来看,人们对于艺术学跨学科交叉建构的重要性仍然有待进一步提升,艺术学跨学科建设的路径、方法仍然需要进一步探索。传统的文科学科建设更关注在学科体系内部构建理论体系,形成本学科与其他学科相区别的话语体系、研究方法和研究范式。以艺术学为例,尽管同属于艺术学门类,但其中的电影与电视、音乐与舞蹈、美术与设计等学科领域各自有专门的范畴所指,专业差异鲜明,各学科之间

---

① 许海云等:《学科交叉研究综述》,《图书情报工作》2015 年第 5 期。
② 刘献君:《学科交叉是建设世界一流学科的重要途径》,《高校教育管理》2020 年第 1 期。
③ 许江:《新文科背景下艺术学科建设的思考》,《中国高等教育》2021 年第 1 期。

交叉融通的接触点尚未有效打通。同时，在艺术学科之外，艺术学与理、工、农、医等自然学科以及历史学、文学、管理学、经济学、教育学等其他人文学科的交叉融合也处于探索阶段，长期的分科发展、割裂发展成为艺术学科进一步发展的壁垒。

二 艺术学领域新文科建设的主要任务

面对一系列新挑战、新需求、新要求，艺术学领域新文科建设需要进一步关注技术变革，促进艺术教育与科技发展有机融合；回应产业发展新需求，优化艺术类学科结构和人才培养体系；推进交叉融合，整合优化艺术学课程与教材体系。

（一）关注技术变革，促进艺术教育与科技发展有机融合

当前，信息技术与人文社会科学的融合已经成为一个国际趋势，新文科建设是实现哲学社会科学与科技革命交叉融合在高等教育领域的实践[1]，艺术领域新文科建设首先需要回应科学技术对艺术的深刻影响，进一步探讨总结艺术教育与科学技术有机融合的可靠路径。

要实现"科技""艺术"的有机融合，首先需要树立更加开放的观念、理念，主动地融入新时代的艺术发展形势，适应科技对艺术带来的深刻变化，并积极地将先进科学技术手段应用到艺术领域新文科建设过程中，以新技术推动艺术教育新发展。社会的演进就是个体不断应对外界环境的变化，并作出新的适应的过程，艺术学者持续的适应信息社会对艺术创作、艺术教育的影响也是艺术学科发展的应然路径。正如有学者所指出的，在审视艺术创作者与人工智能技术的关系时，我们都已经意识到，未来，当艺术创作者出场时，人工智能技术必然已经"在场"。[2] 福楼拜曾说，科学与艺术在山脚分手，在山顶重逢。可以说，走向"科艺融合"是新时代艺术领域发展的必然趋势。

---

[1] 周毅、李卓卓：《新文科建设的理路与设计》，《中国大学教学》2019 年第 6 期。
[2] 周灵：《人工智能与艺术创作融合的限度及其超越——基于现象学视角的反思》，《艺术百家》2021 年第 2 期。

其次，拓展科技与艺术融合的切入点和路径。以人工智能为代表的新兴技术在信息收集、处理、可视化方面具有显著优势，但它同时也存在着情感、表达和技能方面的种种局限，要应用到艺术领域需要对其进行选择、改造，整合资源、重点突破，实现二者有效融合，以科技手段推动艺术创作"真""善""美"的进一步展现。以电影的制作、发行、放映为例，不同阶段对新技术有着不同的需求内容和应用模式。在制作阶段，可借助虚拟现实、云计算等创新科技，改变传统的电影设计与拍摄中大量人员聚集、劳动力密集型的模式，应用虚拟制作、云端沉浸式协作等技术，提升电影设计阶段的技术含量；在发行阶段，可以探索以家庭和个人为核心的线上发行模式，通过流媒体、5G 等高新技术的广泛应用，扩大电影发行渠道；在放映层面，构建以院线、高清电视、电脑、手机、平板电脑、头戴式 VR 影院等多种终端为特色的新一代电影放映模式，提升观众的观影感受。[①]

（二）回应产业发展新需求，优化艺术类学科结构和人才培养体系

艺术学科的专业设计和布局应当结合艺术产业的发展实际进行适当增补调整，使学科专业体系能够更多的兼顾综合性人才培养和面向时代发展的总趋势。优化培养目标、调整专业课程，形成更加紧密体现国家急需、贴合时代发展方向的艺术类学科结构和人才培养体系。

首先是要结合艺术产业发展需求调整、优化培养目标定位。组织研究团队着力分析当前及未来产业发展对艺术类人才需求的数量、结构，以及人才的能力、素养模型，并据此更新培养目标、明确培养定位，进行人才培养供给侧改革。明确能够兼顾学生理论知识和实践技能、基础知识和创新能力、专业知识与跨学科知识，兼顾学生共性成长需求和个性发展特点的人才培养方向，建设具有中国特色的理论及切合实际的教

[①] 侯光明：《转危为机：疫情背景下中国电影产业的转型升级之路》，《北京电影学院学报》2020 年第 5 期。

学体系。

其次，重视专业课程更新、改革。基于培养可持续发展基本能力的质量观念，以适应学生个体差异性发展的多层次教育观念、课程内容时代性、结构综合化的理念进行专业课程改革①。通过鼓励学生进一步参与科学研究、了解科技前沿，设置以提升实践创新能力为核心的实践性课程体系，增加校企合作课程、提升校际合作课程设置的比例，举办提升学生创新思维、开拓视野的国际性艺术工坊等，为学生未来发展奠定基础。以美国肯特州立大学时尚学院为例，为保障学生能够熟练应用未来时尚职业生涯中需要的人文、艺术、设计以及相关工程技术等多学科的各种知识，学校在课程内容中用以点带面、点面结合的融合演进式教学方法进行串并，引导学生完成"色彩原理""色彩情感""客户群定位""市场调研""趋势预测""报告撰写""线稿设计"七个作业，以及"可持续设计调研""海报与视频制作""成衣制作"三个课题的共同学习，在这个过程中将设计与研究、设计与企划、设计与创意、设计与表达、设计与工艺、设计与品牌、设计与商业等相关知识点全盘打通，用"点面结合"的形式培养学生在设计流程不同阶段所需的专业技术与能力。②

（三）推进交叉融合，整合优化艺术学课程与教材体系

新文科建设是新时代发展背景下提出的跨越式学科发展新命题。多学科间交叉融合不仅是当前艺术学新文科建设的重要内容，也是诸多世界一流大学培养人才的宝贵经验。麻省理工学院作为一所理工科大学，同样坚持"把人文、艺术和社会科学作为教育伟大的工程师、科学家、学者和公民以及保持学校创新能力的基础。"③ 面向未来，如何通过创新课程体系、教材体系，建构符合艺术发展和艺术人才成长的教育教学

---

① 张轶：《供给侧改革下设计学专业人才培养模式研究》，《艺术百家》2016年第6期。
② 杜娟：《美国肯特州立大学时尚学院人才培养模式探究》，《艺术设计研究》2019年第4期。
③ 徐新建：《数智革命中的文科"死"与"生"》，《探索与争鸣》2020年第1期。

新模式，培养新时代的艺术人才，是中国艺术教育迫切需要解决的现实问题。当下现行的艺术学院的主要教育弊端是量化的教学课程、固化的教学模式和僵化的教学观念[1]，要解决这些问题，整体设计、整合优化艺术学课程与教材体系，需要重点从以下几个方面予以突破。

一是打破学科固有边界，加深艺术学内部学科之间以及艺术学之外其他学科之间交叉融合，打造更系统、更完整、更符合时代发展的教育教学模式。新文科建设中，设计、舞蹈、音乐、电影、戏剧等已经超越原有学科本身的知识边界，需要以自身学科知识体系为核心，将哲学、美学、历史学、生理学、计算机等一系列学科融为一体，建立立体化的学科结构，改变传统学科育人场景下传授学科知识单一性、同质化。比如，在舞蹈学古典舞身韵课堂"提沉"教学方面纳入解剖知识，让学生形象地了解动作的"形、劲、律"在自己身体上的骨骼肌肉基础，并通过心像练习的方法沉浸于有利理解动作"神韵"的虚拟情境，有助于加快学生理解与掌握训练内容[2]。

二是改变固化的教学思维，立足人文根基，结合艺术运行实际，结合时代发展趋势，以创新思维和开放思维拓展教学内容，更新教学方法，面向未来社会重构专业生态，培养新型艺术人才。艺术学科是关于人类艺术传承与拓展的重要领域，凝练着一国一族的文化历史[3]，具有浓厚的地缘烙印。当前艺术教育需要将科学素养与人文精神摆在更为重要的位置，对艺术守正传承、弘扬中华优秀传统文化作出更多的关注，更好地发挥美人化人的功用。灵活实施问题导向的艺术专业教育，加强复合型艺术人才培育，拓宽艺术学理论类专业建设渠道[4]，促进高校艺术通识教育升级换代。同时，艺术学科也要深植于所处时代，反映着时代的价值观和审美高度。因此，需要将科技时代的艺术产业形态变革融

---

[1] 肖向荣：《面向"新文科"未来的"整体艺术"》，《艺术设计研究》2020年第3期。
[2] 叶波、张苏：《交叉学科视角下的中国古典舞"提沉"训练》，《北京舞蹈学院学报》2020年第1期。
[3] 许江：《新文科背景下艺术学科建设的思考》，《中国高等教育》2021年第1期。
[4] 蔡际洲：《探索中国传统音乐研究的"中国范式"》，《音乐研究》2019年第2期。

入课堂教学当中，培养学生熟悉、掌握相关信息处理与可视化技术的能力，推动艺术学教育教学与时代同频共振。

三　艺术学领域新文科建设的理念与实践探索

聚焦艺术学领域新文科建设，一些高校在促进"艺工融合"等跨学科建设、推动科技与艺术的深度结合、优化艺术学学科专业设置方面进行了一系列探索。

（一）北京服装学院：设计学科特色学科体系建设[①]

在新文科、新工科、新医科、新农科建设视角下，对标教育部一流学科、一流专业建设，北京服装学院发挥以艺为主、服装引领、艺工融合的办学特色，将设计学科和工科、文科、商科等多学科交叉融合，坚持传承创新与融合发展并重，综合素养与创新能力并重，构建集艺术、科技、时尚、文化于一体的特色学科建设体系。

1. 推动时尚艺术和科技要素整合

北京服装学院在艺术与科技、设计学科与工科方面进行了多年的探索，延伸出了一批具有独特创意的学科方向。如国家级"艺工融合应用型现代服装高级人才培养模式创新试验区"，面向互联网人工智能的"虚拟现实服装设计"学科方向，设计学与材料学融合的智能可穿戴设计方向，面向时尚产业"艺商融合"的数据可视化设计方向等。学校在高性能服装设计研发、智能可穿戴服装和数字媒体产品设计等领域取得了多项成果，完成了神舟系列"航天员舱内服装装备研制设计"等多项重要科研项目。

2. 艺工融合推动设计艺术高水平发展

学校在学科建设体系中始终强调跨学科、跨领域、跨文化研究。学校学科建设注重发挥学校学科专业特色与优势，将进一步设置跨学科交叉融合研究院以及专项基金，打破学科专业限制，鼓励艺术、工科、商

[①] 贾荣林：《贾荣林：北京服装学院设计学科的建设与发展》，《设计》2021年第12期。

科和文科各专业组建跨学科项目团队，进行相关教学科研工作，加强不同学科专业人才之间的沟通，共同搭建创新研究平台，充分发挥多学科背景下项目团队的创意优势，为学生提供综合性跨专业的学习平台。学校围绕服装服饰学科，建构了设计学、艺术学理论、材料科学与工程、纺织科学与工程等多学科交叉的"艺工融合"平台，推动服饰历史传承与创新设计、高性能服装设计、新材料产品与数字化媒体设计等领域形成高端独特优势。

在新文科背景下，艺术学人才培养要调整好艺术技术培养和综合艺术素养熏陶二者之间的关系，同时加强创业思维和审美能力的培养。一方面利用艺术设计理念启发学生的创业思维，另一方面将艺术思维渗透到各个学科专业领域，通过艺术教育带动相关学科教育的审美认知，同时将工科和商科的一些思维模式引入艺术教育过程中，赋予更多的理性思维和逻辑判断。通过学科观念、专业设计以及课程引导来促进创新意识、审美能力和理性思维的提升，培养适应时代需求，兼具专业知识、人文素养和审美精神的综合素质优异人才。

3. 优化学科专业设置

学校在学科专业的建设上进行侧重性的支持，采取聚焦、优化、分散、交叉的方式对优势专业、专业团体、创新人才进行有侧重的支持。首先，聚焦传统服饰文化传承、服装服饰创新、科技与设计应用融合三个学科方向，支持这些研究方向对应的专业，促进不同学科之间通过优化、分散、交叉等方式进行深度建设。如传统服饰文化传承可以细分成为敦煌服饰文化研究、中国少数民族服饰研究、中国古代服饰文化研究等，这些内容是当前探索时尚与设计领域不可忽视的瑰宝，蕴藏着中华民族瑰丽的传统文化和思想精神。其次，将学校现有的研究单位进行整合优化，发挥各研究平台的优势来支持与促进学科专业发展。再次，分散、拓宽专业领域，促进学生知识获得渠道多元化。最后，紧跟当下知识融合、技术集成的时代要求设置跨学科专业，着力培养既适合时代发展需要、具有宽广知识面，又有强烈变革思维的多元化人才。

面对未来，北京服装学院将从新的视角构建教育目标，以新的姿态投入科技兴教，以新的理念引导设计创新，以新的阵容助推教育发展。在构建新型教育生态体系的过程中，以新的"name"参与到国家科技创新驱动战略中，将各方资源向人才培养目标系统上做出嵌入式对接，并将专业知识有机地融入价值链各个环节的互动循环中，形成战略性协同的有机关联驱动阵营。在扣环式机制的集群拉动中，使设计教育与科技创新及经济文化发展有机结合，走向社会性全产业链价值驱动的自然循环中，助推设计教育与时俱进的融合再造，实现其战略协同及链式驱动集成发展新格局，以适应快速发展的时代需求。

（二）四川美术学院：美术教育新文科建设探索①

新文科建设是包括艺术教育在内的文科教育在新时代的新使命，在提升国家文化软实力、促进文化大发展大繁荣和适应新科技、新产业革命的进程中，艺术院校责无旁贷、任重道远。四川美术学院基于自身美术院校发展基础与发展特色，着重从以下几个方面推进学院新文科建设。

第一，以"美育植底、五育并举"强化价值引领。四川美术学院80年的历史中注重"思政+艺术"贯穿始终，铸就了注重价值引领、培养一流人才的"川美范本"；形成了扎根人民、创作时代力作的"川美现象"，体现了对接国家战略、服务社会发展的"川美精神"，彰显了出人才、出作品的"川美特色"。新文科建设过程中，学院注重进一步突出艺术教育的价值导向和人文情怀，不断铸造学校"思政+艺术"的人才培养品牌。发挥美育特色，注重五育并举，提升学生综合素养，通过厚基础、拓视野、促融通，树立新时代艺术学子的自主性、自信心、自豪感。

第二，以"一流引领、固本开新"促进专业优化。学院注重内涵式发展，着力建设一流学科专业，培养学术研究与创作实践融通的创新

---

① 周星、庞茂琨：《美术教育的思路与专业性美术院校的发展之路——关于四川美术学院发展建设思路的访谈》，《艺术教育》2021年第3期。

型人才。美术学学科形成了美术创作研究、美术史论与批评、公共艺术与社会美育3个学科方向。不断汇聚创研优势,力求建构体现学科特色、区域特色、时代特色的高端艺术人才培养体系。着眼新文科理念,以校内覆盖面超过70%的国家级、省级一流专业建设为龙头,推动艺术类专业实现集群发展和交叉融合。促进传统优势专业的智能化应用,建好智能设计新型二级学院,高水准建设悦来校区国际设计学院,实现艺术与科技交相辉映下的产学研融合共促。

第三,以"学为中心、灵活多样"夯实课程体系。学院以学生为中心,推动培养方案结构性调整,构建灵活、开放、系统的课程体系,拓展面向竞赛、展演、社会服务、创新挑战的多元化课程,设置适应经济社会发展和艺术创新变革的多样化课程模块。塑造学生的自主学习能力、选择能力,锻炼其在未来社会变化中的适应能力、应变能力。学院教育教学聚焦"实践型艺术英才"培养目标,践行"个性化成长"培养理念,探索完善"大平台多通道培养"途径,实施"拔尖人才培养""特色工作室培养""创新创业培养"等计划项目,形成了"研究融入教学,教学面向实践,实践推动研究"的研究与育人双向同行模式。

第四,以"聚焦应用、路径多元"推动模式创新。深化学校"大平台+多通道"的人才培养模式改革,探索实施产教融合卓越人才培养改革项目,着眼"乡村振兴""城市发展""智能设计""国际合作"等领域,打造"个性化培养特色工作室""项目工作室"等特色项目。抓好创新创业教育,聚焦应用型艺术人才培养,拓展艺术创新思维和产业应用能力。适应高科技迅猛发展的现实,将学科融通开拓作为重要背景,实现艺术与其他学科之间的相互融通,推动艺术学科呈现出更为新鲜活跃的时代特色。

第五,以"出人才、出作品"的办学宗旨打造质量文化。要坚持以学生为中心和产出导向,凝练具有四川美术学院特色的质量文化。围绕"高素质、创新型、实践型"艺术人才培养目标,建设全链条本科教育教学质量标准和评价指标,促进艺术人才培养能力持续提升。

面向未来，四川美术学院首先是在坚持"创作带动教学"的学术传统的基础上，发挥创作引领的作用，创新推进新文科建设。"以创作为引领"是一种让学院的艺术打破自己的局限，和时代的艺术、大众的艺术、人民的艺术相结合的有效途径，是四川美术学院长期形塑的发展传统。其次，在不断地保持自身优势和特色的同时，学院将进一步拓展发展领域，包括智能设计、实验艺术、数字虚拟等与时代新科技发展相结合的一些"艺术＋科技"的新专业方向。凝聚各个学科的智慧，以学术上的开放、包容来展开特色建设，充分发挥各个群体的智慧和能量，最终交织融合形成整个学校的活力。最后，四川美术学院作为西南地区唯一的高等美术院校，要持续推动自身的国际化发展，加强国际交流和国际平台的建构，走地域性和国际化相结合的发展道路，秉持文化自信，进一步凸显四川美术学院的特色。

第八章 新文科建设的国际比较

为加快推进新文科建设，除了立足于本土的理论研究和实践探索之外，还应放眼世界，从其他国家的先进教育实践中汲取有益的养分。尽管国际教育界并不存在一个和中国新文科完全对照一致的教育概念或理念，但仍存在复合型、跨学科人才培养等和中国新文科部分内涵相似的教育主张，值得我们了解和关注。基于上述考虑，本章选取了美国杜克大学、英国伦敦国王学院、新加坡国立大学和中国山东大学四个研究对象，通过探讨四所大学的教育实践，以期对新文科建设工作提供有益的思考和启示。

第一节 美国杜克大学计算机媒体、艺术与文化项目实践

杜克大学创建于1838年，是美国一所著名的私立综合性研究型大学。杜克大学取得成功的原因之一就在于其拥有独特的院系运行模式：各院系在保持良好的独立自主性的前提下，彼此之间还建立了卓有成效的合作关系。在长期的跨院系、跨学科、跨专业合作中，杜克大学的文科专业迎来了新的发展。2016年，杜克大学董事会正式批准实施计算机媒体、艺术与文化项目（Computational Media，Arts &Cultures，简称 CMAC）。该项目由杜克大学艺术、艺术史与视觉研究学院、文学课程

部、信息科学+研究中心以及富兰克林人文学院联合实施,具有明显的跨院系、跨学科特征。该项目倡导深度的跨学科学习,与中国新文科所强调的学科间深度的交叉融合具有相通之处,可为中国的新文科建设提供可借鉴的经验。

一 CMAC 实施的条件

在信息化时代,将传统媒体与计算机信息技术相结合,培养具有数字素养的人文主义者是 CMAC 的核心追求。杜克大学之所以能够成功实施 CMAC,主要得益于该校底蕴深厚的跨学科传统、强大的院系平台支撑和第三方慈善组织的资金扶持。

(一) CMAC 实施的内部条件

1. 杜克大学底蕴深厚的跨学科传统

追求大学教育的质量一直是杜克大学的传统。杜克大学作为研究型大学,非常注重本科生的教育,为培养跨学科或复合型的人才,杜克大学开设了一系列跨学科课程。20 世纪 90 年代,美国各研究型大学开始纷纷关注跨学科研究,杜克大学也不甘示弱,于 1998 年成立了跨学科研究副教务长办公室,该办公室在促进杜克大学的跨学科研究上起到了核心作用。副教务长办公室除了监督跨学科研究中心和组织的成立和评估,以及通过网络向教员和学生输送大学内跨学科的信息和资源以外,还参与学校改革,提供建议性的意见与建议,变革学校阻碍跨学院、跨学科合作的大学政策、体制和机制。[①] 杜克大学长久以来积累的跨学科研究的经验,为计算媒体专业的实施提供了可借鉴的操作经验。

2. 强大的院系平台支撑——ISS 和计算机科学学院

在 CMAC 的实施过程中,艺术,艺术史与视觉研究学院是实施主体,而 ISS 和计算机科学学院则作为合作方、协助方为项目的落地提供知识和技术支持,如项目课程的设计开发。

---

① 杨晓平、苏隆中:《关于美国研究型大学跨学科研究平台的研究》,《黑龙江高教研究》2008 年第 3 期。

杜克大学的ISS成立于2001年,一经成立就归属于跨学科研究副教务处办公室管理。作为大学学科自身发展的一部分,ISS着重培养学生的数字素养,并将其作为学生的核心能力。ISS与学校里多个部门与项目建立了友好的合作关系,其中包括:计算机科学学院、信息技术办公室等数字信息部门。除了跨部门合作之外,ISS拥有两个媒体实验室,为CMAC提供学习实践的平台,且在完成ISS规定的课程通过考核后,将取得ISS颁发的本科证书,成为就业的有力竞争条件。

计算机科学学院作为杜克成功的院系之一,秉承分享了杜克的尊重、信任、包容、发现和卓越的价值观,并做出了包容性和多样性的承诺。[1] 在其价值观引导下,该学院与媒体专业相互包容、融合,共同培养具有数字素养的人文学者。计算机科学学院具有灵活的课程体系,开设主修课程364门,辅修课程71门。[2] 在本专业主辅修课程之外,还设置有跨学科课程,例如计算媒体、计算生物学、语言学+计算机科学等。计算机科学学院在常规的课堂教学之余,还开设各种课外研究项目以及学生俱乐部来培养学生的研究兴趣。该院杰出的教学和研究团队以及充足的研究经费,在本学科以及跨学科的教学研究中的卓越表现得到了各方面的认可。计算机科学学院与其他院系间的协同作用为CMAC奠定了良好的发展基础。

(二)CMAC实施的外部条件——梅隆基金会的资助

安德鲁·W. 梅隆基金会是一家在纽约成立的非营利性公司。该基金会致力于促进人文、艺术领域的繁荣、捍卫多样化民主社会的福祉。梅隆基金会在五个核心项目领域提供资助:人文学科的高等教育和奖学金、艺术和文化遗产、学术交流、差异以及国际高等教育和战略项目。[3]

---

[1] Duke University, Department of Computer Science, Statement of Value, https://www.cs.duke.edu/about/values, 2022-05-31.

[2] Duke University, Department of Computational Media, Arts & Culture, Major & Minor Requirements, http://cmac.duke.edu/undergraduate/requirements, 2022-05-31.

[3] Mellon Foundation, History of Mellon, http://mellon.org/about/history/, 2022-05-31.

2016年，为了使高校学者和普通民众更便捷地获取人文学科的数字资源，梅隆基金会向美国学术团体委员会提交了一份数字推广计划——国家人文梅隆数字出版基金，以吸引更多的专家投入数字人文相关的建设工作中。梅隆基金会通过数字推广计划向杜克大学资助了26万美元，以支持该校通过数字技术带动人文学科的发展，[①] 这项举措也为CMAC的顺利推行提供了充足的经费保障。

二 CMAC项目解析

CMAC是以计算媒体为主的本科主辅修跨学科项目，该项目侧重于媒体艺术与人文，科学和技术在理论和实践上的交叉，培养学生将媒体理论、文化研究、历史与美术的深厚知识与计算机编程、数字媒体开发和数据科学相结合的能力，提高学生的信息素养。史蒂芬·怀特认为，如果忽视数学和计算机语言，文科教育就不再完整。[②] CMAC作为杜克大学中文科与计算机科学相交叉的项目之一，具有完善的培养体系，在人才培养、课程设置、师资力量、实践平台等方面积累了丰富的经验。

（一）培养规划

CMAC作为深度交叉融合的跨系项目，目的是进一步培养具有数字素养的人文学科研究者。计算媒体本科跨系课程是以主修、辅修相结合的形式，充分尊重学生在课程选择上的兴趣与自主性。在招生上，学习计算媒体跨系课程需要选择课程等级在200级以上的相关课程方可申请，注册表明为大三或大四年级或取得教师许可的学生可以选修500级以上的课程，进行更深入的学习研讨。在课程上，跨系本科课程由媒体、计算机科学理论课程，研讨会以及实践课程构成，并设有专门的实验室进行实际训练。

[①] Mellon Foundation, Report 2016, https://mellon.org/about/annual-reports/, 2022 - 06 - 01.

[②] Nature, "New Ways from the Liberal Arts?", *Nature*, Vol. 298, 1982, p. 107.

（二）师资团队

高水平的师资队伍是获得高质量教育的前提和基础，和其他世界一流大学一样，杜克大学十分重视高质量师资队伍的建设工作。首先，杜克大学在教师招聘环节就表现出严格的选拔标准：各学院部门在审查教师岗位候选人的证书后，于教员会议上进行投票，并向院长发送书面申请，院长随后将其转发给教务长以供决定。教务长批准后，教务处根据申请条款写合同函。合同函由教员签字，交还院长，然后由教务长审核和批准。[①] 通过对教师的雇佣、保留、发展促进教师专业化和多样化。

计算媒体作为交叉融合课程，其师资来源于各个院系：艺术、艺术史与视觉研究学院、计算机科学、ISS以及富兰克林人文学院。教师的跨系教学不仅促进了教师自身的专业发展，而且有力地黏合了各院系教师，建立良好的合作关系并形成雄厚的跨专业师资队伍。

（三）课程设计

CMAC设立开课以来，课程形式多样，其中以传统课堂授课、研讨会及实践课程为主，不同的授课形式配有不同的课时比例。在课程规模及专业上，每年根据学生需求进行适当的调整。

1. 课程规模

以计算媒体专业为主的CMAC课程种类繁多，规模较小。在跨系课程中，课程均为小班制教学，课堂开放学生席位控制在15个以内，以便使每位学生接受更好的指导。[②] 在课程形式上更为多样化，除理论课程外，小组研讨会、实践课以及各式各样的学术活动均为其正式课程的组成形式。在结构上，跨系本科课程由视觉和媒体研究课程、计算机科学课程构成，且受数字技术更新换代影响，课程更新频繁，但总体来说结构相对固定。

[①] Duke University, Department of Computational Media, Arts & Culture, Faculty Procedures Manual, https://facultyaffairs.provost.duke.edu/faculty-p-rocedures, 2022-06-01.

[②] Duke University, Department of Computational Media, Arts & Culture, CMAC Brochure, https://cmac.duke.edu/about, 2022-06-01.

2. 课程涉及的专业领域

不断地加强大学与现实生活的联系，进行跨学科的教育和研究是杜克大学战略规划的永久主题之一。① 计算媒体本身就是跨学科专业，其教学内容涵盖了不同的专业，从视觉媒体、计算机科学到基础数学等都有广泛涉及。在本科跨系课程中，该课程包括14门科目，其中7门来自计算机科学，7门来自视觉和媒体研究。在计算机科学方面，学生必须学习完成4门核心课程：数据结构与算法、计算机科学离散数学、计算机体系概论、人工智能或机械学习。在课程的选择上学生具有相对的自主权，在必修课程上，得到教师同意后可以自由根据自己的需要调整、选择课程；在选修课程上，只要在相应的课程级别内均可以自由选择课程。在视觉和媒体研究方面，同样需要满足必修与选修的课程结构，如视觉文化简介、视觉理论研究、媒体理论等理论性课程，同时也需要在媒体实验室进行实际操作训练。与计算机课程有所区别的是，在视觉与媒体研究方面学生需要选择两门实践课程满足学院的培养方案。

此外，除了计算机科学和视觉与媒体研究两门主要课程外，计算媒体的学生须先修习数学方面的基础课程，为完成计算机科学课程打下基础。选择学习计算媒体专业的学生通过涉猎多种学科课程，从而基于不同的专业视角审视开展计算媒体研究。

（四）实践平台

高校作为实施新文科的主体之一，在探索新文科的实现路径的过程中，对文科管理制度设计要关注建设跨学科平台。② 计算媒体是跨学科、具有实验性，理论与实践交叉结合的项目，实践在该学科项目中占有相当的地位。杜克大学为该项目设置了一系列实验室以满足教育教学

---

① 于凤银、李长伟：《美国杜克大学的发展战略规划研究》，《比较教育研究》2008年第8期。

② 黄启兵、田晓明：《"新文科"的来源、特性及建设路径》，《苏州大学学报》（教育科学版）2020年第2期。

的需要，学生在由教师领导的选定实验室中进行合作，作为基于实践的课程、研究、培训的一部分。① 该项目的实验系统包括一系列的跨学科实验室以及附属实验室和研究小组，其中以 CMAC 社区（CMAC Community）和数字艺术史与视觉文化研究实验室为主。实验室作为教学活动的平台之一，既是一个庞大的学术共同体，也是校园内的超级教职员工团队。研究团队的合作是跨学科、协作、垂直整合和长期的，在校园内及周边地区定期举办一系列的演讲及社区活动。项目为学生提供了可操作的实施平台，将掌握的技术方法应用到实践中去，通过理论学习与实践训练实现对学生的培养。

（五）就业方向

新文科不仅意味着文科与科学技术的融合，或者说新文科与新技术的融合不是新文科最终的目的，学科交叉融合是为了提高高校服务经济社会发展能力，更好地解决现实社会中的复杂问题。② 计算媒体作为一门偏向于应用性的学术研究，适应社会需要，服务社会也是其宗旨之一。在接受了丰富的课程学习和实践训练后，计算媒体专业所培养的学生在博物馆研究、数字新闻、创建数字展览等领域均可以实现充分的就业，进行社会服务。计算媒体高度跨学科的课程设计以及完善的实践平台，为学生在就业市场上提供了更多可选择的方向。

第二节　英国伦敦国王学院文科教育创新实践

英国伦敦国王学院于 1829 年由惠灵顿公爵和乔治四世创办，该校在人文、法律以及社会科学等领域享有悠久且卓越的国际声誉。③ 随着

---

① Duke University, Department of Computational Media, Arts & Culture, Labs and Working Groups, https：//cmac.duke.edu/labs, 2022 - 06 - 01.
② 赵奎英：《"新文科""超学科"与"共同体"——面向解决生活世界复杂问题的研究与教育》，《南京社会科学》2020 年第 7 期。
③ KCL, History, https：//www.kcl.ac.uk/about/history, 2022 - 05 - 24.

科技的进步和国际形势的变化，伦敦国王学院的文科在发展过程中逐渐体现出了新的特色，主要表现为产生了文理融合的文科新专业，凸显了培养具有全球视野的文科育人新目标，同时也强调了文科服务社会的新导向。这些特点与中国新文科内涵中所强调的几点"新"存在共通之处。他山之石，可以攻玉，通过探析伦敦国王学院的"新文科建设经验"，可进而为中国的新文科建设提供参考。

一 文科专业新方向：数字人文

随着科学技术一次次的突破所带来的新产业和新业态，社会用人需求发生了很大的转变。对于知识复合型人才的需要催生了有别于传统文科的新文科。新文科包括了科技和文科的融合所引致的文科新增长点。[①] 而数字人文就是这一跨界融合的产物，具有鲜明的新文科特征，是新文科建设的应有之义。[②] 英国伦敦国王学院的数字人文教育在世界上处于领先地位，其机构、课程以及师资团队等方面设置完备，对于中国数字人文学科建设以及新文科建设极具借鉴意义。

（一）机构设置

伦敦国王学院的数字人文教育主要依托数字人文系来进行。数字人文系的前身可追溯至1992年所创办的人文计算中心。数字人文系旨在研究数字文化与社会，积极探索在人文科学研究中运用前沿技术的方法。[③] 该机构隶属于艺术与人文学院，艺术与人文学院对于跨学科学习与科研的支持使数字人文系的建设成为可能。同时，将数字人文系归于艺术与人文学院之下也凸显了数字人文专业的人文属性。除此之外，数字人文系还与其他机构在育人、科研等方面开展了广泛合作，主要包括文化、媒体与创意产业系及国王数字实验室等。其中，文化、媒体与创

---

① 樊丽明：《"新文科"：时代需求与建设重点》，《中国大学教学》2020年第5期。
② 王丽华、刘炜：《助力与借力：数字人文与新文科建设》，《南京社会科学》2021年第7期。
③ KCL Department of Digital Humanities, About the Department of Digital Humanities, https://www.kcl.ac.uk/ddh/about/about, 2022 – 05 – 24.

意产业系是一个旨在研究文化、媒体和创意产业三者之间关系的新兴学科领域[①]；数字实验室则是为不同领域研究人员的研究项目提供支持、指导和技术解决方案的机构[②]。

（二）课程设置

伦敦国王学院数字人文系主要为本科生提供数字媒体与文化学士学位教育[③]。数字媒体与文化专业旨在带领学生深入探究社交媒体、机器学习以及人工智能等新兴技术对个人、公司和政府等带来的影响，帮助学生形成对于数字技术的批判性见解。数字媒体与文化专业学制三年，学生在必修和选修两个课程模块中修满360学分方可毕业。该专业课程设置全面，不仅开设了数字技术相关的理论课程，同时也设置了数字方法课程，这使学生能够在理论基础上，熟练运用各种定性或定量的数字方法。除此之外，数字媒体与文化专业还开设了一系列数字技术与现实政治、经济、社会生活相联系的交叉性课程，如数字政治学、数字经济学以及数字新闻学等。值得一提的是，这些课程并不是固定不变的，相关负责人会定期进行审查，力求为学生提供最具前沿性和创新性的课程。修完课程并掌握了相应知识和技能之后，数字媒体与文化专业的毕业生可以在社交媒体分析、用户体验设计以及数字营销等领域供职。

（三）师资团队

数字人文作为将数字技术运用到人文学科中去的新兴学科领域，具有文理、文工交叉的跨学科属性，这也意味着数字人文学术团体及师资队伍的学科背景必然是多样的。伦敦国王学院数字人文系汇集了来自不同学科领域的教师，主要包括信息研究、文学与语言学、计算机科学以

---

① KCL Department of Culture, Media & Creative Industries, About Us, https://www.kcl.ac.uk/cmci/about/about, 2022-05-26.
② KCL King's Digital Lab, What We Do, https://kdl.kcl.ac.uk/what-we-do/, 2022-05-26.
③ KCL Department of Digital Humanities, Undergraduate Courses, https://www.kcl.ac.uk/ddh/undergraduate/undergraduate, 2022-06-01.

及社会科学等领域。① 跨学科、多元化的教师队伍不仅使数字人文学科的育人活动卓有成效，同时也推动了相关领域科研活动的创新。

二 文科育人新目标：全球视野

在当前时代发展格局下，虽然逆全球化的政治事件时有发生，但全球化仍是主流。随着全球化进程的纵深发展，各国之间相互依赖的程度也日益加深，地区性问题很容易上升为全球性挑战。对于全球性风险的应对以及随着中国面临的国内外形势的转变所产生的对于全球治理人才的需求促使文科的育人目标定位发生转变。新文科不仅要培养具有"主体之价值"和"家国之价值"的人，也要培养具有"全球之价值"的现代中国人，使他们在面对一些复杂的全球性议题时，能够做出符合人类共同利益的决策。② 纵观伦敦国王学院的教育实践可以发现，设置国际事务相关课程以及丰富学生出国交流机会正是培养时代所需的国际化人才的重要途径。

（一）设置国际事务课程

《国王学院国际化2029》中提道，培养具有文化能力和全球视野，能够积极寻求全球性问题解决途径的学生是将国王学院构建为"国际化社区"的核心之一。③ 而校长全球领导力奖这一课程的设置恰恰是其国际化理念的反映。④ 校长全球领导力奖是国际事务学院所设置的一门旨在鼓励学生参与解决全球性问题，培养学生全球领导力的课程。学习内容主要为与领导力有关的理论知识及实践，且授课教师多为一些国家政要及资深教授。课程学习形式主要是面对面会议、个人学习与反思

---

① 祝蕊、刘炜：《欧洲高校数字人文人才培养教育模式研究》，《图书馆杂志》2021年第8期。
② 吕林海：《中国大学"新文科教育"建设：价值蕴意、核心内涵与实践路径》，《大学教育科学》2021年第5期。
③ KCL, Internationalisation-2029-Strategy, https://www.kcl.ac.uk/internationalisation/assets/internationalisation-2029 – strategy.pdf, 2020 – 06 – 01.
④ KCL King's Global Institutes, Principal's Global Leadership Award-Undergraduate, https://www.kcl.ac.uk/global-institutes/pgla/principals-global-leadership-award-undergraduate, 2022 – 06 – 01.

等，但自新冠疫情暴发以来多采取线上教学的方式。通过这门课程的学习，学生能够形成对领导力相关理论和实践知识的批判性理解，能够在个人和小组合作中运用领导技能，并且能够针对具体的全球问题提出领导策略和解决方案。

（二）丰富出国交流机会

与他国文科联手，丰富学生的海外求学经历是培养国际化人才的有效途径。伦敦国王学院在人文和社会科学领域与海外众多高校建立了合作关系，并在此基础上为本科阶段的学生提供了丰富的出国交流机会。例如，比较文学专业的学生有机会到北卡罗来纳大学以及悉尼大学等学校进行为期一年的学习，政治学本科生则有机会到香港大学、新加坡国立大学等学校学习。[1] 出国学习的机会并不局限于此，学士学位教育中没有出国学习机会的学生仍可通过其他途径获得国际教育经验，例如，暑期学校、游学项目以及海外实习等。

鉴于伦敦国王学院的培养经验，通过与国外高校的交流，可以培养出具有全球视野、跨文化理解力以及全球领导力的新文科人才，进而为中国积极参与全球治理提供人才保障。但新文科的育人目标不仅包括全球视野，也强调中国立场，因此在培养国际化人才的过程中，既要培养其全球视野，同时也要坚定其中国立场，明确新文科建设与中国社会发展的关系。

三 文科知识新导向：服务社会

传统文科的知识生产源于"闲逸的好奇"，注重研究者个人的学术兴趣，轻视国家及社会需求，而新文科建设特别强调文科要突破象牙塔，满足国家建设和社会发展的需求。[2] 伦敦国王学院自建校之初就有

---

[1] KCL, Undergraduate Options by Department, https://www.kcl.ac.uk/study-legacy/abroad/discover/destinations/partners-by-department, 2022 – 06 – 01.
[2] 黄启兵、田晓明：《"新文科"的来源、特性及建设路径》，《苏州大学学报》（教育科学版）2020年第2期。

着服务社会的传统,且凭借其对环境和社会的积极影响,在2022年泰晤士高等教育影响力排名中位列英国第五。在《伦敦国王学院战略愿景2029》中,伦敦国王学院将服务社会作为优先事项加以考虑,并计划通过推进服务导向型学习、开展公民挑战赛以及实施免费咨询项目等措施逐步实现其服务社会的目标。①

(一) 开发服务学习模块

为了丰富学生的学习经历并更好地服务社会,国王学院计划到2023年,为所有的本科生提供一个以服务为主导的学习模块,并将其作为学位教育的一部分。这意味着除了现有的志愿服务活动及社区工作之外,国王学院还会开设新的项目内容,将当下所面临的问题和挑战纳入课程中,通过探讨问题解决方案从而促进社会的发展。例如,国王学院针对当下所面临的移民和难民问题所开发的"移民,社会正义和社区组织"服务学习模块不仅可以让学生在课堂中学习,也赋予了学生与英国公民组织共同开展社区活动,服务社会的机会。②

(二) 开展公民挑战赛

伦敦国王学院公民挑战赛是一项由学生与其他社会组织进行合作,共同解决有关教育与成就、商业与企业、社区恢复力以及健康与福祉等方面问题的活动。这项活动向校内所有本科生开放,聚焦的社会问题通常是当地社区亟须解决的问题。这些问题被提出后,会由伦敦国王学院的学生、工作人员以及当地慈善机构所组成的参赛队伍共同制定解决方案。一旦方案得到采纳,相应的团队将会获得5000英镑的种子基金将方案付诸实施。伦敦国王学院公民挑战赛不仅有助于学生综合素质能力的提升,同时也能对当地社区产生实际的影响,是国王学院"服务社会"理念的具体体现。

---

① KCL, Kings-service-strategy, https://www.kcl.ac.uk/about/assets/pdf/strategy/kings-service-strategy.pdf, 2022 - 06 - 04.

② KCL, Social reform - Service annual Report 2019 - 20, https://kings-college-london.foleon.com/starting-point/service-annual-report-2019-20/social-reform/, 2022 - 06 - 06.

(三) 提供免费咨询服务

伦敦国王学院与众多机构合作开展了免费咨询项目为公众提供法律、商业等方面的建议。例如，潘迪生法学院与邓肯·刘易斯以及普华永道等法律公司合作开展了法律诊所项目。在该项目实施过程中，伦敦国王学院法律专业的学生可在校内外律师的监督下，为公众提供家庭、住房、就业以及移民事务等方面的无偿法律咨询。[1] 此外，为了促进当地中小型企业的发展，帮助实现其商业目标，商学院也开设了免费的商业咨询服务。商学院的大四本科生可在人力资源规划、营销和社交媒体以及财务分析等方面为企业提供支持，帮助解决企业所面临的挑战。[2]

第三节　新加坡国立大学复合型人才培养的探索与实践

随着时代的发展，人类社会不断朝着复杂化、综合化的方向发展。现如今，一个简单的社会问题可能涉及政治、经济、教育等多个领域的知识。传统的单学科人才培养模式的局限性日益凸显。在这样的背景下，促进单学科人才培养模式向复合型或跨学科人才培养模式转型逐渐成为国际高等教育改革的普遍趋势，不少国际一流大学已经开始了人才培养模式改革的探索和实验，取得了一定的成果，也积累了一定的实践经验，其中就包括新加坡国立大学。

新加坡国立大学是一所公立的综合性研究型大学，在国际上享有盛誉。据夸夸雷利·西蒙兹公司最新公布的 QS 世界大学排名中，新加坡

---

[1] KCL The Dickson Poon School of Law, What our Students do, https://www.kcl.ac.uk/legal-clinic/get-involved/kings-students, 2022-06-06.

[2] KCL King's Business School, King's Business School Consultancy, https://www.kcl.ac.uk/business/undergraduate/student-experience/consultancy, 2022-06-06.

国立大学位居第11位①，亚洲第一，其整体教育水平和影响力处于世界前列。受国际教育潮流等因素的影响，新加坡国立大学也十分重视对复合型人才的培养，并大力发展跨学科教育。总的来说，新加坡国立大学主要以专业、课程和学位这三个要素为着力点，构建其复合型或跨学科人才培养模式。

一 跨学科的专业体系

为满足不同学生不同的学习和职业需求，新加坡国立大学搭建了一个类型多样的跨学科专业体系。该专业体系主要设有两种跨学科专业类型，一种是多学科的跨学科专业，另一种则是双学科的跨学科专业。所谓多学科的跨学科专业，即涉及三个或三个以上学科领域的跨学科专业，如新加坡国立大学人文与社会科学学院开设的哲学、政治与经济专业。该专业由该学院附属的哲学系、政治学系和经济学系于2018年共同联合建立，旨在培养能够从多个学科角度处理新加坡社会和政治问题的战略分析师和政策制定者。该专业并不要求学生宽泛地学习哲学、政治和经济知识，而是"围绕使学生具备运用哲学和社会科学知识研究各种社会和政治现象的能力"这个目标来组织学习内容，具体包括形式逻辑、决策理论、社会选择理论、经济定量分析、实证研究方法和新加坡政治等。② 由此可见，该专业不是哲学、政治学和经济学三个学科的机械组合和简单相加，而是三个学科有机融合、知识贯通的产物。所谓双学科的跨学科专业，顾名思义，就是涉及两个学科领域的跨学科专业，旨在根据学生的需要和兴趣，拓展学生的知识背景和视野，丰富学生的学习经历，帮助学生形成跨学科的能力，为社会培养复合型人才。该类型的跨学科专业又分为双主修和单主修两种模式。双主修模式下，

---

① Quacquarelli Symonds, "QS World University Rankings 2023", https：//www.topuniversities.com/university-rankings/world-university-rankings/2023，2022-06-02.

② National University of Singapore, "The NUS PPE Programme", https：//fass.nus.edu.sg/ppe/about/programme/，2022-06-02.

学生需要同时主修两个学科领域的专业，这两个专业既可以是由同一个学院开设的专业，如人文与社会科学学院开设的数据科学与经济学专业，该专业完全由人文与社会科学学院独立提供；也可以是两个不同学院开设的专业，如人文与社会科学学院开设的传播和新媒体与商业专业，该专业由人文与社会科学学院和商学院共同开设。无论是哪种情况，学生都需要在第六个学期前申请第二主修的专业，还需要同时符合两个主修专业的入学标准，才能获得主修第二个专业的资格。单主修模式下，学生在主修某个学科的专业的同时，还可以选择另一个学科的专业进行辅修。相较于双主修模式而言，单主修模式对第二专业的学业要求更低，申请难度自然也更低，辅修的第二专业也不会在毕业证上予以体现。总之，通过比较，可以发现，双学科的跨学科专业的学科融合程度并不如多学科的跨学科专业，更像是两个独立专业的组合，尽管能为学生提供一定的跨学科学习体验，但仍很难称得上是真正的跨学科专业。

二 跨学科的课程体系

新加坡国立大学的课程体系由通识课程、专业课程和选修课程三种课程构成，三种课程都带有明显的跨学科倾向。

首先是跨学科的通识课程。新加坡国立大学将通识课程命名为"大学水平要求"。该类课程旨在向学生传授批判性的知识和能力，使他们能够适应快速变化的现代社会。它具体由六大模块组成，分别是文化与联系、批评与表达、数据素养、数字素养、新加坡研究和社区与参与（每个模块提供4学分，学生需要获得六个模块的所有学分，共计24学分，才能达到毕业要求[1]）。其中，文化与联系模块旨在让学生接触不同国家不同时期的文化，使他们形成跨文化的意识和能力，该模块设置

---

[1] National University of Singapore, "General Education for Students Admitted From AY2021-22", https://www.nus.edu.sg/registrar/academic-information-policies/undergraduate-students/general-education/for-students-admitted-from-AY2021-22, 2022 – 06 – 02.

的课程涉及历史学、宗教学、政治学、生物学和艺术学等学科领域；批评与表达模块旨在帮助学生获得良好的口头或书面表达能力，该模块设置的课程涉及语言学、文学、哲学和管理学等学科领域；数据素养旨在使学生获得收集、分析和解释数据的能力，该模块设置的课程主要涉及数学学科领域；数字素养模块旨在使学生具备信息技术相关的能力，该模块设置的课程主要涉及信息科学学科领域；新加坡研究模块旨在帮助学生了解新加坡的历史演变和社会现状，该模块设置的课程涉及经济学、社会学、历史学和建筑学等学科领域；社区与参与模块旨在引导学生积极思考当前现实世界面临的全球性挑战，如粮食安全、气候变化、动物保护和贫富差异等，该模块设置的课程涉及地理学、生态学等学科领域。[1] 总之，新加坡国立大学的通识课程教授的知识覆盖众多学科领域，文理兼容，为学生提供了接触其他学科知识的机会和途径，能够有效避免学生知识面单一化和窄化的问题。

其次是跨学科的专业课程。如果说通识课程重在学科知识学习的宽度，那专业课程则重在学科知识学习的深度。新加坡国立大学现行的专业体系包括传统的单一学科专业和新型的跨学科专业，前者课程设置的跨学科色彩相对薄弱，后者课程设置则呈现出突出的跨学科特征。以新加坡国立大学人文与社会科学学院开设的哲学、政治与经济专业为例，该专业由哲学系、政治系和经济系共同主办，专业课程也分别由这三个系部门提供。其中，哲学系提供逻辑、哲学导论等4门专业课程；政治系提供国际关系导论、比较政治导论和新加坡外交政策等9门课程；经济系则提供微观经济分析、宏观经济分析等5门课程。

最后是跨学科的选修课程。新加坡国立大学将其选修课程命名为"无限制性选修模块"，其无限制性体现在任何学院任何学科专业的学

---

[1] National University of Singapore, "List of Modules Approved Under the GE Pillars", https://www.nus.edu.sg/registrar/academic-information-policies/undergraduate-students/general-education/list-of-modules-approved-under-the-ge-pillars, 2022-06-02.

生可以无条件地选修任意课程。为鼓励学生积极选修课程，新加坡国立大学提出了一个名为"设计你自己的课程表"的计划，即赋予学生一定的学习自主权，定制符合自己需求和兴趣的个性化学习方案，养成自我探索、自主学习的习惯。当然，这样的选修课程体系和规则也为学生的跨学科学习提供了更多的可能性。

三 跨学科的学位体系

为吸引学生选择和学习跨学科专业，保障跨学科专业学生的权益，新加坡国立大学建立了一个跨学科的学位体系，学生在达到跨学科专业规定的学业要求后，可以同时获得多个学位，这也意味着更强的就业竞争力。新加坡国立大学的跨学科学位体系主要包括跨学科本科双学位和跨学科本硕连读学位两种模式。

跨学科本科双学位由来自同一学院或不同学院的两个不同学科领域的学位共同组合而成。学生既可以选择由学校规划设计好的跨学科本科双学位，如经济与法律专业对应的学位。该专业由人文与社会科学学院和法律学院共同开设，专业学生最终可以同时获得由人文与社会科学学院授予的经济学学士学位和由法律学院授予的法学学士学位。学生还可以自主搭配专业并最终获得相应专业的学位。通常情况下，申请跨学科本科双学位的学生需要比一般学位申请者花费更多的时间和精力，大多可在4年半到5年这个时间区间内完成所有学业要求。

跨学科本硕连读学位由一个学科领域的学士学位和另一个学科领域的硕士学位共同组合而成。学士在本科阶段攻读完某学科领域的专业后，可以申请本硕连读并转而攻读另一个学科领域的专业，最终学生可以同时获得某学科领域的学士学位和另一个学科领域的硕士学位。例如，由人文与社会科学学院和计算机学院共同授予的文学学士＋计算机硕士学位。正常情况下，一个学生在新加坡取得学士学位后再攻读硕士学位至少需要5年半到6年的时间，但申请跨学科本硕连读学位的学生只需要4年半到5年的时间就可以获得两个学科领域的学位。

第四节　山东大学：新文科建设探索与实践

山东大学坐落于孔夫子的故乡山东省，具有厚重的文化底蕴和悠久的办学历史，是一所以文科（特别是"文史哲"）教育见长的综合性大学。凭借着独特的条件和优势，山东大学成为新时代开展新文科建设、推动文科教育创新的"先行者"和"开拓者"。

众所周知，山东大学在中国新文科建设事业的发展过程中占据着十分突出的席位，在多个关键节点和标志性事件中发挥着不可替代的作用，贡献显著。譬如，标志着新文科建设全面启动的"新文科建设工作会议"和标志着新文科建设进入全面推进新阶段的"新文科建设高峰论坛2021"等重要会议要么在山东大学举办、要么由山东大学主办；教育部新文科建设工作组和全国新文科教育研究中心等重要组织机构要么由山东大学校内人员担任要职、要么依托于山东大学组建而成。总之，山东大学近年来积极回应、落实国家关于新文科建设的政策方针和指导要求，在全面结合中国国情、山东省省情、山东大学校情的基础上，逐步探索出了一条兼具"山大特色"和实际效益的新文科建设路径。相关经验可供全国借鉴、学习。

一　顶层设计：统筹规划新文科建设思路

"顶层设计"最初是一个工程学领域的概念，但现在已广泛使用于政治、经济和教育等领域，具体指统筹考虑事物的层次和要素，在最高层面找到解决问题的答案，它是一项事业或工程整体思路的具体化。我们知道，在中国，新文科仍是一个诞生不久的新概念，其内涵和外延目前在学界仅达成部分共识，但尚未有权威且统一的界定。事实上，新文科的内涵和外延还在不断地丰富、发展、偏纠。同时，在国际上也并不存在一个可以和中国新文科完全对照一致的概念，即使放眼全球，我们也很难找到一个可以直接借鉴参考的对象。因此，在这样的情况下，无论是国家，抑或是高校，要全面推进新文科建设，实现新文科从理念到实践的转变，就必须加强顶层设计，厘清建设思路，做好整体规划。

在国家层面，新文科建设的顶层设计主要是通过"两次会议"和"一个宣言"完成的。其中，"两次会议"分别指"'六卓越一拔尖'计划2.0启动大会"和"新文科建设工作会议"；"一个宣言"指《新文科建设宣言》，该宣言对新文科建设作出了全面的部署和安排。在高校层面，山东大学新文科建设的顶层设计工作毫无疑问走在了全国的最前面。新文科建设正式启动后，2019年8月20日，"高等学校新文科建设座谈会"在山东大学举办，就一系列新文科建设基本问题进行了商讨，与会人员初步形成了关于新文科建设的共识。在初步共识的基础上，2019年10月29日，山东大学在《新文科建设宣言》面世前发布了全国首个高校层面的新文科建设方案——《山东大学新文科建设工作方案（2019—2021年）》。在方案中，山东大学明确了新文科建设的指导思想、基本原则和建设路径，创造性地提出了"新专业、新模式、新课程、新理论"四位一体的新文科建设"山大模式"，为加快文科教育创新贡献了"山大智慧"。不止于此，经过三年时间的摸索，积累了相关实践经验的山东大学在2022年又提出了新文科建设的"四个加强"，即加强统筹规划、加强理论研究、加强实践创新和加强共建共享。[①]"四个加强"是山东大学对本校新文科建设顶层设计进行的一次完善和深化，为该校未来一段时间内的新文科建设工作定下了基调，指明了方向。

二 理论支撑：夯实新文科建设理论基础

理论来源于实践，并反过来指导实践、改善实践。如前所述，现阶段，无论是新文科概念本身，还是新文科建设，都存在不少疑点和难

[①] 刘乐：《山东大学"四个加强"推进新文科建设》，2022年6月1日，http://www.moe.gov.cn/jyb_xwfb/s6192/s133/s194/202206/t20220601_633540.html。

点，有待进一步讨论和澄清。这些疑点和难点将不同程度地妨碍新文科建设事业的发展。因此，积极开展有关新文科和新文科建设的理论研究，以明晰新文科概念、抓准新文科建设重点，就显得十分紧迫和重要。

为夯实新文科建设的理论基础，山东大学格外重视新文科和新文科建设的理论研究工作。首先，创办专门学术期刊，打造新文科和新文科建设理论研究新阵地。2022年5月8日，由山东大学主办的《新文科理论与实践》正式发布创刊号，致力于为全国关心并投身于新文科建设的专家学者提供一个学术交流的高质量平台。其次，充分利用山东大学已有的优质期刊资源，在《山东大学学报》（哲学社会科学版）等本校主办的全国知名期刊中增设新文科栏目，刊载最新的高质量新文科建设理论研究成果。再次，鼓励和组织本校专家学者就新文科和新文科建设问题在国内各种高水平学术期刊中发表理论研究成果。据知网数据，山东大学专家学者已在《中国高教研究》《中国大学教学》《中国高等教育》等国内各种期刊发表相关论文30余篇。例如，《"新文科"学术话语的建构路径：基于文本挖掘的视角》一文对当前关于新文科的学术成果进行了全面的文本分析和质性解读，以探究新文科学术话语的生产与传递过程，对深入理解和践行新文科的思想理念与实践理路具有重要意义。[1] 最后，积极申报新文科相关的课题项目，依托项目促进新文科建设理论研究发展。一方面，联合校内外专家学者，以"新时代推进新文科建设的理论与实践研究"为主题，申报"教育部哲学社会科学研究重大课题攻关项目"，力图回答好"为什么建设新文科，建设什么样的新文科，怎样建设新文科"等一系列关键命题。另一方面，动员校内多个教学科研机构踊跃参与由教育部发起的"新文科研究与改革实践项目"的申报工作，并取得了初步的成果。据教育部发布的《首批新文科研究与改革实践项目名单》显示，在首批获批的1011个

---

[1] 宁继鸣、周汶霏：《"新文科"学术话语的建构路径：基于文本挖掘的视角》，《山东大学学报》（哲学社会科学版）2022年第1期。

新文科研究与改革项目中，山东大学共有 19 个项目获得立项①，立项数量位居全国首位。这 19 个获批的项目涵盖了山东大学除农学以外的所有学科门类，充分展现了山东大学全面推进新文科建设理论研究的决心和努力。

三 实践创新：探索构建新文科育人体系

新文科建设最终是否能够建成、建好，文科教育最终是否能够在新时代实现"华丽转型"，归根结底还是要看相关的实践措施是否科学合理、是否落到实处。在"自上而下"的顶层设计和"自下而上"的理论研究两股力量的合力推动下，山东大学加强实践创新，目标构建一个符合新文科建设要求的新型文科人才培育新体系。总的来说，该育人体系主要包括学科专业、课程建设、教学模式三个方面的内容，山东大学以这三个方面的内容为抓手，协同推进新文科育人体系的全面实施。

在学科专业方面，山东大学准确把握新文科建设强调学科专业交叉融合的概念精髓，充分利用本校作为综合性大学学科专业体系齐全的优势，大胆打破传统的学科专业壁垒，推动学科专业的深度交叉融合，并由此形成了一批极具发展前景的新专业。这些新专业的融合形式多样，既有人文社会学科内容融合而成的专业项目，如"国际政治＋国际经济贸易""英语＋国际经济贸易""英语＋法律"等提供双学士学位的新文科人才培养专业项目，也有人文社会科学与理科、工科、医科等交叉融合而成的专业项目，如科技考古、社会信息学、神经语言学等。这些新专业不是为了融合而融合的产物，而是适应国家和区域经济社会发展需求的结果。此外，山东大学在传统的主、辅修专业概念之外，还推出了全国首创的"微专业"项目。所谓"微专业"项目，即"在本专业目录以外，围绕特定学术领域、研究方向或核心素养，提炼开设的一

---

① 中华人民共和国教育部：《教育部办公厅关于公布首批新文科研究与改革实践项目的通知》，2021 年 10 月 28 日，http://www.moe.gov.cn/srcsite/A08/moe_741/202111/t20211110_578852.html。

组轻量型专业"。①"微专业"项目相较于传统的主、辅修专业项目更简洁、灵活，能够满足不同学生多元化的个体学习需求。根据最新数据，目前，山东大学全校97个本科专业中有74个入选国家级一流本科专业建设点，专业建设成效显著。

在课程建设方面，山东大学抓住国家大力开展一流本科课程"双万计划"的机遇，调整课程建设思路，打造新文科一流课程群。一方面，充分发挥、挖掘文科教育独有的价值引领和道德塑造作用，将新文科理念与立德树人的教育根本任务有机结合在一起，全新推出"中华民族精神概论""中国审美文化史""外语话中华"等兼具时代特征和育人功能的新文科特色课程；另一方面，迎合时代发展的要求，利用信息科学技术建设系列线上课程。目前，山东大学已有17门文科课程成功入选国家级一流课程名单，其中5门入选国家精品在线开放课程。② 除了理论课程以外，山东大学还吸纳社会力量办学，和当地的中华文化体验馆、博物馆和文学生活馆等文化机构合作，建设体验式的实践性课程，丰富文科课程类型，提升文科课程乐趣。

在教学模式方面，山东大学也一直在不断地尝试和创新。第一，持续推进"尼山学堂"建设。"尼山学堂"，即"山东大学古典学术人才培养实验班"，早在2012年便开始建设实施，目标培养传承、研究、创新和传播中国古典学术的高水平专门人才。"尼山学堂"融通文学、历史和哲学三个专业，具有明显的新文科特征。"尼山学堂"继承了中国传统的书院制度，教学模式也比较独特，以小班化教学为主；第二，大力支持新文科实验室建设。在传统的观念里，实验室是专属于理工科的教研场所，但是在新文科概念的冲击下，文科教育教学走进实验室已然是不可阻挡的趋势。新文科实验室不仅拓展了文科

---

① 全国新文科教育研究中心编：《新文科建设年度发展报告》（2020），山东大学出版社2021年版，第185页。

② 中华人民共和国教育部：《教育部关于公布首批国家级一流本科课程认定结果的通知》，2020年11月24日，https：//www.gov.cn/zhengce/zhengceku/2020-12/01/content_5566133.htm。

教育教学的实践场域，更为文科教育教学的转型升级提供了实在的硬件支持，能有效提升文科教育教学的质量，推动文科教育教学实现跨越式发展。

第五节　新文科建设国际比较的思考与启示

一　加大新文科建设资金支持

目前中国高校发展现状中，普遍存在着重理轻文的现象，对于文科建设的经费投入比例相对较少，资金的缺乏在一定程度上会限制新文科建设。当前科技进步已经为新文科建设提供了技术支撑，如建立 VR 教学课堂、虚拟仿真技术、数据挖掘与分析等；超学科发展为新文科建设提供了发展机遇。对此，一方面，政府和高校要提高新文科建设资金投入比例，加大新文科合作项目的经费投入。根据不同高校的实际情况合理规划资金，建立资金使用监督机制，定期对新文科经费进行追踪并定期公开。另一方面，政府和高校要从不同途径筹集新文科建设资金，争取多方经费与资源。例如，美国杜克大学 CMAC 项目在得到当地政府和本校财政的经济保障之外，还谋得了安德鲁·W. 梅隆基金会的经济支持。

二　依托新文科建设平台支撑

随着科技的快速发展和广泛应用，使当前的高等教育也朝着现代化和智能化方向不断推进，在新文科建设视域下，教育育人实践提倡融入先进技术，促进学科专业交叉融合。因此，依托信息技术打造线上课堂、构建智慧教育平台，是对新文科跨学科建设的延伸与补充，符合现代化教育的教学特征。构建学科交叉平台，培养知识复合型人才。例如，美国杜克大学为 CMAC 项目建立的数字艺术史与视觉文化研究实验室和山东大学积极谋划的新文科实验室。具体来说，一是要求高校要规划新文科平台体系，结合各个学院申报实际情况，主动对接国家重大战略需求，积极开展顶层设计；二是要求高校对新文科建设平台规范管理，通过建设任务的阶段性总结督促平台高质量发展，通过专家评议等方式开展平台绩效评价，逐步形成了全方位、全过程、全链条的规范化管理体系；三是要求高校有序开展平台建设，强调"先行先试"的原则。具体而言，高校要建立平台建设动态专栏，规范平台建设规则，多角度多途径开展宣传工作，提升平台影响力。

三 创新新文科人才培养模式

在原有传统文科基础上，新文科要对文科人才培养模式进行重新定位，由学科导向变为社会需求导向，通过分类培养，使人才培养趋向跨学科、复合化、集约化。例如，新加坡国立大学从专业、课程和学位三个方面出发构建的跨学科、复合型人才培养体系。具体来说，新时代高校应以价值观引领、学科交叉、专业交融、课程提质、以学生为中心的新文科理念为指导，推进传统文化人才培养模式创新：即以新文科内涵与外延为人才培养理念，以培养德智体美劳全面发展的高素质创新型、复合型、应用型的治国理政人才为培养目标，以"产教研学做五位一体"为人才培养框架，夯实人才培养机构、人才培养制度和人才培养环境三大保障措施。例如，上述国内外新文科建设的例子中，都尤为强调复合型人才的培养模式、追求实践创新的育人体系。对此，中国新文科建设的人才培养模式要参考国外的有益经验，结合国内已有的新文科人才培养实践，逐步构建具有中国特色的新文科人才培养模式。

四 加强新文科社会服务功能

互联网发展和全媒体时代的到来是促动新文科建设的重要影响因素。从参与新文科建设的教师、学生构成来看，无论是自然学科还是人文社会都要站在全媒体时代的学术前沿，同时要对新时代的社会现实问题进行实践调研，掌握一手的学科发展的动态与趋势。对大学文科而言，不仅需要以传承和发展人文社会科学为己任，还要成为国家、政府和高校决策的"智囊团"。显然，这一时代要求不仅对传统的学科和学术评价体系提出了挑战，也给大学文科管理制度提出了刚性的变革要求。由此可见，新文科的社会服务需求已经预示新文科建设的必然目的。当前新文科建设要特别强调国家建设和社会发展的需求，这就需要政府和高校要携手共建发展平台，打通大学文科发展与国家、社会需要的联结通道。例如，英国伦敦国王学院不仅专门为文科学生开设有助于培养社会服务意识的学习模块，还组织文科学院与企业、家庭等社会单位合作，为它们提供必要的咨询服务。

参考文献

一 中文类

（一）中文著作

教育部高等学校教学指导委员会编：《普通高等学校本科专业类教学质量国家标准》（上），高等教育出版社2018年版。

李蔚、祖晶：《课堂教学心理学》，中国科学技术出版社1999年版。

梁迎春、赵爱杰：《高等教育管理与质量评价研究》，西安交通大学出版社2017年版。

全国新文科教育研究中心编：《新文科建设年度发展报告》（2020），山东大学出版社2021年版。

王湘云：《新时代　新使命　新内涵　新路径：山东大学（威海）新文科教育教学改革与实践》，山东大学出版社2020年版。

（二）中译著作

联合国教科文组织编：《反思教育：向"全球共同利益"的理念转变?》，联合国教科文组织总部中文科译，教育科学出版社2017年版。

[德]马克斯·韦伯：《学术与政治》，冯克利译，外文出版社1998年版。

[加]迈克·富兰：《变革的力量——透视教育改革》，中央教育科学研究所、加拿大多伦多国际学院译，教育科学出版社2000年版。

[美]安妮·伯迪克等：《数字人文：改变知识创新与分享的游戏规

则》,马林青、韩若画译,中国人民大学出版社 2018 年版。

[美] 厄内斯特·博耶:《大学:美国大学生的就读经验》,徐芃、李长兰、丁申桃译,北京师范大学出版社 1993 年版。

[美] 约翰·S. 布鲁贝克:《高等教育哲学》,王承绪等译,浙江教育出版社 1987 年版。

[美] 约翰·布伦南、特拉·沙赫:《高等教育质量管理——一个关于高等院校评估和改革的国际性观点》,陆爱华等译,华东师范大学出版社 2005 年版。

(三) 中文学位论文

王晓辉:《一流大学个性化人才培养模式研究》,博士学位论文,华中师范大学,2014 年。

叶小明:《高等职业院校教师专业发展研究》,博士学位论文,华中科技大学,2008 年。

(四) 中文期刊论文

安丰存、王铭玉:《新文科建设的本质、地位及体系》,《学术交流》2019 年第 11 期。

别敦荣:《论高等教育内涵式发展》,《中国高教研究》2018 年第 6 期。

蔡际洲:《探索中国传统音乐研究的"中国范式"》,《音乐研究》2019 年第 2 期。

操太圣:《走向开放而灵活的教育:校长何为》,《江苏教育》2019 年第 10 期。

陈春声:《新文科背景下的史学研究与人才培养》,《中国高等教育》2021 年第 1 期。

陈春晓:《地方高校创业教育师资队伍建设的困境与机制创新》,《高等工程教育研究》2017 年第 3 期。

陈凡:《文科硕士生创新能力的内涵、影响因素和培养路径》,《学位与研究生教育》2021 年第 7 期。

陈时见、韦俊:《论大学教学学术的双重属性》,《西南大学学报》(社会科学版）2020 年第 6 期。

陈武元、李广平：《大学转型发展与人才培养转型》，《中国高教研究》2021 年第 10 期。

陈兴明、郑政捷、陈孟威：《新中国 70 年大学本科课程体系的嬗变》，《中国大学教学》2020 年第 1 期。

程莉、季跃东：《信息化视角下高校教师创新团队的建设探析》，《中国高等教育》2021 年第 11 期。

崔延强、段禹：《新文科究竟"新"在何处——基于对人文社会科学发展史的考察》，《大学教育科学》2021 年第 1 期。

段禹、崔延强：《新文科建设的理论内涵与实践路向》，《云南师范大学学报》（哲学社会科学版）2020 年第 2 期。

樊丽明：《"新文科"：时代需求与建设重点》，《中国大学教学》2020 年第 5 期。

樊丽明：《凝心聚力 创新建设 开创文科教育新未来》，《中国高等教育》2020 年第 24 期。

范菁：《高校内部教学质量保障体系建设的现状与展望——基于本科审核评估实践的研究》，《中国大学教学》2019 年第 3 期。

方成智：《高校教师教学团队建设的探讨》，《中国成人教育》2010 年第 24 期。

冯果：《新理念与法学教育创新》，《中国大学教学》2019 年第 10 期。

冯建军：《构建教育学的中国话语体系》，《高等教育研究》2015 年第 8 期。

高海生等：《高等教育教学质量保障监控体系的构建与实践》，《教育研究》2006 年第 10 期。

葛道凯、李志宏：《适应形势发展 推进教学管理创新》，《中国高等教育》2002 年第 8 期。

龚旗煌：《新文科建设的四个"新"维度》，《中国高等教育》2021 年第 1 期。

郭国强：《关于交叉学科专业建设的几点思考》，《中国大学教学》2010年第10期。

胡天助：《STEAM 及其对新工科建设的启示》，《高等工程教育研究》2018 年第 1 期。

黄铭、何宛怿：《在新文科建设中强化价值引领》，《中国高等教育》2021 年第 7 期。

黄启兵、田晓明：《"新文科"的来源、特性及建设路径》，《苏州大学学报》（教育科学版）2020 年第 2 期。

姜羡萍：《以大学文化建设助推高校教师发展》，《高等教育研究》2013 年第 8 期。

蒋颖：《超学科研究评价：理论与方法》，《国外社会科学》2021 年第 4 期。

李昌新、刘国瑜：《基于教师教育专业发展的高校教学团队建设探讨》，《中国高教研究》2008 年第 6 期。

李福华、王瑛、汪碧玉珠：《大学教师教学发展组织建设的路径探究》，《教师教育研究》2018 年第 5 期。

李红美、陆国栋、张剑平：《后 MOOC 时期高等学校教学新模式探索》，《高等工程教育研究》2014 年第 6 期。

李梅等：《中国教育研究国际影响力的反思与前瞻》，《教育研究》2018 年第 3 期。

李猛：《北京大学元培学院：自由学习的共同体》，《中国大学教学》2019 年第 12 期。

李小娃：《高校教师发展中心建设的制度逻辑与理论内涵》，《中国高教研究》2013 年第 12 期。

李政涛：《走向世界的中国教育学：目标、挑战与展望》，《教育研究》2018 年第 9 期。

李志峰、高慧、张忠家：《知识生产模式的现代转型与大学科学研究的模式创新》，《教育研究》2014 年第 3 期。

李志义：《中国工程教育专业认证的"最后一公里"》，《高教发展与评估》2020 年第 3 期。

梁纯雪、眭依凡：《课程体系重构：基于增强思政理论课针对性和亲和力的调查和思考》，《中国高教研究》2018 年第 11 期。

林健：《第四次工业革命浪潮下的传统工科专业转型升级》，《高等工程教育研究》2018 年第 4 期。

林杰、李玲：《美国大学教师发展的三种理论模型》，《现代大学教育》2007 年第 1 期。

刘国艳：《地方高校教师团队建设：现实困境与变革走向》，《江苏高教》2015 年第 3 期。

刘进、刘之远、Michael Sweet：《新教师发展中心筹建的理念、路径与模式——基于对美国东北大学教师发展中心的访谈》，《高教发展与评估》2017 年第 2 期。

刘坤、李龙：《重构与推进：新文科背景下的高校哲学社会科学变革》，《学位与研究生教育》2022 年第 1 期。

刘坤轮：《〈新文科建设宣言〉语境中的新法科建设》，《新文科教育研究》2021 年第 2 期。

刘利：《新文科专业建设的思考与实践：以北京语言大学为例》，《云南师范大学学报》（哲学社会科学版）2020 年第 2 期。

刘伟：《推进中国经济学学科建设和教学改革》，《中国高等教育》2021 年第 1 期。

刘献君：《学科交叉是建设世界一流学科的重要途径》，《高校教育管理》2020 年第 1 期。

刘小兵：《对新文科的思考和看法》，《中国高教研究》2019 年第 10 期。

刘阳、宋永华、伍宸：《再论书院制——英、美及我国香港顶尖大学书院制模式比较及其启示》，《高等教育研究》2018 年第 8 期。

刘自团：《我国高校专业评估：历史、问题及发展策略》，《宁波大学学报》（教育科学版）2008 年第 4 期。

龙宝新：《中国新文科的时代内涵与建设路向》，《南京社会科学》2021年第1期。

龙跃君：《书院制融入我国现代大学的价值探讨》，《大学教育科学》2018年第5期。

卢晶、尹贻林：《专业认证制度的治理模式研究》，《高教探索》2009年第2期。

陆国栋：《教学方法改革的模式与举措》，《中国大学教学》2011年第8期。

陆一、史静寰：《志趣：大学拔尖创新人才培养的基础》，《教育研究》2014年第3期。

吕林海：《中国大学"新文科教育"建设：价值蕴意、核心内涵与实践路径》，《大学教育科学》2021年第5期。

马世年：《新文科视野下中文学科的重构与革新》，《西北师大学报》（社会科学版）2019年第5期。

马骁、李雪：《创新与融合：学科视野中的"新文科"建设》，《中国大学教学》2020年第6期。

马骁、李雪、孙晓东：《新文科建设：瓶颈问题与破解之策》，《中国大学教学》2021年第1—2期。

马云鹏、李哨兵：《德智体美劳培养体系下的教材体系建设》，《教育研究》2019年第2期。

宁继鸣、周汶霏：《"新文科"学术话语的建构路径：基于文本挖掘的视角》，《山东大学学报》（哲学社会科学版）2022年第1期。

庞海芍等：《教师发展中心如何才能告别边缘化》，《高教发展与评估》2018年第6期。

庞丽娟、杨小敏：《高质量教育体系建设的经费投入保障思考与建议》，《国家教育行政学院学报》2021年第8期。

曲铁华、冯茁：《基于学术特质的高校教师专业发展论》，《教育研究》2009年第1期。

权培培、段禹、崔延强：《文科之"新"与文科之"道"——关于新文科建设的思考》，《重庆大学学报》（社会科学版）2021年第1期。

桑新民：《MOOCs热潮中的冷思考》，《中国高教研究》2014年第6期。

沈文淮等：《高校教师教学发展中心促进教师教学能力发展的机制与模式》，《中国电化教育》2012年第12期。

石中英：《论教育学的文化性格》，《教育研究》2002年第3期。

宋鑫等：《"教学学术"视角下的大学教学现状研究——基于北京大学的大样本调查》，《中国大学教学》2014年第8期。

眭依凡：《大学者，有大学文化之谓也——兼谈大学新区的文化建设》，《教育发展研究》2004年第4期。

孙建群、田晓明：《人文社会科学研究评价的基本遵循》，《苏州大学学报》（哲学社会科学版）2019年第6期。

谈小媊、漆丽萍、卢晓东：《专业自主选择与跨学科专业建构的实践——以北京大学元培学院为例》，《中国高教研究》2011年第1期。

谭维智：《教育学核心概念的嬗变与重构——基于新时代中国特色教育学话语体系建构的思考》，《教育研究》2018年第11期。

陶东风：《新文科新在何处》，《探索与争鸣》2020年第1期。

童昕、张积林：《地方应用型本科高校新文科建设研究与实践》，《国家教育行政学院学报》2021年第3期。

王丽华、刘炜：《助力与借力：数字人文与新文科建设》，《南京社会科学》2021年第7期。

王铭玉：《新文科——一场文科教育的革命》，《上海交通大学学报》（哲学社会科学版）2020年第1期。

王小栋、苑大勇：《跨越学科认知边界：超学科的理念表征与现实适用》，《比较教育学报》2022年第2期。

王战军、杨旭婷：《世界一流学科建设评价的理念变革与要素创新》，《中国高教研究》2019年第3期。

王震宇、薛妍燕、邓理：《跨越边界的思考：新文科视角下的社会科学实验室探索》,《中国高教研究》2020 年第 12 期。

王正:《新文科的实践导向性与平民性》,《探索与争鸣》2022 年第 3 期。

魏红、赵彬:《我国高校教师发展中心的现状分析与未来展望——基于 69 所高校教师发展中心工作报告文本的研究》,《中国高教研究》2017 年第 7 期。

魏志鹏、杨克虎:《循证社会科学视角下的新文科建设路径研究》,《兰州大学学报》(社会科学版) 2021 年第 1 期。

温潘亚:《新建本科高校应加强"双师型"师资队伍建设》,《中国高等教育》2017 年第 Z3 期。

吴岩:《"守城"到"攻城":新文科建设的时代转向》,《探索与争鸣》2020 年第 1 期。

吴岩:《积势蓄势谋势,识变应变求变》,《中国高等教育》2021 年第 1 期。

吴岩:《积势蓄势谋势识变应变求变 ——全面推进新文科建设》,《新文科教育研究》2021 年第 1 期。

吴岩:《加强新文科建设 培养新时代新闻传播人才》,《中国编辑》2019 年第 2 期。

吴岩:《建设中国"金课"》,《中国大学教学》2018 年第 12 期。

夏文斌:《新文科建设的目标、内涵与路径》,《北京教育》(高教) 2021 年第 5 期。

向兴华、李国超、赵庆年:《高校人才培养目标定位绩效定位评价研究——以 HL 和 HK 两所大学为例》,《教育发展研究》2014 年第 Z1 期。

谢武纪:《教育学的"普遍"与"特殊":在实践中走向弥合》,《湖南师范大学教育科学学报》2017 年第 4 期。

熊华军、丁艳:《当前美国大学教师的专业知识结构探微》,《中国高教研究》2012 年第 8 期。

徐立清:《地方应用型本科人才培养标准的设计思路与实践路径》,《高等教育研究》2017 年第 5 期。

徐显明：《新文科建设与卓越法治人才培养》，《中国高等教育》2021 年第 1 期。

许江：《新文科背景下艺术学科建设的思考》，《中国高等教育》2021 年第 1 期。

杨灿明：《从四个维度来看新文科之"新"》，《中国高教研究》2019 年第 10 期。

杨海燕、李硕豪：《回顾与前瞻：我国高校教师专业发展问题研究十年——基于 2005—2014 年国内高校教师专业发展的文献资料》，《中国大学教学》2015 年第 4 期。

杨洁：《我国高校教师教学发展中心：现状、问题与突破》，《教育发展研究》2018 年第 9 期。

叶祝弟、张蕾：《新文科之新与人文社会科学研究范式转型》，《探索与争鸣》2020 年第 1 期。

于凤银、李长伟：《美国杜克大学的发展战略规划研究》，《比较教育研究》2008 年第 8 期。

郁建兴：《以系统思维推进新文科建设》，《探索与争鸣》2021 年第 4 期。

袁靖宇：《高校人才培养方案修订的若干问题》，《中国高教研究》2019 年第 2 期。

张伏力：《以人为本视角下的教育管理理念创新》，《中国教育学刊》2013 年第 10 期。

张继明：《智造社会背景下一流本科教学的课堂重构——大学教学内向型改革的微观视角》，《大学教育科学》2020 年第 4 期。

张进良、李保臻：《大数据背景下教师数据素养的内涵、价值与发展路径》，《电化教育研究》2015 年第 7 期。

张久珍、韩豫哲：《北京大学"数字人文"课程教学实践及经验探索》，《图书情报工作》2019 年第 19 期。

张松祥：《我国师范专业认证需要关注的若干问题及其对策研究》，《教育发展研究》2017 年第 Z2 期。

张忠华、李婷婷：《论大学青年教师的教学能力结构与发展策略——基于实证的结论与逻辑的分析》，《中国高教研究》2013 年第 4 期。

赵珂：《中美两国高校教师发展中心比较研究——以美国密歇根大学和中国东南大学为例》，《南京理工大学学报》（社会科学版）2016 年第 4 期。

赵奎英：《试谈"新文科"的五大理念》，《南京社会科学》2021 年第 9 期。

赵哲、宋丹：《高校教学制度建设的问题及消解途径》，《中国高等教育》2016 年第 Z1 期。

钟登华：《扎根中国大地 培养世界一流人才》，《中国高等教育》2017 年第 8 期。

周海银：《论大学教师课程建设的教育自觉》，《山东师范大学学报》（人文社会科学版）2019 年第 5 期。

周星、任晟姝：《新文科建设背景下艺术学科综合性发展的思考》，《南京师大学报》（社会科学版）2020 年第 3 期。

周毅、李卓卓：《新文科建设的理路与设计》，《中国大学教学》2019 年第 6 期。

［挪威］奎纳尔·希尔贝克：《人文学科的危机？》，郁振华译，《华东师范大学学报》（哲学社会科学版）1998 年第 3 期。

（五）中文报刊

陈宝生：《扎实推进党的理论创新成果进头脑》，《光明日报》2018 年 7 月 24 日第 13 版。

邓世平、王雪梅：《新文科背景下通识教育课程改革的路径》，《社会科学报》2020 年 2 月 27 日第 5 版。

樊丽明：《新文科建设：走深走实，行稳致远》，《中国教育报》2021 年 5 月 10 日第 5 版。

冯志伟：《信息时代需要文理兼通的语言学家》，《光明日报》2018年10月21日第12版。

李澈、刘亦凡：《"新文科"来了，文科实验室怎么建》，《中国教育报》2020年9月2日第4版。

李飞跃：《新文科的知识与思维革新》，《中国社会科学报》2020年8月28日第7版。

刘春勇、梁静：《探索"新文科"建设路径》，《中国社会科学报》2020年11月25日第3版。

田慧生：《推进新时代教材建设，发挥好教材育人作用》，《中国教育报》2020年10月19日第2版。

王光荣：《提升国家文化软实力的着力点》，《光明日报》2020年4月21日第6版。

王之康：《新文科：一场学科融合的盛宴》，《中国科学报》2019年5月8日第8版。

吴洪富：《当代大学生如何走出群体性孤独》，《光明日报》2021年2月9日第15版。

谢维和：《大学文科的地位和作用》，《解放日报》2011年1月23日第8版。

徐雷：《新文科人才培养，标准化是大忌》，《文汇报》2021年3月10日第12版。

严程：《数字时代的新文科通识教育》，《中国社会科学报》2020年7月6日第3版。

喻思南：《加快培养复合型创新人才（创新谈）》，《人民日报》2021年5月24日第18版。

张盖伦：《新文科来了　这是场跨界融合的探索》，《科技日报》2019年6月13日第8版。

张胜、王斯敏、胡海男：《新文科"新"在哪儿？并非"科技+人文"那么简单》，《光明日报》2019年7月23日第8版。

张烁：《用新时代中国特色社会主义思想铸魂育人，贯彻党的教育方针落实立德树人根本任务》，《人民日报》2019年3月19日第1版。

张政文等：《新文科怎么建？学科跨出去，文理融起来》，《光明日报》2019年7月24日第8版。

二 外文类

Bowen, José Antonio, "Nudges, the Learning Economy, and a New Three Rs: Relationships, Resilience, and Reflection", *Liberal Education*, Vol. 104, No. 2, 2018.

Goldberg, Samuel, "The Sloan Foundation's New Liberal Arts Program", *Change: The Magazine of Higher Learning*, Vol. 18, No. 2, 1986.

Hu Xiaodan, "Enrollment Challenges at Liberal Arts Colleges: A Literature Review", *Higher Education in Review*, 2017.

Nature, "New Ways from the Liberal Arts?", *Nature*, Vol. 298, 1982.

Varlotta, Lori, "Designing a Model for the New Liberal Arts", *Liberal Education*, Vol. 104, No. 4, 2018.

后　记

本书是 2024 年度河南省高等教育教学改革研究与实践项目重大课题（课题编号：2024SJGLX0006）"中国式教育现代化视域下的地方高校一流本科专业高质量发展研究与实践"的研究成果。

随着信息化社会的发展，文科教育作为培养具备人文素养、社会责任感和创新能力人才的重要途径，正面临着前所未有的机遇与挑战。在此背景下，新文科建设应运而生，希望通过教育理念、内容、方法和模式的创新，推动文科教育适应新时代的需求，培养更多高素质、全面发展的文科人才。

本书旨在系统梳理新文科建设的理念、目标和实践路径，为广大高等学校教育工作者和研究者提供一部全面的参考书籍。在编写过程中，我们力求结合国内外文科教育发展的最新动态和实践经验，对新文科建设的各个方面进行深入剖析和探讨。然而，新文科建设毕竟是一个新兴的领域，其理念和实践仍在不断探索和发展中。因此，这部作品在编写过程中也遇到了一些困难和挑战。如何准确把握新文科建设的核心要义，如何全面反映文科教育变革的最新趋势和实践经验，如何使本书既具有理论深度又具有实践指导意义，都是我们需要面对和解决的问题。经过反复讨论和修改，我们最终完成了本书的编写工作。在此，我们要感谢所有参与编写工作的河南大学教育学部同仁和博士生，他们的辛勤付出和智慧贡献为本书的出版奠定了坚实的基础。同时，我们也要感谢学界同行对本书的关注和期待，我们将继续努力，为新文科建设的发展贡献自己的力量。

这部作品是河南大学教育学部学术团队合作的成果。由河南大学杨捷、吴洪富担任主编，孟艳担任副主编，最后由杨捷统稿。具体各章执笔人为：绪论——杨捷；第一章——杨捷、吴偏妮；第二章——吴洪富；第三章——赵娜；第四章——王立；第五章——孟艳；第六章——权培培；第七章——杨旭婷；第八章——欧吉祥、彭媛媛、张崇。在本书撰写过程中，研究团队参考了大量相关研究资料和最新研究成果，并在作品中引用注释，谨向有关作者和译者表示感谢。

展望未来，新文科建设仍然任重道远。我们期待更多的教育工作者和学者加入新文科建设的行列中来，共同推动文科教育的创新与发展。同时，我们也希望这部作品能够成为新文科建设领域的一本重要参考书籍，为推动中国文科教育的改革与发展提供有力的支撑和指导。

作　者

2024 年 4 月 28 日于河南大学金明校区田家炳书院